21 世纪应用型精品规划教材·物流管理

生产与运作管理
(第 2 版)

刘文博　张洪革　孔月红　主　编

清华大学出版社
北京

内容简介

生产与运作管理涉及制造业和服务业价值增值的全过程管理，内容丰富多样、面广而复杂。《生产与运作管理》第 2 版基于系统生命周期理论，对生产运作系统的设计、计划、控制、维护与改进做了全面系统的阐述。绪论和企业战略部分提纲挈领地阐述了生产运作系统的背景、意义和方法；生产与运作系统的设计、计划、运行以及控制是通过选址、生产计划、库存管理、项目计划管理、ERP 以及作业排序与控制等作为理论依据；最后该系统的维护和改进通过生产现场管理和其他一些先进的生产方式来指导实践。基于同类书缺案例重理论以及案例陈旧的现状，第 2 版新增了些最新的典型案例，同时考虑生产计划与排序的现实意义，第 2 版新增了一章该部分内容。

本书适用于普通高等院校及高职学生，同样也适用于企业从事生产管理的各类技术人员、管理人员。

本书封面贴有清华大学出版社防伪标签，无标签者不得销售。
版权所有，侵权必究。举报：010-62782989，beiqinquan@tup.tsinghua.edu.cn。

图书在版编目(CIP)数据

生产与运作管理/刘文博，张洪革，孔月红主编. —2 版. —北京：清华大学出版社，2017(2023.1 重印)
(21 世纪应用型精品规划教材·物流管理)
ISBN 978-7-302-47805-8

Ⅰ. ①生… Ⅱ. ①刘… ②张… ③孔… Ⅲ. ①企业管理—生产管理—高等学校—教材 Ⅳ. ①F273

中国版本图书馆 CIP 数据核字(2017)第 170420 号

责任编辑：汤涌涛
封面设计：李　坤
责任校对：周剑云
责任印制：宋　林
出版发行：清华大学出版社
　　　　网　　址：http://www.tup.com.cn，http://www.wqbook.com
　　　　地　　址：北京清华大学学研大厦 A 座　　邮　编：100084
　　　　社 总 机：010-83470000　　邮　购：010-62786544
　　　　投稿与读者服务：010-62776969，c-service@tup.tsinghua.edu.cn
　　　　质量反馈：010-62772015，zhiliang@tup.tsinghua.edu.cn
　　　　课件下载：http://www.tup.com.cn，010-62791865
印 装 者：三河市铭诚印务有限公司
经　　销：全国新华书店
开　　本：185mm×230mm　　印　张：20.75　　字　数：426 千字
版　　次：2012 年 9 月第 1 版　2017 年 9 月第 2 版　　印　次：2023 年 1 月第 6 次印刷
定　　价：54.00 元

产品编号：072543-02

前 言

生产与运作管理包括生产制造业和服务业创造财富过程的各种活动，内容丰富多样。它是研究如何将企业的生产要素合理配置、使用，以便高效地创造出产品和服务的一门学科。当今社会，企业外部环境不断变化，其变化主要来自：第一，买方市场的形成，引起市场需求的多样性；第二，服务行业的不断发展；第三，飞速发展的科学技术，特别是计算机技术的广泛应用。这些都促使生产系统不断调整，从而形成效率更高、更灵活的生产系统。

生产与运作管理这门课程内容涉及面广、较难理解、较为抽象，而现有的高职高专院校或面向应用型本科的类似教材所存在的最大问题是理论知识阐述过多，实际应用案例较少，无法适应学生的实际需求。鉴于此，本书编写以理论够用为前提，重点突出案例和知识应用。

《生产与运作管理》第 2 版延续了第 1 版的体系架构，维持了案例丰富、体例规范的特点，基于生产作业计划与排序的重要性及现实意义，新增了第八章作业排序与控制部分，介绍了作业排序概述，分别阐述了制造业中的作业排序问题以及服务业中的作业排序问题。

本教材的作者都是教学一线的教师，有较多的生产经营管理的实践经验。第 2 版的修订，是根据教学实践需要进行调整的，也是经过多年的教学研究，在多届学生的使用、实践、反馈的基础上，同时广泛吸收了当代科学技术的最新成果以及生产与运作管理方面的最新理论研究与实践编写而成的。具体来说，本教材的特点如下。

1. 系统性和实用性

在编写本教材前，作者进行了充分的调研，形成经相关专家审定的本课程的教学大纲。大纲按照知识结构进行编排，既考虑到与其他相关教材之间在内容上的相互配合，又要减少知识点的重复和脱节。教材范围以管用为限，知识深度以够用为度。

2. 科学性和先进性

本教材既吸收、保留了以前教材的精华，又增加了管理科学发展中的新成果、新方法及人类生产管理实践的一些新技术(如大规模定制、敏捷制造等)，使教材内容更具有科学前沿性以及先进性。

3. 职业性和复合性

根据社会紧缺人才的需求，全套教材以培养管理人员的基本知识与实践能力为核心，目的是培养将来对生产、服务企业有实践经验的复合型人才。

4．适用性和创新性

本教材难度适中，在教学试用过程中，学生普遍反映良好，解决了以往生产运作管理概念多、图标多、公式多、计算多、分析多、难以理解等问题。本教材中介绍的一些模型和公式都有实例，以及详细的计算和推导过程。每章都有大量的复习思考题。同时书中每个章节都配有案例分析，使教师讲完一章内容之后，可以与学生共同进行案例分析，以便更好地掌握和运用所学的内容。

总体来说，全书强调以应用为主，力求做到理论与实践相结合、定性与定量相结合、知识传授与能力训练相结合，力争体现教学内容的系统性、新颖性、启发性、前沿性、实践性、可操作性等特色。

本教材的内容主要包括：绪论，企业战略和生产与运作战略，生产和服务设施选址与布置，生产计划与作业计划，库存管理，项目计划管理，MRP、MRPⅡ与ERP，作业排序与控制，生产现场管理，准时化生产及其他生产方式。本书的读者对象除了高职学生，还适用于制造性企业或者服务性企业从事生产管理的技术人员和管理者。

本教材由刘文博、张洪革、孔月红主编。全书共十章，书中第一、三、四、六、七、八、十章由刘文博编写，第二、五章由张洪革编写，第九章由孔月红编写，刘文博做了全书体系的构思、设计并进行了统编定稿。

由于编者水平有限，书中难免有不妥之处，敬请批评指正。邮箱：wenbo-315@163.com，12465793@99.com，据需要选择其一即可。

编　者

目 录

教学资源服务

第一章 绪论 1
　第一节 生产与运作管理概述 2
　　一、生产与运作管理的含义 2
　　二、生产与运作管理的内容 7
　　三、生产与运作管理的目标 8
　第二节 生产与运作管理的发展历程 8
　　一、生产与运作管理的产生 8
　　二、生产与运作管理的发展 10
　　三、生产与运作管理的地位 11
　　四、生产运作管理与其他职能管理
　　　　的关系 12
　　五、生产与运作管理的作用 14
　　六、现代生产与运作管理的特征 15
　第三节 生产运作的分类 16
　　一、制造性生产 17
　　二、服务性生产 20
　第四节 生产过程组织 21
　　一、生产过程组织概述 21
　　二、生产过程的空间组织 23
　　三、生产过程的时间组织 26
　本章小结 29
　习题 29

第二章 企业战略和生产与运作战略 34
　第一节 企业战略和战略管理 38
　　一、基本概念 39
　　二、战略和战略管理的重要性 50
　第二节 生产运作战略的基本概念 53
　　一、生产运作战略的含义 53
　　二、生产运作战略与企业经营战略 54
　　三、生产运作战略的制定程序 55
　　四、生产运作战略的环境分析 56
　第三节 生产与运作战略内容 59
　　一、生产运作的总体战略 59
　　二、产品开发与设计 61
　　三、生产运作系统的设计与维护 63
　本章小结 63
　习题 63

第三章 生产和服务设施选址与布置 66
　第一节 设施选址 69
　　一、设施选址的重要性 69
　　二、影响设施选址的因素 71
　　三、服务设施选址的特殊考虑因素 76
　　四、选址原则 77
　　五、单一设施选址的一般步骤 79
　第二节 设施布置 81
　　一、企业经济活动单元构成的影响
　　　　因素 85
　　二、设施布置类型选择的影响因素 86
　　三、设施布置形式 87
　　四、设施布置方法 92
　第三节 非制造业的设施布置 98
　　一、办公室布置 105
　　二、服务企业平面布置 108
　本章小结 112
　习题 112

第四章 生产计划与作业计划 118
　第一节 生产计划与作业计划概述 121
　　一、企业计划的层次和职能计划
　　　　之间的关系 121

二、生产计划的内容与主要指标 123
三、生产计划的编制步骤 124
四、生产能力的核定 125

第二节 备货性企业年度生产计划的
制订 132
一、品种的确定 132
二、确定生产产量的方法 133
三、产品出产计划进度的安排
方法 135

第三节 订货性企业年度生产计划的
制订 138
一、接受订货决策 139
二、订货性企业产品品种 140
三、价格与交货期的确定 140

本章小结 141
习题 141

第五章 库存管理 145

第一节 库存管理概述 148
一、库存的含义和功能 148
二、库存分类 152
三、库存问题的作用 155
四、库存控制系统 156

第二节 库存问题的基本模型 159
一、单周期库存模型 159
二、多周期模型 163

本章小结 173
习题 173

第六章 项目计划管理 177

第一节 项目管理 179
一、项目及项目管理 179
二、项目管理的特点 180
三、项目管理的目标 181
四、项目管理组织 182

第二节 网络计划技术概述 183

一、网络计划技术的概念 183
二、网络计划技术的内容 183
三、甘特图与网络图的异同 184
四、网络计划技术的应用步骤 185

第三节 网络图的绘制及时间参数
计算 187
一、网络图的构成 187
二、网络图的构成要素 187
三、绘制网络图规则和逻辑表示
方法 188
四、网络时间参数计算 191

第四节 网络计划的优化 196
一、网络计划技术优化概述 196
二、时间优化 196
三、时间—费用优化 196

第五节 工作场景分析 201
一、项目分解 201
二、根据工作逻辑确定活动顺序 201
三、绘制网络图 202
四、网络优化 202

本章小结 204
习题 204

第七章 MRP、MRP II 与 ERP 209

第一节 MRP 概述 211
一、订货点法 211
二、物料需求计划(MRP) 213
三、闭环 MRP 223

第二节 MRP II 原理与应用 228
一、MRP II 的概念 228
二、MRP II 的原理 228

第三节 ERP 概述 230
一、ERP 的定义 231
二、ERP 的基本特征 231
三、ERP 的主要功能 234

本章小结 239
习题 239

第八章 作业排序与控制 245

第一节 作业排序概述 246
 一、作业排序的内涵 246
 二、作业排序的目标 247
 三、作业排序的类别 248
 四、作业排序的优先规则 249

第二节 制造业中的作业排序 250
 一、n/1 作业排序问题 250
 二、n/2 作业排序问题 252
 三、n/m 作业排序问题 254
 四、生产作业控制 254

第三节 服务业的作业排序问题 257
 一、服务业作业排序的特点 257
 二、顾客需求排序 257
 三、服务人员的排序 258
 四、计算机化员工作业计划系统 260

本章小结 262
习题 262

第九章 生产现场管理 266

第一节 现场与现场管理 270
 一、现场和现场管理的概念 270
 二、现场管理的特点 271
 三、加强现场管理的必要性 273
 四、现场管理的任务和内容 275

第二节 定置管理 277
 一、定置管理的含义 277
 二、定置管理的基本理论 277
 三、如何推行定置管理 280
 四、一个车间的定置要求 281

第三节 "5S" 活动 283
 一、"5S" 活动的含义 283
 二、"5S" 活动的内容和具体要求 284
 三、"5S" 活动的组织管理 286

第四节 目视管理 290
 一、目视管理的定义 290
 二、目视管理的作用 290
 三、目视管理的内容 291
 四、目视管理的形式与要求 292
 五、目视管理的应用实例 292
 六、目视管理的分类和图例 293

本章小结 297
习题 297

第十章 准时化生产及其他生产方式 300

第一节 准时化生产 301
 一、JIT 生产方式的产生 301
 二、JIT 生产方式的构成体系 302
 三、看板管理 306
 四、JIT 与 MRP 之比较 310

第二节 精益生产 311
 一、精益生产的产生和概念 311
 二、精益生产的核心——精益
   思想 313
 三、精益生产的实施 314

第三节 大规模定制 315
 一、大规模定制的产生 315
 二、大规模定制生产的模式 316
 三、大规模定制生产模式下企业间的
   合作关系 317

本章小结 321
习题 321

参考文献 324

目录

本章小结 …………………………………… 239
习题 ………………………………………… 239

第八章 作业排序与控制 …………………… 245

第一节 作业排序概述 ……………………… 240
一、生产排序的方法 ……………………… 246
二、车间作业的排序 ……………………… 247
三、作业排序问题 ………………………… 248
四、作业计划的编制与执行 ……………… 249
第二节 均衡生产与准时生产 …………… 250
一、均衡生产问题 ………………………… 250
二、n/2 流水作业问题 …………………… 252
三、作业排序规则 ………………………… 254
第三节 瓶颈资源的作业排序与控制 …… 252
四、配套资源瓶颈管理方法 ……………… 257
五、投入产出控制 ………………………… 253
六、消除人员的瓶颈 ……………………… 255
第四节 项目作业工程的计划与控制 …… 260
本章小结 …………………………………… 262
习题 ………………………………………… 262

第九章 生产现场管理 …………………… 266

第一节 现场与现场管理 ………………… 270
一、现场管理的内容和任务 ……………… 270
二、现场管理的特点 ……………………… 271
三、加强现场管理的意义和作用 ………… 272
四、现场管理的基本原则 ………………… 273
第二节 定置管理 ………………………… 275
一、定置管理的含义 ……………………… 277
二、定置管理的基本要求 ………………… 277
三、推行定置管理 ………………………… 280
四、"5 S"的管理活动 …………………… 281
第三节 "5S"活动 ………………………… 283

五、"5S"活动的意义 ……………………… 283
六、"5S"活动的内容和要求 ……………… 284
七、推动现场的方法 ……………………… 286
第四节 目视管理 ………………………… 290
一、目视管理的意义 ……………………… 290
二、目视管理的方式 ……………………… 290
三、目视管理的方法 ……………………… 291
四、目视管理的推进步骤 ………………… 292
五、目视管理的应用范围 ………………… 292
六、目视管理的几类应用 ………………… 293
本章小结 …………………………………… 297
习题 ………………………………………… 297

第十章 准时化生产及其生产方式 …… 300

第一节 准时化生产 ……………………… 301
一、JIT生产方式的产生 ………………… 301
二、JIT生产方式的基本思想 …………… 302
三、基本思想 ……………………………… 306
四、JIT与MRP之比较 ………………… 310
第二节 看板方式 ………………………… 311
一、看板方式生产过程控制法 …………… 311
二、看板生产的几个问题 ………………… 313
第三节 精益生产方式 …………………… 314
一、精益生产方式 ………………………… 315
二、精益生产的特点 ……………………… 315
三、大规模定制生产方式 ………………… 316
四、大规模定制生产方式工作步骤 ……… 317
本章小结 …………………………………… 321
习题 ………………………………………… 321

参考文献 …………………………………… 324

第一章 绪 论

【案例导入】

戴尔带来什么

戴尔自 1998 年正式进入中国,从当初只有 2 亿多元的营业额,到 2003 年超出 200 亿元,费时不过 5 年。咄咄逼人之势,使得国内市场上一些电脑厂商纷纷放弃了"戴尔水土不服"的期待,或多或少地显现出"戴尔焦虑症"。

面对戴尔在中国市场遵纪守法下的攻城略地,与其干着急,不如探究一下戴尔带来了些什么,兴许还能从中找到"收复失地"的良方。

戴尔的胜出告诉 IT 厂商,当今产业正在发生着急剧变化:开放性和标准化正在席卷产业。"同质化"是这场旋风的必然结果,它隐含了技术的复杂性,模糊了各家产品的差异,迫使企业将重心从产品技术转向客户。而用户则前所未有地重视投资回报。在这种剧变中,能够生存和发展的只有那些与客户保持着直接而密切联系的、通过工业化大规模生产从而提供质优价廉产品的企业。

从深层次看,PC 市场的竞争已经从产品的竞争转向企业间在商业模式和企业文化上的角力,转向对客户的掌握能力上。自然,那类连自己的客户在哪里都不知道的厂商,将会遇到的不是发展问题而是生存问题。

长久以来,较之管理而言人们更偏好技术,人们也常常会用技术专利的多寡或者是否在中国建立研究机构来评价跨国企业。戴尔每年研发费用不足 5 亿美元,尚不及行业领先的其他公司的 1/10,而就是这不多的研发费用也被用在开发实用技术上。没有多少技术专利的戴尔,胜出的重要原因是它拥有 500 多项管理和流程方面的专利。由此,人们或许会转变原有的观念,至少管理这种"软"技术对企业来说,可能比技术更重要。具体而言,厦门海关通关效率和服务意识的提高,中邮广东物流可以与国际物流公司平起平坐,都是在与戴尔的合作中取得的。这种竞争力虽然看不见,但却实实在在地存在着。

历史往往惊人得巧合。美国被誉为"车轮上的国家",20 世纪初期,在把这个国家"搬"到车轮上从而进入工业化社会的过程中,福特生产的质优价廉的 T 型车功不可没。

21 世纪信息化时代到来,戴尔公司的成功似乎告诉人们,IT 产业于社会的最大价值在于 IT 技术与产品的普及,在于人人都能用得起。

在福特汽车公司中文网站上有这样一句话:"亨利·福特先生成功的秘诀只有一个:尽力了解人们内心的需求,用最好的材料,由最好的员工,为大众制造人人都买得起的好车。"

这个秘诀值得在成熟产业中做事的人们好好品味一番,因为它的意义已远远超出了汽车产业。

(资料来源：赛迪网—中国计算机报.2004年3月)

思考题：
1. 戴尔如何用较少的研发投入迅速占领市场？
2. 戴尔的成功给中国企业带来了哪些启示？

【学习目标】

掌握生产与运作管理的含义；了解生产与运作管理的研究对象以及内容；了解生产与运作管理的发展历程；掌握生产与运作管理的地位、作用以及特征；掌握生产运作的分类；掌握生产过程的组织以及组织生产过程的基本原则；掌握生产过程的时间组织，以及三种移动方式的计算方法、优缺点和选择移动方式需考虑的因素。

关键词：生产与运作管理　制造性生产　服务性生产　生产过程组织

第一节　生产与运作管理概述

自从人类有了生产活动，就开始了生产管理的实践。18世纪70年代西方产业革命之后，工厂代替了手工作坊，机器代替了人力，生产管理理论研究与实践开始系统和大规模地展开。"一个国家的人民要生活得好，就必须生产得好。"这是美国麻省理工学院的著名学者、教授们经两年努力对美国及西欧和东亚一些国家的八个工业制造部门进行深入调查、研究后而完成的集体之作《夺回生产优势》(《美国制造业的衰退及对策》)一书中的第一句话。由此可见制造业占有何等重要的位置。

生产与运作管理既要解决传统产业存在的问题，也要针对服务业、高新技术等新兴产业存在的问题进行研究。要搞好生产与运作管理，尤其是大中型企业的生产与运作管理，比企业管理其他任何领域付出的劳动与资本、人力与物力都要多。

现代企业仅靠产品、营销和组织等某一方面的单一创新并不能确保企业成功，现代企业管理应是一系列创新的组织和实施，管理创新是企业发展的灵魂，生产运作管理是企业管理的核心。

一、生产与运作管理的含义

(一)生产与运作的概念

1. 生产与运作的定义

生产与运作的实质是一种生产活动。人们习惯把提供有形产品的活动称为制造型生产，而将提供无形产品即服务的活动称为服务型生产。过去，西方国家的学者把有形产品的生产称作"Production"(生产)，而将提供服务的生产称作"Operations"(运作)。而近年来更为明显的趋势是把提供有形产品的生产和提供服务的生产统称为"Operations"，都看成是为社会创造财富的过程。生产与运作概念的发展，如图1-1所示。

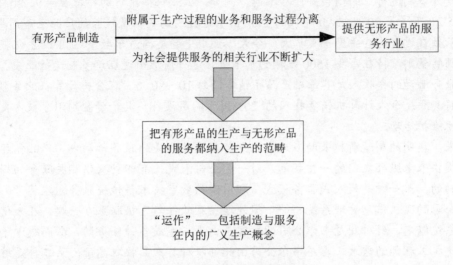

图1-1　生产与运作概念的发展

2. 生产与运作活动的过程

把输入资源按照社会需要转化为有用输出，实现价值增值的过程就是运作活动的过程。如表1-1列出了不同行业、不同社会组织的输入、转换、输出的主要内容。其中，输出是企业对社会做出的贡献，也是它赖以生存的基础；输入则由输出决定，生产什么样的产品决定了需要什么样的资源和其他输入要素。一个企业的产品或服务的特色与竞争力，是在转化过程中形成的。因此，转化过程的有效性是影响企业竞争力的关键因素之一。

表1-1　输入—转换—输出的典型系统

系　统	主要输入资源	转　换	输　出
汽车制造厂	钢材、零部件、设备、工具	制造、装配汽车	汽车
学校	学生、教师、教材、教室	传授知识、技能	受过教育的人才
医院	病人、医师、护士、药品、医疗设备	治疗、护理	健康的人
商场	顾客、售货员、商品、库房、货架	吸引顾客、推销产品	顾客的满意
餐厅	顾客、服务员、食品、厨师	提供精美食物	顾客的满意

【案例 1-1】

制造商不仅仅提供产品

尽管美国制造商在 20 世纪 90 年代实现了生产率的大幅度提高，出现了繁荣的经济增长，但是许多制造行业的销售却停滞不前。例如，工业机械销售的年增长率从 20 世纪 60 年代的 5.2%下降了 20 世纪 90 年代的 2%。由于过去的购买以及较长的产品生命周期，已有产品的基数在过去这些年里一直扩大。今天，使用中的美国汽车数量达到了 2 亿辆，而新汽车的销售量则维持在每年 1500 万辆的水平上。这种情形出现在许多制造行业中。目前来自相关服务活动的年收入是其基础产品年销售额的 10～30 倍。在公司计算机业务领域，一般公司将其年度个人计算机销售收入的 20%用于购买设备，其余资金则用于技术支持、管理和其他维护活动。

结果，精明的制造商越来越多地介入到与其产品相关的服务活动中。产品销售被当作是开启提供未来服务之门的一把钥匙。对一些公司来说，有四种提供相关服务的模式被证明是成功的。第一种是嵌入式服务模式，即用新的数字技术将传统服务植入其产品中。霍尼韦尔公司的飞机信息管理系统将一个微处理器及软件与飞机联系在一起。在未使用该信息管理系统以前，针对霍尼韦尔公司的顾客是由人工完成各种任务的，从而减少了对代价高昂的飞机工程师的需求，霍尼韦尔公司由此可以对其产品收取高价。第二种是综合服务模式。在汽车市场上，通用汽车公司提供金融服务、供应零部件、提供货车车厢计划和路线选择服务，并帮助管理维护设施。通用汽车公司收入中的一半以上来源于为客户提供的金融服务。第三种是一体化服务模式。诺基亚公司将产品和服务无缝地组合在一起奉献给顾客，试图解决其客户所有的设备和服务方法的需求。其产品包括移动通信商的手机、传输设备和交换机；其服务包括管理顾客的网络、满足新传输塔的小区需求并提供技术支持。第四种是分销控制模式。可口可乐公司就是应用这种模式的一个很好的例子。它已取得了对利润丰厚的分销活动的控制权。今天，它控制着美国 70%的装瓶和分销活动，并且正在扩大对国外生产和销售的控制。

以上这些模式使制造商和服务提供商的界线变得模糊起来，因为这些制造商不仅仅提供有形产品。

(资料来源：https://wenku.baidu.com/view/8b35cdf85acfa1c7ab00cc06.html)

分析与思考：
为什么制造商越来越重视服务？服务在制造业的地位是什么样的？

分析与思考答案：
服务所创造的价值在发达国家占 GDP 的 50%以上。对于世界著名的大企业，其收入主要来源于有形产品销售前后的服务。因此，如何提高服务系统的运作效率是企业今后关注的重点领域，也是生产运作管理要关注的主要课题。

3. 制造生产与服务运作的区别

有形产品的制造过程和无形产品的服务过程都可以看作是一个"输入—转换—输出"的过程，但这两种不同的转换过程以及它们的产出结果有很多区别，如表1-2所示。其主要表现在以下五个方面。

1) 产品物质不同

制造生产的产品是有形的，可以被储藏、运输，以满足未来的或其他地区的需求。因此，在有形产品的生产中，企业可以利用库存和改变生产量来调节与适应需求的波动。而服务生产提供的产品是无形的，是不能预先被生产出来的，也无法用库存来调节顾客的随机性需求。

2) 顾客参与程度不同

制造生产过程基本上不需要顾客参与，而服务则不同，顾客需要在运作过程中接受服务，有时顾客本身就是运作活动的一个组成部分。

3) 对顾客需求的响应时间不同

制造业企业所提供的产品可以有数天、数周甚至数月的交货周期，而对于许多服务企业来说，必须在顾客到达的几分钟内作出响应。由于顾客是随机到达的，短时间内的需求有很大的不确定性。因此，服务业企业要想保持需求和能力的一致性，难度是很大的。从这个意义上来讲，制造业企业和服务业企业在制订其运作能力计划及进行人员和设施安排时，必须采用不同的方法。如表1-2所示为制造业与服务业的区别。

表1-2 制造业与服务业的区别

特 性	制 造 业	服 务 业
输出品的形态	有形的产品	无形的服务
产品/服务的储藏	可库存	无法储藏
生产/运作设施规模	大规模	小规模
生产/运作场地数	少	多
生产资源的密集度	资本密集	劳动密集
生产和消费	分开进行	同时进行
与顾客的接触频率	少	多
受顾客的影响度	低	高
顾客要求反应时间	长	短
质量/效率的测量	容易	难

4) 运作场所的集中性和规模不同

制造企业的生产设施可远离顾客，从而可服务于地区、全国甚至国际市场，比服务业组织更集中、设施规模更大，自动化程度更高和资本投资更多，对流通、运输设施的依赖性也更强,而对服务企业来说,服务不能被运输到异地,其服务质量的提高有赖于与最终市场的接近与分散程度。设施必须靠近其顾客群,从而使一个设施只能服务于有限的区域范围,这导致了服务业的运作系统在选址、布局等方面有不同的要求。

5) 在质量标准及度量方面不同

由于制造业企业所提供的产品是有形的,所以其产出的质量易于度量。而对于服务企业来说,大多数产出是不可接触的,无法准确地衡量服务质量,顾客的个人偏好也影响对质量的评价,因此,对质量的客观度量有较大难度。

(二)生产与运作管理

生产与运作管理是指对企业提供产品或服务的系统进行设计、运行、评价和改进的各种管理活动的总称。生产与运作系统的设计包括产品或服务的选择和设计、运作设施的地点选择、运作设施的布置、服务交付的系统设计和工作的设计。生产与运作系统的运行,主要是指在现行的运作系统中如何适应市场的变化,按用户的需求生产合格产品和提供满意服务。生产与运作系统的运行主要涉及生产计划、组织与控制三个方面。

人们最初开始的是对生产制造过程的研究,主要研究有形产品生产制造过程的组织、计划和控制,被称为"生产管理学"(Production Management)。随着经济的发展、技术进步以及社会工业化、信息化的进展,社会构造越来越复杂,社会分工越来越细。原来附属于生产过程的一些业务、服务过程相继分离并独立出来,形成了专门的商业、金融、房地产等服务业。

此外,人们对教育、医疗、保险、娱乐等方面的要求也在不断提高,相关行业也在不断扩大。因此,对这些提供无形产品的运作过程进行管理和研究的必要性也就应运而生。人们开始把有形产品和无形产品生产与提供都看作是一种"投入—变换—产出"的过程,从管理的角度来看,这两种变换过程实际上是有许多不同之处的,但汉语习惯上将生产与运作两者称为生产运作。其特征主要表现为:①能够满足人们某种需要,即有一定的使用价值;②需要投入一定的资源,经过一定的变换过程才能实现;③在变换过程中需投入一定的劳动,实现价值增值。

(三)生产与运作管理的研究对象

生产与运作管理学的研究对象是生产与运作系统。如上所述,生产与运作过程是一个"投入—变换—产出"的过程,是一个劳动过程或价值增值过程。所谓生产与运作系统,是指使上述的变换过程得以实现的手段。它的构成与变换过程中的物质转化过程和管理过程相对应,也包括一个物质系统和一个管理系统。

物质系统是一个实体系统,主要由各种设施、机械、运输工具、仓库、信息传递媒介等组成。例如,一个机械工厂,其实体系统包括车间,车间内的各种机床、天车等工具,车间与车间之间的在制品仓库等。一个化工厂，它的实体系统可能主要是化学反应罐和形形色色的管道；一个急救系统或一个经营连锁快餐店的企业，它的实体系统可能又大不相同，不可能集中在一个位置，而是分布在一个城市或一个地区内各个不同的地点。

管理系统主要是指生产与运作系统的计划和控制系统，以及物质系统的设计、配置等问题。其主要内容是信息的收集、传递、控制和反馈。

二、生产与运作管理的内容

(一)生产与运作战略的制定

生产与运作战略决定产出什么，如何组合各种不同的产出品种，为此需要投入什么，如何优化配置所需要投入的资源要素，如何设计生产组织方式，如何确立竞争优势等。其目的是为产品生产及时提供全套的、能取得令人满意的技术经济效果的技术文件，并尽量缩短开发周期，降低开发费用。

(二)生产与运作系统的设计管理

生产与运作系统的设计管理包括设施选择、生产规模与技术层次决策、设施建设、设备选择与购置、生产与运作系统总平面布置、车间及工作地布置等。其目的是以最快的速度、最少的投资建立起最适宜企业的生产系统主体框架。

(三)生产与运作系统的运行管理

生产与运作系统的运行管理是对生产与运作系统的正常运行进行计划、组织和控制。其目的是按技术文件和市场需求，充分利用企业资源条件，实现高效、优质、安全、低成本生产，最大限度地满足市场销售和企业盈利的要求。生产与运作系统的运行管理包括三方面的内容：计划编制，如编制生产计划和生产作业计划；计划组织，如组织制造资源，保证计划的实施；计划控制，如以计划为标准，控制实际生产进度和库存。

(四)生产与运作系统的维护与改进

生产与运作系统只有通过正确的维护和不断的改进，才能适应市场的变化。生产与运作系统的维护与改进包括设备管理与可靠性、生产现场和生产组织方式的改进。生产与运作系统运行的计划、组织和控制，最终都要落实到生产现场。因此，要加强生产现场的协调与组织，使生产现场做到安全、文明生产。生产现场管理是生产与运作管理的基础和落脚点，加强生产现场管理，可以消除无效劳动和浪费，排除不适应生产活动的异常现象和不合理现象，使生产与运作过程的各要素更加协调，不断提高劳动生产率和经济效益。

三、生产与运作管理的目标

生产与运作管理的目标是高效、低耗、灵活、清洁、准时地生产合格产品或提供满意服务。高效是对时间而言，指能够迅速满足用户的需要，在当前激烈的市场竞争条件下，谁的订货提前期短，谁就更可能争取用户；低耗是指生产同样数量和质量的产品，人力、物力和财力的消耗最少，低耗才能低成本，低成本才有低价格，低价格才能争取用户；灵活是指能很快适应市场的变化，生产不同的品种和开发新品种，或提供不同的服务和开发新的服务；清洁是指对环境没有污染；准时是指在用户要求的时间、数量内提供所需的产品和服务。

第二节 生产与运作管理的发展历程

一、生产与运作管理的产生

工厂制度刚出现时期，经济学家亚当·斯密(Adam Smith)在1776年撰写的《国富论》一书中，最早注意到了生产经济学。他揭示出劳动分工的三个基本优点：重复完成单项作业会使技能或熟练程度得到发展；通常由于工作变换而损失时间的节约；当人们在一定范围内努力使作业专门化时，通常会发明出机器工具来。在工厂制度下，由于大量生产需要集中大量的人员，劳动分工作为一个具有普遍意义的方法发展起来，协作的方法是有效的。亚当·斯密将三方面的优点写进了《国富论》中。《国富论》是生产经济学发展中的一个里程碑，生产与运作管理这门学科，从完全叙述的阶段，发展到了具有一门应用科学特征的阶段。

在亚当·斯密之后，英国人查尔斯·巴贝奇(Charles Babbage)扩大了斯密的观察范围，提出了许多关于生产组织和经济学方面带有启发性的观点。他的思想在1832年所写的《论机器和制造业的经济》一书中概述出来。巴贝奇同意亚当·斯密关于劳动分工的三方面优点，但是他注意到亚当·斯密忽略了一个重要的优点。例如，巴贝奇引用了那个时候制针业的调查结果，专业化分工导致制针业有七个基本操作工序：①拉线；②直线；③削尖；④切断顶部；⑤作尖；⑥镀锡或镀白；⑦包装。巴贝奇注意到这些不同工序工资等级所付的费用，便指出，如果工厂按照每个人完成全部工序的操作来重新组织的话，就要对这些人按全部工序要求的最难的或者最好的技巧来支付工资。实行劳动分工就可以按每种技巧恰好所需要的数量来雇佣劳动力。所以，除了亚当·斯密提出的生产率方面的优点以外，巴贝奇还认识到对技巧制定出界限作为支付报酬依据的原则。在亚当·斯密和查尔斯·巴贝奇考察之后的年代里，劳动分工继续发展，并且在20世纪前半叶发展更快了。弗雷德里克·W.泰罗(Frederick Winslow Taylor)为生产与运作管理的发展作出巨大的贡献，泰罗认为：

科学的方法能够而且也应当应用于解决各种管理中的难题，完成工作所用的方法应当通过科学的调查研究，由企业的管理部门来决定。他列举出管理部门的四条新的职责，概述如下。

（1）研究一个人工作的各个组成部分，以替代传统的凭经验的做法。

（2）用对员工进行科学的选拔、培训和提高，代替允许员工选择自己的工作和尽他自己的能力来锻炼自己的传统做法。

（3）在员工和管理部门之间发展诚心合作的精神，以保证工作在科学的设计程序下进行。

（4）在员工和管理部门之间按几乎是均等的份额进行工作分工，各自承担最合适的工作，以代替过去员工负担绝大部分工作和责任的状况。

这四条职责使人们对管理组织有了许多考虑，几乎完全是现代组织实践的基本组成部分，并在工程方法与劳动测量领域中得到了发展。泰罗还做了许多著名的开创性的实验。这些实验涉及各个领域，包括基层生产组织，工资付酬理论，以及诸如当时钢铁工业部门中常有的金属加工、生铁搬运和铲掘作业的基本步骤的制定。

在很长一段时间里，泰罗的基本观点很少变化，他所设想的本来意义上的生产管理科学发展得极为缓慢。之所以发展缓慢的原因有很多，如还没有可以运用的、合适的知识与工具，而且必须纠正泰罗以后一段时期内的滥用情况。多年来，人们试图打破这种僵局，用单一的数字代表人们的产量或单个人—机系统化产量来解决一项作业获多少产量，可见这个方法不适用于这种情况。在泰罗以后的时期中，困扰着人们的另一个重大困难是：大规模问题的复杂性出现了，任何问题的所有可变因素似乎完全是相互依存的。今天，由于对统计和概率论的普遍认识并日益应用于生产，以及计算机的运用，与以往相比，现在的生产系统模型更加接近现实了。

【知识拓展】

泰 罗 制

泰罗制是美国效率崇拜的经济文化的产物。

泰罗首先将生产过程分解为工序，然后对每一个工序中工人的劳动动作和时间进行研究，进而根据专门化的原则设计工人动作和机器功能。这样对工种和工人的操作工序进行了细致的划分。在这个基础上对工人实行计件工资，从而实现工资上升和成本下降。1911年泰罗的《科学管理原理》一书出版，标志着古典管理理论的诞生。尽管泰罗制受到劳工组织的反对，但是仍然被迅速推广开来。

福雷德里克·泰罗(Frederic. W. Taylor)及其"科学管理"方法出现在美国不是偶然的。泰罗出生于宾州的一个富裕家庭，因视力太差从哈佛辍学，后来进入米德维尔钢铁公司成了一名普通工人，1885年获得工程学硕士学位，次年成为米德维尔公司的总工程师。泰罗相信资本家和工人的利益是一致的,相信通过科学的管理,资本家追求的低成本和工人追求的高工资可以同时达到,一心要使机器和工人生产得更多更快更好。这些信念支持他创立了自己一套关于生产、关于"工厂管理系统化"的方法。

科学管理追求的目标如下。

(1) 为每一个工人的工作程序开发一种科学方法,以取代旧的 rule-of-thumb(根据经验的)方法。

(2) 科学地选择、训练和开发工人,而不允许工人自己选择工作任务。

(3) 在工人和管理者之间建立合作精神,以确保科学的工作程序和设备的运行。

(4) 工人和管理者内部都进行充分的分工,强化层级秩序、工作责任、规章制度和非人情化的关系。

(资料来源:周三多、陈佳明、鲁明泓,《管理学原理与方法》(第五版),复旦大学出版社,2009年6月)

二、生产与运作管理的发展

生产与运作管理的发展分为四个阶段:19世纪末以前的早期管理思想阶段;19世纪末到20世纪30年代,以泰罗科学管理和法约尔一般管理思想为代表的古典管理思想阶段;20世纪30年代到20世纪40年代中期以梅奥的人际关系理论和巴纳德的组织理论为代表的中期管理思想阶段;20世纪40年代中期以后一系列管理学派(管理科学派、行为科学派系统管理学派等)为代表的现代管理思想阶段。其中一个重大的发展就是引用了线性规划,计算机的发展使大规模线性规划问题的解决成为可能。计算机技术推动了生产与运作管理的发展,如生产方式的变更、自动化的实现,如表1-3所示。

表1-3 19世纪以来运作管理发展演进的重大事件

年 份	概念和方法	发源国别
1917	科学管理原理、标准时间研究和工作研究	美国
1931	工业心理学	美国
1927—1933	流水装配线	美国
1934	作业计划图(甘特图)	美国
1940	库存控制中的经济批量模型	美国
1947	抽样检验和统计图技术在质量控制中的应用	美国
1950—1960	霍桑试验、人际关系学说	美国
1950—1960	工作抽样分析	英国
1950—1960	处理复杂系统问题的多种训练小组方法	英国
1970	线性规划中的单纯形解法	美国

续表

年份	概念和方法	发源国别
1980	运筹学快速发展，如模拟技术、排队论、决策论、计算机技术	美国和欧洲
	车间计划、库存控制、工厂布置、预测和项目管理、MRP 和 MRP Ⅱ 等	美国和欧洲
1990	JIT、TQC、工厂自动化(CIM、FMS、CAD、CAM、机器人等)	美国、日本和欧洲
	TQM 普及化、各国推行 ISO 9000、流程再造(BPR)、企业资源计划(ERP)、并行工程(CE)、敏捷制造(AM)、精益生产(LP)、电子商务、因特网、供应链管理	美国、日本和欧洲

三、生产与运作管理的地位

与现代企业的生产与运作管理相比，我国企业传统的生产管理模式存在以下弊端。

1. 企业生产缺乏柔性，对市场反应能力低

所谓"柔性"，就是加工制造的灵活性、可变性和可调节性。现代企业的生产组织必须适应市场需求的多变性，要求在短时期内，以最少的资源消耗，从一种产品的生产转换为另一种产品的生产。但传统生产管理模式是以产品为单位，按台份编制生产计划的。投入产品与调整产品对整个计划影响较大，再加上企业生产的反馈信息比较慢，下月初才有上月末的生产统计资料，无法实现动态调整，生产严重滞后，导致生产系统速度慢。

2. 企业的"多动力源的推进方式"使库存大量增加

所谓"多动力源的推进方式"，是指各个零部件生产阶段，各自以自己的生产能力、生产速度生产，而后推到下一个阶段，由此逐级下推形成"串联"，平行下推形成"并联"，直到最后的总装配，构成了多级驱动的推进方式。由于生产是"多动力源"的多级驱动，加上没有严格有效的计划控制和全厂的同步化均衡生产的协调，各生产阶段的产量必然会形成"长线"和"短线"。长线零部件"宣泄不畅"进入库存，加大库存量，而短线零部件影响配套装配，形成短缺件。然后，当"长线"越长、"短线"越短时，各种库存不但不能起到协调生产，保证生产连续性的作用，反而适得其反，造成在制品积压，流动资金周转慢，生产周期长，给产品的质量管理、成本管理、劳动生产率，以及对市场的反应能力等方面带来极其不利的影响。

3. 单一产品的"大而全""小而全"生产结构

现代化大生产是充分利用发达的社会分工和协作，组成专业化和多样化相结合的整机厂和专业化的零部件厂。然而，随着时代的变迁、科学技术的不断进步和人们生活条件的不断改善，消费者的价值观念变化很快，消费需求多样化，从而引起产品的生命周期缩短，

为适应市场需求环境的变化，必将使多品种、中小批量混合生产成为企业生产方式的主流。长期以来，我国"大而全""小而全"的生产结构方式，不仅是一种排斥了规模经济效益的、效率低下的生产方式，而且也排斥多样化经营，靠增大批量降低成本生产，这样非常不利于企业分散风险，提高效益，促进企业顺利成长。

4. 企业生产计划与作业计划相脱节，计划控制力弱

传统生产管理模式在生产计划的编制过程中，是以产品为单位进行的，但又由于各生产阶段内部的"物流"和"信息流"是以零件为单位的，因此，作为厂一级的生产计划只能以产品为单位，按台份下达到各生产阶段，即有关的车间，而不能下达到生产车间内部。生产车间内部则根据厂级生产计划，以零件为单位自行编制本车间的生产作业计划，由于各生产车间的工艺、对象和生产作业计划的特殊性和独立性，各生产车间产量进度不尽相同。而厂级计划是以产品为单位编制的，对各车间以零件为单位的生产作业计划不能起到控制作用。

生产与运作管理是对企业生产活动的管理，主要是解决企业内部的人、财、物等各种资源的最佳结合问题。生产与运作管理是把企业的经营目标，通过产品的制造过程转化为现实。然而，在市场经济条件下，科学技术，尤其是生产制造技术飞速发展的今天，现代生产与运作管理同传统的生产与运作管理相比，无论从内容上，还是管理方式上都得到了充实、发展与完善，形成了新的特点。

生产与运作管理在企业管理中的地位，首先，生产与运作管理是企业管理的一部分，从企业管理系统分层来看，生产与运作管理处于经营决策(领导层：上层)之下的管理层(中层)，它们之间是决策和执行的关系，生产与运作管理在企业管理中起保证作用，处于执行地位。其次，生产与运作管理活动是企业管理一切活动的基础。对生产活动管理不好，企业就很难按品种、质量、数量、期限和价格向社会提供产品，满足用户要求，增强企业自身的竞争力。在这种情况下，企业就无法实现其经营目标。所以，在市场经济条件下的企业，在重视经营管理的同时，决不能放松生产与运作管理。相反，应更重视它，使经济效益的提高建立在可靠的基础之上。

四、生产运作管理与其他职能管理的关系

(一)生产与运作职能是企业管理三大基本职能之一

企业管理有三大基本职能：运作、理财和营销。运作就是创造社会所需要的产品和服务，把运作活动组织好，对提高企业的经济效益有很大作用。理财就是为企业筹措资金并合理地运用资金。只要进入的资金多于流出的资金，企业的财富就会不断增长。营销就是要发现与发掘顾客的需求，让顾客了解企业的产品和服务，并将这些产品和服务送到顾客手中。无论是制造型企业还是服务型企业，生产与运作活动是企业的基本活动之一，生产

与运作管理是企业管理的一项基本职能。

(二)生产与运作管理与市场营销的关系

生产与运作管理与市场营销是处在同一管理层次上,相对独立,又有着十分紧密的协作关系。生产与运作管理为营销部门提供满足市场消费、适销对路的产品和服务,搞好生产与运作管理对开展营销管理工作、提高产品的市场占有率和增强企业活力有着重要的意义。所以说,生产与运作管理对市场营销起保障作用,同时市场营销为生产提供市场信息,是生产与运作管理的产品价值实现的保证。

(三)生产与运作管理与财务管理的关系

生产与运作管理与财务管理也是处在同一管理层次上,彼此之间既独立又有联系。企业的生产与运作活动是伴随着资金运动同时进行的。财务管理是以资金运动为对象的,利用价值形式进行的综合性管理工作。企业为进行生产与运作活动通过借贷、筹集等方式获得资金,先以货币资金形式存在于企业,当企业采购生产所需的原材料、燃料等实物后,货币资金转化为储备资金;在生产过程中,储备资金又转化为生产资金;当转化过程结束后,原材料加工成成品,生产资金转化为成品资金;产品在市场销售后,其价值得以实现,成品资金转化为货币资金。

在上述资金运动过程中,资金流动与实物流动是交织在一起的,资金流动对实物流动起着核算、监督和控制的作用。从财务管理的角度看,企业财务管理系统既要为生产与运作活动所需的物资及技术改造、设备更新等提供足够的资金,又要控制生产与运作中所需的费用,加快资金周转,提高资金利用效率。

从生产的角度来看,生产与运作管理所追求的高效率、高质量、低成本和交货期,又可以在各方面降低消耗、节约资金,提高资金利用效率,增加企业经济效益。

(四)生产与运作管理与企业管理系统的关系

企业管理的目的是要在充分发挥市场营销、生产与运作与财务管理等职能作用的基础上,实现企业系统的整体优化,创造最佳经济效益。在企业管理系统中,三大职能互相影响、互相制约。如果企业营销体系不健全、营销政策不完整、销售渠道不畅,即使企业拥有竞争力很强的产品,也难将产品销售出去,更谈不上取得市场地位、获得竞争优势。如果企业生产与运作系统设计不合理,产品质量不能保证,这样的产品就是有再完善的营销体系也很难将产品销售出去。假如企业上述两项都不错,但财务管理系统较弱,资金筹措和资金运作能力很低,企业也不能在市场竞争中把企业做大做强。因此,对于企业这样一个完整的有机系统,提高企业管理水平必须以系统的观点,应从系统的角度全面提高企业各职能的管理水平。

五、生产与运作管理的作用

(一)生产与运作是企业价值链的主要环节

从人类社会经济发展的角度来看,物质产品的生产制造除了天然合成(如粮食生产)之外,人类能动地创造财富是最主要的活动。工业生产制造直接决定着人们的衣食住行,也直接影响着农业、矿业等社会其他产业技术装备的能力。今天,随着生产规模的不断扩大、产品和生产技术的日益复杂、市场交换活动的日益活跃,一系列连接生产活动的中间媒介活动变得越来越重要。因此,与工业生产密切相关的金融业、保险业、对外贸易业、房地产业、仓储运输业、技术服务业和信息业等服务行业,在现代社会生活中所占的比重越来越大,在人类创造财富的整个过程中起着越来越重要的作用,是人类创造财富的必要环节。而作为构成社会基本单位的企业,其生产与运作活动是人类最主要的生产活动,也是企业创造价值、服务社会和获取利润的主要环节。

(二)生产与运作管理是企业市场链的主要活动

企业生产经营可以说有五大活动:财务、技术、生产、营销和人力资源管理。这五大活动是有机联系的一个循环往复的过程,如图1-2所示。企业为了实现自己的经营目的,首先要制定一个经营方针,决定经营什么、生产什么;然后需要准备资金,即进行财务活动;其次需要研制和设计产品以及工艺——进行技术活动;设计完成后,需要购买物料和加工制造——进行生产活动;产品生产出来以后,需要通过销售使价值得以实现——进行营销活动;销售以后得到的收入进行分配,其中一部分作为下一轮的生产资金,又一个循环开始。而能使这一切运转的,是人——企业的人力资源管理活动。

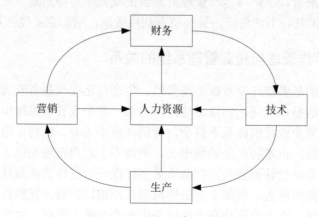

图1-2 企业经营的活动过程

企业为了达到自己的经营目的,以上五大活动缺一不可。例如,没有资金,生产活动就无法开始，也就谈不上创造价值；又如，生产出来的有价值的产品，如果销售不出去，价值也就无从实现。而其中生产活动(包括"技术"活动在内)的重要意义在于它是真正的价值创造过程，是产生企业利润的源泉。

(三)生产与运作管理是构成企业核心竞争力的关键内容

在市场竞争条件下，企业竞争到底靠什么？不同的企业有各自不同的战略和各自不同的成功经验。归纳起来，最终都体现在企业所提供的产品上，体现在产品的质量、价格和适时性上。哪个企业的产品质量好、价格低，又能及时推出，就能在竞争中取胜。一个企业也许面临许多问题，如体制问题、资金问题、设备问题、技术问题、生产问题、销售问题、人员管理问题、企业和政府、银行、股东的关系问题等，任何一个方面的问题，都有可能影响整个企业的正常生产和经营。但消费者和用户只关心企业所提供的产品对他们的效用。因此，企业之间的竞争实际上是企业产品之间的竞争，而企业产品的竞争力，在很大程度上取决于企业生产与运作管理的绩效，即如何保证质量、降低成本和把握时间。

从这个意义上来说，生产与运作管理是企业竞争力的真正源泉。在市场需求日益多样化、顾客要求越来越高的情况下，如何适时、适量地提供高质量、低价格的产品，是现代企业经营管理领域中最富有挑战性的内容之一。在20世纪80年代，美国工商企业界的高层管理者把兴趣更多地侧重于资本生产、营销手段的开发等，而对集中了企业绝大部分财力、设备、人力资源的生产系统缺乏应有的重视，导致整个生产活动与市场竞争的要求相距越来越远。而后起的日本企业，则正是靠它们卓有成效的生产与运作管理技术和方法，使其产品风靡全球，不断提高其全球竞争力。日美汽车工业之间的竞争和成败是这方面的一个最好例子。在今天，绝大多数企业已经意识到了生产与运作管理对企业竞争力的重要意义，开始重新审视生产与运作管理在整个企业经营管理中的地位和作用，大力通过信息技术的应用等手段来加强生产与运作管理。今天的中国企业实际上也面临类似的问题，西方国家的经验教训值得我们借鉴。

六、现代生产与运作管理的特征

现代生产与运作管理的概念及内容与传统生产与运作管理已有很大不同。随着现代企业经营规模的不断扩大，产品的生产过程和各种服务的提供过程日趋复杂。市场环境的不断变化，生产与运作管理学本身也在不断发生变化，特别是信息技术突飞猛进的发展和普及，更为生产与运作管理增添了新的有力手段，也使生产与运作管理学的研究进入了一个新的阶段，使其内容更加丰富、体系更加完整。企业环境变化促进了生产与运作管理的发展，为其注入了新的内容，从而形成现代生产与运作管理的一些新特征。

1. 现代生产与运作管理的范围比传统的生产与运作管理更宽

传统的生产管理着眼于生产系统的内部，主要关注生产过程的计划、组织和控制等，因此，也称之为制造管理。随着社会经济的发展和管理科学的发展，以及整个国民经济中第三产业所占的比重越来越大，生产与运作管理的范围已突破了传统的制造业的生产过程和生产系统控制，扩大到了非制造业的运作过程和运作系统的设计上，从而形成对整个企业系统的管理。

2. 生产与运作管理与经营管理联系更加紧密，并相互渗透

市场经济的发展，企业的生存与发展需要搞好企业经营管理，特别是制定正确的经营决策是关键，而经营决策的实现加强了企业的生产与运作管理。这是由于产品质量、品种、成本、交货期等生产与运作管理的指标结果直接影响到产品的市场竞争力。此外，为了更好地适应市场需求，生产战略已成为企业经营战略的重要组成部分，同时生产系统的柔性化要求经营决策的产品研究与开发、设计与调整与之同步进行，以便使生产系统运行的前提得到保障。由此可见，在现代生产与运作管理中，生产活动和经营活动、生产与运作管理和经营管理之间的联系越来越密切，并相互渗透，朝着一体化方向发展。

3. 多品种、小批量生产以及个性化服务将成为生产与运作方式的主流

市场需求的多样化，大批量生产方式正逐渐丧失其优势，而多品种、小批量生产方式将越来越成为生产的主流。生产方式的这种转变，使生产与运作管理面临着多品种、小批量生产与降低成本之间相悖的新挑战，从而给生产与运作管理带来了从管理组织结构到管理方法上的一系列变化。这一系列的变化最后会提供个性化服务，这种服务是一种有针对性的服务方式，是根据用户的设定来实现的，它打破了传统的被动服务模式，能够充分利用各种资源优势，主动开展以满足用户个性化需求为目的的全方位服务。

4. 计算机技术在生产与运作管理中得到广泛运用

近20年来，计算机技术给企业的生产经营活动，以及包括生产与运作管理在内的企业管理带来了惊人的变化，给企业带来了巨大的效益。如 CAD、CAPP、CAM、MRPⅡ、GT、FMS 和 CIMS 等，这些技术的潜在效力，是传统的生产管理无法比拟的。

总而言之，在技术进步日新月异、市场需求日趋多变的今天，企业的生产经营环境发生了很大的变化，给企业的生产与运作管理也带来了许多新课题。这就要求我们从管理观念、组织结构、系统设计、方法手段和人员管理等多方面进行探讨和研究。

第三节 生产运作的分类

从管理角度出发，生产运作分为两大类：制造性生产和服务性生产。

一、制造性生产

制造性生产(即物质生产型)通过物理和(或)化学作用将有形输入转化为有形输出的过程。制造性生产按不同的特点可分为不同的种类,具体如下。

(一)连续性生产和离散性生产

按工艺过程特点的不同,可将制造性生产划分为连续性生产和离散性生产。连续性生产,又称为流程式生产,是指物料均匀、连续地按一定工艺顺序运动,在运动中不断改变形态和性能,最终形成产品的生产,如炼钢、造纸等。

离散性生产,又称为加工装配式生产,是指物料离散地按一定工艺顺序运动,在运动中不断改变形态和性能,最后形成产品的生产,如机床、汽车、锅炉。流程式生产和加工装配式生产的比较如表1-4所示。

表1-4 流程式生产和加工装配式生产的比较

特征	流程式生产	加工装配式生产
产品品种数	较少	较多
自动化程度	较高	较低
生产能力	可明确确定	模糊
原材料的品种数	较少	较多
设备布置的柔性	较低	较高
生产设施地理位置	集中	分散
协作关系	简单	复杂
扩充能力的周期	较长	较短

由于流程式生产与加工装配式生产的特点不同,导致生产管理的特点不同。流程式生产的地理位置集中,生产过程自动化程度高,只要设备体系运行正常,工艺参数得到控制,就可以正常生产合格产品。生产过程中的协作与协调任务少。加工装配式生产的地理位置分散,零件加工和产品装配可以在不同的地区甚至在不同的国家进行。由于零件种类繁多,加工工艺多样化,又涉及多种多样的加工单位、工人和设备,生产过程中的协作关系十分复杂,计划、组织、协调与控制任务相当繁重,生产管理大大复杂化。因此,生产管理研究的重点一直放在加工装配式生产上。

(二)备货性生产和订货性生产

按企业接受订货的方式和顾客要求定制的程度,可将制造性生产划分为备货性生产

(Make-to-stock,MTS)和订货性生产(Make-to-order,MTO)。

备货性生产是指在没有接到用户订单时,按已有的标准产品或产品系列进行的生产。生产的目的是补充成品库存,通过维持一定量的成品库存来满足用户的需要,如家用电器、轴承等产品。在对市场需求量进行预测的基础上,有计划地进行生产,产品有库存。为防止库存积压和脱销,生产管理的重点是抓供、产、销之间的衔接,按"量"组织生产过程使各环节之间达到平衡,保证全面完成计划任务。这种生产方式的顾客定制程度很低,通常是标准化地、大批量地进行轮番生产,其生产效率比较高。

订货性生产是按用户订单进行的生产。用户可能对产品提出各种各样的要求,经过协商和谈判,以协议或合同的形式确认对产品性能、质量、数量和交货期的要求,然后组织设计和制造。在收到顾客的订单之后,才按顾客的具体要求组织生产,进行设计、供应、制造和发货等工作。由于是按顾客要求定制,故产品大多是非标准化的,在规格、数量、质量和交货期等方面可能各不相同。由于是按订货合同规定的交货日期进行生产,产品生产出来立即交货,所以基本上没有产成品存货,如锅炉、船舶和汽轮机。MTS 与 MTO 的区别如表 1-5 所示。

表 1-5 MTS 与 MTO 的区别

项 目	MTS	MTO
产品	标准产品	按用户要求生产
对产品的要求	可以预测	难以预测
价格	事先确定	订货时确定
交货期	不重要,由成品库随时供货	很重要,订货时确定
设备	多为专用高效设备	多采用通用设备
人员	专业化人员	需多种操作技能

(三)大量生产、成批生产和单件生产

按生产任务的重复程度和工作地的专业化程度,可将制造性生产划分为大量生产、成批生产和单件生产三种类型。大量生产的特点是生产的品种少,每一品种的产量大,生产稳定且不断地重复进行。一般这种产品在一定时期内具有相对稳定的很大的社会需求。例如,螺钉、螺母、轴承等标准件,家电产品、小轿车等。工作地固定完成一两道工序,专业化程度很高。大量生产类型有条件采用高效的专用设备和专用工艺装备,工作地按对象专业化原则设置,采用生产线和流水线的生产组织形式。在生产计划和控制方面也由于生产不断地重复进行,规律性强,有条件应用经过仔细安排及优化的标准计划和应用自动化装置对生产过程进行监控。工人也易于掌握操作技术,迅速提高熟练程度。

成批生产的特点是生产的产品产量比大量生产少,而产品品种较多,各种产品在计划

期内成批地轮番生产，大多数工作地要负担较多工序。由一批产品的制造改变为另一批产品的制造，工作地上的设备和工具也要做相应的调整，即要花一次"准备与结束工作时间"。每批产品的数量越大，则工作地上调整的次数越少；反之，每批产品的数量越少，则调整的次数越多。所以，合理地确定批量，组织好多品种的轮番生产，是成批生产类型生产管理的重要问题。根据生产的稳定性、重复性和工作地专业化程度，成批生产又可分为大批生产、中批生产和小批生产。大批生产的特点接近于大量生产，小批生产的特点接近于单件生产。每隔一定时间组织产品轮番生产时，有固定重复期的叫定期成批生产，没有固定重复期的叫不定期成批生产。

单件生产的特点是产品对象基本上是一次性需求的专用产品，一般不重复生产，因此生产品种繁多，生产对象不断变化，生产设备和工艺装备必须采用通用性的，工作地的专业化程度很低。在生产对象复杂多变的情况下，一般宜按工艺专业化原则，采用机群式布置的生产组织形式。生产作业计划的编制不宜集中，一般采取多级编制自上而下逐级细化的方法，在生产指挥和监控上要使基层根据生产的实际运行情况有较大的灵活处置权，以提高生产管理系统的适用能力。单件生产要求工人具有较高的技术水平和较广的生产知识。

【案例1-2】

福特T型车的自动化大规模生产

20世纪可以说是"汽车的世纪"，人类技术和生活产生了重大的变革，福特汽车公司正是这场变革的先锋，它的固定型自动化生产成为汽车工业大规模生产的里程碑。

1903—1908年，福特公司的工程师们研制出了19款不同的车型，并按字母顺序从A到S为不同的车型命名。这些车型为最后退出的T型车奠定了技术基础。T型车于1908年10月1日推出，福特公司通过固定型自动化的生产方式，大规模地生产标准化的T型车。在T型车推出的第一年，产量达到10 660辆，创下汽车行业的纪录。通过高产量分摊成本，并综合设计和生产的不断改进，T型车的售价从起初的850美元降到260美元，成为全世界第一辆普通百姓买得起的汽车。

（资料来源：http://www.mychery.net/forum/bin/ut/topic_show.cgi?id=1119454，有改动）

分析与思考：
为什么福特T型车可以如此高产呢？

分析与思考答案：
可以说，T型车带来了汽车工业的腾飞一点也不为过。通过降低成本，福特对传统的生产方式进行了大胆的改革。他率先建立了一条流动的生产线，从一个零件开始到一辆整车，都是在这条流水线上完成的，大大提高了生产效率。同时还将更多的电子产品装配到汽车上，将汽车分解成各个总成，底盘、车身、发动机等独立装配和拆卸，让客户有更多自由选择的余地。这充分证明了技术革命对汽车工业的影响。

二、服务性生产

(一)服务性生产的分类

1. 纯服务性生产和一般服务性生产

按照是否提供有形产品,可将服务性生产划分成纯服务性生产和一般服务性生产两种。纯服务性生产不提供任何有形产品,如咨询、指导和讲课等;一般服务性生产则提供有形产品,如批发、零售、邮政、运输、图书馆书刊借阅等。

2. 高接触型生产、混合型生产和准制造型生产

按照与顾客直接接触的程度,可将服务性生产划分成高接触型生产、混合型生产和准制造型生产三种。

高接触型生产是指那些与顾客直接打交道或直接交往的服务性生产,如旅馆的接待服务、保险公司的个人服务、餐厅的上菜服务、零售业的柜台销售服务、医院的门诊服务以及课堂教学等。高接触型运作的效率和质量主要取决于服务人员的职业道德和工作能力。

混合型生产是指性质和内容介于高接触型运作和准制造型运作之间的各种服务工作,如银行的出纳作业、火车站的售票作业、售后服务部门的修理工作、超市的上货工作等。

准制造型生产就是不与顾客直接打交道,而是从事业务和信息处理的服务性工作,如企业的行政管理、会计事务处理、存货管理、计划与调度、采购作业、批发、设备维护等。这些准制造型运作从性质上看,与制造系统的类似作业并无本质区别,可直接应用制造业先进的生产管理方法来改进这类服务性运作的效率。

3. 技术密集型生产和人员密集型生产

按生产运作系统的特性可将服务性生产划分为技术密集型生产和人员密集型生产。这种分类方式的区别主要在于人员与设施装备的比例关系。前者需要更多的设施及装备投入,后者则需要高素质的人员。航空公司、运输公司、银行、娱乐业、通信业、医院等都属于技术密集型生产;百货商店、餐饮业、学校、咨询公司等都属于人员密集型生产。从中不难看出两类生产管理的特点:前者更注重合理的技术装备和投资决策,加强技术管理,控制服务交货进度与准确性;后者更注重员工的聘用、培训和激励,工作方式的改进、设施选址和布置等问题。

(二)服务性生产的特点

服务以提供劳务为特征,但服务业也从事一些制造型活动,只不过制造处于从属地位,例如餐馆,它需要制作各种菜肴。

由于服务业的兴起，提高服务运作的效率已日益引起人们的重视。然而，服务运作管理与生产管理有很大不同，不能把制造性生产管理的方法简单地搬到服务运作中。与制造性生产相比，服务性生产有以下特点。

(1) 服务性生产的生产率难以测定。一个工厂可以计算它所生产的产品数量，一个律师的辩护则难以计量。
(2) 服务性生产的质量标准难以建立。
(3) 与顾客接触是服务运作的一个重要内容，但这种接触往往导致效率降低。
(4) 纯服务性生产不能通过库存来调节。
(5) 不可触摸性。
(6) 服务的生产与消费在场地上的同一性。

由于服务性生产存在以上特点，因此需要专门对服务运作管理进行研究。

第四节　生产过程组织

一、生产过程组织概述

生产过程组织是对生产系统内所有要素进行合理的安排，以最佳的方式将各种生产要素结合，使其形成一个协调的系统。其目标就是使作业行程最短、时间最省、耗费最小，能按市场的需要提供优质的产品和服务。

(一)生产过程的概念

企业的生产过程是社会财富的生产过程，也是工业企业最基本的活动过程。从总体来看，其包括劳动过程和自然过程。

劳动过程是人们为社会所需要的产品而进行的有目的的活动。劳动过程是生产过程的主体，是劳动力、劳动对象和劳动工具(手段)结合的过程(也就是劳动者利用劳动手段作用于劳动对象)，同时又是创造具有新价值和使用价值的物质财富的过程。自然过程是指劳动对象借助自然界的力量产生某种性质变化的过程。

生产过程有狭义和广义之分，广义生产过程是指从生产准备开始到产品制造出来为止的全部过程；狭义生产过程是指从原材料投入开始到产品制造出来为止的全部过程。

(二)生产过程的构成

1. 生产技术准备过程、基本生产过程、辅助生产过程和生产服务过程

按各部分分担的不同任务，生产过程分为以下四部分。

(1) 生产技术准备过程：是指产品在投入生产前所进行的各种生产技术准备工作。

(2) 基本生产过程：是指直接为完成企业的产品所进行的生产活动。如纺织企业的纺纱、织布；钢铁企业的炼铁、炼钢、轧钢；机械制造企业的铸造、加工、装配等。

(3) 辅助生产过程：是指为保证基本生产过程的正常进行而从事的各种辅助性生产活动的过程。如为基本生产提供动力、工具和维修工作等。

(4) 生产服务过程：是指为保证生产活动顺利进行而提供的各种服务性工作。如供应工作、运输工作、技术检验工作等。

2. 工艺阶段和工序

(1) 工艺阶段：是指按照使用的生产手段的不同和加工性质的差别而划分的局部生产过程。

若干相互联系的工艺阶段组成基本生产过程和辅助生产过程。

(2) 工序：是指一个工人或一组工人在同一工作上对同一劳动对象进行加工的生产环节。它是组成生产过程的最小单元。若干个工序组成工艺阶段。

按照工序的性质，可把工序分为基本工序和辅助工序。基本工序，即直接使劳动对象发生物理或化学变化的工序；辅助工序，即为基本工序的生产活动创造条件的工序。

综上所述，生产过程的构成就是指生产过程的各个部分(生产技术准备过程、基本生产过程、辅助生产过程、生产服务过程，生产过程的各个工艺阶段、基本工序和辅助工序)之间的组成情况和相互联系。

(三)影响生产过程的构成因素

1. 企业产品的特点

企业产品的特点就是指产品用途、结构、复杂程度和制造产品所用的材料等。

2. 企业的规模

企业规模大，生产过程工序划分较细，专业化水平高；企业规模小，生产过程工序划分较粗，专业化水平低。

3. 企业生产采用的设备和工艺方法

企业生产如果采用专用高效的设备和现代化的先进工艺方法，会大大提高生产效率；反之，低效高耗能的设备和粗糙的工艺会影响生产效率，进而降低市场竞争力。

4. 企业对外协作关系

社会专业化协作水平越高，企业内部生产过程就越简化，其他属于企业辅助生产过程的产品，就可由其他专业工厂提供。

(四)合理组织生产过程的基本原则

合理组织生产过程就是指合理地处理生产过程各个部分之间的关系，使其在时间、空间上密切配合、协调一致，以保证均衡、有节奏的生产。

1. 连续性

产品在各个环节上的运动始终处于连续状态，没有或很少有不必要的停顿和等待时间。

2. 比例性

生产过程各环节的生产能力要保持适合产品制造的比例关系。能力、效率、计划方面保持比例，避免脱节。

3. 均衡性

均衡性又称节奏性，是指相同的时间间隔内生产大致相同数量或递增数量的产品。产品在生产过程中的各个阶段，从投料到最后完工入库，能保证按计划、有节奏、均衡地进行。

4. 柔性

柔性是指生产过程具有适应外界环境变化的需要，向多品种、小批量、能够灵活转向、应急应变性强的方向发展。

5. 准时性

准时性是市场经济对生产过程的要求，将企业与用户紧密联系起来。

生产过程各阶段、各工序都按后续阶段和工序的需要生产。即在需要的时候、按需要的数量生产所需的产品和零部件。

二、生产过程的空间组织

空间组织就是指企业的各个生产单位的组成、相互联系及其在空间上的分布情况。

(一)工艺专业化

工艺专业化形式是以工艺为中心组织设备、人员等生产与运作资源，为每一道工序提供一个工作场地(见图 1-3)。这里的"工序"，是指能完成某一特定任务的一个工作单位。在这种流程形式下，每一道工序负责制造产品(或提供服务)的某一特定任务，完成该任务所需的同类设备、具备同类型技能的人员集中在该场地，从事工艺方法相同或相似的工作。因此，一个被加工产品(或一个顾客)必须通过位于不同工作场地的不同工序才能完成其全部加工，而不是为每一种产品各提供一个可执行完成该产品所需全部任务的专用场地。对于制造企业来说，一道工序可以是由一台或一组设备，或一个工段、一个车间组成。以机械制造业为例，在这种形势下所建立的生产单位是铸造、锻造、机加工、热处理、装配等不同单位(分厂或车间)；机加工工厂内部，还可再分为车工组、铣工组、钳工组等不同单位。

对于非制造企业来说，可以是一个窗口、一个柜台，或一间办公室。

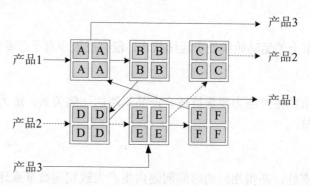

图 1-3　工艺专业化形式

工艺专业化形式的主要优点是：①产品制造顺序可以有一定的弹性，从而对品种变换有较好的适应性；②有利于充分利用设备和工人的工作时间；③便于进行工艺管理，有利于同类技术交流和技术支援，有利于工人技术水平的提高。其主要不利之处是：①在某些工序，不同产品(或顾客)有时会同时争夺有限的资源。如图1-3所示，产品1、2、3共需经过 A-B-D、D-E-C、E-F-A 工序才能完成加工，产品1和产品3同时需要利用工序A，产品2和产品3同时需要利用工序E。②大批在制品从一个生产单位转到另一个生产单位，生产过程的连续性较差，较差运输和迂回运输较多，使加工路线延长，运输时间和费用也增高。③在制品库存量大，停放时间长，致使产品生产周期延长，流动资金占用量大。④不同生产单位之间的生产联系较为复杂，从而管理工作(计划管理、在制品管理、质量管理等)较复杂。

(二)对象专业化

以产品(或顾客)对象为中心组织生产与运作资源，按照不同产品对象分别建立不同的工作场地，作为一个生产单位，如图1-4所示。在同一个生产单位中，集中加工某一产品所需的不同设备和具备不同技能的人员，完成一个产品(或某一类顾客服务)所需的工序在该生产单位中按产品加工顺序的先后排列，使该产品的大部分或全部加工步骤都能在该生产单位完成。这种流程形式的最大特点是不同产品各自独占其所需要的资源，例如，在图1-4中，产品1和产品3都需要利用工序A，则分别在各自的工作场地设置工序A，这种组织方式避免了不同产品同时在某一工序争夺资源，产品在加工过程中的流向比较简单、直接，但某些工序必须重复设置，如图1-4中的A、E和D。在机械制造业中，产品对象专业化的生产单位不再是铸、锻、机加工、装配等，而是箱体车间、齿轮车间、A产品分厂、B产品分厂等。

对象专业化形式有两类主要形式：成品或部件为对象的专业化形式和同类零件为对象的专业化形式。这种形式的主要优缺点与工艺专业化形式正好相反。

优点:
(1) 加工路线短。
(2) 为采用先进的生产过程组织形式(流水线、自动化)创造条件。
(3) 协作关系简单。
(4) 大大地减少了车间之间的联系,有利于在制品管理。

缺点:
(1) 对产品变动的应变能力差。
(2) 设备利用率低。
(3) 工人之间的技术交流比较困难,因此工人技术水平的提高受到一定限制。

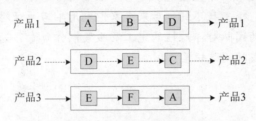

图1-4 对象专业化形式

(三)成组加工单元

成组加工单元就是在一个生产单元内,配备某些不同类型的加工设备,完成一组或几组零件的全部加工任务,且加工顺序在组内可以灵活安排,成组加工单元符合对象原则,也可以看作是对象原则的进一步发展。

(四)柔性加工单元

柔性加工单元是成组技术与数控技术相结合的产物。在柔性生产单元中,产品、零部件或加工工艺变化时,不必对设备或生产线进行大的变更,而只要变更某些控制程序就可以适应新的产品、零部件和新的工艺加工方法的需要。

柔性加工单元与成组加工单元的不同点有以下几个。
(1) 加工机床为数控机床或数控加工中心。
(2) 传递装置为自动传送系统或自动抓握装置。
(3) 工件和刀具自动传递装卸。
(4) 采用集中数控或计算机控制。

【案例1-3】

亚历山大洋娃娃公司:运用丰田的流程设计原理来进行洋娃娃的改装

亚历山大洋娃娃公司制造可以用来收藏的洋娃娃已经有超过75年的历史了,这些洋娃娃有虚拟人物(比如灰姑娘),也有真实人物(比如伊利莎白·泰勒),并且每个卖到 40～600 美元。这家公司是一位俄罗斯移民的女儿在 1923 年创立的。然而公司在被出售给两位投资者后就已经濒临破产,1995 年,北加利福尼亚的 TBM 咨询公司组建的一个投资组织收购了它。这些投资者包括专门研究丰田的精细制造系统,并将其传授给了许多美国制造商的制造专家。虽然制作洋娃娃要比制造汽车简单得多,但是仍然需要相当周密的计划和协调。例如服饰可能包括 20 个或更多独立的组成部分,而且要经过 30 个生产步骤才能生产出来。纺织品不能再订购,而且其中 75%的款式每年都要做出改变。当公司被收购的时候,工厂存放着 9 万多个处于部分完工状态的洋娃娃,都快堆到天花板了,客户要等上 16 周才能发货。当新任 CEO 尝试去完成一个数量为 300 个洋娃娃的订单时,可能只有 117 个能够完成,因为太多布片被遗失了,根本找不到。后来专家们利用丰田原理对工厂进行了重组,并组织工人构建七八人一组的团队对洋娃娃的完工及服装制作负责。通过上述工作,流程冗余被削减了 96%,订单完成时间缩短至 2 周。

(资料来源:《管理世界》. 2002 年 4 月)

分析与思考:
丰田公司的流程和洋娃娃改装有什么共同之处?

分析与思考答案:
虽然丰田汽车的制造和洋娃娃的制造在难易程度上差别很大,但共同的特点是它们都是经过多道工序生产完成的,需要各道工序的计划和协调,这使洋娃娃的制作可以借鉴丰田汽车生产的技术和先进的管理理念。

三、生产过程的时间组织

生产过程的时间组织主要解决零件在加工过程中的移动方式问题。它主要研究劳动对象在车间之间、工段之间及工作地之间的运动,在时间上如何配合与衔接,以最大限度地提高生产过程的连续性和节奏性,从而达到提高生产率、降低成本、缩短生产周期的目的。

(一)零件的移动方式

1. 顺序移动方式

顺序移动方式是指一批零件在前一道工序加工完毕后才整批地运送到后一道工序去继续加工。

加工周期的计算公式为

$$T_{顺} = n \sum_{i=1}^{m} t_i$$

式中，n 为零件加工批量，m 为零件加工的工序数，t_i 为第 i 道工序的单件加工时间。如图 1-5 所示为顺序移动方式示意图。

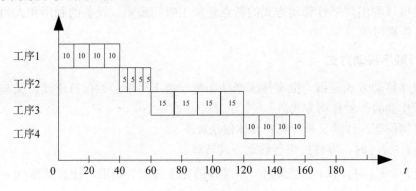

图 1-5 顺序移动方式

例 1-1：设 $n=4$，$t_1=10$，$t_2=5$，$t_3=15$，$t_4=10$，则
$$T_顺 = 4 \times (10 + 5 + 15 + 10) = 160$$

从上述可以看出，顺序移动方式的特点是零件在加工过程中没有停歇，管理与组织比较简单，但加工时间长。

2. 平行移动方式

平行移动方式是指每一个零件在前一道工序加工完毕之后，立即转入下一道工序进行加工，零件在工作地之间是一个一个地运输的。

加工周期的计算公式为

$$T_平 = \sum_{i=1}^{m} t_i + (n-1)t_l$$

式中，t_l 为最长单件工序时间，其余各项同前。如图 1-6 所示为平行移动方式示意图。

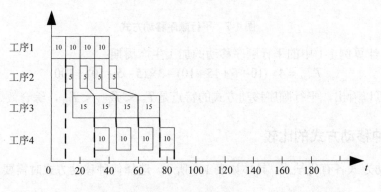

图 1-6 平行移动方式

例 1-2：计算例 1-1 中平行移动方式的加工生产周期：
$$T_{平} = (t_1 + t_2 + t_3 + t_4) + (4-1)t_3 = (10+5+15+10) + 3 \times 15 = 85$$

从上述可以看出，平行移动方式的特点是加工时间最短，设备的利用和人力的利用不够充分，有停歇时间。

3. 平行顺序移动方式

平行顺序移动方式是指一批零件或产品在每一道工序都必须保持连续，又与其他工序平行地进行作业的一种移动方式。

那么如何保证既连续又平行呢？具体做法如下。

(1) 当 $t_i < t_{i+1}$ 时，零件按平行移动方式转移。

(2) 当 $t_i \geq t_{i+1}$ 时，以 i 工序最后一个零件的完工时间为基准，往前推移 $(n-1) \times t_{i+1}$ 作为零件在 $i+1$ 工序的开始加工时间。

加工周期的计算公式为

$$T_{平顺} = n\sum_{i=1}^{m} t_i - (n-1)\sum_{i=1}^{m-1} t_{\min}(t_i, t_{i+1})$$

式中，$t_{\min}$ 为每相邻两道工序中较短的单件工序的时间，其余各项同前。如图 1-7 所示为平行顺序移动方式示意图。

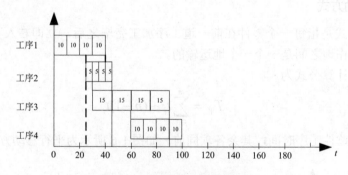

图 1-7 平行顺序移动方式

例 1-3：计算例 1-1 中的平行顺序移动的加工生产周期：
$$T_{平顺} = 4 \times (10+5+15+10) - 3 \times (5+5+10) = 100$$

从上述可以看出，平行顺序移动方式的特点是 $T_{平} < T_{平顺} < T_{顺}$，综合效果好。

(二) 三种移动方式的比较

三种移动方式各有优缺点，具体如表 1-6 所示。选择何种移动方式时需要考虑的因素如表 1-7 所示。

表1-6 三种移动方式的优缺点

比较项目	平行移动	平行顺序移动	顺序移动
生产周期	短	中	长
运输次数	多	中	少
设备利用	差	好	好
组织管理	中	复杂	简单

表1-7 选择移动方式时需要考虑的因素

移动方式	零件尺寸	加工时间	批量大小	专业化形式
平行移动	大	长	大	对象专业化
平行顺序移动	小	长	大	对象专业化
顺序移动	小	短	小	工艺专业化

本 章 小 结

本章阐述了生产与运作管理的基本概念。第一节介绍了生产与运作管理的含义、内容以及目标；第二节介绍了生产与运作管理的发展历程；第三节介绍了生产运作的分类，重点分析了工艺专业化与对象专业化形式；第四节介绍了生产过程组织，详细讲解了生产过程的时间组织。通过以上内容的介绍，我们能系统地理解生产与运作管理的有关概念，并从历史发展过程中领悟到生产与运作管理发展的内在规律。本章作为整本书的开篇，对生产与运作管理做了一个全面的概括，掌握好本章，对后面内容的学习是十分有益的。

习 题

(一)单项选择题

1. 生产管理是销售管理的前提，也是销售的( )和后盾。
   A. 要求　　　　B. 手段　　　　C. 保证　　　　D. 条件
2. 新产品开发、成本、( )、交货期是企业的四大竞争优势。
   A. 合同　　　　B. 质量　　　　C. 计划　　　　D. 资金
3. 生产管理的任务就是运用组织、计划、控制的职能，把投入生产过程的各种生产要素有效地组织起来，形成有机整体，按( )方式，生产出满足社会需要的廉价、质优的产品(服务)。

  A. 最经济的 B. 最有效的 C. 最合理的 D. 最有用的

4. 服务性生产按照与顾客直接接触的程度，可划分为高接触型生产、混合型生产和（ ）。

  A. 低接触型生产 B. 准制造型生产
  C. 流水型生产 D. 其他

5. 下面哪些因素不会影响生产过程？（ ）

  A. 企业产品的特点 B. 企业的规模
  C. 顾客的需求 D. 企业对外协作关系

6. 零件的移动方式主要有三种，即顺序移动方式、平行移动方式和（ ）方式。

  A. 平行顺序移动 B. 连续平行移动
  C. 连续顺序移动 D. 交叉连续移动

7. 生产与运作管理的研究对象是（ ）。

  A. 产品或服务的生产 B. 顾客的需求
  C. 生产运作过程和生产与运作系统 D. 生产与运作系统

8. 生产运作活动的主体是（ ）。

  A. 各种生产设施 B. 各种社会组织
  C. 企业法人 D. 企业的员工

9. 运作过程是一个"投入—转换—产出"的过程，其实质是投入一定的（ ）在转换过程中发生增值。

  A. 原材料和零部件 B. 信息、设备、资金
  C. 劳动力 D. 资源

10. 生产运作系统的核心要素是（ ）。

  A. 投入 B. 生产运作过程
  C. 产出 D. 服务过程

11. 大量生产一般（ ）。

  A. 重复性小 B. 柔性高
  C. 设备利用率高 D. 产品品种少

12. 以产品多样化来满足顾客的个性化需求，最为理想的生产形式是（ ）。

  A. 大量生产 B. 成批生产
  C. 单件生产 D. 多品种、小批量生产

13. 物料离散地按一定工艺顺序运动，在运动中不断改变形态和性能，最后形成产品的生产是（ ）。

  A. 离散性生产 B. 连续性生产 C. 备货性生产 D. 订货性生产

(二)多项选择题

1. 根据工艺过程特点可将制造性生产划分为( )。
   A. 连续性生产　B. 离散性生产　C. 服务性生产　D. 订货性生产
2. 备货性生产(MTS)的特点有( )。
   A. 标准产品　　　　　　　　　B. 难以预测
   C. 事先确定　　　　　　　　　D. 多用专用高效设备生产
3. 大量生产的特点包括( )。
   A. 品种多　　　　　　　　　　B. 每一品种的产量大
   C. 生产稳定且不断重复进行　　D. 品种少
4. 加工装配式生产的特点有( )。
   A. 产品品种较多　　　　　　　B. 自动化程度较低
   C. 设备布置的柔性较高　　　　D. 协作关系比较复杂
5. 生产过程的构成包括( )。
   A. 基本生产过程　　　　　　　B. 辅助生产过程
   C. 生产技术准备过程　　　　　D. 生产服务过程

(三)名词解释

1. 生产
2. 生产与运作管理
3. 连续性生产
4. 离散性生产
5. 生产过程
6. 平行移动方式

(四)简答题/计算题

1. 假设某零件的批量 $n=4$ 件，有五道工序，各工序的单件作业时间分别为：$t_1=15$ 分、$t_2=5$ 分、$t_3=10$ 分、$t_4=12$ 分、$t_5=3$ 分。根据公式分别采用平行移动方式、顺序移动方式、平行顺序移动方式计算出该批零件的加工周期。
2. 组织生产过程要遵循哪些原则？
3. 备货性和订货性生产有哪些区别？

(五)案例分析题

制造业要靠服务渡过"危机"——来自"制造服务业"的经典案例启示

面对国际金融危机的影响，中国制造业如何"突出重围"？专家们给出的答案是：不仅要在"制造"上花力气，还要在"服务"上动脑筋。许多中外经典案例都说明，"制造服务业"是中国从制造大国向制造强国迈进的关键一环。

日前在上海举行的"2008制造业信息化科技工程——现代制造服务业专题工作研讨会"上，与会专家不约而同地阐述了上述观点。为了证明"制造服务业"的巨大力量，专家们举出了一个又一个经典案例。

1. 租来的飞机发动机

全国政协委员、西南交通大学教授孙林夫说,波音、空客两大国际飞机制造巨头,发动机原先都是向罗尔斯—罗伊斯、GE这样的发动机公司购买,现在则转为"租用"发动机服务时间。在天上飞的大型客机,发动机是向人家租过来的,估计很少有乘客知道这一点。发动机一旦出现故障,不是由飞机制造商或航空公司来修理,而是发动机公司在每个大型机场都驻有专人修理。这样,发动机公司得以在发动机市场上精益求精,飞机制造商也"落得轻松"。

正因如此,廉价航空公司才有发展的空间,因为它们不用专门养一批发动机维修队伍。

与此相对应,中国工程院院士、西安交大教授卢秉恒告诉记者,罗尔斯—罗伊斯公司是全球最大的航空发动机制造商。近年来,这家公司通过改变运营模式,扩展发动机维护、发动机租赁和发动机数据分析管理等服务,通过服务合同绑定用户,增加了服务型收入。公司销售的现代喷气发动机中55%以上都签订了服务协议;公司在过去18个月中民用发动机订单有80%都含有服务协议;2007年服务收入达到公司总收入的53.7%。

类似的例子还有很多。卢秉恒教授说,通用电气公司20世纪80年代在全球24个国家共拥有113家制造厂,其传统制造产值的比重高达85%,服务产值仅占12%;目前,通用电气的"技术+管理+服务"所创造的产值占公司总产值的比重已经达到70%。而IBM公司也从一个硬件制造商转变为"提供硬件、网络和软件服务的整体解决方案供应商"。2005年,IBM公司服务收入所占比例超过50%,利润连年增长高达10%以上。

科技部高新司先进制造与自动化处处长蔡文沁告诉记者,在国际上,耐克、阿迪达斯等运动品牌已经是无生产车间的公司,主要工作就是围绕品牌进行产品设计,生产制造全部外包。无独有偶,全球知名的汽车工程服务咨询提供商里卡多公司,在汽车、物流、能源等领域为全球提供产品创新、工程解决方案、战略咨询等服务,而里卡多公司很少参与制造加工,仅提供技术服务和信息咨询。

2. 中国"制造服务业"初出茅庐

目前在我国,一些企业也开始尝到"制造服务业"的甜头。蔡文沁说,浙江的一些中小企业就是家庭企业,只有制造加工能力,几乎没有工艺设计能力。"现在,我们把光纤铺设到企业里,每个企业都能看到专门设计公司的设计样品,如果企业觉得某个样式可以生产,只需要支付少量的费用就可以点击进入,获得样品的详细设计图纸。"

小企业如此,大企业也是。原中国第一汽车集团公司电子计算处,2006年经从一汽剥离后进行股份制改造,成为现在的启明信息技术股份有限公司,专门为汽车制造企业提供信息化服务。公司系统产品开发软件部经理宋国华说,启明公司要努力建成中国最大的汽车电子产品提供商和汽车行业内最大的信息系统外包服务商。孙林夫教授则告诉记者,目前奇瑞汽车集团的信息部门也已经剥离。"这是一个大趋势,"他说,"单个企业的价值链必须缩短,通过将非核心业务外包来提升核心竞争力。"

3. 中国"制造服务业"与发达国家的差距仍然巨大

制造服务业的能量到底有多大？卢秉恒教授的一组数据可以说明：在发达国家，服务业占 GDP 的比重超过了 70%，其中生产性服务业又占服务业的 70%。由此可见，生产性服务业已经占发达国家 GDP 的一半左右。

而在我国，2007 年服务业实现增加值 9.6 万亿元，比上年增长 11.4%，但占 GDP 比重仅为 40%。其中，制造服务业在服务业中所占比例也不高。根据中国社科院财政与贸易经济研究所研究员裴长洪的估算，在我国，金融与保险、信息传输、计算机服务和软件、科学研究和技术服务等新兴服务业只占服务业总增加值的 20% 左右。

(资料来源：新华网上海 11 月 28 日专电)

讨论题：

设想下中国"制造服务业"的未来发展会怎样？与国外的先进管理理念与技术相比，我们还有哪些差距呢？

第二章 企业战略和生产与运作战略

【案例导入】

苹果公司战略管理分析——以产品 iPhone 为例

一、公司简介

苹果电脑公司由乔布斯、斯蒂夫·沃兹尼亚克和 RonWayn 在 1976 年 4 月 1 日创立，总部位于美国加利福尼亚丘珀蒂诺市，处于硅谷的中心地带。1975 年春天，Apple I 由 Wozon 设计，并被 Byte 的电脑商店购买了 50 台，当时单台售价为 666.66 美元。1977 年苹果正式注册成为公司，并启用了沿用至今的新苹果标志。1978 年，苹果准备上市，施乐公司预购了苹果 100 万美元的股票，并允许苹果工程师研究早已被施乐视为垃圾的 PARC 操作系统的图形界面。但苹果的工程师化腐朽为神奇，并将图形界面带进了一个崭新的时空。

苹果公司的口号为"Switch(变革)"。苹果公司每次推出新产品，总能引起市场的变革。苹果公司的主要产业包括电脑硬件、电脑软件、手机和掌上娱乐终端等方面。苹果公司现在主要经营五条生产线：Mac、iPod、iPhone、iPad、iTunes。苹果的 Apple Ⅱ 于 1970 年助长了个人电脑革命，其后的 Macintosh 接力于 20 世纪 80 年代持续发展。最知名的产品是其出品的 Apple Ⅱ、Macintosh 电脑、iPod 数位音乐播放器和 iTunes 音乐商店，它在高科技企业中以创新而闻名。如今 iPhone 的横空出世很有可能引发手机的新一轮革命。

二、产品 iPhone 简介

iPhone 由苹果公司(Apple, Inc.)首席执行官史蒂夫·乔布斯在 2007 年 1 月 9 日举行的 Macworld 宣布推出，2007 年 6 月 29 日在美国上市，将创新的移动电话、可触摸宽屏 iPod 以及具有桌面级电子邮件、网页浏览、搜索和地图功能的突破性因特网通信设备这三种产品完美地融为一体。iPhone 引入了基于大型多触点显示屏和领先性新软件的全新用户界面，让用户用手指即可控制 iPhone。iPhone 还开创了移动设备软件尖端功能的新纪元，重新定义了移动电话的功能。

智能手机市场的原有格局在 iPhone 的冲击下完全瓦解。

三、iPhone 战略分析

进入智能手机时代之后，手机的内涵开始发生深刻变化。通信成为其几个核心需求之一(而不是唯一核心需求)，音乐、拍照、PDA、游戏等非通信相关的核心功能也全面排队进入手机的核心需求。用户开始面对一个问题——我买手机仅仅是用来通话和发短信么？一旦用户回答 "NO" 之后，就意味着手机已经从一个通话(短信)处理工具变成一个便携式多媒体通信设备。

iPhone 的兴起就是这种变革最典型的例证。当你把 iPhone 拿到手后，你能强烈地感觉到这个东西与其说是带娱乐功能的手机，还不如说是带通信功能的娱乐机(娱乐机=iPod+便携照相机+掌上游戏机+ PDA)。手机市场原"龙头老大"诺基亚正是在这一点上没有把握到位，导致在智能手机市场上完全落败于 iPhone。

1. 苹果公司的差异化组合竞争

苹果 iPhone 的成功来源于多角度的差异化组合。苹果公司在 MP3 市场上依靠 iPod+iTunes 组合大获成功后，紧接着在手机市场上用 iPhone&app&store 组合，通过在产品、性能、UI(操作系统)、渠道和服务等方面的差异化一举击溃其他竞争对手。

(1) 产品差异化。以多点触摸屏取代传统的手机键盘，在外观差异化的同时，便利软件开发者自由设定最符合软件需要的触摸按键位置。苹果通过这一创新，不仅提供了一个软件平台，还附带了一个可变化的硬件平台。

(2) 性能差异化。iPhone 的配置远远高于竞争对手。128MB 的内存+ 专用图形芯片(一般不会在智能手机上出现)+4～8GB 储存空间，使 iPhone 成为一台超小型电脑。除此之外，内置不可更换电池 300 小时的待机时间(智能手机平均待机时间在 200 小时左右)，6 小时的连续通话时间等都是 iPhone 在性能上的突破。

(3) UI(操作系统)差异化。iPhone 与对手们最大的差异体现在操作系统上。智能手机操作系统有 Windows Moblie、Symbian 和 Plam，设计时均考虑了手机较低的 CPU 与内存条件，存在过于复杂、速度较慢和不稳定等问题。苹果在 iPhone 上直接采用了经过界面优化的桌面电脑操作系统 Mac OS X，使这一高配置的智能手机拥有了 Mac OS X 的所有优点：运转迅速，界面华丽，操作简便。不同于其他智能手机系统精简后的办公功能，iPhone 有功能完整的 email 软件和 safari 网络浏览器。

(4) 渠道差异化。苹果将 iPod+ 在线商店的差异化组合模式复制在其 iPhone 上。苹果建设了在线软件销售渠道：App Store(以下简称 AS)。AS 是一个设计理念与 Itunes 类似的在线平台：软件开发者可将由 SDK 制作通过苹果审核的软件在 AS 发布，无须缴纳任何维护费用。软件售出所得收益由苹果及开发者三七分成。这就解决了在此之前 AS 市场上存在的诸多问题。

(5) 服务差异化。2.0 版本系统对 microsoft exchange 功能的支持，使其成为功能强大的商务机：能无缝接入公司 microsoft exchange 网络，即时更新日程表项目、邮件、联系人；自动检索网络；远程数据清除；拥有 cisco 安全维护等。iPhone 的娱乐功能也随着 SDK 与 AS 升级，在得到 EA、Sega、Konami 等专业厂商的支持后，iPhone 颠覆了手机游戏功能的概念。工作娱乐功能兼备且都达到极致的 iPhone，成为无所不能的智能信息终端。

2. 营销手段和策略

1) iPhone 上市前的创新饥饿式营销策略

所谓饥饿营销，是指商品提供者有意调低产量，调控供求关系，制造供不应求的假象，维持商品较高的售价和利润率的目的。而 iPhone 的饥饿营销却并非如此，而是已经完全超出这个基本的概念,上升到一个新的高度。

iPhone 的饥饿营销和传统的策略不同,在苹果公司实施营销策略的过程当中,我们看到他并没有去控制产品的产量来制造市场供不应求的假象,而是把产品的相关信息转化成一种市场饥渴,让消费者渴望了解 iPhone。

2) iPhone 上市后的品牌营销和体验营销相结合的策略

口碑营销是指企业努力使消费者通过亲朋之间的交流,将产品信息、品牌传播开来。体验营销是指企业通过采用让目标顾客观摩、聆听、尝试、试用等方式,使其亲身体验企业提供的产品或服务,让顾客实际感知其带来的品质和功能,从而促使顾客认知、喜好并购买的一种营销方式。

iPhone 的口碑营销也有着自己的独特性和创新性。我们注意到,绝大多数情况下,iPhone 的口碑传播并不是苹果公司有计划地实施,而是那些消费者自发地、主动地去传播信息,评论产品。这样的口碑更具有客观性、真实性,更容易被其他人接受。通过别出心裁的营销手段和紧凑的供应链,苹果公司对用户体验的打造有效地动员了其目标客户群。口碑营销让充满神秘感的苹果产品诱惑无限,引消费者"先入手为快"。

在现代市场新的竞争格局下,以消费者为本的技术往往会加速新技术的普及,苹果拥有抗衡竞争对手的核心优势。但是,苹果公司并没有注重宣传 iPhone 的先进技术,而是把 iPhone 的时尚、独特设计和方便易用的功能作为宣传重点。

公司把 iPhone 体验营销的核心确定在情感经济,用"情感的经济"去取代"理性的经济",围绕着产品,把"面对面"的交流与互动发挥到极致,让用户、产品与公司三者之间产生情感上的共鸣。

3. iPhone 营销中产品生命周期理论与策略的创新应用

iPhone 呈现出了区别于其他同类型产品的生命周期策略的创新应用,具体可以分为两个方面。

(1) 尽可能缩短产品的上市期(包括介绍期和成长期)和退市期,给予产品更多的成熟期,为换代产品让出更大的市场。

(2) 利用"苹果应用程序商店(App Store)"网络平台寻求 iPhone 新的商业模式和价值,为 iPhone 注入新的生命力量。

四、iPhone 发展走向——以 iPhone 与中国市场为例

如今的 iPhone 风靡全球,其势头完全盖过老牌手机厂商——诺基亚和摩托罗拉等。但一时的成功并不意味着永远不会失败,不甘心失败的老牌手机厂商肯定会发起反击以夺回原有的市场,iPhone(更确切地说,苹果公司的手机系列)该如何应对这一系列的挑战,以及如何保持自身的竞争力?

举例:iPhone 与中国手机市场,运用企业战略环境分析技术以及 SWOT 分析,结合例子来对苹果公司和其手机产品 iPhone 有一个更加全面的了解。

1. 战略环境技术分析

通过运用企业战略环境技术分析关键外部要素对苹果公司的影响及其相互联系(主要针对苹果公司的手机业务，及其在中国市场的状况)，如表2-1所示。

表2-1 关键战略环境要素打分

关键战略环境要素	权　数	分　数	加权分数
主要竞争对手的战略失败(诺基亚)	0.20	3	0.60
中国手机处于3网融合、3g推广的时代	0.10	4	0.40
不成熟的产权保护制度(中国大陆地区)	0.20	1	0.20
手机产品的发展趋势	0.30	4	1.2
与运营商的合作	0.20	2	0.40
总加权分数	1.00		2.80

注：企业的总加权分数最高时4分，最低时1分，平均数是2.5分。

从表2-1中可以看出，手机产品的发展趋势是手机行业最重要的战略环境要素，这就需要生产商对消费者的需求把握以及有着强大的技术支持，在这一点上，苹果做得非常到位。主要竞争对手的战略失败(诺基亚)，给了iPhone"可乘之机"。iPhone在中国市场最大的麻烦就是山寨机、水货机和模仿机的威胁——这是中国大陆地区不成熟的产权保护制度造成的。苹果公司的总加权分数是2.80，高于行业的平均水平。

2. SWOT分析iPhone在中国市场的状况

1) 优势(strengths)

(1) iPhone广泛的影响力，为其在中国市场的宣传节省了许多开销。

(2) 忠实的苹果拥护者。即使在中国，也有一定数量使用苹果公司产品的用户群，而苹果公司本身的产品线涵盖面也非常广，使得iPhone能在用户间更快捷地推广。

(3) 成熟稳定的操作系统、丰富强大的软件扩展功能。

(4) 独特的苹果风格的工业设计，以及贯穿始终的人性化操作。

(5) 时尚流行的象征。苹果的产品在国外都相对昂贵，在国内更是奢侈品的代言词，以及iPhone给客户带来相当大的新鲜感，成为众多年轻人以及追求时尚的人群所追捧的对象。

2) 劣势(weaknesses)

(1) 运营模式受到考验。苹果iPhone在美国市场采用的策略——通过与运营商合作分成，获取用户所产生的30%的收入，在中国市场也许会水土不服。

(2) 市场策略灵活性欠佳。苹果公司的市场战略以及产品战略缺少对中国市场的针对性，使其容易处于曲高和寡的局面。

(3) 手机的价格让人望而生畏。iPhone的定价对中国市场的消费群体来说，是一个不折不扣的奢侈品，使得其难以迅速融入大众。

(4) 通话短信操作及管理功能不太符合中国人的习惯。

3) 机会(opportunities)

(1) 苹果与运营商签订协议并占有主导地位。

(2) 中国的手机正处于3网融合、3g推广的时代，市场上还缺少与其相对应的产品，而iPhone正具备这一条件和技术。

(3) 运营商对智能手机的推广，以及消费者对于手机惊醒商务运用的需求。

4) 威胁(threats)

(1) 其他手机生产商对iPhone的围剿。其中以诺基亚为例，诺基亚在iPhone的冲击下，不仅市值缩水，而且失去了许多市场份额。诺基亚其领先的技术对其为夺回市场份额提供了强有力的保障，这对于iPhone是巨大的威胁。

(2) 中国手机市场的残酷竞争。在中国，尤其是手机市场上，山寨机、水货机和模仿机层出不穷，其低廉的价格将会带走一大批消费者，这对于iPhone的推广和市场占有造成了很大的困难。

(3) iPhone的合作运营商(中国联通)处于严重的弱势地位，对iPhone的业务拓展有很大的限制，并且易受到运营商的牵制。

通过上述分析，可以总结出，iPhone通过自身优势，结合较好的外部战略环境，得以在中国市场取得较好的成绩。

同时可以发现，在中国市场上，iPhone的优势和不足都非常明显，总的来讲，优势大于不足，但是如果不对自身的不足及时作出处理和战略调整，很有可能会对iPhone在中国市场的发展造成致命打击。

(资料来源：http://www.docin.com/p-1681023518.html)

思考题：

中国手机和iPhone的优势与劣势是什么？如何在市场中获得竞争优势？

【学习目标】

通过本章的学习，理解战略、战略管理、企业战略以及生产与运作战略的含义，了解企业战略的发展历程，熟练掌握生产运作战略的制定程序以及环境分析，包括外部环境分析以及内部条件分析，熟练掌握生产与运作战略实施与战略制定的关系以及实施的步骤；掌握生产运作战略框架。

关键词： 战略　战略管理　职能战略　生产运作战略

第一节　企业战略和战略管理

企业战略是企业为求得长期生存与发展而对企业在战略期内的发展方向和关系全局性

问题的总体谋划。企业要在复杂多变的环境中求得生存与发展，就必须制定科学合理的企业战略。生产运作战略则是在企业总体战略、竞争战略的指导和约束下的职能战略之一，它是企业战略成功的基础和保障。本章首先介绍了生产运作战略的含义、内容、战略框架及竞争重点，接着在对企业外部环境和内部条件分析的基础上，阐述了生产运作战略制定和实施的具体步骤。

一、基本概念

(一)战略及企业战略

战略是组织对其达到发展目标的途径、手段等关乎全局的重大问题的筹划和谋略，它实际上反映的是对重大问题的决策结果，以及组织将采取的重要行动方案。

企业战略则是对企业重大问题的决策结果以及企业将采取的重要行动方案，是一种定位、一种观念，是企业在竞争的环境中获得优势的韬略。

(二)战略管理

战略管理(Strategic Management)是指对一个企业或组织在一定时期的全局的、长远的发展方向、目标、任务和政策，以及资源调配作出的决策和管理艺术。它包括公司在完成具体目标时对不确定因素作出的一系列判断。它是一个不确定的过程，因为公司对于危险和机遇的区别有不同的理解。

战略管理是企业确定其使命，根据组织外部环境和内部条件设定企业的战略目标，为保证目标的正确落实和实现进度谋划，并依靠企业内部能力将这种谋划和决策付诸实施，以及在实施过程中进行控制的一个动态管理过程。战略管理大师迈克尔·波特认为，一项有效的战略管理必须具备五项关键点：独特的价值取向、为客户精心设计的价值链、清晰的取舍、互动性、持久性。

战略管理可以归纳为两种类型，即广义的战略管理和狭义的战略管理。

广义的战略管理是指运用战略对整个企业进行管理，其代表人物是安索夫。

狭义的战略管理是指对战略管理的制定、实施、控制和修正进行的管理，其代表人物是斯坦纳。目前，居主流地位的是狭义的战略管理。

狭义的战略管理观下，战略管理包括以下几点含义。

战略管理是决定企业长期问题的一系列重大管理决策和行动，包括企业战略的制定、实施、评价和控制。

战略管理是企业制定长期战略和贯彻这种战略的活动。

战略管理是企业处理自身与环境关系过程中实现其愿景的管理过程。

(三)企业战略的层次划分

一个企业的战略为了与组织层次相适应，必须划分为不同的层次，一般而言，企业战略可以划分成三个层次，如图 2-1 所示。

1. 公司战略(Corporate Strategy)

这是企业的总体战略，它从总体上设定了企业的发展目标、实现目标的基本途径，它侧重于两个方面的问题：一是选择企业所从事的经营范围和领域；二是在各事业部之间进行资源配置。一般企业的总体战略有三种类型：增长型战略、稳定型战略、紧缩型战略。

2. 业务战略(Business Strategy)

业务战略即企业的竞争战略，它是企业的各个业务单位如何在公司战略的指导下，通过自身所制定的业务战略，取得超过竞争对手的竞争优势。在这一层次中，竞争优势构成要素尤为重要。按照哈佛商学院迈克尔·波特教授(M.E.Porter)的观点，企业的竞争战略包括：成本领先战略、差异化战略和集中化战略。

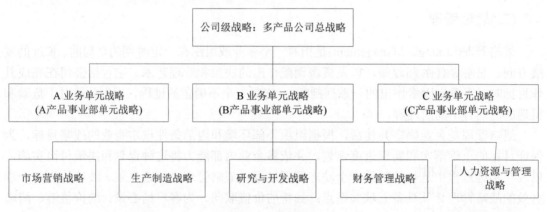

图 2-1 企业战略层次

3. 职能战略(Functional Strategy)

这是主要职能部门以业务战略为指导，分别制定的本部门的发展目标和总体规划，其目的是公司战略和竞争战略的实现。职能战略主要包括：生产运作战略、市场战略、财务战略和人力资源战略等。

公司战略、业务战略和职能战略之间是相互作用、相互影响的，企业要获得长期发展，必须实现三个层次战略的有机结合。上一层次战略构成下一层次战略实施的战略环境，下一层次战略为上一层次战略目标的实现提供支撑。

如果企业的规模较小，只从事单一业务，此时企业的公司战略和竞争战略就处于同一层次，企业的战略结构就划分成两个层次。

(四)生产运作战略的概念及特征

由上述可知,生产运作战略是企业战略的重要组成部分。我们可以把它的概念简单表述为:企业为了实现总体战略而对生产运作系统的建立、运行,以及如何通过生产运作系统来实现组织目标所做的总体规划。它是在企业总体发展目标的指导下,具体规定企业在生产运作领域如何操作的问题,以保证生产系统的有效性,顺利进行生产运作活动。

由于生产运作战略处于企业战略的第三层次,属于职能战略。因此,即使在同一企业总体战略下,不同部门由于所选择的业务战略不同,也必须制定与之相适应的生产运作战略。

生产运作战略在整个企业战略体系中所处的地位,决定了它在企业经营中的特殊位置,形成了自身的一些基本特征。

1. 从属性

生产运作战略虽然属于战略范畴,但它从属于企业战略,是企业战略的一个重要组成部分,必须服从企业战略的总体要求,更多地从生产运作角度来保证企业总体战略目标的实现。

2. 支撑性

生产运作战略作为企业重要的职能战略之一,从生产运作角度来支撑企业总体战略目标的实现,为企业战略的有效实施提供基础保障。

3. 协调性

生产运作战略要和企业总体战略、竞争战略保持高度协调。生产运作战略要与企业其他职能部门的战略相协调,一方面生产运作战略不能脱离其他职能战略而实现,另一方面,它又是其他职能战略实现的必要保证。生产运作系统内部的各要素之间也要协调一致,使生产运作系统的结构形式和运行机制相匹配。

4. 竞争性

生产运作战略制定的目的就是通过构造卓越的生产运作系统来为企业获得竞争优势做贡献,从而使企业能在激烈的市场竞争中发展壮大自己,在与竞争对手竞争市场和资源的过程中占有优势。

5. 风险性

生产运作战略的制定是面向未来的活动,要对未来几年的企业外部环境及企业内部条件变化作出预测,由于未来环境及企业条件变化的不确定性,战略的制定及实施具有一定的风险性。

(五)生产运作战略的竞争重点

生产运作战略强调生产运作系统是企业的竞争之本,只有具备了生产运作系统的竞争优势才能赢得产品的优势,才会有企业的优势,因此,运作战略理论是以竞争及其优势的获取为基础的。在多数行业中,影响竞争力的因素主要是 TQCF,具体解释如下。

1. 交货期(Time)

交货期是指比竞争对手更快捷地响应顾客的需求,体现在新产品的推出、交货期等方面。交货期是企业参与市场竞争的又一重要因素,对交货期的要求具体表现在两个方面:快速交货和按约交货。快速交货是指向市场快速提供企业产品的能力,这对于企业争取订单意义重大;按约交货是指按照合同的约定按时交货的能力,这对顾客满意度有重要影响。影响交货能力的因素也有很多,如采购与供应、企业研发柔性和设备管理等。

【案例 2-1】

ZARA 快速交货策略

中国服装业一般为 6~9 个月,国际名牌一般可到 120 天,而 ZARA 最短只有 7 天,一般为 12 天。这是具有决定意义的 12 天。

ZARA 是如何做到的呢?

一、减少前导时间

服装行业的本质之一就是减少前导时间。根据资料显示,计算机产品每天贬值 0.1% 左右,而时装每天的贬值率更高达 0.7%。时装的潮流指数三角图表明越时尚的服饰需求就越不稳定。越快的前导时间就能让服装公司对市场潮流快速反应。前导时间减少可以减少存货费用和存货风险,提高库存周转速度。

ZARA 每年达到 12 次左右,其他运作一流的服装企业也只能达到 3~4 次,而国内大多数服装企业是 0.8~1.2 次。

二、避免服装不受欢迎打折销售

ZARA 有两大法宝:①快速模仿战略;②整合供应链。

1) 快速模仿

ZARA 的时尚情报搜集快速准确。第一来自于自己设计团队的时装设计师,他们经常出没于米兰、巴黎举办的各种时装发布会之间,或各种时尚场所,观察和归纳最新的设计理念和时尚动向。

第二来自于特聘的一些时尚买手和情报搜集专员,他们凭借灵敏的嗅觉,将所买下时装的款式或所看到的青年领袖的服饰特征,汇报给设计总部。

第三来自于 ZARA 自己的门店,ZARA 门店每天汇报总部的数据不但包括如订单和销售走势等硬数据,也包括如顾客反应和流行等软数据,这种软数据细化到风格、颜色、材质以及可能的价格等。ZARA 专门为每位店长配备了特制的手提数据传输设备以便即时地向总部汇报最新的销售信息和时尚信息。

2) 整合供应链

ZARA 的订单决策系统科学高效，其拥有由设计师、市场专家和采购专家组成的"商务团队"。ZARA 的设计集中在西班牙。工作地点在一个地方办公，类似丰田的"大部屋"，这样有利于快速讨论、审核、批准。讨论的内容包括服装款式、布料选择、售价等。其最终结果就是设计款式得到批准通过，生产指令可以马上下达工厂。

(资料来源：http://www.docin.com/p-803116305.html)

分析与思考：
ZARA 的交货期为什么那么短？
分析与思考答案：
从快速模仿策略与供应链整合策略上分析。

2. 质量(Quality)

质量是指产品的质量和可靠性，主要依靠顾客的满意度来体现。我们所讲的质量是指全面的质量，既包括产品本身的质量，也包括生产过程的质量。也就是说，企业一方面要以满足顾客需求为目标，建立适当的产品质量标准，设计、生产消费者所期望的质量水平的产品；另一方面，生产过程质量应以产品质量零缺陷为目标，以保证产品的可靠性，提高顾客的满意度。此外，良好的物资采购与供应控制、包装运输和使用的便利性以及售后服务等对质量也有很大影响。

3. 成本(Cost)

成本，包括生产成本、制造成本、流通成本和使用成本等诸项之和。降低成本对于提高企业产品的竞争能力、增强生产运作对市场的应变能力和抵御市场风险的能力具有十分重要的意义。企业降低成本、提高效益的措施很多，诸如：优化产品设计与流程设计、降低单位产品的材料及能源消耗、降低设备故障率、提高质量、缩短生产运作周期、提高产能利用率和减少库存等。

4. 制造柔性(Fragility)

制造柔性是指企业面临市场机遇时在组织和生产方面体现出来的快速又低成本地适应市场需求，反映了企业生产运作系统对外部环境做出反应的能力。随着市场需求的日益个性化、多元化，多品种、小批量生产成为与此需求相匹配的方式，因此，增强制造柔性已成为企业形成竞争优势的重要因素。企业中的关键柔性主要包括产品产量柔性、新产品开发及投产柔性和产品组合柔性等，由此又涉及生产运作系统的设备柔性、人员柔性和能力柔性等，甚至对供应商也会提出这方面的要求。

对 TQCF 理解时我们要明确：企业要想在 TQCF 四个竞争要素方面同时优于竞争对手而形成竞争优势是不太现实的。企业必须从具体情况出发，集中企业的主要资源形成自己的竞争优势。特别是当 TQCF 发生冲突时，就产生了多目标平衡问题，需要对此进行认真分析、动态协调。

【案例 2-2】

宜家家居公司的企业战略分析

"它不仅仅是一个店，它是一个宗教；它不是在卖家具，它在为你搭起一个梦想。"这像英国一家媒体对宜家的评语一样，随着社会经济的高速发展，以及人们日益增长的物质文化需求，宜家选择更贴近消费者的产品与服务。过去 70 多年来，宜家在世界范围内取得了非凡的成就，遍布四大洲。据不完全统计，在宜家的成长过程中，共有 4.1 亿人在全球 220 多家宜家大型家具店中的一家购买过东西。此外，宜家的成功也来自它领先的设计、世界范围内的采购以及一套近乎完美的制造销售流程、巨大的销量以及低成本。

一、公司简介

(一)公司概况

宜家于 1943 年由 17 岁的英格瓦·坎普拉德在瑞典阿根纳瑞小村庄创立，建立起为大众创造更美好的日常生活的理想。如今，宜家已在全球 38 个国家拥有 315 个商场，雇用 127 800 名员工，年销售额 212 亿欧元，共有 56 500 万个顾客光顾宜家商场，是全球最大的家居商品零售商。

目前宜家家居有 18 家在中国大陆，分别在北京、上海、广州、成都、深圳、南京、无锡、天津、重庆、宁波、武汉、杭州、西安、大连、沈阳。1998 年，中国内地第一家宜家家居商店在上海开业，尽管营业面积仅有 8000 平方米，然而却刮起了一股强劲的"北欧风"。宜家的采购模式是全球化的采购模式，它在全球设立了 16 个采购贸易区域，其中有 3 个在中国大陆，分别为华南区、华中区和华北区。目前宜家在中国的采购量已占到总量的 23%，在宜家采购国家中排名第一。未来 6 年，他们计划将这一比重增加一倍，这就意味着，2020 年前，宜家全球所销售的一半商品都将采购自中国，在宜家的全球战略中具有举足轻重的地位。

(二)主营业务

瑞典宜家集团已成为全球最大的家具家居用品商家，销售商品主要包括座椅/沙发系列、办公用品、卧室系列、厨房系列、照明系列、纺织品、炊具系列、房屋储藏系列、儿童产品系列等约 10 000 个产品。

(三)公司规模

宜家在 1943 年初创从一点"可怜"的文具邮购业务开始，70 多年的时间就发展到在全球共有 315 家连锁商店，分布在 38 个国家，雇用了 7 万多名员工的"庞然大物"。其中，

2011年宜家获取了110亿欧元收入和超过11亿欧元的净利润,成为全球最大的家居用品零售商,还赢得了Interbrand发布的TOP100全球最有价值品牌中排名第44位的荣誉。随着宜家加入中国及其他发展中国家,经济利益和公司规模正一步一步地扩大。

(四)员工构成

如今,宜家雇用了127 800名员工,而宜家在员工构成及招聘方面也拥有自己独特的组织结构。他们的员工直率、勤奋,乐于与周围的人打交道,具有领导才能、网络技能、谈判技能等。而这十万多名员工分工明确,形成良好的组织管理模式,能很好地适应宜家的管理模式。总之,宜家的门是向那些性格外向的、具有献身精神的、愿意为客户服务的并有兴趣成为团队一份子的人开放的。随着宜家规模的不断扩大,人员结构也会不断加大完善。

(五)市场竞争地位

从创建初期,宜家就决定与家居用品消费者中的"大多数人"站在一起。这意味着宜家要满足具有很多不同需要、品位、梦想、追求以及财力,同时希望改善家居状况并创造更美好日常生活的人的需要。针对这种市场定位,宜家的产品定位于"低价格、精美、耐用"的家居用品。

在欧美等发达国家,宜家把自己定位成面向大众的家居用品提供商。因为其物美价廉、款式新、服务好等特点,受到广大中低收入家庭的欢迎。但宜家到了中国之后,市场定位做了一定的调整,因为中国市场虽然广泛,但普遍消费水平低,原有的低价家具生产厂家竞争激烈接近饱和,市场上的国外高价家具也很少有人问津。于是宜家把目光投向了大城市中相对比较富裕的阶层。宜家在中国的市场定位是"想买高档货,而又付不起高价的白领"。这种定位是十分巧妙准确的,获得了比较好的效果。正因为这种准确的市场定位,宜家越来越赢得更多消费者的信赖,今天的宜家已成为全球最大的家具家居用品商家。

二、企业外部环境分析

(一)PEST分析

1. 政治法律环境——中国政府的政策和稳定性

自改革开放以来,我国一直坚持以经济建设为中心,政治基本稳定,注重对外交流,积极引进外资,不仅有经济特区,而且在许多地方对外资企业都有优惠政策,吸引着世界各地的企业。中国稳定的政局、优惠的经济政策必定吸引着宜家,也是其实现全球战略的必然选择。

2. 经济环境——中国高速发展的经济

(1) 中国已成为世界经济的焦点。快速增长的经济、庞大的消费人群、巨大的市场潜力、中国市场的诱人前景使得宜家更加注重中国市场,扩大宜家的目标群体,满足更多中国消费者的需要。

(2) 随着中国经济的飞速发展,人均收入和消费水平不断提高,购买力不断增强。人们在追求了生理需要后,就会追求更高层次的生活享受。

3. 社会文化环境——生活方式不断转变

(1) 消费观念的变化。越来越多的消费者注重产品的品质，追求高品质的生活。同时，中国人固有的"面子"消费，使得具有相当品牌知名度的宜家成为众多潜在顾客的首选。

(2) 生活方式改变。生活节奏加快，使得城市居民的购物时间减少，他们更多的是有明确目的地在家居商场挑选。品牌知名度对于这样的消费者具有很大的影响。

4. 技术环境——越来越重视新产品开发和专利保护

(1) 加入 WTO 以来，中国越来越重视专利保护。

(2) 鼓励创新是中国政府的一贯政策，随着技术的发展，新材料和新技术被不断地应用到各个方面，促进了家具市场的发展。

(二)波特五力模型分析

1. 行业内部现有的竞争状况

中国家具行业十几年来的高速发展，其表现是家具行业已经形成了一定的产业格局，具备了一定的规模。但整体水平还比较低下，企业规模普遍较小，产业格局尚不稳定，家具生产处于较大范围的调整当中，可是行业的发展速度比较迅速，还有着巨大的发展空间。从产业市场结构来看，中国家具生产企业普遍为中小型企业，市场集中度很低，大型家具生产企业为数不多。由于中国内地家具市场需求潜力巨大，海外厂商纷纷抢滩中国市场。

宜家之外，很多海外家具企业不仅在中国内地推销家具成品，还积极投资设厂，实行"地销地产"。从中国国内家具销售市场的竞争来看，国产品牌、国际品牌的竞争异常激烈。

2. 家具供应商的讨价还价能力

虽然木材、人造板、家具涂料、家具五金件、布料、皮革和设备等原材料在规格、品质等方面存在十分显著的差异和阶段性部分稀缺的情况，但是由于家具行业市场集中度普遍偏低，原材料供应商也较为分散，因此市场化程度较高，家具企业在选择原材料供应商方面存在较大的空间，特别是科技的不断发展，以及家具行业平均利润率较高，致使新的原材料供应商不断加入，从而导致家具行业的原材料供应商与家具行业企业的议价能力趋于一般水平。

3. 购买者的讨价还价能力

由于国内家具品牌众多，家具产量不断增加，目前家具市场呈现供求基本持平、略有盈余的状态，且正在逐步由卖方市场向买方市场过渡。

根据影响购买者议价能力的因素分析，由于家具产品是家庭以及办公、宾馆等各种相关场所必需的耐用消费品，消费金额较高，因而消费者购买前普遍会货比三家，由于消费者对产品的认知并不成熟，目前消费者的议价能力并不高。但是随着买方市场的逐渐形成，以及消费者产品知识的不断充实，家具行业内消费者的议价能力将不断增强。

4. 替代产品的威胁

从替代产品的角度看，家具行业的替代产品并不多。然而，对于家具成品销售企业来说，面临的替代品的威胁主要来自于个性家居服务行业，购买者根据自己的兴趣爱好，由个性家居生产企业负责根据顾客的愿望生产特色的家具。总体来看,替代者的威胁并不是很强,包括住房、家电和其他日用生活消费品。互补品的威胁主要来自互补品的价格弹性和价格。

5. 潜在进入者的威胁

由于目前家具行业的利润高于社会平均利润水平,以及家具行业广阔的发展前景,还会吸引众多投资者进入该行业。尤其是国外一些实力较强、拥有丰富跨国经营管理经验的大型企业纷纷进入中国投资家具行业,导致家具行业的企业数量不断增加,在一定程度上加剧了市场的竞争,这会对家具行业内原有的企业构成一定的威胁。

三、企业内部条件分析

1. 管理者和管理组织资源

宜家的管理模式有其独特性。他们选择具有较高素质、专业知识相对丰富、年龄结构比例恰当的管理团队,形成了有效的管理模式与管理控制,使得其能更好地适应社会经济的高速发展。管理者的知识结构、专业资格、流动情况早已趋于合理稳定。企业内有关信息和沟通系统的有效程度也达到一流水平,高级管理人员战略能力也是同行业中的佼佼者。

2. 企业员工资源

宜家现拥有十万多名员工,并能合理地分配到各个适合的岗位中去。他们的员工大多沟通能力强,乐于与周围的人打交道,并具有专业的领导才能、网络技能、谈判技能等。他们的员工个人价值观与宜家的核心价值观一致,关心客户、勤奋、愿意不断学习进步的员工是他们最主要的资源。员工的资源在宜家这里是很充足的。

3. 市场和营销资源

宜家及时掌握了其主体消费群体的购买意愿,了解了市场所在,并及时调整其营销策略,更好地满足消费者的意愿,这一点宜家完成得在同类竞争者中是很出色的。其营销力量更在同类竞争者中出类拔萃。宜家商店采用自选方式,以减少商店的服务人员。宜家最突出的营销策略是"一站式营销",它们往往集中了宜家家居所贩卖的大部分商品品种,且摆放有序。商品的交叉展示,既是宜家卖场的展示风格,又是宜家家居的经营风格。宜家独特的营销策略才会产生超常规的绩效,宜家的故事就做了一个精彩的背书。

4. 财务资源

宜家的财务很清晰,他们拥有较强的资金实力,除了资金丰富,更加得益于他们健全的营销方式和管理模式,这使得宜家走到了家具行业的领头位置。而且宜家采取"吝啬"的成本策略,宜家的长期战略是——坚守低廉的价格。

宜家在生产、采购、运输和销售的过程中通过自己的价值链降低成本,增加价值。在低成本战略下,宜家能合理地利用周转资金,保证现金流动与债务水平的合理分配,达到最高的盈利水平。由于宜家的品牌效应和企业实力,他们与银行建立了良好的信用关系,其融资能力和信用等级也能帮助他们以后的资金周转提供较好的帮助。

5. 生产资源

宜家生产效率和规模在同行业中也是佼佼者。宜家的生产采用 OEM 的运作模式，通过对其外包的生产厂商的质量与技术的监督、审核，达到统一的"宜家标准"。宜家与其世界的所有终端销售通过 INTERNET 连接，了解其世界各地的所有终端的产品种类、销售情况、库存、订单等一系列数据。通过这些数据，宜家集团向其 OEM 生产商发送生产订单。宜家还通过 JIT 对其生产加以管理，减少了大量库存产品，每年仅此一项就为宜家节省成本15%，这也是宜家产品近些年价格不断下降的原因。

6. 设备和设施资源

由于宜家选择将大多数设计产品外包的方式，所以宜家关于制造产品的设备数量不具优势，但也正因为如此，使得宜家省去了大量资金。逛宜家能给人一种方便、赏心悦目的购物体验。在一般的家具商店里，所有的商品都是按品种摆放的，如沙发区、茶几区。而宜家的商品都是以展示厅的形式陈设的。设备省去的部分资金被用在了这里，给消费者以不同于其他家具商场的消费感受，更具亲民性，这一点也是宜家独特的设施资源。

7. 组织资源

宜家的组织模式被称为"世界独有"的宜家组织系统，使得宜家能够享受到利益的最大化，如低税收。正是因为这独特的组织系统，宜家的商店开到哪里，宜家服务集团就把一整套的管理模式和组织形式复制到哪里。这些管理和保障职能包括财务、零售、物流、物业、风险管理、法律、社会环境、公关通信和人力资源等。宜家的商店在这个"大管家"的协助下，维持每天的运转。

8. 企业形象资源

通过多年的经营，宜家已经建立起独特的企业形象。在家居业拥有独树一帜的品牌效应，在消费者中也建立起了较好的口碑，尤其是年轻人更喜欢到宜家购买家居。而且宜家规定了全球员工统一着装，并且宜家员工的工服是以其宜家标志的底色——蓝色为主色调，配以"IKEA"的黄色为辅助色，强烈地突出工服的视觉效果，这也体现了宜家对企业形象的重视，并与供应商及分销商建立了较好的合作关系。

分析与思考：
如何对宜家进行综合战略分析？

分析与思考答案：

1. 优势

（1）品牌优势。在《商业周刊》和 Interbrand 公司联合推出的"全球最佳品牌"榜上，宜家排名 42 位，品牌价值为 78.17 亿美元，而在此之前连续三年，宜家一直位居"全球最佳品牌"的前 50 名。可见，宜家作为一个国际知名的品牌，能够吸引众多高收入和追求生活品质的群体。

（2）雄厚的资金实力。2015 年 IKEA 获取了 110 亿欧元收入和超过 11 亿欧元的净利润，成为全球最大的家居用品零售商。

（3）领先的营销策略。宜家采取了多种具有人性化的营销策略。"体验营销"：IKEA

规定其门店人员不允许直接向顾客推销,而是任由顾客自行去体验做决定,除非顾客主动向其咨询。"信息营销":IKEA精心地为每件商品制定"导购信息",有关产品的价格、功能、使用规则、购买程序等几乎所有的信息都一应俱全。"生动化营销":IKEA把各种配套产品进行家居组合,设立了不同风格的样板间,充分展现了每种产品的现场效果。

(4) 产品风格独特,有利销售。宜家产品全部由宜家公司独立设计,产品风格与众不同。宜家强调产品"简约、自然、清新、设计精良"的独特风格;宜家源于北欧瑞典(森林国家),其产品风格中的"简约、清新、自然"亦秉承北欧风格。大自然和家都在人们的生活中占据了重要的位置。实际上,瑞典的家居风格完美再现了大自然:充满了阳光和清新气息,同时又朴实无华。

(5) 产品系列广泛。宜家产品系列广泛,宜家共有 10 000 多种产品供顾客选择。基本上,任何品位的顾客都能在宜家买到所需的家居产品。首先,功能广泛。顾客无须往返于不同的专卖店去购买家居用品。其次,风格多样。不同品位的人在这里都能找到自己的所爱。但宜家的产品也不是无所不包,宜家没有过于极端或过于夸张的产品。

(6) 物流优势。"平板包装"是重要的特色,既降低了运输成本,也提高了效率,而且节省了大笔产品组装的成本。为了以最简捷、最廉价的方法把商品送到顾客的手里,宜家把全球近 20 家配送中心和一些中央仓库集中在海陆空的交通要道,以便节省时间。近年来,宜家又把更多的采购任务从欧洲转移到远东地区。

2. 劣势

(1) 在东西方文化上的差异。中华文化博大精深,拥有顽强的生命力,这是世界上其他文化无可比拟的。宜家作为一个欧洲品牌,在进入中国市场时,难免会遇到东西方文化方面的挑战。宜家独特的或者说具有欧洲特点的设计风格多多少少有些偏离中国大众的消费习惯。中国人的消费习惯、生活习俗等都需要宜家进一步地了解。

(2) 价格。一贯以向中低收入阶层提供"有意义的低价格"为口号的宜家,在中国却成了中高收入阶层的乐园。这与宜家采用全球"统一商品,统一价格"有关。由于欧美国家与中国在经济发展水平及消费水平方面的差异,宜家产品在欧美地区即使是非常便宜的大众消费价格,在中国市场上往往也为普通消费者难以接受。

(3) 宜家的规模可能会使其在全球的运作经营活动中难以控制统一的全球标准。有句话"船大难调头",对于规模不断扩大的宜家来说,规模经济使其获得巨额利润,但是规模过大的后果就是很难统一控制全球的标准。

3. 机会

(1) 巨大的潜力。2014 年,宜家在中国市场的销售额为 10 亿元人民币,在宜家全球 128 亿欧元的销售额中仅占 1%,但在单个店面的销售和访客数上,宜家中国却位居前列,这说明宜家在中国市场还埋藏着巨大潜力。

(2) 广阔的国内家具市场。相对于世界上其他国家而言,虽然我国国内家具市场并不是最大的,但我国巨大的国内市场还是为家具产业提供了广阔的生存空间。改革开放以来,我国经济发展非常迅速，同时这样的增长还会持续，这对于提高我国家具消费、扩大我国家具市场将产生积极的影响。

(3) 宜家的可持续发展计划使其与我国倡导可持续发展相协调。例如，宜家瞄准零填埋废物利用，减少污水处理和使用更少的水。减少运输和包装、减少碳足迹又与我国倡导低碳经济一致。

4. 威胁

(1) 激烈的竞争。随着中国家具市场的快速发展，中国国内的家具品牌也迅速成长起来，包括中国名牌全友家私、中国驰名商标双虎家私、皇朝家私等众多品牌严重威胁到宜家的扩张。此外，宜家在中国的产品也被大量仿制，被贴上其他品牌的商标，这对于宜家品牌是一种损害。吉盛伟邦、月星、红星和高力等国内大型跨区域家具销售卖场正快速布局，国外的宜家家居、百安居等也在中国加紧抢占市场。

(2) 行业的价格战。国产品牌的成长必然带来激烈的竞争，其中价格战被认为是最具有杀伤力的一种手段，在中国被视为中高端品牌的宜家也不能对被蚕食的市场熟视无睹，这样更加剧了价格战的激烈程度。

(资料来源：杨巍骊. 农村经济与科技，2016,27(16))

二、战略和战略管理的重要性

随着知识经济时代的开始，一个新的战略管理时代已经到来。从全球发展的情况来看，这是一个信息网络化、经济全球化、资源知识化和管理人本化的时代。从国内发展情况来看，我国经济体制改革已经有20多年，市场经济得到长足发展，市场结构和市场关系发生了深刻变化，加之中国已经加入WTO。因此，中国企业和企业家正面临着一个全方位的、多层次的、竞争日益激励的市场环境。面对深刻变化的市场环境，中国企业必须"与时俱进"，及时调整发展战略，制定出战略规划及相应的发展对策。这对于企业寻求新的经济增长点，推动企业进入一个新的快速增长时期都具有重要意义。

对企业总体的发展方向有长期作用的决策称为战略决策。未来学家托夫勒指出："对没有战略的企业来说，就像是在险恶气候中飞行的飞机，始终在气流中颠簸，最后很可能迷失方向，即使飞机不坠毁，也不无耗尽燃料之虞。通用电气公司董事长威尔逊："我整天没做几件事，但有一件做不完的工作，那就是规划未来。"

【案例2-3】

家乐福六大运营战略

家乐福，法国零售业的龙头老大，成立于20世纪60年代，总部设在巴黎近郊，经过40来年的不断发展、并购与创新，从一个经营面积2500平方米的店铺发展成为遍布世界的连锁店的跨国公司，成为仅次于美国沃尔玛的全球第二大零售商。目前家乐福拥有分店9486

家，雇员人数达到 24 万人。那么是什么秘诀使得家乐福在短短几十年的时间，创造出今日之辉煌呢？仔细剖析，不得不佩服家乐福在经营过程中始终不渝地坚持以下六大战略。

一、超大规模策略

1963 年 6 月 15 日，当家乐福创始人法国人马塞尔·富尼埃在距巴黎 25 公里的南郊开了一家经营面积达 2500 平方米，并设有 500 个停车位的名为家乐福的大店铺时，不少零售业人士认为富尼埃先生是异想天开，不可能获得成功。长期以来的经验让零售界有一种共识：超级市场不宜开得太大，因为如果一旦目标顾客规模达不到超级市场规模的要求，别说赢利，就是正常经营都难以维持。另外，投资大，所冒风险自然就大，一旦出现经营问题，投资者将损失惨重，然而富尼埃却不这样认为。在他看来，只有将超市向大规模化发展，才能满足顾客的各种需求，避免顾客因挑选余地窄而空手而回。大规模的销售，可以让家乐福从大规模采购中享受优惠的价格折扣，从而降低成本。与其他商店相比，在利用雇员、设施和空间上，家乐福这种大型超市也更具优势，从而降低成本。另外，家乐福的经营品种繁多，有食品、食品材料、日用杂货、日用药品甚至鲜花等。家乐福的低价格和品类繁多的商品，对顾客产生了巨大的吸引力，从而使富尼埃取得了巨大成功。

家乐福的大规模主要体现在：一是店堂面积大，位于法国的图卢兹的一家家乐福店，占地面积达 24 400 平方米，顾客可以滑着旱冰鞋在场内购物。二是停车场大，家乐福在停车场设置上坚持每 100 平方米营业面积，就有 20 个车位，是专为远来购物的顾客预备的。三是收款台多，为了节约顾客时间，家乐福每 200 平方米就设置一个出口收款台，保证商场没有拥挤感。四是服务范围大，家乐福为顾客提供了一揽子服务，走进家乐福，除了能买到满意的商品外，只要愿意，顾客还可以在店内理发、吃饭、娱乐，即使是带小孩也不用愁，购物时，你可以将孩子安放在店内临时托儿所。另外店内还提供银行存款、信用卡支付等服务。

二、跨国经营策略

面对国内有限的市场空间，激烈的市场竞争，一级政府的种种限制，为了生存和发展，家乐福不得不将触角伸向世界，以寻求新的增长点。为了实现自己的跨国经济战略，减少跨国经营的障碍，家乐福首先进军西班牙、葡萄牙和意大利等南欧国家。因为在家乐福看来，这些国家与法国毗邻，在地理文化、习俗等方面与法国比较接近，相对而言，进入较为容易。随后，家乐福便向全欧洲、中南美洲和亚洲扩张。

家乐福的全球网点分布合理，形成一个"成长型分店+现金流分店"合理搭配的战略布局。在销售潜力巨大的中国、泰国、印度、巴西及阿根廷等市场上，家乐福首先抢滩，都已占有制高点，具有广阔的发展前景，而其在法国、比利时、西班牙及南欧地区的分店具有较强的销售收入且很稳定，两相配合，使家乐福能经受住区域性经济波动，并且具有较强的市场扩张能力。在法国、西班牙、葡萄牙、希腊和意大利等国家，家乐福已成为第一大零售商。同时，跨地区跨文化的经营格局及经验使家乐福获益匪浅。如家乐福在中国台湾地区丰富的运作经验，为其在中国香港、新加坡及中国大陆和香港地区进一步扩大经营规模奠定了基础。

三、低廉价格策略

低价格一直是家乐福赖以成功的一大法宝。家乐福一直努力通过各种渠道来控制、降低成本。

首先，家乐福大规模的经营战略，使其能获得现代大商业的规模效应，这种规模效应又可以通过大规模、大批量的采购，享受数量折扣优惠转化为公司的低成本优势。家乐福强大的规模还可以大大降低其配送成本。

其次，家乐福在进货上善于向供应商"借鸡生蛋"，它与供应商签订的合同付款条件为"月结60天数"，60天不是个短时间，尤其是货卖得越快，供应商往家乐福里投入的钱就越多，家乐福就像鲤鱼般吞吃供应商的流动资金。利用供应商的资金周转，相应地，家乐福的自有流动资金就占用得少，从而大大节约了家乐福的资金成本。而供应商也只得眼睁睁地看着自家"母鸡"生的"蛋"让人家给掏走。但家乐福销售量大，付款信誉好，可接纳的品种多，这是旁人无可比拟的优势。另外，家乐福还向供应商要求许多的优惠条件及赞助。所以即使是延迟60天付款，又有虎口般的吞吃量，再加上压到最低点的供应价，供应商为了赚钱也只好"明知山有虎，偏向虎山行"。

再次，家乐福的商品周转迅速。家乐福拥有强大的采购能力及与供应商谈判的能力，这就为其商品的迅速周转提供了保证。商品的快速周转，流动资金占用少，可以大大降低资金的成本。

最后，在选择商品上，家乐福倾向于本地化。其商品的结构会因不同的国家或地区的消费习惯和消费心理做出相应调整。如在中国，为满足便宜和适用的原则，其商品90%以上是从当地的供应商购买；为迎合中国人"挑选"的需要，家乐福增加了货架上的同类商品的供应量。商品的本土化还让家乐福节约了大量的运输成本和配送费用。另外，为了减少流通环节、降低经营成本，家乐福还开发了自有品牌的商品。

所有这一切，都是家乐福低价格策略的坚强后盾。有了这一切，家乐福才能时时保持低价，低得让顾客心跳；有了这一切，家乐福才会有许多特价跌破批发价的商品，对顾客具有极大的诱惑。

四、本土化与联盟策略

本土化策略已成为跨国公司向世界延伸的一项重要策略。家乐福特别重视其分店的本土化工作。从员工到商品再到货架的陈列等，都实行本土化。北京家乐福马连道店店长詹维仕认为，员工本土化更容易使公司的经营理念融入经营中去，因为本地员工更了解当地的文化、习惯、风俗。家乐福每决定开一家分店，都得对当地的文化、生活习惯、购买力等因素进行详细而严格的调查与论证。家乐福首席执行官伯纳德认为："一个零售分店就是它所处的国家的缩影，该分店必须适应当地的文化氛围。"在中国，家乐福分店蔬菜的切法绝不会是欧洲的横切法，一定是中国的斜切法或竖切法。在巴西，家乐福的鸡蛋绝不会是层层叠加，因为按当地的习俗，鸡蛋应该单层放叠。家乐福90%以上的商品是从当地的供应商手里购买的,其陈列也是按当地的消费习惯和消费心理而设。如在中国,消费者喜欢从大量的商品中选择自己喜爱的商品,然后购买。为迎合中国消费者的这一爱"挑选"的习惯,家乐福的货架上增加了同类商品的供应量,以方便顾客选购。

跨国零售业在新进入一个国家或地区时,为获得在进货、人力资源方面的支持,并在短期内熟悉当地市场,往往会采取联盟战略,选择与当地有经验的零售商结成战略伙伴的关系。家乐福是选择伙伴的高手。1989年,家乐福进军中国台湾时,与统一企业合资开办了家乐福台北店和高雄店,双方结成了战略联盟。统一企业是中国台湾的第一大食品厂商,这让家乐福获益匪浅。即使是在以后家乐福挺进中国大陆城市北京、武汉、成都等时,统一企业也给予家乐福在宣传、供货以及促销等方面的各种形式的大力支持。

五、赶超计划策略

家乐福未来战略目标是:10年内赶超沃尔玛。为实现这一目标,2015年年初家乐福总部制定了2015年的全球战略部署。

扩大分店规模进军北美市场。家乐福受国内市场及政府的种种限制,其分店营业面积及营业额与沃尔玛相比,存在很大的差距,为了弥补这一差距,家乐福推出"特级市场"计划,其规模直逼沃尔玛的"超级中心"级分店。

北美,这个世界上购买力最旺盛的市场,无论是从自身发展目标,还是从赶超沃尔玛的目标来说,对家乐福都极具诱惑力。家乐福此次计划中就有一项以收购为中心的北美扩张计划。

六、拓展电子商务建设信息网络

在电子商务方面,家乐福的目标是在互联网上成为一家提供从金融服务到下载各种服务的网上综合性服务商。因此,为增强自己从事电子商务的实力,家乐福计划3年投资9亿美元与欧洲、亚洲和拉美的50家ISP和门户网站建立战略联盟。

(资料来源:http://www.linkshop.com.cn/club/dispbbs.aspx?rootid=240877&sf=wd_search)

分析与思考:
本土超市如何借鉴家乐福的这些战略呢?

分析与思考答案:
可以分别从大规模策略、低廉价格策略、战略联盟策略、赶超计划策略以及电子商务建设拓展等方面进行分析。

第二节 生产运作战略的基本概念

一、生产运作战略的含义

作为一项管理职能,生产运作需要有战略吗?可能有人抱有疑问。但是,企业的生产与运作管理绩效对企业整体竞争力有非常直接、关键的决定作用；生产与运作管理除了产品制造、服务提供等日常生产运作决策以外，还包括资源与能力配置、竞争重点选择等长期决策问题。这些问题对企业的长期绩效有深刻影响，现在被越来越多的企业认为是企业成功的关键。这些问题对于企业来说都具有战略意义，它们就构成了生产运作战略决策的主要内容。

举例来说，一家航空公司要决定"长途航班上应该提供什么饮食"，这是日常生产运作决策问题，也要决定"与竞争对手相比，我们的客舱服务应该具有什么特色"，这就属于生产运作战略问题。又如，一家服装企业要决定每周生产多少种款式、每种款式的数量，这是日常生产运作决策问题，也要决定服装生产过程中所需的缝纫工序是否应该外包，这就属于生产运作战略问题。

因此，生产运作战略定义为：在企业经营战略的总体框架下，根据对企业所面临的外部需求以及内部资源特点的分析，确定企业生产与运作管理中带有长期性的、对企业整体资源配置和经营绩效有重大影响的事项。

二、生产运作战略与企业经营战略

生产运作战略与企业经营战略之间的关系如图 2-2 所示。企业战略是要决定企业组织的使命，确定企业的愿景与发展目标，即要决定：从长期来看企业要成为一个什么样的企业？要达到什么样的发展目标？这样的决策将从根本上影响一个企业的生存和未来发展。接下来要确定企业的业务战略：为了实现企业的使命、愿景和战略目标，企业应该做什么产业、做哪些产品、在什么区域做、面对哪些客户？如何在多种业务之间分配资源？这两部分内容就构成了企业的经营战略。如果一个集团化企业包括多个独立经营的事业部或业务单元，则在企业集团统一的使命、愿景和战略目标之下，各个事业部的业务战略由于所处的地域不同、产品不同、主打产业不同而各有不同(见图 2-3)。例如，一个家用电器公司，分别设空调部、洗衣机部、小家电部，每个事业部对其产品线、覆盖区域、主打哪一部分市场细分等均有不同的考虑。

无论是否有事业部之分，企业的各个职能部门都会对该职能进行整体谋划，考虑该职能应具备什么核心能力、采取什么策略以支持企业愿景、战略目标、业务战略的实现。这就是职能级战略。

具体到生产运作战略来说，就是要在企业确定发展目标和业务战略的基础上，考虑如何向市场提供产品和服务，产品和服务的竞争重点应该放在什么地方，如何做到有效配置，如何高效利用企业资源等。仍以家用电器公司为例，空调部的生产运作战略可能是把竞争的重点放在高质量(如高可靠性、低噪声、节能等)上，从而会选择新技术产品投入生产，而小家电部的竞争重点则可能是物美价廉、操作方便、多样化等，从而把更多的注意力集中在降低成本和生产运作柔性上。

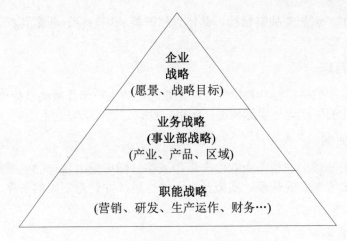

图 2-2 生产运作战略与企业经营战略的关系

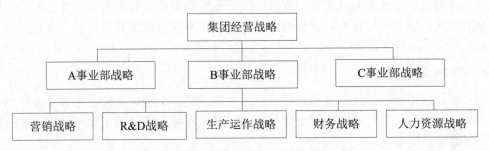

图 2-3 集团化企业不同层次战略之间的关系

三、生产运作战略的制定程序

由于生产运作战略是职能战略之一,所以它必须在企业总体战略、竞争战略制定之后才能制定。一般而言,生产与运作战略的制定程序如下。

1. 编制战略任务说明书

说明书应包括生产运作战略的目的、意义、任务、内容、程序以及注意事项等内容,企业的规模不同,任务说明书的详略也不同。

2. 环境分析

这是企业在制定战略时必须首先要做的工作,包括外部环境和企业内部条件分析。通过外部环境的分析发现企业面临的机会与威胁,通过内部条件的分析总结出企业的优势和劣势。此外,还要对企业制定的总体战略、竞争战略进行系统分析。

3. 制定战略目标

根据企业的战略使命、企业的总体战略目标和竞争战略目标,在环境分析的基础上,进一步确定企业生产运作的战略目标，具体包括产能利用目标、质量目标、产量目标和物资消耗目标等。

4. 评价战略目标

为保证生产运作战略目标的科学性，对企业确定的生产运作战略目标要进行综合评价，评价可以根据企业的生产运作实际情况，运用定性、定量的方法进行分析。

5. 提出备选方案

在环境分析的基础上，根据企业生产运作战略目标拟定出备选的生产运作战略方案。备选方案的数量要考虑企业规模、实力及企业的性质，并针对不同的条件，体现方案的差异性。

6. 选择战略方案

对企业拟定的备选方案从成本、收益、风险及它们对企业长期竞争优势的影响等方面进行全面评估，综合运用定性、定量分析的方法，以形成对备选方案的综合评价，作为企业选择生产运作战略的依据。

7. 组织实施

为了更好地实施生产运作战略，应根据选定的战略方案制订具体的方案实施计划，建立协调和控制机制。另外，还需对企业员工进行深入宣传，调动员工参与战略实施的积极性，确保战略目标实现。

四、生产运作战略的环境分析

制定生产运作战略同制定企业总体战略和竞争战略一样，也需要进行环境分析。企业战略的环境分析主要包括企业外部环境和企业内部条件分析，企业在制定生产运作战略前，同样要进行这两方面的分析。只不过是此时的外部环境、内部条件分析更加侧重分析与生产战略制定关系密切的因素。

(一)外部环境分析

企业外部环境可以划分为宏观外部环境和行业环境。

1. 宏观外部环境

企业的宏观外部环境主要包括政治法律环境、经济环境、社会文化环境和科学技术环境。政治法律环境主要包括政治制度、方针政策、政治气氛、国家法律规范和企业法律意识等要素，它们对企业的生产运作管理产生深远的影响和制约作用，企业适应所面临的政治法律环境，是企业实现生产运作战略的前提。经济环境是指影响企业生存与发展的社会经济状况及国家经济政策，包括国民收入水平、消费结构、物资水平、产业政策、就业状况、财政及货币政策和通货膨胀率等要素。其中对生产运作战略影响最大的是产业政策,它对产品决策和生产组织方式的选择有直接影响。社会文化环境是指一个国家或地区的文化传统、价值观念、民族状况、宗教信仰和教育水平等相关要素构成的环境。科技环境是指企业所处的社会环境中的科技要素及与该类要素直接相关的各种社会现象的集合,主要包括社会科技水平、科技力量、科技体制和科技政策等要素。

对企业宏观环境的分析方法主要是 PEST 分析法,如图 2-4 所示。

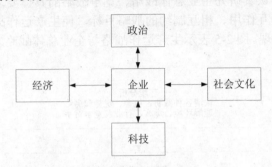

图 2-4　PEST 分析法

2. 行业环境

行业或产业,是居于微观经济细胞(企业)与宏观经济单位(国民经济)之间的一个集合概念。行业是具有某种同一属性的企业集合,处于该集合的企业生产类似产品满足用户的同类需求。行业中同类企业的竞争能力和生产能力将直接影响到本企业生产运作战略的制定,特别是在开发新产品时,更应仔细分析行业环境。对行业环境要从战略的角度分析其主要经济特征(市场规模、行业盈利水平、资源条件等)、行业吸引力、行业变革驱动因素、行业竞争结构、行业成功的关键因素等方面。其中行业主要经济特性、行业竞争等方面对企业生产运作战略的影响较大。关于行业竞争结构分析,可以采用哈佛商学院的迈克尔·波特教授(M.E.Porter)的五力分析法来进行。

按照波特的观点,一个行业的激烈竞争,其根源在于其内在的竞争结构。在一个行业中存在五种基本竞争力量,即新进入者的威胁、行业中现有企业间的竞争、替代品或服务的威胁、供应者讨价还价的能力和用户讨价还价的能力。这五种基本竞争力量的现状、发展趋势及其综合强度,决定了行业竞争的激烈程度和行业的获利能力。在竞争激烈的行业中,一般不会出现某个企业获得非常高收益的状况,在竞争相对缓和的行业中,会出现相当多的企业都可获得较高的收益。五种基本竞争力量的作用是不同的,问题的关键是在该行业中的企业应当找到能较好地防御这五种竞争力量的位置,甚至对这五种基本竞争力量施加影响,使它们朝着有利于本企业的方向发展。

(二)企业内部条件分析

对企业战略产生影响的企业内部条件因素很多,我们主要分析影响企业生产运作战略制定的内部条件因素,主要包括以下几方面。

1. 企业总体战略、竞争战略及其他职能战略

企业的总体战略、竞争战略确定了企业的经营目标，在此目标下，不同的职能部门分别建立了自己的职能部门战略及要实现的目标。因此包括生产运作战略在内的各职能战略的制定，要受到企业总体目标的制约和影响。同时，由于各职能战略目标所强调的重点各不相同，往往对生产运作战略的制定产生影响，而且影响的作用和方向是不一致的。在制定生产运作战略时，要认真研究企业总体战略、竞争战略的具体要求以及其他职能战略的制定情况，权衡这些相互作用、相互制约的战略目标，使生产运作战略决策能最大限度地保障企业经营目标的实现。图2-5表示生产运作战略与企业总体战略之间的关系及其战略决策选项。

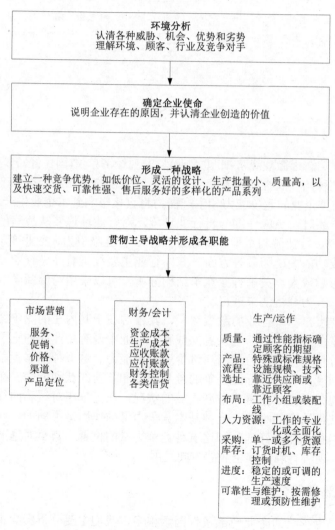

图 2-5　生产运作战略及其战略决策选项

2. 企业能力

企业能力对制定生产运作战略的影响是指企业在运作能力、技术条件以及人力资源等方面与竞争对手相比所体现的优势和劣势。对企业能力的评价比较复杂，它需要在全面评估企业内部条件的基础上对企业能力做出判断。需要评价的企业内部条件包括：对市场需求的了解和营销能力，现有产品状况，现有顾客状况，现有的分配和交付系统，现有的供应商网络及与供应商的关系，人员素质和能力，自然资源的拥有状况及获取能力，设施、设备和工艺状况，可获得的资金和财务优势等。

第三节　生产与运作战略内容

生产运作战略主要包括三个方面的内容：生产运作的总体战略、产品或服务的设计与开发、生产运作系统的设计与维护。

一、生产运作的总体战略

1. 产品(服务)的选择战略

企业进行生产运作，首先要确定的是企业将以何种产品(服务)来满足市场需求，实现企业发展，这就是产品(服务)选择战略所涉及的内容。企业产品(服务)选择的正确与否，可以决定一个企业的兴衰存亡，必须对此予以高度重视。

企业向市场提供什么产品(服务)，需要对各种设想进行充分论证，然后才能进行科学决策，此时通常要考虑以下几个因素。

(1) 市场条件。主要分析拟选择产品(服务)行业所处的生命周期、市场供需的总体状况及发展趋势、企业开拓市场资源及能力、企业在目标市场的地位和竞争能力预期等。

(2) 企业内部的生产运作条件。主要分析企业的技术、设备水平，新产品的技术、工艺可行性，所需原材料和外购件的供应状况等。

(3) 财务条件。主要分析产品开发和生产所需的投资、预期收益和风险程度等财务衡量指标，此外还要结合产品所处的生命周期来判断产品对企业的贡献前景。

(4) 企业各部门工作目标上的差异性。由于企业内部各部门的职能划分不同，在共同的企业总体战略目标之下，各部门工作目标的差异性也是客观存在的，这种差异必然对产品选择产生影响，增加工作难度。例如，生产部门追求高效、低耗地完成生产，倾向于选择生产成熟的、单一的产品；营销部门追求产品组合的宽度和深度，以适应消费者多样化的需求，倾向于新产品的不断推出；财务部门则更青睐销售利润高的产品。这些分歧的存在，从不同部门的角度考虑，都是为了企业的发展。这就需要企业在进行产品选择时综合考虑、全面协调。

除以上几个方面的因素外，企业在产品(服务)选择时还要兼顾社会效益、生态效益等方面的影响因素。

【案例 2-4】

柯达即显相机开发案例

1969 年柯达公司想设计一种"立即显像摄影机"。当时，这种相机已经问世，著名的"拍立得"公司已经制造出即时显像的相机 sx-70，只是最初的 sx-70 在使用时需将保护乳剂的保险纸撕掉，这等于在制造垃圾，但"拍立得"也正在着手改良这种相机。在位于罗切斯特一座普通建筑物的柯达总部，主管部门显得异样沉稳和镇定。

根据稳步求胜的战略，即显相机经历了周密的研制过程，制定了各种可行的方案，并附上各个方案所需的开发费用。公司批准了最佳方案，分别在英国、法国、美国开始推行。最终在公司专家和各个部门的通力合作下，柯达生产出了更加完美的胶卷，扩大了软片市场的份额。

在产品研发过程中让所有的相关职能部门(如营销、采购与制造)参与进来，共同定义新产品。因此，无论是外部还是内部，新产品都具有可操作性和适应性。

柯达的每个新产品不仅仅是技术上的突破，也是产品品质的一次提高，总是更加靠近消费者。柯达作为行业的领先者，它的产品总是比竞争者更具应用性。

(资料来源：https://wenku.baidu.com/view/c2d7c75377232f60ddcca1c4.html)

分析与思考：
柯达成功的因素有哪些？
分析与思考答案：
柯达成功原因具体分析：
1) 技术实力
柯达同时在英国、法国、美国设立开发小组，并聘请当地的行业专家，结合柯达总部的实验室，共同攻克技术难题。据统计，柯达动用了上千人的研究小组。
2) 资源整合
柯达研发小组整合了包括生产、推销与研究三方面的专家，在总部的统一协调下共同行动。
3) 公司稳步求胜的战略
柯达公司总是善于控制业务变动的步幅，从容而循序地研发多种新产品。
4) 充分的市场调查
柯达首先掌握着竞争对手的研发动态，其次在研发过程中注意调研消费者的潜在需求。
5) 在解决"用户不满"上下功夫
首先，新产品力求廉价；其次，要容易操作；最后，必须保证质量。

2. 自制或外购战略

企业进行新产品开发，或建立或改进生产运作系统，都要首先作出自制或外购的决策。企业自制战略有两种选择：第一种是完全自制，即建造完备的制造厂，购置相应的生产设备，进行组织生产所必需的人员招聘与配备，产品生产的各个环节都在本厂完成；第二种是装配阶段自制，即"外购+自制"战略，部分零部件外购，企业建造一个总装配厂，进行产品组装。企业如果选择外购战略，就需要成立一个经销公司，为消费者提供相应的服务。

一般而言，对于产品工艺复杂、零部件繁多的生产企业，那些非关键、不涉及核心技术的零部件，如果外购价格合理，市场供应稳定，企业会考虑外购或以外包的方式来实现供应。

3. 生产与运作方式选择战略

企业在作出自制或外购的决策之后，就要从战略的高度对企业的生产方式作出选择。正确的生产与运作方式选择，可以帮助企业动态地适应快速变化的市场需求、日益激烈的市场竞争、日新月异的科技发展，使企业能适应甚至引导生产与运作方式的变革。可供企业选择的生产与运作方式有许多种，这里仅介绍两种典型的生产方式。

(1) 大批量、低成本。这种战略适用于需求量大、差异性小的产品或服务的提供，在这样一个特定的市场上，企业采用低成本和大批量生产与运作的方式，就能够获得竞争优势，特别是在居民消费水平普遍不高的经济发展阶段的国家(地区)。20世纪初的福特汽车公司首创流水线生产，现在的沃尔玛公司的低成本、大规模生产方式的选择，都是这一战略执行的典型代表。

(2) 多品种、小批量。对于消费者的需求多样化、个性化的产品或服务，就不宜采用大批量生产的方式，而更适合采用小批量的顾客定制方式。这种方式最早出现于20世纪80年代初，它兼有大批量生产的低成本优势和单件小批量生产适应消费者个性化需求的特点，是介于大批量生产与单件小批量生产与运作方式的一种中间状态。当前，许多著名的企业，如丰田、惠普等公司，都采用这种生产与运作方式。

二、产品开发与设计

企业在产品或服务选择的基础上，要对产品或服务进行设计，以确定其功能、型号和结构，进而选择制造工艺，设计工艺流程。随着现代科技的快速发展，产品生命周期总体上有缩短的趋势，研究与开发(R&D)的重要性日益彰显，不断推出新技术、新产品，成为保障企业生存与发展的重要条件。按照产品或服务开发与设计的发展方向，可将该战略分为四类。

1. 技术领先者或技术追随者

企业可以通过自主研发来掌握新技术，以开发设计产品或服务，也可以通过学习技领先者的技术来开发、设计产品或服务，做技术领先者还是技术追随者是产品或服务设计时的两种不同选择。对于制造业来说，做技术领先者需要不断创新和大量的研发投入，因而风险较大，但一旦成功则可获得较丰厚的回报，可以在竞争中处于领先地位；做技术追随者主要是学习新技术，仿制别人的新产品，因而相对投入少、风险小，但相比技术领先者投资回报率低，并且容易在技术上受制于人。当然，通过努力学习，对别人的技术和产品进行改进，也有可能形成竞争优势。

波特教授曾经将研究开发战略与企业竞争战略联系起来，通过研究得出结论：技术领先者和技术追随者，在获取成本领先优势或差别化优势方面各有特点，技术领先者是易于获得竞争优势的，但技术追随者也可获得优势，如表 2-2 所示。

表 2-2　研究开发战略与竞争优势

竞争优势	技术领先者	技术追随者
成本领先	①优先设计出成本最低的产品或服务； ②优先获得学习曲线效益； ③创造出完成价值链活动的低成本方式	①通过学习技术领先者的经验，来降低产品或服务成本和价值链活动费用； ②通过仿制来减少研究开发费用
差别化	①优先生产出能增加买方价值的独特产品； ②在其他活动中创新以增加买方价值	通过学习技术领先者的经验，使产品或交货系统更紧密地适应买方的需要

2. 自主开发或联合开发

自主开发就是企业根据对市场的分析和预测，依靠自己的技术力量进行新技术、新产品的研究开发。联合开发则是指企业通过与合作伙伴或其他机构联合开发新技术、新产品。自主开发对于企业规模大、R&D 能力强的行业领先者有吸引力，而联合开发则成为实力稍逊企业的理性选择，它们可以通过联合实现资源聚合，实现联合各方的共赢。此外，对于一些复杂的产品或技术，由于涉及知识前沿，投入巨大，其周期较长，联合开发的适用性更强。

3. 外购技术或专利

如果企业没有条件进行独立研究开发、联合开发，或者研发成本、风险过大时，就会考虑外购先进的技术或专利，借助企业外部的研发力量，增强企业自身的技术实力。企业通过购买大学或研究所等的研究成果，可以节约 R&D 投入，降低 R&D 风险，同时缩短产品开发与设计的周期。但要注意的是企业在购买或引进技术或专利后，要加以消化、吸收和创新，以形成特色。

4. 基础研究或应用研究

基础研究就是对某个领域的某种现象进行研究，但不能保证新的知识一定可以得到应用。基础研究成果转化为产品的时间较长，投资比较大，而且能否转化为产品的风险很大。

但是，一旦基础研究的成果得到应用，则会对企业的发展发挥巨大作用。应用研究则是企业根据市场需求状况选择一个潜在的应用领域，有针对性地进行的研究活动。应用研究实用性强，较容易转化为现实生产力，但应用研究一般需要基础理论的研究成果。例如空气动力学的研究属于基础研究，而赛车车型的研究则属于应用研究，它是以空气动力学为基础的。

三、生产运作系统的设计与维护

生产运作系统的设计与维护是企业战略管理的一项重要内容，也是企业战略实施的重要步骤。生产运作系统的设计与维护主要有四个方面的内容：选址、设施布置、工作设计、考核与报酬。

本 章 小 结

生产与运作战略是企业战略的重要组成部分。企业战略一般可以分为三个层次，即企业总体战略、经营层战略、职能层战略。生产与运作战略作为职能层战略属于比较重要的一个。要制定、实施好生产与运作战略，就必须协调好同其他几个战略之间的关系。

在制定生产与运作战略时，首先要从外部环境和企业内部条件进行分析，并且要明确制定程序，只有这样才能制定出优秀的战略方案。

本章还详细讲述了生产运作战略内容，包括生产运作的总体战略、产品开发与设计以及生产运作系统的设计与维护。

习 题

(一)单项选择题

1. 生产运作战略属于(　　)战略。
   A. 职能　　　　B. 功能　　　　C. 经营　　　　D. 业务单位
2. 生产运作战略属于(　　)。
   A. 公司级战略　B. 部门级战略　C. 职能级战略　D. 以上都不是
3. 企业战略不包括企业的(　　)。
   A. 使命或宗旨　B. 战略目标　　C. 经营战略　　D. 市场战略
4. 企业战略不包括以下哪个层次？(　　)
   A. 公司级战略　B. 管理级战略　C. 事业级战略　D. 职能级战略
5. (　　)环境对企业战略的影响最直接、最大。

A. 宏观　　　　　B. 行业　　　　　C. 竞争　　　　　D. 微观

(二)多项选择题

1. 以下哪些属于职能级战略？(　　)。
   A. 市场营销　　B. 企业战略　　C. 生产运作　　D. 财务分析
2. 确定企业战略管理过程包括哪几个阶段？(　　)。
   A. 确定企业使命　B. 战略分析　　C. 战略选择　　D. 战略实施
3. 宏观环境包括(　　)。
   A. 政治因素　　B. 经济因素　　C. 科技因素　　D. 社会因素
4. 行业环境包括(　　)要素。
   A. 需方对行业内企业的影响　　B. 供方对行业内企业的影响
   C. 替代品的威胁　　　　　　　D. 新加入者的威胁
5. 经济因素包括(　　)。
   A. 消费水平　　B. 国家预算　　C. 关税政策　　D. 家庭数量和结构
6. 生产运作战略主要包括(　　)方面内容。
   A. 生产运作的总体战略　　　　B. 产品或服务的选择、开发与设计策略
   C. 生产运作系统的运行　　　　D. 生产运作系统的设计策略

(三)名词解释

1. 战略　　　　　　2. 企业战略　　　　　　3. 战略管理

(四)简答题

1. 简要说明企业战略划分成哪几个层次？分别是什么？
2. 简要说明生产运作战略制定的程序。
3. 简要说明生产运作战略包括的内容。
4. 研究开发策略中选择技术领先者策略还是技术追随者策略？主要从哪些方面考虑？

(五)案例分析题

爱华电子公司

爱华电子公司主管生产的副总经理李先生正为瓦房店分厂的问题所困扰。那里的事情使他大伤脑筋，以致他都奇怪，晚上怎么没有做关于那个厂的噩梦。爱华电子公司的总部设在大连经济技术开发区。它虽然是一家不大的公司，但业务发展很快，主要产品是为数据处理设备配套的专用电子部件。它有三个分厂：一分厂在金州，生产民用品；二分厂在松树镇，生产军工品；三分厂在瓦房店，生产为上两分厂的产品所需的电器部件和印刷电路板。

正如李先生看到的瓦房店分厂已成为一、二两分厂争夺的战场：每个分厂都想从瓦房

店分厂优先得到电器部件和印刷电路板。这些都是产品的关键部分,一旦供应不上,就会使分厂生产线中断,打乱生产计划。因此,为保证需要,各分厂都冒报需要量,而且想尽快得到它们。除此之外,军工分厂还常为质量问题与瓦房店分厂争吵。军品品种多,批量少,却要求高度精密的技术条件,对瓦房店分厂来说是有困难的。

发生冲突是常有的事。而每年最大的争端是在费用的分摊上。一、二分厂都独立生产,实行了承包经济责任制。瓦房店分厂没有最终产品,只计成本,没有利润任务,没有实行与利润挂钩的承包制。由于产品中材料成本占的比重大,每个分厂都想压低零部件的转移成本。一到研究瓦房店分厂间接费用时,两厂都想尽量压给对方。

李先生很同情瓦房店分厂的管理部门。瓦房店分厂的老厂长和老技术人员把工厂管理得平稳而有秩序。但大部分都快退休了。能干的年轻干部不愿到瓦房店分厂去。一则是瓦房店分厂是矛盾的焦点;二则是产品分厂是提干的"快车"。

李先生也曾想把瓦房店分厂撤掉,将零部件生产划给两个产品分厂。但他下不了决心。他知道,这会损失生产规模的经济性,而且会削弱这方面的技术力量。李先生正在设想其他的解决方案,以便更好地组织生产,同时减轻他处理各分厂纠纷的负担。他想有必要对瓦房店分厂加强领导,帮助他们做好需求预测、生产计划和库存控制等方面的工作。

(作者自己提供整理)

讨论题:
你能为李副总经理提出什么建议吗?

第三章　生产和服务设施选址与布置

【案例导入】

大方超市选址方案

一、零售业发展现状

进入21世纪以来，中国的零售业正经历着一场深刻的变革，它不仅使零售业成为经济发展的热点行业，而且对整个流通业乃至经济运行方式都产生了积极影响，这种变化和影响主要表现在以下几个方面。

(1) 国内零售市场容量迅速扩大，社会商品零售总额从2009年的8300亿元增加到2013年的45 842亿元，这意味着中国的零售市场规模每4年左右就要翻一番，中国已成为亚太地区乃至全世界最具增长潜力的市场之一。

(2) 连锁经营方式成功导入，超级市场、便利店、专卖店、仓储式商场等新的业态形式层出不穷，近几年连锁经营在大中城市、沿海经济发达地区发展很快，并受到消费者和经营者的普遍认同。2013年年底，全国各种形式的连锁公司已达5000多家，经营网点100 000多家，连锁企业实现销售逐年提高，2013年增长52%。2013年上海、北京连锁企业实现的销售额占当地社会商品零售总额的比重分别达到30%和18%。

(3) 新的经营理念、营销方式、管理手段和管理技术被零售业率先采用，并向整个流通业传播，POS系统、电子订货系统的业务流程、管理方式发生了变化，引发了国内以流通社会化、现代化和逐步与国际市场接轨为主要内容的流通革命。零售业作为流通的最终通道对上游产业的拉动作用和主导化趋势日益明显，2010年以来，我国消费品市场的增幅已连续三年超过同期国民生产总值的增幅。国内市场对国民经济增长的贡献率稳步提高，经济增长由原来的投资驱动、生产导向逐渐转向消费驱动和市场导向，流通产业对国民经济和产业结构调整的相关作用增强。

从发展角度看，中国零售业的变革还只处在起步阶段，伴随中国经济的发展和活跃人口(即人均年收入800美元以上居民)数量的增加，国内零售业今后的发展空间十分广阔，变化的节奏会进一步加快，内涵也会更加丰富。

二、企业概况

大方株式会社是日本的一家大型零售企业，是日本国内的大型零售类企业。早在2004年，日本大方就在中国大陆的北京、上海等大城市开设了数家分店，由于大方超市具有货物全、深入社区等特点，开业以来，在各地取得了满意的效果，也获得了不菲的收入。

大方于2005年进入双水市，并于当年建立了3家分店。大方超市槐花路店成立于2010

年，占地面积达1500平方米，淡季客流量为1500人左右，日常客流量为2000~3000人，高峰期达5000~6000人。和大方所有的分店一样，这是一家货物品种齐全的中型综合类超市。该超市的周边是居民密集区，附近又没有大型的综合类超市。因此，自开业以来，渐渐成为附近居民购物的首选地。同时，又带动了周边的商业发展。现在在大方超市的附近，已经形成了一个别有特色的以大方超市为中心的商业圈。

大方超市和沃尔玛、麦德龙等国际著名大型超市相比，在货物品种方面和价格方面毫不逊色，同时，又具有自己鲜明的特点。首先，很多大型超市受其规模限制只能选在郊区等居民稀少、地价较低的地区开店，影响了居民购买。而大方超市分店一般以中型店面为主，使得该超市可以深入居民聚集区，"开在居民最需要的地方"，更加方便居民日常商品的就近购买，吸引了很多购买力。其次，大方超市背后的大方株式会社，为了保证货物的质量和价格，一般采用集团采购方式，在全国范围内通过招投标，选取最低价的供货商，这种方式将成本控制在最低。

这些因素使得大方超市能在家乐福、麦德龙、沃尔玛等大型超市的包围下生存且不断发展。

三、大方超市的选址规划

1. 商圈理论

周围有多少潜在顾客才可开设一家超市呢？2000户的住宅小区可开设1家600~800平方米的小型超市；10 000户的住宅小区可开设1家2000平方米的中型超市。

1) 小型超市(120~400平方米)选址的理想地点

小型超市的店址一般设在居民聚集区或小型商业区，顾客步行10分钟，乘车或骑车几分钟就可到达。

2) 中型超市(400~2500平方米)选址的理想地点

中型超市的店址一般选在都市中小型的商业区，距离居民区只有步行10分钟或驾车5分钟左右的距离，还配有停车场及自行车和摩托车的停车位。

3) 大型超市(2500平方米以上)选址的理想地点

大型超市一般选址于城市经济比较发达的中心商业区，顾客流量大，购买频率高，有利于实现超市低价格、大销量的营销策略，一般应配备大型的停车场，还必须配备自行车和摩托车存车处。

大方超市槐花路店位于双水市双桥道与湖山路交口，距这一地区的主干道闽江道仅百余米。它的对面就是公交26、78、38路的总站，又有303、374、367、904、5路在此设有停靠站，交通便利，便于市民光顾。它的东面、南面、西面有天秀里、地秀里、星光花园等十余处居民居住地，居民需求量大、购买力强。并且他们中以中青年的居民为主，他们除了为自己消费外，还为其子女消费。它的后面就是湖山路中学，西面以及东北有两所高校。这使它在商品采购上除以日常生活必需品外，还要有适当的前卫商品及文教用品。同时在它的周围又没有大中型超市与之竞争，主要是零星的小贩和杂食店。

2. 大方超市与其他大型连锁超市的选址对比分析

国外的大型超市在进入一个新地方的时候，一般都只派一个人来开拓市场。例如，家乐福在进驻中国台湾时只派了一个人，到中国内地也只派了一个人。9月11日，家乐福的企划行销部总监罗定中用这句令记者吃惊不已的话作他的开场白。

罗定中解释说，这第一个人就是这个地区的总经理，他所做的第一件事就是招一位本地人作他的助理。然后这位空投到市场上的光杆总经理，和他唯一的员工做的第一件事，就是开始市场调查。他们会仔细地去调查当时其他商店里的有哪些本地的商品出售。哪些产品的流通量最大，然后再去与各类供应商谈判，决定哪些商品会在将来家乐福店里出现。一个庞大无比的采购链，完完全全从零开始搭建。

二者的相同点如下。

第一，就是计算商圈内的人口。传统的商圈分析中，需要计算所有竞争对手的销售情况、产品线组成和单位面积销售额等情况，然后将这些估计的数字从总的区域潜力中减去，未来的销售潜力就产生了。但是这样做并没有考虑到不同对手的竞争实力，所以有些商店在开业前索性把其他商店的短板摸个透彻，以打分的方法发现它们的不足，比如环境是否清洁、哪类产品的价格比较高、生鲜产品的新鲜程度如何等，然后依据这种精确制导的调研结果进行具有杀伤力的打击。中国目前并没有现有的资料(GIS人口地理系统)可供利用，所以店家不得不借助市场调研公司的力量来收集这方面的数据。有一种做法是以某个原点出发，测算5分钟的步行距离会到什么地方，然后是10分钟步行会到什么地方，最后是15分钟会到什么地方。根据中国的本地特色，还需要测算以自行车出发的小片、中片和大片半径，最后是以车行速度来测算小片、中片和大片各覆盖了什么区域。

如果有自然的分隔线，如一条铁路线，或是另一个街区有一个竞争对手，商圈的覆盖就需要依据这种边界进行调整。然后需要对这些区域进行的细化，计算这片区域内各个居住小区的详尽的人口规模和特征的调查，计算不同区域内人口的数量和密度、年龄分布、文化水平、职业分布、人均可支配收入等指标。

第二，就是需要研究这片区域内的城市交通和周边商圈的竞争情况。如果一个未来的店址周围有许多公交车，或是道路宽敞、交通方便。那么销售辐射的半径就可以大大放大。根据这些小区的远近程度和居民可支配收入，再划定重要销售区域和普通销售区域。

二者的不同点如下。

大方属于小型连锁超市，而家乐福属于大型连锁超市；小型超市的店址一般设在居民聚集区或小型商业区，顾客步行10分钟，乘车或骑车几分钟就可到达，而大型超市的选址更为复杂，这里不做详细阐述。

(资料来源：http://www.docin.com/p-113726716.html)

思考题：

1. 根据上面所描述的大方超市的选址决策，试分析其决策是否合理，并总结出决定选址规划的因素有哪些？还有哪些因素还未考虑？

2. 如果你作为一家与大方超市相类似的超级市场的市场部主管，你在进行一家新店选址的时候，会考虑哪些因素？

【学习目标】

通过本章的学习，要求了解设施选址的相关理论，包括设施选址的重要性、影响设施选址的因素、选址原则以及选址步骤等。同时要掌握设施布置的形式及方法，包括物料流向图法、物料运量法。重点掌握相对关系布置法以及从至表法，了解非制造业的设施布置，例如办公室布置、仓库布局以及服务企业平面布置等。

关键词：选址　设施布置　从至表法

第一节　设施选址

设施是指生产运作过程得以进行的硬件手段，通常是由工厂、办公楼、车间、设备和仓库等物质实体构成。

设施选址是指如何运用科学的方法决定设施的地理位置，使之与企业的整体生产运作系统有机结合，以便有效、经济地达到企业的经营目的。设施选址包括两个层次的问题：一是选位，即选择什么地区(区域)设置设施，沿海还是内地、南方还是北方等，在当前全球经济一体化的大趋势下，或许还要考虑是国内还是国外；二是定址，地区选定以后，具体选择在该地区的什么位置设置设施，也就是说，在已选定的地区内选定一片土地作为设施的具体位置。设施选址还包括这样两类问题：一是选择一个单一的设施位置；二是在现有的设施网络中布新点。

一、设施选址的重要性

无论是生产有形产品的企业，还是提供服务的企业，工厂建在什么地区、什么地点，不仅影响建厂投资和建厂速度，而且还影响工厂的生产布置和投产后的生产经营成本。

首先，就物质因素而论，设施选址决定着企业生产过程的结构状况，从而影响新厂的建设速度和投资规模。例如，建厂地区的公共设施和生产协作条件，决定着新厂是否要自备动力、热力等各种辅助生产设施，供应来源的可靠性和便利性，决定着新厂仓库的面积以及运输工具的类型和规模等。

其次，就投资成本和运行成本而言，设施选址是否合理、能否靠近客户和原材料产地、劳动力资源是否丰富、地价高低，以及生产协作条件等，均直接影响新厂的投资效益和运营效益。

最后，从行为角度看，不同地区文化习俗的差异，要采取相应的管理方式，否则会产生消极因素，影响企业的生产经营效果。

必须指出，要找到一个满足各方面要求的设施选址是十分困难的。因此，必须权衡利弊，选出在总体上经济效益最佳的方案。

对一个企业来说，设施选址是建立和管理企业的第一步，也是扩大事业的第一步。在进行设施选址时，必须充分考虑多方面的影响因素，慎重作出决策。除了新建企业的设施选址问题以外，随着经济的发展、城市规模的扩大，以及地区之间的发展差异，很多企业还面临着迁址问题。可见，设施选址是很多企业都面临的问题，也是现代企业生产运作管理中的一个重要问题。

对于一个特定的企业，其最优选址取决于该企业的类型。工业选址决策主要是为了追求成本最小化；而零售业或专业服务性组织机构一般都追求收益最大化；至于仓库选址，可能要综合考虑成本及运输速度的问题。总之，设施选址的战略目标是给企业带来最大化的收益。

【案例 3-1】

肯德基的选址标准

标准 1. 划分商圈——用数据说话

肯德基计划进入某城市，就先通过有关部门或专业调查公司收集这个地区的资料，有些资料是免费的，有些资料需要花钱去买。把资料买齐了，就开始规划商圈。

商圈规划采取的是记分方法，例如，这个地区有一个大型商场，商场营业额1000万元算一分，5000万元算五分，有一条公交线路加多少分，有一条地铁线路加多少分，这些分值标准是多少年平均下来的一个较准确的经验值。通过打分把商圈分成好几大类，以天津为例，有市级商业型(和平路等)、区级商业型、定点(目标)消费型，还有社区型商务两用型、旅游型等。

标准 2. 选择地点——在最聚客的地方开店

商圈的成熟度和稳定度也非常重要。例如规划局说某条路要开，在什么地方设立地址，将来这里有可能成为成熟商圈，但肯德基一定要等到商圈成熟稳定后才进入。肯德基开店的原则是：努力争取在最聚客的地方及其附近开店。

过去古语说"一步差三市"，开店地址差一步就有可能差三成的买卖。这与人流动线(人流活动的线路)有关，可能有人走到这就不再走了，再拐弯则这个地方就是客人到不了的地方，差不了一个小胡同，但生意差很多，这些在选址时都要考虑进去。人流动线是怎样的，在这个区域里，人从地铁出来后是往哪个方向走等，这些都派人去掐表、去测量，有一套完整的数据之后才能据此确定地址。选址时一定要考虑人流的主要动线会不会被竞争对手截住。人流是有一个主要动线的，如果竞争对手的聚客点比肯德基选址更好的情况下那就有影响，如果是两个一样，那就无所谓。

麦当劳选址的五项标准

标准1. 针对目标消费群

麦当劳的目标消费群是年轻人、儿童和家庭成员,所以在布点上,一是选择人潮涌动的地方,如在和平路、南京路、天津站等交通集散点周边设点;二是在年轻人和儿童经常光顾的地方布点,比如在天津乐园附近设点,方便儿童就餐;在新安广场开设店中店,吸引逛商场的年轻人就餐。

标准2. 着眼于今天和明天

麦当劳布点的一大原则,是二十年不变。所以对每个点的开与否,都通过三到六个月的考察,再作决策评估。重点考察是否与城市规划发展相符合,是否会出现市政动迁和周围人口动迁,是否会进入城市规划中的红线范围。进入红线的,坚决不碰;老化的商圈,坚决不设点。有发展前途的商街和商圈、新辟的学院区、住宅区,是布点考虑的地区。纯住宅区则往往不设点,因为纯住宅区居民消费的时间有限。

标准3. 讲究醒目

麦当劳布点都选择在一楼的店堂,透过落地玻璃橱窗,让路人感知麦当劳的餐饮文化氛围,体现其经营宗旨——方便、安全、物有所值。由于布点醒目,便于顾客寻找,也吸引人。

标准4. 不急于求成

黄金地段黄金市口,业主往往要价很高。当要价超过投资的心理价位时,麦当劳不急于求成,而是先发展其他地方的布点。通过别的网点的成功,让"高价"路段的房产业主感到麦当劳的引进,有助于提高自己的身价,于是再谈价格,重新布点。

标准5. 优势互动

麦当劳开"店中店"选择的"东家",不少是声誉较高的,如新安广场、津汇广场等。知名百货店为麦当劳带来客源,麦当劳又吸引年轻人逛商店,起到优势互补的作用。

(资料来源: http://www.docin.com/p-508854884.html)

分析与思考:
肯德基与麦当劳选址的原则异同点有哪些?

分析与思考答案:
根据设施选址的原则来分析。

二、影响设施选址的因素

设施选址的影响因素可分为两大类:选择地区时的影响因素和选择具体位置时的影响因素。选择地区时的主要影响因素有以下几个方面。

1. 是否接近市场

这里市场的概念是广义的,也许是一般消费者,也许是配送中心,也许是作为用户的其他厂家。设施位置接近产品目标市场的最大好处是有利于产品的迅速投放和运输成本的降低。

2. 是否接近原材料供应地

这是指与原材料供应地的相对位置。对原材料依赖性较强的企业应考虑尽可能接近原材料供应地,特别是与产品相比,在原材料的重量和体积更大的情况下,应尽量靠近供应地设置设施。

3. 运输问题

根据产品及原材料、零部件的运输特点,考虑应靠近铁路、海港还是其他交通运输条件较好的区域。美国的凯泽(Kaiser)钢铁公司,第二次世界大战期间建于加州南部,生产造船用的钢材,当时厂址的选择是为了防止敌人的袭击,但后来,厂址成了阻碍钢铁厂本身发展的致命因素,巨额交通运输费用使该厂无法与他人竞争,只好宣布破产。这是运输条件影响选址的典型例子。

4. 与外协厂家的相对位置

如果企业所需的外协厂家较多,例如,机械装配工业的各种外协零部件,则应尽量接近外协厂家,或使中心企业与周围企业处于尽量接近的地域。外协零部件较多的典型企业是汽车制造企业。美国的底特律、日本的丰田市,都是有名的汽车城,主要是由于集中了大批的汽车装配厂和零部件供应厂家而形成的。

5. 劳动力资源

不同地区的劳动力,其工资水平、受教育状况等都不同,在特殊情况下,还有可能在某些特定地区更容易提供符合某些特定要求的熟练劳动力等,这也是进行设施选址时必须考虑的重要因素之一。实际上,今天的企业生产全球化的主要原因之一,就是企业试图在全球范围内寻找劳动力成本最低的地区。

6. 基础设施条件

基础设施主要是指企业生产与运作所需的水、电、燃气等保证。此外,从广义上说,还应考虑"三废"的处理。某些企业,如造纸、化学工业、制糖等,用水较多,需优先考虑在水源充足的地方建厂;有时根据产品的不同,还需要考虑水质的适用与否等问题;而电解铝厂等,用电比一般企业要多得多,则应优先考虑在电力供应充足的地方设置设施。

7. 气候条件

根据产品的特点,有时还需要考虑对温度、湿度、气压等气候因素的要求,如精密仪器的生产对这方面的要求就比较高。

8. 政策、法规条件

在某些国家或地区设置设施，可能会得到一些政策、法规上的优惠待遇，如我国的经济特区、经济开发区以及某些低税率国家等。这也是当今跨国企业在全球范围内选址时要考虑的重要因素之一。此外，与这方面因素相关联的还有政治和文化因素。在某些情况下，选址时必须考虑政治、民族、文化等方面的因素，否则有可能带来严重后果。

此外，还有其他一些因素，例如，环境保护问题，水电、通信设施是否便利等，这里不一一列举了。

【案例 3-2】

邦图公司的选址战略

近年来，厂商在国外设厂的兴趣越来越浓厚。原因很多，第一，一些不发达国家的土地、劳动力和原材料的成本低廉；第二，为了开拓国际市场，就近生产可以节约运输及其他费用，如关税等；第三，通过与当地企业合作建厂，可以避免一些贸易限制。

作为世界上最大的化工企业之一，邦图公司也把跨国经营作为发展的重要战略之一。对于邦图公司来说，不够发达但拥有 7 亿人口的印度是个不容忽视的市场。但对邦图公司希望在印度销售的产品，印度政府规定必须与当地企业合资才能生产，生产的地点也必须获得政府的许可。为了进入印度市场，邦图公司决定在印度设立合资企业。公司选择了一家印度企业作为合作伙伴，并对未来厂址提出如下要求：接近市场、接近港口、便于原材料运输、地方政府稳定、合作伙伴与当地政府有良好的合作关系、容易通过许可审查、便于与其他企业联系、劳动力便宜、地价低、能源供应充足、便于处理污染、投资政策和环境良好、接近基础设施、接近首都新德里，因为邦图公司和其伙伴的总部都在那里。

根据以上条件，首先排除一些明显不具备条件的地点，如不接受政局动荡的地区。经过几番筛选，最后选择了位于喜马拉雅山脚下的 UttarPradesh 州作为候选地区。这个地方离最近的海港有 1700 公里，沿途许多地方的道路都很危险。邦图公司的合作伙伴历时两年才获得了在这个州生产的许可，其过程真可谓漫长而艰辛。而另外三家公司也获得了在印度生产同类产品的许可。所以时不我待，邦图公司必须尽快作出决策。

为此，邦图公司成立了一支由各方面专家组成的选址小组，深入印度，对候选地点进行考察和评价。其核心任务就是考察该地是否存在严重不符合投资建厂条件的因素。邦图公司的选址小组包括各方面的专家。房地产专家确保在计算土地成本时将所有占地包括进去，并且负责场地获得方式的选择。另外，他们还要调查建造公司派驻人员的住所和其他辅助设施的可能性，如仓库、办公场所等。土木工程师负责考察土质稳定性、工厂建筑的方式、公共设施、风向、环境因素等。后勤人员研究和评价将原材料运入和产品运出的可行性。制造和生产方面的代表对劳动人口、劳动纪律、劳动力的素质，以及该地是否适合生产进行整体上的评价。选址小组的一些人员到该地区的其他工厂调查劳动力的素质、当地政府的态度和政策、电力供应等情况；还对公共服务设施以及当地的学校进行了调查，因为这对公司派驻到当地的员工和他们的家庭成员十分重要。

在作选址决策时，选址小组重点考虑了与以下几方面问题有关的内容。

- 合资企业生产所用的原材料是一种具有潜在毒性的异氢酸盐(NDI)。
- 这种异氢酸盐必须在内陆运输1700公里。
- 公司派驻人员的设施可能十分简陋和欠缺。
- 当地劳动力的素质状况如何。
- 必须重视当地的环境条件。

以下是选址小组对候选厂址各方面条件的调查结果：

(1) 原材料。合资工厂的主要原料之一是NDI。NDI是一种异氢酸盐，在印度的Bhopal曾经发生由于异氢酸盐引起的毒气渗漏事故，造成2500余人死亡，10万多人终身残疾。因此，无论是印度政府还是当地居民，对异氢酸盐都极度恐惧和反感。这可能会给原料的进口和运输带来一些问题。实际上，在Bhopal的悲剧发生后，印度当局立即下令禁止所有的异氢酸盐在印度国内运输。以进口NDI为原料的印度泡沫制造商经过一个多月的努力才使当局相信它们使用的NDI与造成事故的异氢酸盐完全不同，至此才恢复NDI的进口。

邦图公司使用的NDI与造成Bhopal悲剧的那种异氢酸盐也不相同，邦图使用的是一种熔点很高的固体异氢酸盐。邦图的NDI主要来自美国的道氏公司，如果需要也可以考虑从其他公司购买，比如目前为印度国内的泡沫制造商提供NDI的德国贝氏公司。只是为了确保NDI在整个运输过程中保持固态，邦图公司必须在从供应商到新厂的全程中使用40英尺长的冷冻容器装载NDI。选址小组在调查中发现有几家运输公司与印度有着良好的接触或在印度有分支机构。这些公司可以作为承担邦图公司NDI运输的候选者。

新厂使用的另一种原材料则完全不会造成环境污染。这种原材料可以在邦图公司的尼亚加拉瀑布分厂装入容器后再运往印度。

(2) 运输。另一个令人担忧的因素是将原料从生产地运到合资厂需要很长的提前期。不仅因为路上运输需要时间，沿途港口的停靠检查也要花很长时间。在印度境内的运输情况还要受到雨季的影响。专家估计，如果运输原料的货车只在白天行驶，从港口到选定的厂址大约需要6天。

装载NDI的货车将会经过Bombay。在这个地区，道路的宽度从6米急剧减到3米，沿途还有许多急转弯。这使装载有40英尺长容器的卡车在转弯时十分困难。尽管邦图公司并没有改善路况的计划和预算，但专家们注意到印度政府正在将通往该地的某些路段加宽。

(3) 其他因素。公司还考虑在厂区附近兴建一个住宅区。可这个地方实在太偏远，当地没有任何适宜居住的条件，如果要建住宅区，公司必须提供一切。在离厂区大约1小时路程处有一个环境很好的居住区，那里曾是英国殖民者消暑避夏的地方，从厂址处有一条路况不错但十分繁忙的公路通向那里。另外在离厂区大约2小时路程的Pontseib城内也有一个居民区，但那里的治安情况不太好，盗匪十分猖獗，所有住在那儿的西方人都雇有保安人员。菜蔬的购买也令西方人十分头痛，虽然有专门的商店，但商店处于闹市区，卫生状况也相当糟糕。

该地区有一所相当不错的男子学校，设有初中部。但该地区没有任何医疗设施，因此公司需要建立自己的医疗服务机构。

下面来看看当地劳动力的素质。厂址所在地与一所重要的锡克族寺庙毗邻。有许多锡克族人居住在这一地区。锡克族是印度素质最高的人口之一，因此劳动力资源将是充足的，并且有一定的培训基础。附近的水泥厂有机械方面的专业人员。这一地区还有很多轻工企业。

工厂的安全生产可能存在一定的障碍。因为这个地区的居民都有很高的宗教热情，他们不会放弃他们的穆斯林头巾，而现在的安全帽是无法戴在头巾之上的。劳动保护措施中的硬头鞋和听力保护等装备，也与当地人的风俗习惯不符，只能强迫员工执行这些安全措施。

环境方面，工厂需要处理一些废液。虽然有一条河流经过厂区，但这条河是当地居民饮水之源，废液不能直接向河中倾倒。而固体废物的处理则不成问题。

附近的水泥厂会造成一定程度的粉尘污染。但专家们认为在正常的风向条件下，水泥厂的粉尘不会造成影响。另外还要在厂内打井，这又牵涉到地下水源的分布。但专家们认为，只要取得当地的支持，打井也不会是多大的问题。

最后要考虑的是印度的雨季。选址小组分别在雨季和旱季考察了该地，发现在7~8月内，降雨量可达25~35英寸。

(4) 场地的收购。所选的场地属于当地政府已经指定为工业用地的范围，因此购买不成问题。可以通过两种方式获得用地：第一种是通过政府征用。这通常需要较长的时间，而且可能会造成土地原有者的反感；第二种是直接与土地所有者商谈。邦图公司选定的230亩土地属于27个不同的所有者。但土地收购只需要与村长及其助手们谈判就可以了，他们能够代表所有村民的决定。整个谈判大概需要1~6个月。以每亩4300美元的价格计算，再加上100 000美元的居民安置费，估计总共需要100万美元。居民们还要求邦图公司的医务室为居民提供医疗服务，并且雇用那些移民的家庭成员，一般是一户一员。这些人可以被派作园艺、场地维护以及清扫工厂等，因为这些工作不要求员工受过教育。

(资料来源：http://www.docin.com/p-84221035.html)

分析与思考：
1. 根据案例中现有的内容，你是否同意可以选择该地建厂？
2. 你认为邦图公司在选址时，所考虑的因素是否周全？你认为还须考虑哪些因素？

分析与思考答案：
1. 根据案例所给条件分析，不建议邦图化学品公司在印度设厂，主要原因如下。
化工企业在选择厂址时，考虑的因素有如下几点：

1) 经济因素

(1) 是否接近市场：位于喜马拉雅山脚下的 UttarPradesh 州远离经济发达的印度南部地区，地处偏僻，道路危险，距离最近的海港有 1700 公里，由此而知不适合。

(2) 运输条件和费用：从资料得知，①将原料从生产地运输到合资厂在路上需要 6 天，而且港口通关检查也需要花费时间；②在印度境内的运输还要受到天气影响；③装载有 40 英尺长容器的卡车在部分路段受阻。因此以上三点，不适合建厂。

(3) 劳动力可获性与费用问题：厂址所在地与一座重要的锡克族寺庙毗邻。有许多锡克族人居住在这一地区。锡克族是印度素质最高的人口之一，因此劳动力资源将是充足的，并且有一定的培训基础。

(4) 厂址条件和费用：预选地址偏僻，没有任何适宜居住的条件，如果要建厂部住宅区，公司必须提供一切。

2) 其他因素

(1) 自然因素：印度雨季，选址小组分别在雨季和旱季考察了该地区，发现在 7～8 月内，降雨量可达 25～35 英寸，在雨季时对生产、运输影响很大。

(2) 政治因素：合资工厂的主要原材料之一是异氨盐酸，在印度曾经发生这种物资引起的毒气泄漏事故，造成 2500 余人死亡，10 万多人终生残废，因此，无论是印度政府还是当地居民，对异氨盐酸都极度恐惧。

但所选的场地属于当地政府已经指定为工业用地的范围，因此购买不成问题，可以通过两种方式获得土地：一是通过政府征用，这通常需要较长的时间，也会造成土地拥有者的反感；二是直接与土地拥有者面谈。

(3) 社会因素：工厂的安全生产可能存在一定的障碍，因为这个地区的居民都有很高的宗教热情，他们不会放弃他们的穆斯林头巾，而安全帽是无法戴在头巾之上的，劳动保护措施中的硬头鞋和听力保护等装备，也与当地的风俗不相容，只能强迫员工去执行这些规定。综合以上因素，不适宜在此地建厂。

2. 邦图公司在选址考察时，重点关注了原材料及运输、基础设施、劳动力资源、文化差异、排污以及场地收购等方面的因素，比较全面。我认为还须考虑以下因素：①新厂提供的产品和服务与消费市场的距离越近越好，运输条件便利；②新厂址能源供应充足且有保障；③新厂地区的法制应健全，税赋应公平合理；④新厂址的选择应留有扩充的余地；⑤由于印度的热带雨林气候影响，应对新厂址的地址情况进行勘察；⑥没考虑政治因素，印度和巴基斯坦关系紧张、印巴附近有大量的恐怖势力分布，这些问题对建厂都产生了严重的影响，尤其是污染严重的化工企业。

三、服务设施选址的特殊考虑因素

从服务设施的角度出发，服务可分为三类：顾客到服务提供处、服务提供者到顾客处、服务提供者与顾客在虚拟空间内完成交易。如果顾客必须到服务者处,那么服务设施选址就需要考虑与制造设施选址截然不同的因素,即必须考虑服务设施对最终市场的接近与分散程度,设施必须靠近顾客群。例如,宾馆、饭店、银行、商场等,其设施位置对经营收入有举足轻重的影响,该设施周围的人群密度、收入水平、交通条件等,将在很大程度上决定这类企业的经营收入。如果服务的进行需要服务提供者到顾客处,例如电梯维修、害虫控制和家庭清洁等,与服务设施对最终市场的接近与分散程度相比,交通条件和工具就成为更重要的关键因素。服务提供者与顾客在虚拟空间内完成交易是指顾客和服务提供者都不用移动,而是通过信件、电话、计算机等通信方式完成服务,如家庭银行、网络银行服务、网上购买保险等。这种服务是对传统服务的创新,知识含量较高。

此外,对于制造企业的设施选址来说,与竞争对手的相对位置并不重要,而在服务业,这可能是一个非常重要的因素,靠近竞争对手可能有更多好处。因为在这些情况下,可能会有一种"聚集效应",即受聚集于某地的几个企业的吸引而来的顾客总数,大于分散在不同地方的这几个企业的顾客总数。与制造业企业的设施选址问题类似,服务业企业的设施选址问题也包括两个层次:第一,选择一个地区;第二,在该地区内选择一个具体地点。显而易见,选择地区和选择地点时的考虑因素是不尽相同的。一般来说,服务业企业选择地区时的考虑因素主要有三个:该地区的顾客特点(人群密度、平均收入水平等),公用基础设施(道路、水、电等能源的可利用性等),与顾客的接近程度以及可利用的劳动力的素质。但是,对于不同服务行业的企业,仍然会有不同考虑。有些服务行业的设施选址由于必须考虑接近顾客,因此受到很大约束,如医院、学校、居民服务(邮局、洗衣房、职业介绍所等),而另外一些行业,如运输、仓储、批发等企业,这方面的约束较少。选择地点时的主要考虑因素是周围的可扩展性(包括停车场)、租金以及交通状况等。例如,对于零售企业,必须考虑有足够的停车位和交通方便。较小的劳动密集型企业往往对低租金更感兴趣,而大公司则需要对周围的可扩展性和职工通勤条件做更多的考虑。

在当今技术日新月异的环境下,在很多服务行业,传统服务地点的选择模式已经发生变化。例如,传统的银行营业网点布局通常要考虑每一服务半径的人群和要求服务的频率,但现在越来越多的简单服务被ATM机、网上银行等所取代,导致银行在营业网点的布局上发生了很大变化。又如,传统的粮油、食品、副食店的选址历来靠近居民区,而现在很多大型超市的选址则更看重交通便利、停车方便的位置。因此,企业在考虑服务设施选址的问题时,需要关注更多的问题:如果服务不能在一个方便的地方提供,顾客的购买行为是否会改变?服务的可得性和方便性对企业的竞争能力到底有多大影响?能否通过设施地点的改变创新服务,形成竞争优势?如何利用新技术、新系统、新流程来确定最优设施地点?其他企业的设施位置决策是否会对本企业产生影响?等等。

四、选址原则

在选址问题上,应将定性与定量方法相结合,但定性分析是定量分析的前提。在定性分析时,具体的选址原则如下。

1. 费用原则

企业首先是经济实体,经济利益对于企业无论何时何地都是重要的。建设初期的固定费用,投入运行后的变动费用,产品出售以后的年收入,都与选址有关。

2. 集聚人才原则

人才是企业最宝贵的资源,企业地址选得合适有利于吸引人才。反之,因企业搬迁造成员工生活不便,导致员工流失的事情时有发生。

3. 接近用户原则

对于服务业,几乎无一例外都需要遵循这条原则,如银行储蓄所、邮电局、电影院、医院、学校和零售业的所有商店等。许多制造企业也把工厂建到消费市场附近,以降低运费和损耗。

4. 长远发展原则

企业选址是一项带有战略性的经营管理活动,要有长远发展的意识。选址工作要考虑到企业生产力的合理布局和市场的开拓,要有利于获得新技术。在当前世界经济越来越趋于一体化的时代背景下,还要考虑如何有利于参与国际间的竞争。

【案例 3-3】

超市选址:好坏决定"生死"

一般来说,传统超市作为传统小商业的代表,营业面积只有 100~500 平方米;而标准超市作为基本生活需求满足型的主力化业态,营业面积为 500~1500 平方米;大型综合超市营业面积为 2500~5000 平方米;超大型综合超市营业面积为 6000~10 000 平方米及以上;仓储式商场作为批发配售型的主力化业态,一般使用高层立体货架,营业面积在 10 000 平方米以上;便利店是便利型购物和服务的主力化业态,营业面积为 60~200 平方米。

超市选址应从大处着眼,把握城市商业条件,包括社区类型、社区设施、交通条件、城市规划、消费者因素、商业属性等。

(1) 社区类型:先看地形、气候、风土等自然条件,继而调查行政、经济、历史、文化等社会条件,从而判断是中心社区还是偏远社区?是高尚白领社区还是新兴平民社区?

(2) 社区设施:学校、医院、公园、旅游设施、政府机构等公共设施能起到吸引消费者的作用。因此,了解社区设施的种类、数目、规模、分布状况等,对选址是很有意义的。

(3) 交通条件:这是对超市选址影响最直接的因素,如市区到郊区的交通条件、楼盘之间的交通条件等。因此,对于仓储式超市来说,商圈范围比较大,一般设在城乡结合部,远离市区,超市附近最好有比较多的公共交通停车点,这样可以吸引远距离的顾客前来购物。

(4) 社区规划：如街道开发计划、道路拓宽计划、高速、高架公路建设计划等，都会对未来商业环境产生巨大影响，应该及时捕捉，准确把握发展动态。只有了解城市规划，才能预期该店铺的选址是否符合规划要求，以及以后店铺周围情况的变化，这样才能对该店铺以后商圈范围内的顾客数量以及其他情况作出合理估计，从而对该店铺的长远发展作出预测。

(5) 居民因素：对社区居民人口、户数、收入、消费水平及消费习俗等做详细调研。

(6) 商业属性：超市的员工数、营业面积、销售额等要有精确计划。

对初步锁定的社区商业结构基本了解后，下一步就是要逐步缩小范围，在选定超市最终位置前，还要参考12项商业指标，具体归纳如下。

(1) 商业性质。规定开店的主要区域，对哪些区域应避免开店。

(2) 人口数及住户数。了解一定的商圈范围内应有的住户数。

(3) 竞争店数。了解一定的商圈范围内竞争店的数量。

(4) 客流状况。调查估计通过店前的行人最少数量。

(5) 道路状况。如人行道、街道是否有区分，过往车辆的类型及数量，道路宽幅等因素。

(6) 附近店铺的状况。如经营品种、规模、外部装饰、格调等。

(7) 场地条件。如店铺面积、形状、地基、倾斜度、高低、方位、日照条件、道路衔接状况等。

(8) 法律条件。在新建分店或改建旧店时要查明是否符合城市规划及建筑方面的法规，特别要了解各种限制性的规定。

(9) 租金。要分区段设上限租金。

(10) 必要的停车条件。顾客停车场地及厂商所用进货空间，这点很重要。

(11) 投资的最高金额。以预估的营业额或卖场面积为基准规定。

(12) 员工配置。以卖场面积为基准来规定，如每人服务面积不得低于20平方米。

(资料来源：http://www.tobaccochina.com/sales/retailcollege/Retailtactics/200910/2009102914632_382353.shtml)

分析与思考：

超市选址的重要性有哪些？

分析与思考答案：

超市选址是个重要的决策，一旦确定店址后就不要轻易改变决定，如一旦动摇，或经常"摇动"，会破坏连锁企业运行的正常化，乃至破坏它的稳定性和安全性。当然如果出现竞争压力或店面太小无法扩大规模，投资者可以考虑变动店址。

五、单一设施选址的一般步骤

单一设施选址是指独立选择一个新的设施地点，其生产与运作不受企业现有设施网络的影响。在有些情况下,所要选择位置的新设施是现有设施网络中的一部分。如某餐饮公司要新开一个餐馆,但餐馆是与现有的其他餐馆独立运营的,这种情况也可看作单一设施选址。

单一设施选址通常包括以下主要步骤。

第一步,明确目标。即首先要明确,在一个新地点设置一个新设施是符合企业发展目标和生产运作战略的,能为企业带来收益。只有在此前提下,才能开始选址工作。目标一旦明确,就应该指定相应的负责人或工作团队,并开始工作。

第二步,收集有关数据,分析各种影响因素,对各种因素进行主次排列,权衡取舍,拟定出初步的候选方案。这一步要收集的资料数据应包括多个方面,如政府部门有关规定,地区规划信息,工商管理部门有关规定,土地、电力和水资源等有关情况,以及与企业经营相关的该地区物料资源、劳动力资源和交通运输条件等信息。在有些情况下,还需征询一些专家的意见。在收集数据的基础上,列出很多要考虑的因素,但对所有列出的影响因素,必须注意加以分析,分清主次,并进行必要的权衡取舍。在必要的情况下,对多种因素的权衡取舍也需要征询多方面的意见,如运用德尔菲法等经过这样的分析后,将目标相对集中,拟出初步的候选方案。候选方案的个数根据问题的难易程度或可选择范围的不同而不同,例如,从3个到5个,或者更多。

第三步,对初步拟定的候选方案进行详细的分析。所采用的分析方法取决于各种要考虑的因素是定性的还是定量的。例如,运输成本、建筑成本、劳动力成本和水源因素等,可以明确用数字度量,因此可通过计算进行分析比较。也可以把这些因素都用金额来表示,综合成一个财务因素,用现金流等方法来分析。另外一类因素,如生活环境、当地的文化氛围和扩展余地等,难以用明确的数值来表示,则需要进行定性分析,或采用分级加权法,人为地加以量化,进行分析与比较。也有一些方法,可同时考虑定性与定量因素,如选址度量法。

第四步,在对每一个候选方案都进行上述详细分析之后,将会得出各个方案的优劣程度的结论,或找到一个明显优于其他方案的方案。这样就可选定最终方案,并准备详细的论证材料,以提交企业最高决策层批准。

【知识链接】

麦当劳的选址步骤

1. 市场调查和资料信息收集

市场调查和资料信息包括人口、经济水平、消费能力、发展规模和潜力、收入水平以及前期研究商圈的等级和发展机会及成长空间等。

2. 对不同商圈中的物业进行评估

评估包括人流测试、顾客能力对比、可见度和方便性的考量等,以得到最佳的位置和合理选择。

3. 投资回报与风险评估

商铺的投资是一个既有风险又能够带来较高回报的决策，应更多地关注市场定位和价格水平。既考虑投资回报的水平，也注重中长期的稳定收入，这样才能较好地控制风险，达到投资收益的目的。

(资料来源：http://blog.renren.com/share/269274276/16232295075)

第二节 设施布置

【案例导入】

某电池实业有限公司的厂区设备布置方案设计

一、行业背景

电池行业是集技术、资金和人才于一体并具有附加值高和市场发展前景良好的产业。电池业一直以来不温不火，也许现在它还不能算作生活必需品，特别是充电电池，但它代表着一种趋势。因为随着科技进步，各种电子产品层出不穷，而电池和电子产品是紧密相连的，如手机、walkman、数码相机(DC)、PDA等。充电电池的发展潜力更大，以DC为例，由于市场上销售的DC专用一次电池价格偏高，人们就会转而选择可重复使用的二次电池。而且目前二次电池制造者正努力把这个产业做大做强做好，价格更易为大众接受、充电时间更短、使用时间更长。随着科技的发展和家用电器的现代化，高档电池的市场正逐步扩大，发展潜力巨大。

近年来，电池业加大产品结构调整力度，从一次电池向碱性锌锰电池方向发展，二次电池向氢镍电池和锂离子电池方向发展，铅酸蓄电池向全密封免维护铅酸蓄电池方向发展，并以此为基础，向汽车动力电池和助动车动力电池方向发展。专家预测，未来10年，电池消费结构将呈以下变化趋势。

① 以家庭消费为主体的趋向日益明显。随着家庭电器的小型化，对小型、微型和高功率电池的需求将明显增加。

② 消费行为呈现多样化和多层次。人们对电池质量要求不断提高，对高档、名牌产品的消费意识日益增强。

③ 以新型的家用电器和家用电子产品为主的耐用消费品将成为一个很大的消费领域，因而，与之相配套的电池产品也将有较大的发展。

除了生产传统电池外，发达国家还不惜投巨资研究开发新型电池，并取得了不俗的成绩。如大容量金属氢化物镍电池、聚合物锂电池、电动汽车和电动自行车电池、大容量燃料电池、家用光伏发电系统(即太阳电池)已有较大的进展，其中太阳电池的应用领域已扩展到通信、交通、石油和农村电气化，每年的市场增长率超过20%。

二、公司简介

某电池实业有限公司成立于1997年8月,是由在亚洲享有极高知名度的日本电池专业制造厂商Yoyo Corp.与中国台湾著名的电子产品制造厂商Deta Electronics Inc.联合出资设立的,拥有世界一流的技术优势和实力雄厚的制造能力。

该公司拥有21 000平方米的厂房,高素质员工1200多人;拥有日本和中国台湾联合研制的领先技术设备,专业从事镍氢电池的科研、开发、制造与销售。另外,先进的自动化生产线(9条自动生产线、4条半自动生产线、2条动力电池生产线)和严格的控制系统(获得了ISO 9001国际质量体系认证和14001国际环境管理体系认证)都是生产高质量产品的保证。在中国台湾设有拥有全球首屈一指的镍氢电池产品技术研发中心。先进的自动化生产线、完善、严密的质量监控体系(进料品质管制 IQC: In-coming Quality Control、流程品质管制 PQC: Process Quality Control、成品品质管制 FQC: Final Quality Control)更为产品质量提供了有力的保证。该公司产品以品质著称,居世界第二,仅次于三洋。

该公司生产的产品主要为镍氢圆柱形充电电池,产品品种众多,目前品种主要包括:AA2300、AA2100、AA1800、AAA700、AAA750、AAA800、AAA900、AAAL900及动力电池Sub-C、C、D、F。产品生产采用动态最佳化设定系统 DOSS(Dynamically Optimizing Setting System)。雄厚的研发能力使得新产品开发周期大大缩短。

目前,该公司专业从事研发、制造和生产,主要以OEM和ODM的方式,成为国际20多个知名品牌的电池供应商,产品行销世界各地,但不以自己的品牌销售,主要大客户包括:松下、西门子、Rayovac、Varta等。产品广泛应用于电动工具、无绳电话、电动玩具、应急灯、电动车等领域。

三、工艺流程

电池的生产过程大概可分为五个步骤,如图3-1所示。

第一步,拉浆。这是电池生产的基础步骤和准备阶段。经过近料检验的合金粉和其他原材料被运进拉浆区,进行科学配比、搅拌,分别由正负拉浆机制做出未经裁切的正负极板。

第二步,极板加工。把经拉浆得到的原始正负极板裁切成需要的尺寸,再进行加工,加工成可直接用于电池组立的极板。前两个步骤属于极板加工的前制程。在此过程中同时进行检验,淘汰不合格产品。

第三步,电池组立。将加工好的正负极板卷绕并装进电池壳。圆柱形电池经此步骤成型。这其中包含很多严格的技术指标和规定,以确保产出高质量的电池成品。

第四步,电池活化。即赋予电池生命的过程。初步加工完成的电池还不是真正的电池,必须经过活化这个关键步骤,不经活化的电池是没有电量,不能使用的。

第五步,分级。借助特定的仪器将电池分成不同的容量等级,对电池进行整体分类,这样才可以根据客户的需求进行销售。这是电池生产的后制程。

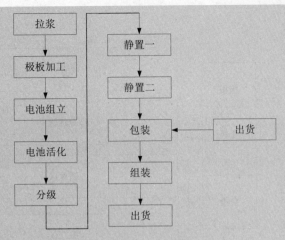

图 3-1 工艺流程

为保证电池的稳定性,也是检验电池的一个步骤,生产出来的电池要进行静置。静置一的目的是挑选微短路电池和漏液电池,静置二则是针对电池的维护与保管。

最后的步骤就是电池的包装。经包装的电池一部分可以直接运往成品仓以待出货,另一部分则需要由单颗电池组装成电池组出售。这些完全是按照客户需求安排的。

四、厂区设备布置的现状

整个厂区分为上、下两层。图 3-2 为一楼设备布置,图 3-3 为二楼设备布置,其间有电梯 ☒☒ 相通。

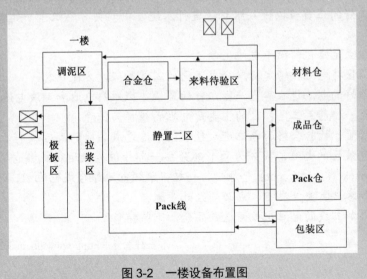

图 3-2　一楼设备布置图

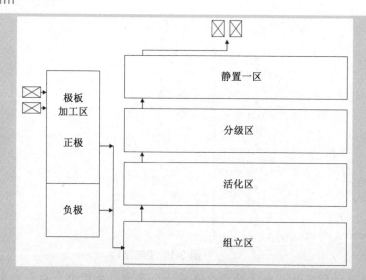

图 3-3　二楼设备布置图

整体过程如下。
(1) 原料合金粉进入来料待验区先进行检验。
(2) 经检验的原料合金粉和其他原料被运进调泥区，按固定配比进行搅拌、调和。
(3) 调好的原料泥浆进入拉浆区，由拉浆机拉出所需的初级待加工的极板。
(4) 经加工成为待裁切的成品极板，送至二楼进行后续步骤。
(5) 经裁切、称重、端片加工等工艺步骤，制作出合格的成品正负极板。
(6) 加工好的正负极板进入组立区进行卷绕，中间夹有不织布一起卷入电池壳，成为初级电池。
(7) 由组立至活化，赋予电池生命。
(8) 分级区将电池按特定标准分成不同的容量等级，方便销售。
(9) 制作好的电池进入静置一区，目的是挑选微短路电池和漏液电池。
(10) 运至一楼静置二区，目的主要是电池的维护与保管。
(11) 经静置、检验合格的电池进入包装区，这是成品前的最后一个步骤。
(12) 经包装区的电池，被分为两个部分。一部分被直接运进成品仓，以待出售；另一部分被运往 pack 线，配合 pack 仓原料，一起将单颗电池组合成电池组。这完全是由客户需求决定的，如客户需要电池组，则必须经此步骤。
(13) 经再加工成的电池组被运进成品仓，等待销售。

(资料来源：http://www.docin.com/p-425679730.html)

思考题：
请运用生产与运作管理理论与方法对该公司厂区布置现状进行分析与改进。

设施布置是指在一个给定的设施范围内，对多个经济活动单元进行位置安排。所谓经济活动单元,是指需要占据空间的任何实体,也包括人,例如机器、工作台、通道、桌子、储藏室和工具架等。所谓给定的设施范围,可以是一个工厂、一个车间、一座百货大楼、一个写字楼或一家餐馆等。

设施布置的目的是要将企业内的各种物质设施进行合理安排,使它们组合成一定的空间形式,从而有效地为企业的生产运作服务,获得更好的经济效果。设施布置是在设施位置选定之后进行,它要确定组成企业的各个部分的平面或立体位置,并相应地确定物料流程、运输方式和运输路线等。具体地说,设施布置要考虑以下四个问题。

(1) 应包括哪些经济活动单元?这个问题取决于企业的产品、工艺设计要求、企业规模、企业的生产专业化水平与协作化水平等因素。反过来说,经济活动单元的构成又在很大程度上影响生产率。例如,有些情况下一个厂集中有一个工具库就可以,但在另一些情况下,也许每个车间或每个工段都应有一个工具库。

(2) 每个单元需要多大空间?空间太小,可能会影响到生产率,影响到工作人员的活动,有时甚至会容易引起人身事故;空间太大,是一种浪费,同样会影响生产率,并且使工作人员之间相互隔离,产生不必要的疏远感。

(3) 每个单元空间的形状如何?每个单元的空间大小、形状如何以及应包含哪些单元,这几个问题实际上相互关联。例如,一个加工单元,应包含几台机器,这几台机器应如何排列,因而占用多大空间,需要综合考虑。如空间已限定,只能在限定的空间内考虑是一字排开,还是三角形排列等;若根据加工工艺的需要,必须是一字排开或三角形排列,则必须在此条件下考虑需多大空间以及所需空间的形状。在办公室设计中,办公桌的排列也是类似的问题。

(4) 每个单元在设施范围内的位置?这个问题应包括两个含义:单元的绝对位置与相对位置。有时,几个单元的绝对位置变了,但相对位置没变。相对位置的重要意义在于它关系到物料搬运路线是否合理、是否节省运费与时间,以及通信是否便利。此外,如内部相对位置影响不大时,还应考虑与外部的联系,例如,将有出入口的单元设于靠近路旁的位置。

一、企业经济活动单元构成的影响因素

影响企业经济活动单元构成的主要因素有以下几方面。

1. 企业的产品

企业的目标最终是要通过它提供的产品或服务来实现的,因此,企业的产品或服务从根本上决定着企业经济活动单元的构成。对于制造企业来说,首先,企业的产品品种将决定企业所要配置的主要生产单元,如汽车制造厂需有冲压车间,而仪表制造公司则不需要;其次,由于产品的结构工艺特点决定着产品粗加工和原材料的种类,决定着产品的劳动构成,因此,也就影响着生产单元的构成;再次,产品的生产规模也会影响到生产单元的构

成，如某产品的产量较大且加工劳动量也较大、具有一定规模时，就要考虑设置该产品的专门生产车间或分厂，反之，则没有必要。对于服务业企业来说也同样如此，所提供的服务内容不同、服务规模不同，经济活动单元的构成自然不同。

2. 企业规模

企业经济活动单元的构成与企业规模的关系是十分密切的。这是因为企业所需经济活动单元的数目、大小是由企业规模所决定的。企业规模越大，所需要的单元数目也越多。

3. 企业的生产专业化与协作化水平

这主要是从两个方面影响企业的经济活动单元构成：一是采用不同专业化形式(指产品对象专业化或工艺对象专业化)的企业，对工艺阶段是否配备完整的要求不同，从而带来了经济活动单元构成上的不同；二是企业的协作化水平越高，即通过协作取得的零部件、工具和能源等越多，则企业的主要生产单元就越少。例如，很多标准件都可容易地通过外协而得到，没必要全部自己建立这样的生产单元。今天，企业正在向两个不同的趋势发展，一是生产的集中化和专业化，即生产要素越来越多地向大型专业化企业集中；二是生产的分散化，即生产要素向与大企业协作配套的小型企业扩散，以大企业为核心构成一个企业群体，以固定的协作关系从事某些专门零部件的生产或完成某些工艺过程。这两种发展趋势给企业的设施布置带来了一些新要求。

4. 企业的技术水平

这其中主要是装备的技术水平，它直接影响着企业经济活动单元的构成。采用数控设备、加工中心等高技术设备拥有率较高的企业，其生产单位的组成则较简单；反之，则较复杂。

二、设施布置类型选择的影响因素

在设施布置中，到底选用哪一种布置类型(工艺专业化布置、对象专业化布置、混合布置和固定布置)，除了生产组织方式战略以及产品加工特性以外，还应该考虑其他因素。也就是说，一个好的设施布置方案，应该能够使设备、人员的效益和效率尽可能好。为此，还应该考虑以下因素。

1. 所需投资

设施布置将在很大程度上决定所要占用的空间、所需设备以及库存水平，从而决定投资规模。如果产品的产量不大，设施布置人员可能愿意采用工艺专业化布置，这样可节省空间，提高设备的利用率，但可能会带来较高的库存水平，因此，这里有一个平衡的问题。如果是对现有的设施布置进行改造，更要考虑所需投资与可能获得的效益相比是否合算。

2. 物料搬运

在考虑各个经济活动单元之间的相对位置时，物流的合理性是一个主要考虑因素，即应该使搬运量较大的物流的距离尽可能短，使相互之间搬运量较大的单元尽量靠近，以便使搬运费用尽可能小、搬运时间尽可能短。一般情况下，在一个企业中，从原材料投入直至产品产出的整个生产周期中，物料只有 15%左右的时间是处在加工工位上，其余都处于搬运过程中或库存中，搬运成本可达总生产成本的 25%～50%。由此可见，物料搬运是生产运作管理中相当重要的一个问题。而一个好的设施布置，可使搬运成本大大减少。

3. 柔性

设施布置的柔性一方面是指对生产的变化有一定的适应性，即使变化发生后也仍然能达到令人满意的效果；另一方面是指能够容易地改变设施布置，以适应变化了的情况。因此，在一开始设计布置方案时，就需要对未来进行充分预测；并且从一开始就应该考虑到以后的可改造性。

4. 其他因素

其他还需要着重考虑的因素有：劳动生产率，为此在进行设施布置时要注意不同单元操作的难易程度相差不宜过大；设备维修，注意不要使空间太狭小，这样会导致设备之间的相对位置不好；工作环境，如温度、噪音水平和安全性等，均受设施布置的影响；人的情绪，要考虑到是否可使工作人员相互之间有所交流，是否给予不同单元的人员相同的责任与机会，使他们感到公平等。

三、设施布置形式

(一)工艺导向布局

工艺导向布局，也称车间或功能布置，是指一种将相似的设备或功能放在一起的生产布局方式。例如，将所有的车床放在一处，将冲压机床放在另一处。被加工的零件，根据预先设定好的流程顺序从一个地方转移到另一个地方，每项操作都由适宜的机器来完成。医院是采用工艺导向布局的典型。

在工艺导向布置的计划中，最为常见的做法是合理安排部门或工作中心的位置，以减少材料的处理成本。换句话说，零件和人员流动较多的部门应该相邻。这种方法的材料处理成本取决于：①两个部门(i 或 j)在某一时间内人员或物品的流动量；②与部门间距离有关的成本。成本可以表达为部门之间距离的一个函数。这个目标函数可以表达成以下的形式：

$$最小成本 = \sum_{i=1}^{x} \sum_{j=1}^{x} X_{ij} C_{ij}$$

式中，n——工作中心或部门的总数量；i, j——各个部门；X_{ij}——从部门 i 到部门 j 物品流动的数量；C_{ij}——单位物品在部门 i 和部门 j 之间流动的成本。

工艺导向布局尽量减少与距离相关的成本。C_{ij} 这个因子综合考虑了距离和其他成本。于是可以假定不仅移动难度相等，而且装卸成本也是恒定的。虽然它们并非恒定不变，但为了简单起见，可以将这些数据(成本、难度和装卸费用等)概括为一个变量。

工艺导向布局适合于处理小批量、顾客化程度高的生产与服务，其优点是设备和人员安排具有灵活性；缺点是设备使用的通用性要求较高的劳动力熟练程度和创新，在制品较多。

(二)产品导向布局

产品导向布局，也称装配线布局，是指一种根据产品制造的步骤来安排设备或工作过程的布局方式。鞋、化工设备和汽车清洗剂的生产都是按产品导向原则设计的。

产品导向布局是对生产大批量、相似程度高和少变化的产品进行组织规划。一个典型的实例是：飞机制造公司巨大的产品的最后组装线采用的就是产品导向布局。

产品导向布局的两种类型是生产线和装配线。生产线是在一系列机器上制造零件，诸如汽车轮胎或冰箱的金属部件。装配线是在一系列工作台上将制造出的零件组合在一起。这两种类型都是重复过程，而且二者都必须"平衡"。即在生产线上的一台机器所做的工作必须与另一台机器所做的工作相平衡，就像装配线上的一个雇员在一个工作站上所做的工作必须和另一雇员在另一工作站上所做的工作相配合一样。

生产线趋向于机器步调，并要求通过机器和工程上的改变来达到平衡。装配线则相反，生产的步调由分配给个人或工作站的任务来确定。所以，装配线上可以将一个人的工作转移给另一个人来达到平衡。在这种情况下，每个人或工作站要求的时间是一样的。

产品导向布局的中心问题是平衡生产线上每个工作站的产出，使它趋于相等，从而获得所需的产出。管理者的目标就是在生产线上保持一种平滑、连续流动的生产状态，并减少每个工作站的闲暇时间，一条平衡性好的装配线的优点是人员和设备利用率高，雇员之间工作流量相等。一些企业要求同一条装配线的工作流量大致相等，这就涉及装配线平衡的问题了。

工艺导向布局与产品导向布局之间的区别就是工作流程的路线不同。工艺导向布局中的物流路线是高度变化的，因为用于既定任务的物流在其生产周期中要多次送往同一加工车间。产品导向布局中，设备或车间服务于专门的产品线，采用相同的设备能避免物料迂回，实现物料的直线运动。只有当给定产品或零件的批量远大于所生产的产品或零件种类时，采用产品导向布局原则才有意义。

产品导向布局适用于大批量的、高标准化产品的生产。其优点是单位产品的可变成本低，物料处理成本低，存货少，对劳动力标准要求低；缺点是投资巨大，不具产品弹性，一处停产则影响整条生产线。

(三)混合类型布局

混合类型布局是指将两种布局方式结合起来的布局方式。混合布置是一种常用的设施布置方法。例如,一些工厂总体上是按产品导向布局(包括加工、部装和总装三阶段),在加工阶段采用工艺导向布局,在部装和总装阶段采用产品导向布局。这种布置方法的主要目的是:在产品产量不足以大到使用生产线的情况下,尽量根据产品的一定批量、工艺相似性来使产品生产有一定顺序,物流流向有一定秩序,以达到减少中间在制品库存、缩短生产周期的目的。混合布置的方法又包括一人多机、成组技术布局等具体应用方法。

1. 一人多机

一人多机(One Worker,Multiple Machine,OWMM)是一种常用的混合布置方式。这种方法的基本原理是:如果生产量不足以使一个人看管一台机器就足够忙的话,可以设置一人可看管的小生产线,既可使操作人员保持满工作量,又可在这种小生产线内使物流流向有一定秩序。这个所谓的小生产线,即指由一个人同时看管的几台机器,如图 3-4 所示(图中,M1、M2 等分别表示不同的机器设备)。

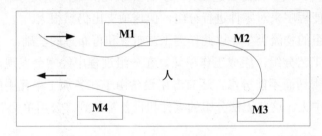

图 3-4 一人多机布置示意图

在一人多机系统中,因为有机器自动加工时间,员工只在需要看管的时候(装、卸、换刀和控制等)采取照管,因此,有可能在 M1 自动加工时,去看管 M2,依次类推。通过使用不同的装夹具或不同的加工方法,具有相似性的不同产品可以在同一 OWMM 中生产。这种方法可以减少在制品库存以及提高劳动生产率,其原因是工件不需要在每一机器旁积累到一定数量后再搬运至下一机器。通过一些小的技术革新,例如在机器上装一些自动换刀、自动装卸、自动启动和自动停止的小装置,可以增加 OWMM 中的机器数量,以进一步降低成本。

图 3-4 所示的 OWMM 系统呈现一种 U 形布置,其最大特点是物料入口和加工完毕的产品的出口在同一地点。这是最常用的一种 OWMM 布置,其中加工的产品并不一定通过所有的机器,可以是 M1→M3→M4,也可以是 M2→M3→M4 等。进一步,通过联合 U 形布置,可以获得更大的灵活性,这在日本丰田汽车公司的生产实践中已被充分证实。

2. 成组技术布局

成组技术布局是将不同的机器分成单元来生产具有相似形状和工艺要求的产品。成组技术布局现在被广泛应用于金属加工、计算机芯片制造和装配作业。成组原则应用的目的是要在生产车间中获得产品原则布置的好处，这些好处主要体现在以下几个方面。

(1) 改善人际关系。员工组成团队来完成整个任务。

(2) 提高操作技能。在一个生产周期内，员工只能加工有限数量的不同零件，重复程度高，有利于员工快速学习和熟练掌握生产技能。

(3) 减少在制品和物料搬运。一个生产单元完成几个生产步骤，可以减少零件在车间之间的移动。

(4) 缩短生产准备时间。加工种类的减少意味着模具的减少，因而可提高模具的更换速度。

工艺导向布局转换为成组技术布局可通过以下三个步骤来实现。

(1) 将零件分类。该步骤需要建立并维护计算机化的零件分类与编码系统。尽管许多公司都已开发了简便程序来对零件进行分组，但这项支出仍然很大。

(2) 识别零件组的物流类型，以此作为工艺布置和再布置的基础。

(3) 将机器和工艺分组，组成工作单元。在分组过程中经常会发现，有一些零件由于与其他零件联系不密切而不能分组，还有专用设备由于在各加工单元中的普遍使用而不能具体分到任一单元中去。这些无法分组的零件和设备都放到"公用单元"中。

(四) 固定位置布局

固定位置布局是指产品由于体积或重量庞大停留在一个地方，从而需要生产设备移到要加工的产品处，而不是将产品移到设备处的布局方式。造船厂、建筑工地和电影外景制片场往往采用这种布局方式。

在一个固定位置的布局中，生产项目保持在一个地方，工作人员和设备都到这个地点工作。但由于：①在建设过程中的不同阶段需要不同的材料，所以随着项目的进行，不同材料的安排变得关键；②材料所需的空间是不断变化的，例如，随着工程的进展，建造一艘船的外壳所使用的钢板量是不断改变的。上述两个原因使得固定位置的布局技术发展很慢。不同的企业处理固定位置布局时采用不同的方法。建筑企业通常有一个"行业会议"来对不同时期的空间进行安排。但这种结局方法并不是最优的，因为该会议讨论更倾向于政策性的利益分配而非分析性的效率安排。

【案例3-4】

某成品纸生产车间的布置改造设计

在对生产车间进行系统布置设计时,主要谋求物流合理化;通过空间布置的合理规划,使得物流路线最短,尽可能减少物流路线的交叉、迂回、往复现象,最有效地利用空间。

该生产车间主要生产需要量大、价值高的压感复写打印纸、复印纸、票证用纸。通过生产现场调查发现,在该车间生产过程中物流路线较长,平均每日物流距离为 400 多米;交叉迂回多,物流路线交叉数为 26 个;每日物流量大,达到 40 吨/日(其中原料纸 20 吨/日,成品纸 18 吨/日,包装物 2 吨/日,废纸 0.2 吨/日)。该车间布局不是很合理,使生产各环节之间增加了物流的移动距离,也增加了搬运费用及人力消耗。如图 3-5 所示为原始车间的生产流程图。

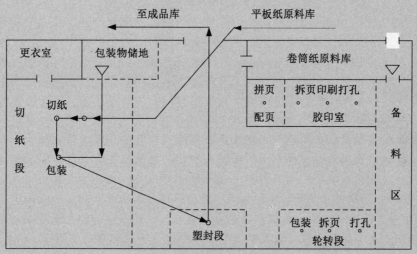

图 3-5 原始车间的生产流程图

从该车间作业流程图可以看出,在满足生产工艺流程的前提下,减少物料搬运工作量是该车间布置设计中最为重要的任务。通过调查与流程分析,在工艺路线允许的情况下,应用"ECRS"四大原则对设施布置进行重新调整,兼顾各个作业单位之间的相互关系,对设施布置提出如下改进意见:通过减少物流移动的距离使工作流程精简;尽量避免工艺路线和物流的交叉、迂回;采用"拉动"式生产计划与组织控制,减少卷筒纸、原料库的储备。各作业单位在考虑相互关系的基础上应安置得尽量紧凑。最终形成新的生产流程和物流布置,如图 3-6 所示。

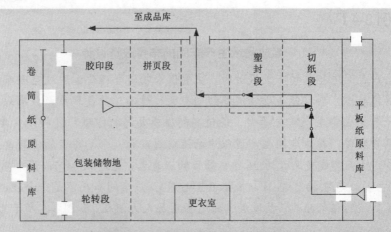

图 3-6 新的生产流程和物流布置图

(资料来源：《生产车间的物流分析与系统布置再设计》. 赵玲，宋天麟. 新世纪现代工业工程与工程管理国际会议. 中国天津, 2001 年 8 月)

分析与思考：
该车间的布置设计需要考虑哪些因素？

分析与思考答案：
该车间新的布置设计较为综合地考虑了物流、作业单位综合接近程度及与其他设施的联系，同时兼顾了建筑物实际可用空间形式和作业场所的美观、整洁和消防要求。新方案在满足生产工艺的要求下，以物料搬运经济合理为主要优化目标，物流路线的交叉数由原来的 26 个减少到 9 个，降低了 65.4%，物料日移动距离由原来的 400 米减少到 250 米，减少了 38%。这样不但降低了单位产品的生产成本，缩短了产品的生产周期，还节省了生产与仓库面积，为企业的发展变化及扩大生产规模提供了可利用的空间。

四、设施布置方法

(一)物料流向图法

该方法是按照原材料、在制品以及其他物资在生产过程中的总流动方向来布置工厂的各车间、仓库和其他设施，并绘制物料流向图。如图 3-7 所示为某机械加工企业按物料流向的设施布置图。

(二)物料运量法

该方法是按照生产过程中物料流向及生产单位之间运输量布置设施的相对位置，其步骤如下。

(1) 根据原材料、在制品在生产过程中的流向初步布置各个生产单位的相对位置,绘出初步物流图,如图 3-8 所示。

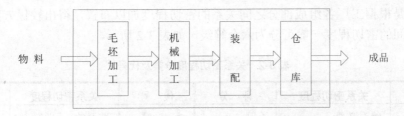

图 3-7　某机械加工企业设施布置示意图

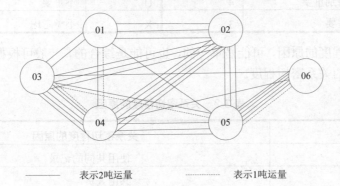

────── 表示2吨运量　　──── 表示1吨运量

图 3-8　运量相关线图

(2) 统计各个单位间的物料流量,制定物料运量表,如表 3-1 所示。

表 3-1　物料运量表

从-车间 \ 至-车间	01	02	03	04	05	06	总计
01		6	4	3	2		15
02			6	5	3		14
03				8	3	2	13
04		5	3		6	2	16
05		3				11	14
06							0
总计	0	14	13	16	14	15	72

(3) 按运量大小进行布置,将彼此间运量大的单位安排在相邻位置,并考虑其他因素进行改进和调整。

(三)相对关系布置法

该方法是根据工厂各组成部分之间关系的密切程度加以布置,得出较优方案。工厂各组成部分之间的密切程度一般可分为六个等级,如表3-2所示。

表3-2 关系密切程度分类及代号

代 号	关系密切程度	评 分	代 号	关系密切程度	评 分
A	绝对必要	5	O	普通的	2
E	特别重要	4	U	不重要	1
I	重要	3	X	不予考虑	0

形成其密切程度的原因,可能是单一的,也可能是综合的,一般可根据表3-3所示的原因确定组成部分的关系密切程度。

表3-3 关系密切程度的原因

代 号	关系密切程度的原因
1	使用共同的记录
2	共用人员
3	共用地方
4	人员接触程度
5	文件接触程度
6	工作流程的连续性
7	做类似的工作
8	使用共同的设备
9	可能的不良秩序

使用相对关系布置时,将待布点的部门一一确定出相互关系,根据相互关系及重要程度,以重要等级进行相邻布点设置的原则,安排出最合理的布点方案。

例3-1:某工厂生产活动相关图,如图3-9所示,下面根据该工厂各组成单位密切程度积分统计情况对初始布置进行改进。(图3-10所示是未加整理的工厂布置示意图)

改进步骤如下。

第一步,绘制生产活动相关图。

第二步,编制密切程度及积分统计表,如表3-4所示。

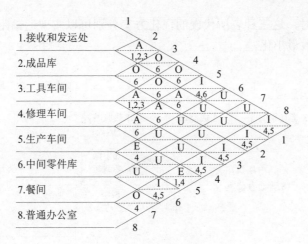

图 3-9 相对关系图

表 3-4 各组成单位密切程度积分表

1.接收与发运处	2.成品库	3.工具车间	4.修理车间
A-2	A-1、5	A-4、5	A-3、5
I-5、8	I-8	I-8	I-8
O-3、4	O-3、4	O-1、2	O-1、2
U-6、7	U-6、7	U-6、7	U-6、7
评分 17	评分 19	评分 19	评分 19

5.生产车间	6.中间零件库	7.餐间	8.普通办公室
A-2、3、4	E-5	O-8	E-5
E-6、8	I-8	U-1、2、3、4、5、6	I-1、2、3、4、6
I-1	U-1、2、3、4、7		O-7
U-7			
评分 27	评分 12	评分 8	评分 21

第三步，根据各组成单位密切程度积分表，进行工厂布置，如图 3-10、图 3-11 所示。

(四)从一至表法

从一至表法是一种常用的车间设备布置方法。从一至表是记录车间内各设备间物料运输情况的工具，是一种矩阵式图表，因其表达清晰且阅读方便，得到了广泛的应用。一般来说，从一至表根据其所含数据元素的意义不同，分为三类：表中元素表示从出发设备至到达设备距离的称为距离从一至表；表中元素表示从出发设备至到达设备运输成本的叫作运输成本从一至表；表中元素表示从出发设备至到达设备运输次数的叫作运输次数从一至表。当达到最优化时，这三种表所代表的优化方案分别可以实现运输距离最小化、运输成本最小化和运输次数最小化。

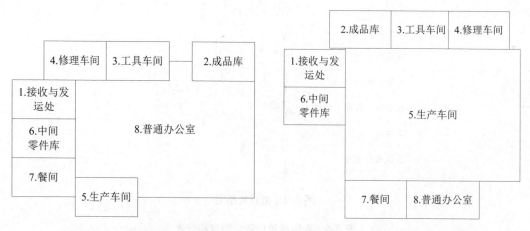

图 3-10　未加整理的方块图　　　　图 3-11　经过初步整理的广场图

下面结合一条生产线布置的例子，说明从一至表法的操作步骤。

例 3-2： 假设一条生产线上加工 17 种零件，该生产线包括 8 种设备 10 个工作地，任意相邻两工作地间距离大体相等并记作一个单位距离。用从一至表法的解决步骤如下。

第一步，根据综合工艺路线图，编制零件从一至表，如表 3-5 所示。表中每一方格的数字代表零件从某一工作地移到另一工作地的次数。这种表是次数从一至表，表中数据距离对角线的格数表示两工作地间的距离单位数，因此，越靠近对角线的方格，两工作地间的距离越小。

第二步，改进零件从一至表求最佳设备排列顺序，如表 3-6 所示。最佳排列顺序应满足如下条件：从一至次数最多的两台机床，应该尽可能靠近，由如上对从一至表的分析看出，这需要使从一至表中越大的数字越靠近对角线。

第三步，通过计算，评价优化结果。由于数据方格距对角线的距离表示两工序间的距离，而数据表示零件在两工序间的移动次数，所以，可以用方格中数据与方格至对角线的距离之积的和，来表示零件总的移动距离，即

$$L = \sum_i \sum_j I_j C_{ij}$$

式中，L——总的移动距离；I_j——第 j 格移动对角线的格数；C_{ij}——移动次数。

第四步，比较改进前后从一至表。将工作地距离相等的各次数按对角线方向相加，再乘以离开对角线的格数，就可以求出全部零件在工作地之间移动的总距离，如表 3-7 所示。

表 3-5 初始零件从—至表

从\至	毛坯库	铣床	车床	钻床	镗床	磨床	压床	内圆磨床	锯床	检验台	合计
毛坯库		2	8		1		4		2		17
铣床			1	2		1			1	1	6
车床		3		6		1				3	13
钻床			1				2	1		4	8
镗床			1								1
磨床			1							2	3
压床										6	6
内圆磨床										1	1
锯床		1	1			1					3
检验台											
合计		6	13	8	1	3	6	1	3	17	58

表 3-6 最终零件从—至表

从\至	毛坯库	车床	铣床	钻床	压床	检验台	锯床	镗床	内圆磨床	磨床	合计
毛坯库		8	2		4		2	1			17
车床			3	6		3				1	13
铣床		1		2		1	1			1	6
钻床		1			2	4			1		8
压床						6					6
检验台											
锯床		1	1							1	3
镗床		1									1
内圆磨床						1					1
磨床		1				2					3
合计		13	6	8	6	17	3	1	1	3	58

表 3-7 总的零件移动距离计算表

改进前		改进后	
前　进	后　退	前　进	后　退
$i \times j$	$i \times j$	$i \times j$	$i \times j$
1×(2+1+6)=9	1×(3+1)=4	1×(8+3+2+2+6)=21	1×1=1
2×(8+2+1)=22	2×1=2	2×(2+6+4)=24	2×1=2
3×(1+2+6)=27	3×(1+1)=6	3×(1+1)=6	3×1=3
4×(1+1+1+2)=20	4×0=0	4×(4+3+1)=32	4×(1+2)=12
5×0=0	5×0=0	5×1=5	5×1=5
6×(4+4)=48	6×1=6	6×2=12	6×1=6
7×(1+3)=28	7×1=7	7×(1+1)=14	7×0=0
8×(2+1)=24	8×0=0	8×1=8	8×1=8
9×0=0	9×0=0	9×0=0	9×0=0
小计 178	小计 25	小计 122	小计 37
零件总移动距离 $L = \sum i \times j$ =178+25=203(单位)		零件总移动距离 $\sum L' = i \times j$ =122+37=159(单位)	
零件总移动距离改进前后之差 $\Delta L = L - L' = 44$(单位)			
总距离相对减少程度 $\Delta L / L = 44/203 = 21.7\%$			

从改进后的零件从一至表中可知，零件移动的总距为 44 个单位，即总的运输路线缩短了 44 个单位距离，同时物料的总运量也相应减少了，提高了企业的经济效益。

第三节　非制造业的设施布置

【案例导入】

"看得起病，爬不起楼"的症结剖析

一、医院概况

滨海医院是某市最大的综合性医院，始建于 1946 年。当时有 7 个临床科室，70 名医师，220 张病床，日均门诊量 500 人次。经过 50 多年的发展，该医院已成为市属最大的集医疗、教学、科研、预防为一体的综合性大学医院。现有建筑面积 76 756 平方米，33 个临床科室、12 个医技科室，4 个研究所，开设病床 1000 张，年门诊量达到 100 万人次，日均门诊 2100 人次左右。

相对于规模小、只针对一种专科类疾病的专科性医院来说，这家综合性医院的科室及各类部门设置齐全，能够救治各科类的疾病，因此，它囊括了各类专科，分析起来比较全面，也具备很强的代表性。

二、现存的问题

医院是对公众或特定的人群实施治疗预防的场所，拥有一定的基础设施和一定数量的病床、相应的医务人员和必要的诊疗设备，通过医务人员的集体协作，对住院或门诊病人实施科学和正确诊疗的医疗机构。

医院属于服务行业，它以满足病人和一定社会人群的医疗保健需求为服务宗旨。因此，"以病人为中心"逐渐成为各大医院服务的主导思想。从医院的概念和服务宗旨可以看出，外部顾客——病人以及医院自身的服务水平是医院经营管理的关键。下面我们将从病人需求、医院的服务能力、服务质量三个方面来分析该医院现存的问题。

1. 病人需求与医院服务能力不匹配

就服务行业来说，顾客是服务流程的客体。在服务流程中，顾客参与的程度可以是无参与、间接参与或直接参与。对于大多数服务系统，当顾客出现时，服务才能开始。顾客并不是一个被动的旁观者，当需要的时候，顾客也可成为积极的参与者或劳动者，这样就有可能通过将某些服务活动转移给顾客而提高服务效率。

就医院而言，病人作为顾客，是直接参与到服务流程中的。由于病人亲自出现在服务过程中，承担了医院转移给自己的一部分服务活动，结果让我们看到了在该医院出现的许多新问题：前来医院就诊的病人，特别是对医院服务流程不熟知、对各部门科室位置不了解的病人，不得不往返于各个楼层、各个科室、各个收费窗口之间，消耗了病人的体力，同时为病人带来了极大的不便；在一些使用频率高的服务部门或窗口，排起了长长的队伍，病人等候问题严重，浪费了病人的宝贵时间；病人期望得到的服务与实际感知的服务有一定的差距。

产生这些问题的根本原因在于，病人需求和医院服务能力不平衡，病人的需求时间与可获得的服务不相匹配。一般来说，衡量医院服务能力的标准是会诊时间而不是医生数目。这强调，如果没有病人的需求，就会造成作为服务提供者的医院的服务能力的永久损失。但当病人需求过大，超出医院服务能力能够满足的范围时，就会出现让病人排队等待的现象。

2. 服务质量低下

1) 内部服务质量

内部服务质量指的是员工的工作环境，它包括员工的挑选和开发、奖酬和认可、对服务信息的获得、技术和工作设计等。该医院的组织结构中有大学教育部，负责与各大学的联络工作，定期将医职人员派驻大学培训，使得培训成为每个员工工作经历的一部分；医院自行申报有硕、博士点，员工可以在院内申报学位；医院科研处负责课题的申报工作，对有科研成果的员工实施相应的奖励；质控部对全体员工的服务质量实行监控、考核，最终与其奖金挂钩。

在该医院，员工由于对现状不存在不满或者外部环境不如现状，安于本职工作，因此就会在各自的岗位上努力提高工作水平，从而导致服务质量提升，为医院带来服务价值。

2) 外部服务价值

对于顾客来说，服务价值可以通过比较获得服务所付出的总成本与得到的总利益来衡量。如果病人为获得服务所付出的成本等于甚至低于他所得到的利益，那么病人就会认为它获得了高价值的服务，从而增加其满意度；反之，病人就会认为没有获得应有的服务价值，而使满意度降低，甚至不再成为该医院的顾客。在该医院，由于病人较多，病人需求量大，一些窗口、科室门前排队等待现象严重；不熟悉流程、科室的病人，往返于各科室之间；高峰期时，繁忙的工作使得医生、护士的服务态度和服务质量下降。这些问题都将成为降低顾客满意度的隐患。

顾客满意度与顾客忠诚度是息息相关的。有关调查发现，对某产品或服务"非常满意"的顾客再次购买该产品或服务的可能性是"满意"顾客的六倍。因此，对医院服务满意度的提高会使病人忠于该医院，并再次购买服务从而为医院带来利润，同时依靠口碑效应为医院增加病人需求。

据统计，顾客满意度增加5%，利润可以增长25%~85%。因此，市场份额的质量应受到与市场份额数量同样的关注。市场份额的质量是由顾客忠诚度来衡量的，而忠诚度则由顾客使用的服务质量来衡量。在这种逻辑关系下，医院的服务质量降低最终将会导致医院市场份额数量和质量上的"双低"现象，使医院不具备获利性与成长能力。

三、病例的确定

该医院平均一天2100人次左右的挂号数中，内科约占1/3，外科与神经内科约占1/10。为此，我们选择了20个病例，其中有11个内科病例，3个神经内科病例，2个外科病例、其他各科室各选一个。它们分别为肺感染、糖尿病、冠心病、胃溃疡、胆囊炎、脑血栓、慢性结肠炎、眼结石、鼻窦炎、烧伤、慢性肾炎、肺结核、小儿支气管炎、风湿性关节炎、牛皮癣、癫痫、颈椎增生、风湿性心脏病、高血压、脑中风。具体病例流程如下。

1. 肺感染

挂号(1)——内科(2)——划价收费(各)——放射科登记(1)——照相(1)——临床化验(4)——内科(2)——划价收费(各)——西药房(各)——门诊注射(各)——离开门诊

2. 糖尿病

挂号(1)——内科(2)——划价收费(各)——生化实验室(1)——临床化验(4)——检查结果(2)——内科(2)——划价收费(各)——西药房(各)——离开门诊

3. 冠心病

挂号(1)——内科(2)——划价收费(各)——心电图(2)——彩超(3)——抽血处(2)——生化实验室(1)——检查结果(2)——内科(2)——划价收费(各)——西药房(各)——离开门诊

4. 胃溃疡

挂号(1)——内科(2)——划价收费(各)——内窥镜(6)——内科(2)——划价收费(各)——西药房(各)——离开门诊

5. 胆囊炎

挂号(1)——内科(2)——划价收费(各)——临床化验(4)——B超(各)——内科(2)——划

价收费(各)——西药房(各)——离开门诊

6. 脑血栓

挂号(1)——神经内科(2)——划价收费(各)——放射科登记(1)——CT(1)——脑血流图(2)——脑电图(2)——神经内科(2)——划价收费(各)——西药房(1)——离开门诊

7. 慢性结肠炎

挂号(1)——内科(2)——划价收费(各)——内窥镜(6)——内科(2)——划价收费(各)——西药房(各)——离开门诊

8. 眼结石

挂号(1)——眼科(4)——划价收费(各)——划价收费(各)——西药房(各)——治疗室(各)——离开门诊

9. 鼻窦炎

挂号(1)——耳鼻喉科(4)——划价收费(各)——放射科登记(1)——CT(1)——耳鼻喉科(4)——划价收费(各)——西药房(各)——中药房(5)——治疗室(各)——离开门诊

10. 烧伤

挂号(1)——外科(3)——划价收费(各)——放射科登记(1)——照相(1)——临床化验(4)——外科(3)——划价收费(各)——西药房(各)——治疗室(各)——离开门诊

11. 慢性肾炎

挂号(1)——内科(2)——划价收费(各)——临床化验(4)——B超(2)——内科(2)——划价收费(各)——西药房(各)——中药房(5)——离开门诊

12. 肺结核

挂号(1)——内科(2)——划价收费(各)——放射科登记(1)——照相(1)——抽血处(2)——检查结果(2)——内科(2)——划价收费(各)——西药房(各)——离开门诊

13. 小儿支气管炎

挂号(1)——儿科(3)——划价收费(各)——放射科登记(1)——照相(1)——临床化验(4)——儿科(3)——划价收费(各)——西药房(各)——门诊注射(各)——离开门诊

14. 风湿性关节炎

挂号(1)——内科(2)——划价收费(各)——抽血处(2)——检查结果(2)——内科(2)——划价收费(各)——西药房(各)——中药房(5)——离开门诊

15. 牛皮癣

挂号(1)——皮肤科(4)——划价收费(各)——西药房(各)——治疗室(各)——离开门诊

16. 癫痫

挂号(1)——神经内科(2)——划价收费(各)——放射科登记(1)——CT(1)——脑血流图(2)——脑电图(2)——神经内科(2)——划价收费(各)——西药房(各)——离开门诊

17. 颈椎增生

挂号(1)——外科(3)——划价收费(各)——放射科登记(1)——照相(1)——CT(1)——外

科(3)——划价收费(各)——西药房(各)——离开门诊

18. 风湿性心脏病

挂号(1)——内科(2)——划价收费(各)——放射科登记(1)——照相(1)——心电图(2)——B超(各)——内科(2)——划价收费(各)——西药房(各)——中药房(5)——离开门诊

19. 高血压

挂号(1)——内科(2)——划价收费(各)——B超(各)——生化实验室(1)——抽血处(2)——检查结果(2)——临床化验(4)——内科(2)——划价收费(各)——西药房(各)——离开门诊

20. 脑中风

挂号(1)——神经内科(2)——划价收费(各)——心电图(2)——脑血流图(2)——脑电图(2)——神经内科(2)——划价收费(各)——西药房(1)——离开门诊

注：括号中显示的是诊室所在的楼层，标有"各"字样的说明医院在各个楼层均设有该诊室，因此病人在就诊时可以采取就近原则。

四、医院现有诊室布置状况

上述病例涉及27个部门，它们分别是内科、外科、神经内科、眼科、耳鼻喉科、皮肤科六个科室，以及挂号处、划价收费处、中西药房、治疗室、注射室、放射科登记处、抽血处、临床化验室、生化实验室、检查结果处，以及各种功能检查，如心脑电图、脑血流图、脑多普勒、B超、彩超、内窥镜、照相、CT等。这些部门与科室在医院的位置如附图所示。

附图——滨海医院各楼层平面布置图，如图3-12～图3-17所示。

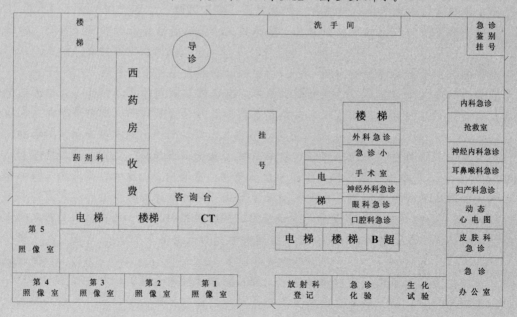

图3-12 该医院门诊一楼平面图

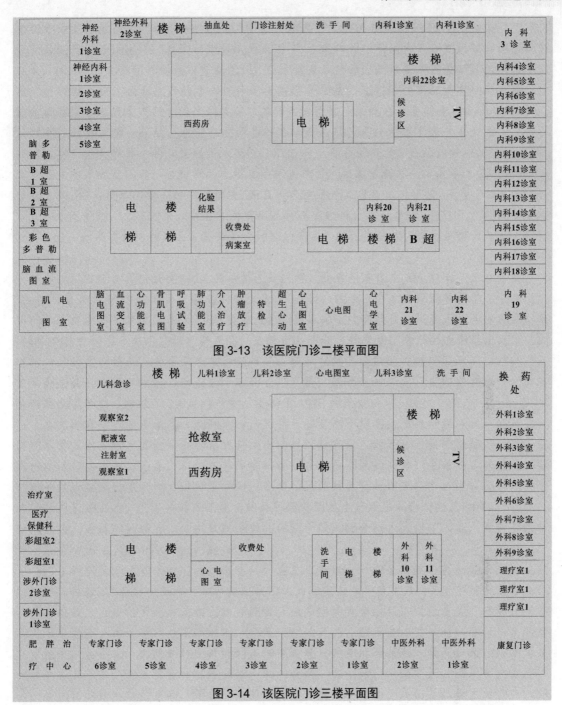

图 3-13　该医院门诊二楼平面图

图 3-14　该医院门诊三楼平面图

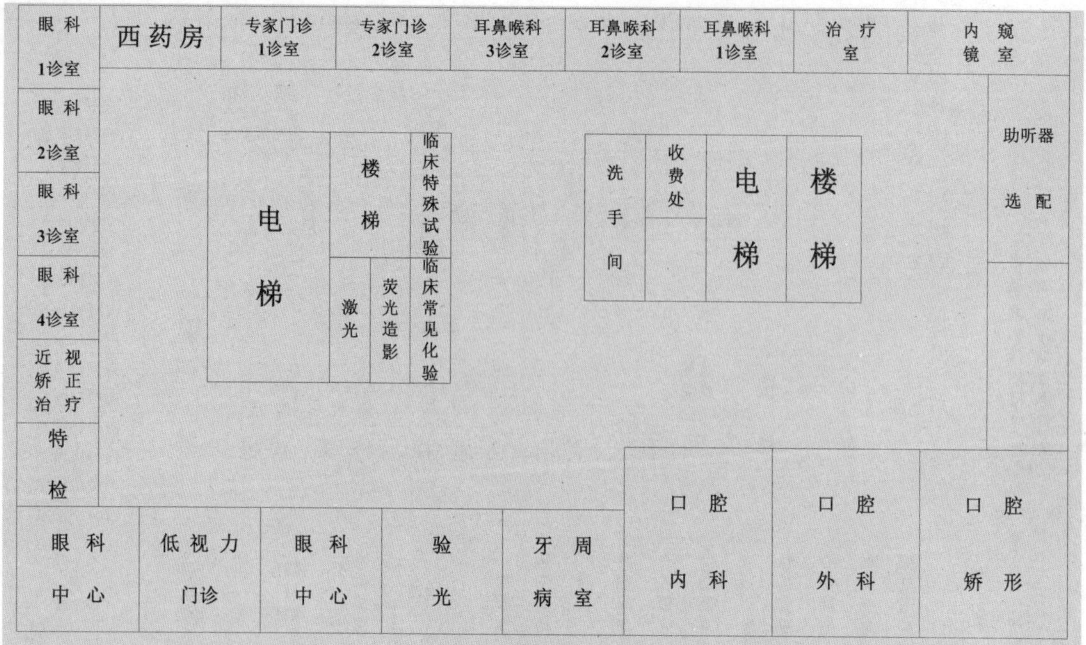

图 3-15　该医院门诊四楼平面图

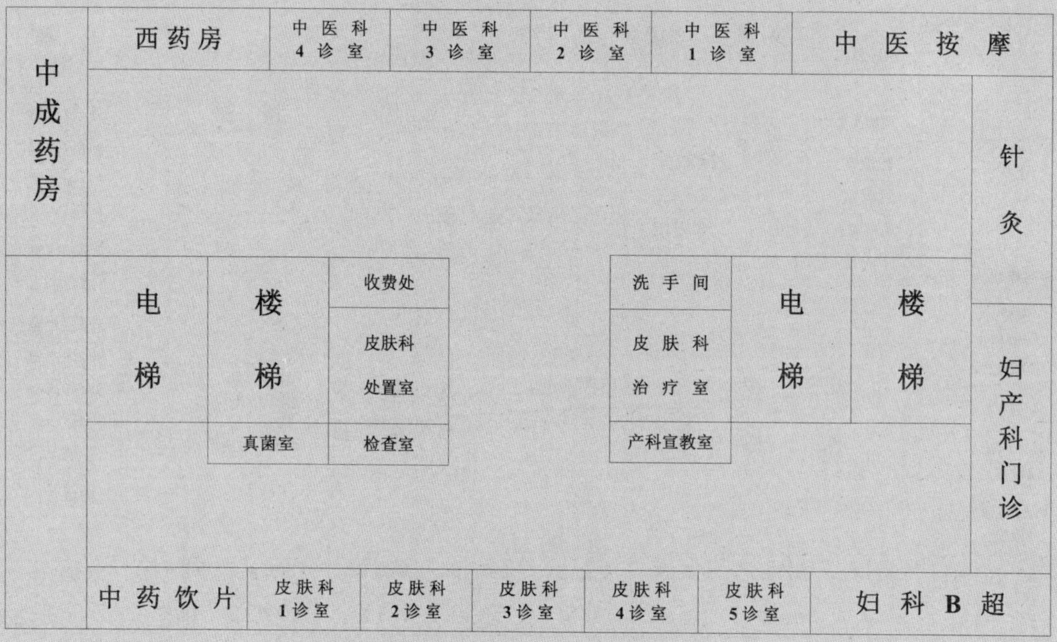

图 3-16　该医院门诊五楼平面图

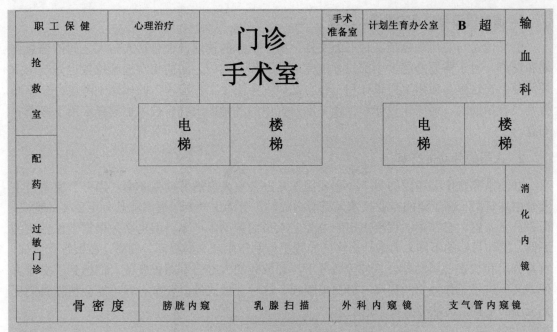

图 3-17 该医院门诊六楼平面图

(资料来源：https://wenku.baidu.com/view/1b53fcd75fbfc77da269b1c8.html)

思考题：

1. 如何运用生产与运作管理的理论，对医院诊室及医疗设施进行重新布置，解决患者"看得起病，爬不起楼"的就医难的问题？
2. 如何综合运用你所学的生产与运作管理的方法来解决这个问题？
3. 生产制造系统设施布置方法还能用于哪些服务性行业？举例进行描述。

一、办公室布置

办公室布置的内容主要是确定人员座位的位置和办公室物质条件的合理配置。布置时一般要了解办公室的工作性质与内容，办公室的内部组织与人员分工，办公室与其他单位的联系；绘制业务流程图，作为布置的依据；了解办公室定员编制，以及根据工作需要应配备的家具、通信工具和主要办公用品等。在充分掌握情况的基础上，按办公室的位置和面积进行合理布置，并绘制平面图。经讨论、比较和修改后，即可正式按图进行布置。

(一)办公室布置主要考虑因素

在进行办公室布置时，通常考虑的因素有很多，但有两个主要的因素是必须重点考虑的：信息传递与交流的迅速、方便；人员的劳动生产率。

1. 信息传递与交流的迅速、方便

信息传递与交流既包括各种书面文件、电子信息的传递，也包括人与人之间的信息传递和交流。对于需要跨越多个部门才能完成的工作，部门之间的相对地理位置也是一个重要问题。在这里，应用工作设计和工作方法研究中的"工作流程"的概念来考虑办公室布置是很有帮助的。而工作设计和工作方法研究中的各种图表分析技术也同样应用于办公室布置。

2. 人员的劳动生产率

办公室布置中要考虑的另一个主要因素是办公室人员的劳动生产率。当办公室人员主要是由高智力、高工资的专业技术人员所构成时，劳动生产率的提高就具有更重要的意义。而办公室布置，会在很大程度上影响办公室人员的劳动生产率。但也必须根据工作性质的不同、工作目标的不同来考虑什么样的布置更有利于生产率的提高。例如，在银行营业部、贸易公司和快餐公司的办公总部等情况下，开放式的大办公室布置既使人们感到了交流方便，又促进了工作效率的提高；而在出版社，这种开放式的办公室布置可能会使编辑们受到无端的干扰，无法专心致志地工作。

(二)办公室布置的主要模式

办公室布置根据行业的不同、工作任务的不同，大致可以分为以下两种模式。

一种模式是传统的封闭式办公。办公楼被分割成多个小房间，伴之以一堵堵墙、一个个门和长长的走廊。显然，这种布置可以保持工作人员足够的独立性，但却不利于人与人之间的信息交流和传递，使人与人之间产生疏远感，也不利于上下级之间的沟通，而且几乎没有调整和改变布局的余地。

另一种模式是近20年来发展起来的开放式办公室布置。在一间很大的办公室内，可同时容纳一个或几个部门的十几人、几十人甚至上百人共同工作。这种布置方式不仅方便了同事之间的交流，也方便了部门领导与一般职员的交流，在某种程度上消除了等级的隔阂。但这种方式的弊端是，有时会相互干扰，也会带来职员之间的闲聊等。

在开放式办公室布置的基础上，进一步发展起来的一种布置是带有半截屏风的组合办公模块。这种布置既利用了开放式办公室布置的优点，又在某种传递上避免了开放式布置情况下的相互干扰、闲聊等弊端。而且这种模块使布置有很大的柔性，可随时根据情况的变化重新调整和布置。采用这种形式的办公室布置，建筑费用比传统的封闭式办公建筑节省，改变布置的费用也低得多。

实际上，在很多组织中，封闭式布置和开放式布置都是结合使用的。20世纪80年代，在西方发达国家又出现了一种称之为"活动中心"的新型办公室布置。在每一个活动中心，有会议室、讨论间、电视电话、接待处、打字复印和资料室等进行一项完整工作所需的各种设备。楼内有若干个这样的活动中心，每一项相对独立的工作集中在这样一个活动中心进行，工作人员根据工作任务的不同在不同的活动中心之间移动。但每人仍保留有一个小小的传统式个人办公室。显而易见，这是一种比较特殊的布置形式，较适合于项目型的工作。

20世纪90年代以来，随着信息技术的迅猛发展，一种更加新型的办公形式——"远程"办公也正在从根本上冲击着传统的办公室布置方式。所谓"远程"办公，是指利用信息网络技术，将处于不同地点的人们联系在一起，共同完成工作。例如，人们可以坐在家里办公，也可以在出差地的另一个城市或飞机、火车上办公等。可以想象，当信息技术进一步普及、其使用成本进一步降低以后，办公室的工作方式和对办公室的需求，乃至办公室布置等，均会发生很大的变化。

(三)办公室布置的基本方法

办公室布置中，有一些布置原则与生产制造系统是相同的，例如，按照工作流程和能力平衡的要求划分工作中心和个人工作站，使办公室布置保持一定的柔性，以便于未来的调整与发展等。但是，办公室与生产制造系统相比，也有许多根本不同的特点。

首先，生产制造系统加工处理的对象主要是有形的物品，因此，物料搬运是设施布置的一个主要的考虑因素。而办公室工作的处理对象主要是信息以及组织内外的来访者，因此，信息的传递和交流方便与否，来访者办事是否方便、快捷，是主要的考虑因素。

其次，在生产制造系统中，尤其是自动化生产系统中，产出速度往往取决于设备的速度，或者说与设备速度有相当大的关系。而在办公室，工作效率的高低往往取决于人的工作速度，而办公室布置，又会对人的工作速度产生极大影响。

再次，在生产制造系统中，产品的加工特性往往在很大程度上决定设施布置的基本类型，生产运作管理人员一般只在基本类型选择的基础上进行设施布置。而在办公室布置中，同一类工作任务可选用的办公室布置有多种，包括房间的分割方式、每人工作空间的分割方式、办公家具的选择和布置方式等。

最后，在办公室，组织结构、各个部门的配置方式、部门之间的相互联系和相对位置的要求对办公室布置有更重要的影响，在办公室布置中要予以更多的考虑。

根据一些企业的经验，搞好办公室布置，可归纳为以下几个原则。

一是力求使办公室有一个安静的工作环境。各种嘈杂声音会使人感到不愉快，分散注意力，容易造成工作上的错误。所以，办公室应布置在比较安静、适中的位置。如果修建办公大楼，则大部分办公室可以集中在一起，这样既便于工作上相互联系，又可以得到比较安静的工作环境。如果没有办公大楼，则办公室就可能比较分散，这样的好处是接近生产现场，便于为生产服务，但可能不够安静，必须采取具体措施，如隔音装置等，以排除各种杂音。为保持办公室内的安静，应将电话和其他发声设备安装在最少干扰他人工作的位置；客人来访最好设有单独的会客室，如不具备此条件，也应将会客处布置在办公室的入口附近。

二是办公室应有良好的采光、照明条件。室内光线过强或过弱，都会增加人的疲劳，降低工作效率。一般来说，自然光优于人造光，间接光优于直光，匀散光优于聚焦光。自然光有益于人的身心健康，但早晚、阴雨天气可能光线不足，因此需要有其他的人造光补充。布置办公室内的座位时，应尽量使自然光来自办公桌的左上方或斜后上方。

三是最有效地利用办公室面积，合理布置工作人员的座位。安排座位时要考虑业务工作的流程和同一业务小组的工作需要，尽可能采取对称布置，避免不必要的文书移动。

四是办公室布置应力求整齐、清洁。室内用品应摆放整齐、使用方便。文件箱、文件柜的大小、高度最好一致，并尽量靠墙放置或背对背放置。常用的文件箱相应地布置在使用者附近。办公用品和其他室内装饰物要经济实用，不要不切实际地一味追求豪华。

二、服务企业平面布置

服务企业的布置形式也可以分为工艺专业化和产品专业化两种形式，不过以前者居多。如图 3-18 所示是一张诊疗所的平面布置示意图。

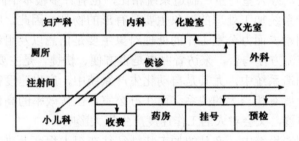

图 3-18　诊疗所的平面布置示意图

从图 3-18 中可以看出病人要在多个部门停留。可以想象，当诊所规模扩大成一所大医院，疾病的诊断和治疗越来越需要依靠先进的设备，病人在医院中要到许多部门做仪器设备检查，行走距离会很长。特别对于病情较重的住院病人，需护工运送，无疑会增加成本。这时我们会遇到运输费用最小化的医院平面布置问题。

再如百货零售商店，它的平面布置有两条要求，一是能使顾客进店后很容易找到自己想要商品的柜台；二是店面的走道布置不能太拥挤。如图 3-19 所示是一家超市的平面布置。

图 3-19 的这种成角度的布置，好处是视线更开阔，顾客进入店铺后在主干道上就可以看清通道上方的标志，查找货物比较方便。由于服务业的生产过程和消费过程合为一体，消费者会对整个服务过程提出质量要求，因此服务业还十分强调环境的布置，如家具的式样、颜色、室内的灯光、墙壁的色彩和图案等。

零售服务业布置的目的就是要使店铺每平方米的净收益达到最大。在实际应用中，这个目标经常被转化为这样的标准，如"最小搬运费用"或"产品摆放最多"，同时应该考虑还有其他许多人性化的因素。一般而言，服务场所有三个组成部分：环境条件，空间布置及其功能性，徽牌、标志和装饰品。

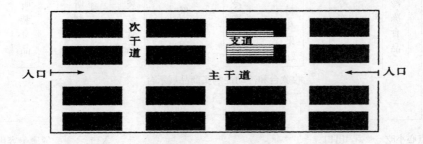

图 3-19　超市的平面布置形式

【知识链接】

新的卫生间布局

在德克萨斯，一名国会议员的助手将他在摇滚歌厅三分之一的时间花在等他的女友，他在女卫生间外等了 45 分钟。在华盛顿特区，一名女国会议员在女卫生间排队等候时，错过了来自她家乡的一个演唱组的表演。休斯顿的一位女秘书丹尼斯·维尔斯由于使用音乐会场里的男卫生间而被捕，当时她发现女卫生间外有 20 人等候，而男卫生间外没有人(法官经过 23 分钟的考虑后判她无罪)。

由于这类事件的不断发生，需要颁布新的法令以便在剧院、体育场和会议大厅设立两倍于男卫生间的女卫生间。12 个州现在已通过设置"按需调整男女卫生间大小"的提案，而更多州的提案正在审议之中。立法者能够根据学术研究来证明他们的论点。弗吉尼亚技术科学教授发现妇女使用卫生间的时间比男子多一倍。在运动竞技场的卫生间里，妇女需要 3 分钟，而男子只需 83.6 秒钟。

但是，丹佛市新的科罗拉多会议中心采用创新的布局来解决这一问题。男女卫生间的隔墙设计成活动式的。当大多数人是妇女参加的护士协会在这里举行会议时，女卫生间会比男卫生间大三倍。当大多数人是男人参加的石油地质学家会议举行时，这一比例就会相反。建筑师们提出的其他建议包括设立两性公用的洗手池或者卫生间，这一点在欧洲的许多城市已实施多年。

(资料来源：http://www.docin.com/p-467248499.html)

在零售现场空间划分上，有三种基本布局方案可供选择，即格状型、自由型和店中店型，如图 3-20～图 3-22 所示。

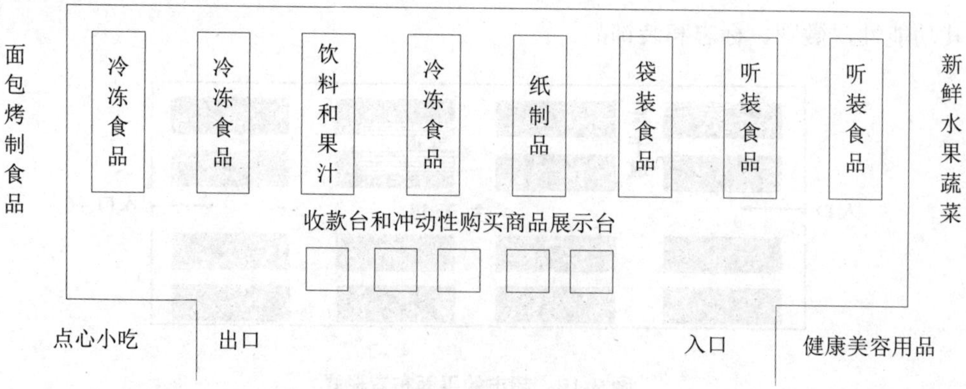

图 3-20 格状型零售现场布置

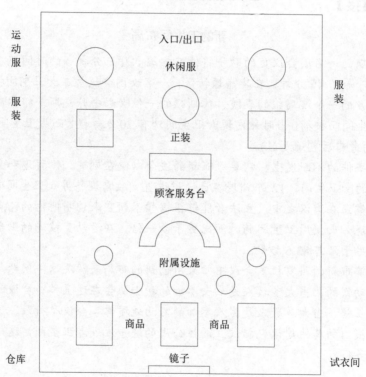

图 3-21 自由型零售现场布置

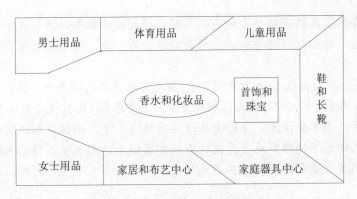

图 3-22 店中店型零售现场布置

【知识拓展】

超级市场各区域配比以及各区域位置

商业建筑历来有寸土寸金之称，超级市场各区域配比与经济效益息息相关，科学的超市区域配比会获得更多的销售利润；反之，则会降低超市的盈利能力。

1. 超级市场的主要区域

经营生鲜食品是超级市场的一大特色。因此，超市的区域设置除了应有卖场区、辅助区、储存区外，还应有生鲜食品加工区，有的超级市场将加工区与储存区合为储存加工区。卖场区是顾客选购商品、交款、存包的区域，有时还包括顾客休息室、顾客服务台、婴儿室等。

储存加工是储存加工商品的区域，包括商品售前加工、整理、分装间、收货处、发货处、冷藏室等。

辅助区是超级市场行政管理、生活和技术设备的区域，包括各类行政、业务办公室、食堂、医务室及变电、取暖、空调、电话等设备用房。

2. 超级市场主要区域的配比

超级市场主要区域的配比，应本着尽量增大卖场区域的原则，因为卖场区域的扩大可直接影响销售额。上海一些超级市场不设置储存间，而在货架上方储存商品，效益大为提高。上海华联超级市场集团，努力提高配送效率，使每家店铺的库存降低为零。因此，超级市场里除了设有 8 平方米的办公室外，全是卖场。当然这不是每家超级市场公司都能做到的，它需要高效率的配送和面积不大的店铺，每个店铺 3~5 个员工。

超级市场各区域的位置，可根据具体建筑结构进行选择，办公区及后勤区与卖场关系不大，可最后安排设计，而卖场区、储存加工区是必须首先安排的。超级市场各区域位置的确定应本着卖场核心原则，各个辅助区域都是为卖场服务的，有效的配置会使货物流转的人工成本尽可能减少，取得更好的效益。

凸凹型设置：是指卖场选择凸型布局，而储存加工区选择凹型布局。这种布局的好处是：可以使储存加工区的商品与卖场商品货架保持最短的距离，不必过多走动，就能进行上货与补货操作；每类商品储存加工区与卖场区合为一体，便于进行库存量控制和提高储存效率。

并列型设置：并列型设置(也称前后型)，是指卖场在前而储存加工区与卖场并列在后的布局。这种布局设置简单，储存加工区相对集中，进货容易，比较适合中小型超级市场选用。

上下型设置：上下型设置，是指卖场设置于地上一层，而储存加工区设置于地下，通过传送带将商品由地下转移到地上。这种布局常是由于地形限制不得已采用的方法。其好处是使卖场得到最大限度的利用；其不足是上货、补货不太方便，同时，还要设置机械传送带。

(资料来源：https://wenku.baidu.com/view/8d869b000740be1e650e9a8f.html)

本 章 小 结

生产与运作系统的布局是生产运作系统的基础，包括设施选址和设施布置。对于新建企业来说，设施选址和布置是必须进行而且需要慎重考虑的问题，其科学合理与否将影响企业的长远发展，因此，需要运用科学的方法进行决策。本章主要介绍了影响设施选址的因素和原则、设施选址的步骤和方法、设施布置的影响因素和形式、设施布置的方法。这里重点掌握设施选址以及设施布置的定量及定性的方法，包括负荷距离法、因素评分法、盈亏分析法、物料流向图法、物料运量法、相对关系布置法以及从一至表法等。

习 题

(一)单项选择题

1. 以下(　　)条件要求厂址接近消费市场。
   A. 原料易变质　　　　　　　B. 原料笨重
   C. 产品运输不便　　　　　　D. 原料运输不便
2. (　　)情况要求在城市设厂。
   A. 工厂规模大，占地多　　　B. 服务业
   C. 对环境污染大　　　　　　D. 有保密要求
3. 选址决策需要考虑的最基本因素是(　　)。
   A. 经济因素　　B. 政治因素　　C. 社会因素　　D. 自然因素
4. 设施选址不仅关系到设施建设的投资和建设的速度，而且在很大程度上决定了所提供的产品和服务的(　　)。

A. 成本　　　　B. 利润　　　　C. 质量　　　　D. 影响范围
5. 大型飞机的总装宜采用(　　)。
　　A. 流水线布置　　　　　　B. 固定位置布置
　　C. 成组单元布置　　　　　D. 以上都不是

(二)多项选择题
1. 设施选址的方法包括(　　)等方法。
　　A. 对象专业化法　　　　　B. 量本利分析法
　　C. 重心法　　　　　　　　D. 评分法
2. 选择地区要考虑的主要因素有(　　)。
　　A. 是否接近市场　　　　　B. 是否接近原材料供应地
　　C. 运输问题　　　　　　　D. 员工的生活习惯
3. 影响设施选址的社会因素包括(　　)。
　　A. 居民的生活习惯　　　　B. 能源可获性与费用
　　C. 宗教信仰　　　　　　　D. 法制是否健全
4. 影响设施选址的自然因素包括(　　)。
　　A. 气候条件　　B. 水资源状况　　C. 地质条件　　D. 生活水平
5. 仓库通常由(　　)部分组成。
　　A. 生产作业区　　B. 辅助生产区　　C. 行政生活区　　D. 以上都不是

(三)名词解释
1. 因素评分法　　　2. 工艺导向布局　　　3. 物料流向图法
4. 从一至表法

(四)简答题/计算题
1. 某公司预选择建厂地址，表3-8所示为三个可供选择的地点的信息。

表3-8　三个可供选择的地点的信息

选址因素	权重	备选厂址		
		A	B	C
交通条件	0.25	70	100	80
土地状况	0.10	80	70	100
停车场地可获性	0.20	70	60	60
公众态度	0.25	90	80	90
扩展能力	0.20	90	80	80

请根据所给资料作出选址决策。

2. 某公司正考虑在某地区扩展。公司业务在很大程度上依赖于水上运输，最初的地点选在三个港口：A、B 和 C。基于表 3-9 的数据，哪个地点最优？给出计算过程。

表 3-9　三个港口的相关数据

相关因素	A	B	C
每单元可变成本	1.80	2.00	1.95
每年固定成本	150 000	300 000	400 000
每单元价格	3.00	3.00	3.00
容量(每年单元数)	300 000	250 000	325 000

3. 将 A～F 六个部门在图 3-23 中进行排列以满足下列要求。

部门 A 靠近 E　　部门 A 靠近 D　　部门 A 靠近 C　　部门 B 靠近 C

部门 B 靠近 D　　部门 E 靠近 F　　部门 F 靠近 D

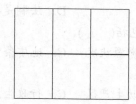

图 3-23　题 3 图

4. 根据表 3-10 以及图 3-24 的条件，给图 3-25 所示的 2×3 方格排列 6 个方形部门。

表 3-10　三个港口的相关数据

代　号	关系密切程度
A	绝对必要
E	非常重要
I	重要
O	一般重要
U	不重要
X	可不予考虑

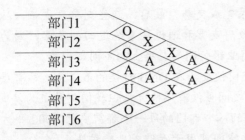

图 3-24 题 4 图

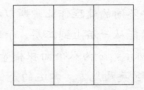

图 3-25 2×3 方格

5. 你被邀请作为一家生产体育用品公司的顾问,经理想让你安排工厂布局以减少运量。部门间的距离(方格数表示)和对于典型负荷单位物品的成本已由表 3-11 给出。给出各部门间邻近程度的优先级。

表 3-11 部门间的距离和距离内每单位成本

从	至	期望方格表	距离内每单位成本/元	从	至	期望方格表	距离内每单位成本/元
A	B	200	0.10	C	D	80	0.11
A	C	300	0.10	C	E	150	0.11
A	D	200	0.10	D	A	50	0.12
A	E	150	0.10	D	B	75	0.12
B	A	100	0.18	D	C	300	0.12
B	C	80	0.18	D	E	100	0.12
B	D	60	0.18	E	A	200	0.16
B	E	90	0.18	E	B	50	0.16
C	A	100	0.11	E	C	90	0.16
C	B	25	0.11	E	D	100	0.16

6. 试述设施选址应考虑的因素。
7. 设施选址的原则是什么?

(五)案例分析题

Des Moines 国民银行

Des Moines 国民银行最近在繁华的商业区建成了一幢新楼。银行迁入新址,需要重新安排各部门的位置,以获得最优的工作效率。DNB 的主要作业部门之一是支票处理部门。这一部门是个人和商业支票的清算机构。这些支票既来自与 DNB 有支票处理合同的小型金融机构,也来自楼下的出纳员。根据支票底部的磁条,这些支票可按其提取处来分类。审核员保证收入和支出保持平衡，记账员进行记录完成交易。最后，这些支票束成捆，从分配部门运送过来。这个部门的人员也负责处理政府支票和通过该系统退回的支票，因为这些支票需要不同的处理作业，所以将它们放在商业银行同一层楼上的不同部门里。

电梯只能从一层上到二层，于是支票处理部门便安排在 DNB 新楼的第二层。第二层楼如图 3-26 所示，分为八个面积相等的房间(它们之间虽没有墙隔开，但我们仍称之为房间)。每间房为 75 英尺见方。幸运的是位于这层楼上的八个部门的每一个都需要约 5000 平方英尺的空间，所以银行管理者没有必要担忧。这些空间可用于存储或日后扩展。

"物料"的流动，如要处理的支票、计算机输出核对和记账的结果，都在位于房间之间的过道上进行，如图 3-26 所示。支票由电梯运送上来并进行分配。所以应该将分配部门安排在靠近电梯的房间里。除此之外没有其他对部门位置的限制。

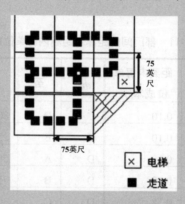

图 3-26　DNB 大楼第二层的计划

分析的第一步是要确定部门间的物流量。以几周流量的平均值来作为部门间流量的平均值。一周处理的支票量的平均值较好地体现出各部门间的物流量。通过对物流量数据的研究，揭示出几个未被考虑到的重要关系。例如，在商业支票分类部门和政府支票部门间使用相同类型的设备，这种设备有很大的噪声，需要隔音墙来控制噪声。所以将设备安排在一起降低建筑成本是很有必要的。同时，还是由于这种噪声，应将一些需要集中注意力工作的部门，如核对部门和办公室，远离产生噪声的地方。根据以上注意事项，我们将每对部门的接近关系列成如表 3-12 所示的等级表。该表的右上角是部门间每天的平均物流量，左下角是接近关系程度。表 3-13 为部门间的物流量和紧密关系。

表 3-12　部门的接近关系

等　级	内　容
A	非常必要临近
E	临近特别重要
I	临近重要

续表

等　级	内　容
O	一般临近
U	临近不重要
X	不能临近

表 3-13　部门间的物流量和紧密关系

部　门	1	2	3	4	5	6	7	8
1.支票分类	—	50	0	250	0	0	0	0
2.支票核对	X	—	50	0	0	0	0	0
3.支票记账	X	A	—	0	0	0	0	10
4.支票分配	U	U	U	—	40	60	0	0
5.政府支票	A	U	U	E	—	0	0	0
6.退回的支票	U	U	U	E	U	—	12	0
7.记账调整	X	A	A	U	U	E	—	10
8.办公室	X	I	I	U	O	O	I	—

(资料来源：http://www.docin.com/p-834770665.html)

讨论题：
1. 作出规划，使总物流量达到最小。
2. 根据接近关系程度表确定的相互关系来作出一个布局。
3. 作出一项既考虑物流量，又考虑接近关系的布局。
4. 评价所作出的各项布局。
5. 当对支票处理部门进行布局时，还有其他应该考虑的因素吗？

第四章 生产计划与作业计划

【案例导入】

某光学仪器制造厂的生产会

上海某厂是一家新型的综合性光学仪器制造企业,属多品种、小批量生产类型。全厂现有职工 1000 人,技术力量雄厚、设备齐全,能够生产多种大型、精密、光、机、电结合的光学仪器。其主要产品有光学计量仪器、显微镜仪器、物理光学仪器等六大类,80 多个品种。建厂 30 余年来,该厂走过的是一条蓬勃发展的路,共生产各种光学仪器 24 万多台,创造利税 280 万元,并多次获得市仪表局、市政府、机械工业部、国家计量局的表彰和奖励,成为同行业中的佼佼者。

然而,最近两天杨厂长在确定下年度生产计划方案上,却有些举棋不定了。体制改革前国家统购统销时,企业制订生产计划比较容易。计划科只要按上级下达的指令性计划安排生产即可,不需要考虑销售问题。体制改革以来,企业由生产型转向生产经营型,制订计划要考虑的因素大大增加了。多年来,该企业一直沿用一套长期以来形成的、以产品为导向的制订计划的方法,已经越来越不适应现实需要,必须改革。近两年来,这个厂产值呈低幅度上升,利润却下降了。前年工业总产值 2584 万元,利润 778.2 万元;去年总产值 2600 万元,利润 630.7 万元。利润下降,固然有原材料涨价、生产成本提高等多方面因素的影响,但计划制订的正确与否却是个关键问题。怎样使明年的生产计划更趋于科学、合理,这正是杨厂长所思索的问题。

前天下午,厂部召开了明年生产计划方案讨论会。这次会议和以往不同。除了充分准备外,还扩大了与会人员的范围,因为此次年度计划的制订,难度较大,内外条件复杂、不定因素多、平衡难。而计划制订的正确与否直接关系到企业下一年的经济效益,关系到企业能否稳定地向前发展,因此必须认真对待和严密论证。

计划科朱科长说:"从外部形势看,目前销售市场变化迅速。出口创汇难度大,行业竞争加剧,企业负担加重;从内部看,生产能力跟不上,新产品开发难,批量试制上场慢。鉴于这些因素,根据市场销售情况和厂里现有的生产能力。同时考虑到各车间的生产周期性、各工种负荷均衡性、原材料供应的保证程度和技术准备等,在进行综合平衡的基础上,我们编了 A、B、C 三个下一年生产计划方案供大家讨论。"朱科长说着,向与会人员提供了几则资料。

在展示了这些资料之后,朱科长继续说道:"我们制订出三个计划方案主要是为了便于大家就此展开广泛讨论、集思广益,以便最终确定适合企业情况的最佳生产方案。三个方案的侧重点各不相同:C 方案侧重于效益、B 方案侧重于销售、A 方案介于两者之间,是个折中方案。至于我们计划科的观点，下面由本科计划员王明来讲一下。"

计划员小王说道："我们计划科认为采用 C 方案作为明年的生产计划比较合适。大家从 A、B、C 三方案项目列表中可以看到，C 方案虽然产量、产值都不是最高，但所耗工时最少、效益最好。企业生产的中心任务是提高经济效益。只有通过不断提高经济效益，才能增加积累，发展生产，才能谈到改善职工的生活条件，才能为社会创造更多的物质财富。所以经济效益是第一位的，我们在安排各种具体产品时，充分考虑了这一点。比如，销售科建议生产计量仪器中的非接触式球径仪(3C)30 台，但我们在 A、C 两方案中均没做安排。其原因主要是效益问题。这种产品已经几年不生产了，技术资料不全、设备工装也不配套，重新上马，许多技术问题一时难以解决。而且生产这种产品准备工时很长，是生产工时的 2～3 倍。工作量大、工艺复杂，效益相对其他品种而言较低，每台售价 8000 元，利润却只有 25%左右。如果安排这种产品，势必影响计划的完成，耽误交货期。考虑到弊大于利，所以没作安排。

再如，万能工具显微镜 19JA 的安排也是这样。销售科建议生产 100 台，但在方案中均安排了 60 台。而 19JE 产品，销售科建议生产 10 台，但 A、C 方案分别多安排 20、30 台。为什么这样安排？其原因在于 19JE 是在 19JA 的基础上改型换代的，属于新开发产品。多安排 19JE 目的在于向用户推广新产品。让新产品逐渐占领市场，老产品逐渐退出来。不断进行产品的更新换代，是企业长期占领市场、获取长期高效益的关键！因此，推广新产品关系到企业的市场竞争能力和企业今后的长期发展。基于这种考虑，我们在安排计划时有意识地做了调整，降低了 19JA 的产量，提高了 19JE 的产量。

总之，对于一些产值高、利润大的产品和一些有利于提高企业长期经济效益的产品，我们尽量多做安排。其他一些和销售科提出的建议数有出入的品种，我们也都是从这一基点出发进行安排的。当然，我们在具体安排时，在考虑利润的同时，也考虑了销售的可能性，并且和企业的生产能力进行了平衡。多安排的品种数量是建立在市场销售还有很大潜力可挖的基础上的。少安排的或不安排的品种数量因其生产成本高、消耗工时多，利润少。我们认为，通过加强销售工作，采取适当的促销手段，配合得力的推销人员，开辟潜在市场，按 C 方案生产，销售不成问题。"

销售科科长老肖紧接着阐述了销售科的意见。他说："三个方案各有利弊。如单纯从效益和工时着眼，C 方案显然可取。但是我们认为决定企业年度生产计划，不能把着眼点仅仅放在效益上，应该首先考虑销售的可能性。当今市场竞争激烈，变化多端，产品的销售状况很难预测。由于新产品不断涌现，今天畅销的产品，明天也许变成滞销品。用户的需求多样化、复杂化，因此制订生产计划不仅仅要考虑企业能否获利、获利多大，还须考虑销售是否有保证。如果没有销售作保证，利润就是一句空话！以销定产、满足用户需要，为社会提供适销对路的产品，是我们企业进行生产的主要目的。我们是社会主义企业，不能唯利是图。制订计划不能仅仅局限于一个企业小范围上获利最大，要考虑到全社会的效益。于国、于民有用的产品就应该生产，这才是根本！而且 C 方案也缺乏严密性。例如，新产品 19JE,从推广新产品的角度看,多安排当然有理由,但必须有销售的可能性。目前,用户对 19JE 这种新产品还不够了解,习惯于使用 19JA。据市场调查,明年 19JA 的需求将更大。所以应以 19JA 为主。至于向用户推广新产品,以适应将来的发展,这需要一个介绍和引导的过程,一不能一下子就增加 30 台 19JE。因为其单价为 3 万元,30 台则为 90 万元。这意味着要冒 90 万元的风险。万一这种新产品推销不出去,必然造成积压,从而浪费大量资金。考虑到企业的经济效益,这笔账不能不算!所以 C 方案不足取,我们认为采取 B 方案,作为下年生产计划比较合适。这样可以保证产销平衡,企业不至于冒太大的风险。"

产品开发部张主任接着发言讲道:"我认为 B、C 方案都有其道理,但也都存在着不足。C 方案单纯讲效益,对销售考虑不足,计划自身带有冒险性;B 方案单纯强调销售的保证程度,有些保守,缺乏开拓市场、争取用户的进取精神。所以我认为 A 方案比较合适。A 方案产量低,产值、利润、品种、工时都居中,根据我厂面临的内、外部形势,明年将是我厂生产情况最严峻的一年,因此我们制订计划一定要慎重、稳妥。近两年产值增长幅度很小,平均只有 5.9%,利润则呈明显下降趋势,就目前掌握的情况分析,明年如不采取强有力的措施,利润将进一步下降。目前从企业内部看,生产能力同产值的增长越来越不能同步。由于近几年来在设计、工艺、加工手段等方面所采取的技术措施跟不上生产发展的步伐,生产能力不足的问题日益严重。现在产值一上升,能力缺口就增大,实际生产能力不仅得不到补充,甚至有下降趋势,所以为稳定生产,谋求长期发展,我们必须从明年开始深入挖掘企业内部潜力,在对现有生产能力填平补齐的基础上,力争使生产能力再提高一步。在恢复、发展生产能力的同时,大搞开源节流,推行现代管理方法,降低成本,提高利润,尽量使产值和利润的增长趋于同步。A 方案产值、利润居中,而产量和工时都比较低,便于我们进行生产能力的填平补齐和其他各项工作。因此我认为明年生产计划采用 A 方案比较妥当。"

杨厂长听了三位同志的发言,深深地陷入了沉思。三个方案各有千秋,到底采取哪个方案,他一时举棋不定,看来难以在会上取得一致意见,便宣布休会了,因为他需要独自冷静地想一想……

(资料来源:http://www.wendangxiazai.com/b-4cf69df0f61fb7360b4c6532.html)

思考题:
1. 结合案例分析,企业在制订生产计划时的主要依据是什么?
2. 制订一个合理的生产计划需要考虑哪些基本原则,涉及哪些部门?
3. 你认为哪个方案更合理?请说明理由。

【学习目标】

通过本章的学习,要求掌握计划管理的相关知识,包括企业计划的层次以及生产计划的内容,掌握生产计划的编制步骤,重点掌握滚动式计划的编制方法。了解备货性企业年度生产计划的制订过程,主要是对品种和生产产量的确定方法,掌握订货性企业年度生产计划的制订程序,针对单件小批生产企业,接受订货决策十分重要,要求掌握订货决策的过程。

关键词: 计划管理　生产计划　生产能力

生产计划,是关于工业企业生产系统总体方面的计划。它所反映的并非某几个生产岗位或某一条生产线的生产活动,也并非产品生产的细节问题,以及一些具体的机器设备、人力和其他生产资源的使用安排问题,而是工业企业在计划期应达到的产品品种、质量、产量、产值和出产期等生产方面的指标、生产进度及相应的布置,它是指导工业企业计划期生产活动的纲领性方案。本章介绍了计划的层次、生产计划指标体系、制订计划的一般步骤、滚动式计划方法、生产能力的确定、备货性生产企业和订货性生产企业年度生产计划的制订方法等。

第一节　生产计划与作业计划概述

生产计划与作业计划是指按照事先计划来管理企业的生产经营活动。生产计划与作业计划管理包括计划的编制、计划的执行、计划的检查和计划的改进四个阶段。生产计划与作业计划管理不仅仅是计划部门的工作,还包括企业生产经营活动的各个方面,如生产、技术、劳动力、供应、销售、设备、财务和成本等。所有其他部门和车间都要通过以上四个阶段来实行计划管理。

生产计划与作业计划工作是指生产计划的具体编制过程,它将通过一系列综合平衡工作完成生产计划与作业计划的任务。企业设计生产计划与作业计划系统的目的就是要通过不断提高生产计划与作业计划水平,提供产品和服务,同时还要降低成本、节约时间和提高质量等。一个科学合理的生产计划与作业计划必须具备以下三个特征。

第一,充分利用企业产能,满足市场需求。

第二,科学合理地组合各项企业资源,实现生产成本最低化。

第三,有效调度分配各种生产资源,最大限度地减少生产资源的浪费和限制。

生产计划与作业计划的最大区别在于两者所研究的计划在时间和内容上的不同:前者时间跨度长,计划内容较为宏观;后者时间跨度短,计划内容较为具体。

一、企业计划的层次和职能计划之间的关系

(一)计划的层次

企业里有各种各样的计划,这些计划是分层次的,一般可以分成战略层计划、战术层

计划与作业层。战略层计划涉及产品发展方向，生产发展规模，技术发展水平，新生产设备的建造等。战术层计划是确定在现有资源条件下所从事的生产经营活动应该达到的目标，如产量、品种和利润等。作业层计划是确定日常生产经营活动的安排。这三个层次的企业计划的逻辑关系如图 4-1 所示。三个层次的计划有不同的特点，如表 4-1 所示。从战略层到作业层，计划期越来越短，计划的时间单位越来越细，覆盖的空间范围越来越小，计划内容越来越详细，计划中的不确定性越来越小。

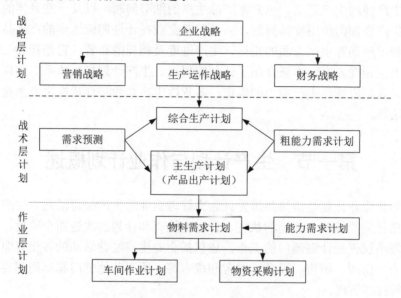

图 4-1　战略层计划、战术层计划与作业层计划的逻辑关系图

表 4-1　不同层次计划的特点

项　目	战略层计划	战术层计划	作业层计划
计划期	长(≥5年)	中(一年)	短(月、旬、周)
计划的时间单位	粗(年)	中(月、季)	细(工作日、班次、小时、分)
空间范围	企业、公司	工厂	车间、工段、班组
详细程度	高度综合	综合	详细
不确定性	高	中	低
管理层次	企业高层领导	中层，部门领导	低层，车间领导
特点	涉及资源获取	资源利用	日常活动处理

(二)企业各种计划之间的关系

企业战略层计划主要是企业长远发展规划。长远发展规划是一种十分重要的计划，它

关系到企业的兴衰。作为企业的高层领导，必须站得高，才能看得远。战略计划指导全局。战略计划下面最主要的是综合生产计划，综合生产计划又称生产计划大纲。再往下就是各种职能计划。这些职能计划并不是孤立的。综合生产计划是实现企业经营目标的最重要的计划，是编制生产作业计划、指挥企业生产活动的龙头，又是编制物资供应计划、劳动工资计划和技术组织措施计划的重要依据。各种职能计划又是编制成本计划和财务计划的依据。成本计划和财务计划是编制经营计划的重要依据。

二、生产计划的内容与主要指标

企业为了生产出符合市场需要或顾客要求的产品，通过生产计划确定什么时候生产、在哪个车间生产以及如何生产。企业的生产计划是根据销售计划制订的，又是企业制订物资供应计划、设备管理计划和生产作业计划的主要依据。

生产计划工作的主要内容包括：调查和预测社会对产品的需求、核定企业的生产能力、确定目标、制定策略、选择计划方法、正确制订生产计划、库存计划、生产进度计划和计划工作程序以及计划的实施与控制工作。生产计划的主要指标有：产品品种指标、产品质量指标、产品产量指标、产值指标和出产期指标。

1. 品种指标

品种指标是指工业企业在品种方面满足社会需要的程度，亦反映企业专业化协作水平、技术水平和管理水平。

2. 质量指标

产品质量指标通常是指企业在计划期内，各种产品应达到的质量标准。

3. 产量指标

产品产量指标通常是指企业在计划期内应当生产的合格产品的实物数量。产量指标反映企业在一定时期内向社会提供的使用价值的数量，以及企业生产发展水平。

4. 产值指标

产值指标就是用货币表示的产量指标。产值指标可分为：总产值、商品产值、工业增加值三种形式。

5. 出产期指标

出产期是为了保证按期交货而确定的产品出产期限。

上述各项计划指标的关系十分密切。既定的产品品种、质量和产量指标，是计算以货币表现的各项产值指标的基础，而各项产值指标又是企业生产成果的综合反映。企业在编制生产计划时，应当首先安排落实产品的品种、质量与产量指标，然后据以计算产值指标。

三、生产计划的编制步骤

(一)编制生产计划的主要步骤

1. 调查研究,收集资料

制订生产计划之前,要对企业经营环境进行调查研究,充分收集各方面的信息资料,其主要内容包括:国内外市场信息资料、预测,上期产品销售量,上期合同执行情况及成品库存量,上期计划的完成情况,企业的生产能力,原材料及能源供应情况,品种定额资料,成本与售价。

2. 确定生产计划指标,进行综合平衡

确定生产计划指标是制订生产计划的中心内容,其中包括:产值指标的选优和确定;产品出产进度的合理安排;各个产品的合理搭配生产;将企业的生产指标分解为各个分厂、车间的生产指标等工作。这些工作相互联系,实际上是同时进行的。

综合平衡是制订生产计划的重要工作环节,其内容包括两个方面,一是以利润计划指标平衡;二是以生产计划指标为中心,生产计划与生产能力及其他投入资源的平衡。

3. 安排产品出产进度

生产计划指标确定后,需进一步将全年的总产量指标按品种、规格和数量安排到各季、月中去,制订出产品出产进度计划,以便合理分配并指导企业的生产活动。

产品出产进度应做到:保证交货时期的需要,均衡出产,合理配置和充分利用企业资源。

(二)滚动式计划的编制方法

滚动式计划是一种编制计划的新方法。这种方法可以用于编制企业各种计划。按编制滚动计划的方法,整个计划期被分为几个时间段,其中第一个时间段的计划为执行计划,后几个时间段的计划为预计计划。执行计划较具体,要求按计划实施。预计计划比较粗略。每经过一个时间段,根据执行计划的实施情况以及企业内、外条件的变化,对原来的预计计划作出调整与修改,原预计计划中的第一个时间段的计划变成了执行计划。比如,2011年编制6年计划,计划期从2011年至2016年,共6年。若将6年分成六个时间段,则2011年的计划为执行计划,其余5年的计划均为预计计划。当2011年的计划实施之后,又根据当时的条件编制2012—2017年的6年计划,其中2012年的计划为执行计划,2013—2017年的计划为预计计划,依次类推。修订计划的间隔时间称为滚动期,它通常等于执行计划的计划期,如图4-2所示。

图 4-2 编制滚动计划示例

滚动式计划方法有以下优点：①使计划的严肃性和应变性都得到保证。因执行计划与编制计划的时间接近，内、外条件不会发生很大变化，可以基本保证完成，体现了计划的严肃性；预计计划允许修改，体现了应变性。如果不是采用滚动式计划方法，第一期实施的结果出现偏差，以后各期计划如不做出调整，就会流于形式。②提高了计划的连续性。逐年滚动，自然形成新的 6 年计划。

四、生产能力的核定

(一)生产能力的概念与分类

生产能力说明的是将人和设备结合起来的预期结果，通常是以单位时间的产量来表示。产出量的大小与企业的技术组织条件有关，并受到企业投入资源的数量制约。因此，生产能力是指一定时间内直接参与企业生产进程的固定资产，在一定的组织技术条件下，所能生产一定种类的产品或加工处理一定原材料数量的最大能力。企业生产能力一般分为以下三种。

1. 设计能力

设计能力是指设计任务书和技术文件中所规定的生产能力。

2. 查定能力

查定能力是指没有设计能力，或虽有设计能力，但由于企业产品方案和技术组织条件发生重大变化，原设计能力已不能正确反映企业生产能力水平时，重新调查核定的生产能力。

3. 计划能力

计划能力是指企业在计划期内能够达到的能力，是编制生产计划的依据。

【案例 4-1】

滨海玩具公司生产计划安排

一、公司简介

滨海玩具公司以生产各种儿童玩具为主营业务，兼营季节性、节日性玩具。公司产品品位高、质量好、选料精、设计新颖、形象可爱，一直都深受广大消费者的喜爱，产品畅销全国各地。

多年来，公司不但精心设计制造出各种各样的有特色的儿童玩具，而且还与香港的合金、塑胶、毛绒三大制品厂合作，精益求精，生产出系列化的玩具，产品不断更新，部分产品造型还获得了国家专利权。公司的全部产品均通过广东进出口玩具检验中心及滨海市产品质量监督检验所检验，都已符合 GB 6675—1986 标准的所有要求，产品安全性能高。

该玩具公司在不断发展新产品的同时，还取得了华特迪士尼"pooh"维尼熊系列产品的制造及中国市场的销售权。2000 年更上一层楼取得日本梦乐株式会社"奇童梦乐"卡通人物系列合金交通工具、塑胶人物玩具、毛绒公仔系列生产、制造及中国市场包括香港、澳门的销售权，并代理多种国外名牌玩具。

二、生产计划编制现状

公司管理者在处理综合计划时，通常采取改变价格、促销及积压订单待发货等方式平抑波动的需求，采取加班、雇用兼职员工、外包及积压存货等方式改变生产能力，从而使需求与生产能力相匹配。

1. 平抑需求波动

1) 歧义性定价

产品需求波动较大的企业通常拥有采取歧义性定价的空间。在产品需求从高峰期划向非高峰期时，歧义性定价极为常见。该公司的一些节日性玩具也具有此类特征，如圣诞节所需的圣诞树装饰品、圣诞老人服饰等。虽然特定期间的生产能力不足以满足需求会带来利润损失，形成机会成本，但对这些季节性需求产品施以歧义性定价，在定价有效的范围内，需求会很快发生变化，并且和生产能力水平取得一致。

2) 促销

广告和其他形式的促销，有时会对需求的改变产生非常有效的影响，因此就会使需求和生产能力更为一致。该公司属小型玩具企业，无力耗巨资做大范围的媒体广告，因此在促销策略上一般采取展览、直销或与其他产品捆绑销售、附赠等方式。与定价政策不同，这种方法对适时需求的控制能力较弱，同时还要冒促销可能恶化原本打算改善的市场条件的风险。

3) 延迟交货

当公司的生产能力不足以满足需求时，可以通过待发货订单，把需求转移到其他时期。因此，订单在某一时期取得，并许诺在以后的某个时期交货。这种方法能否成功依赖于顾客对等待运送产品的愿意程度，其成本难以核算。

2. 生产能力的调整

1) 聘用临时工

当公司生产节日性产品，或某时期产品需求、顾客订单大，而生产能力不足时，公司曾考虑聘用临时工，来增加需求较大时期的生产能力。但这种方法成本较高，因为聘用和解聘都需付出成本。聘用成本包括征募、筛选和培训，如此方能把新工人"带上道"，同时新工人的熟练程度和工作质量相较原有工人来说，会有所降低。如果新近被解聘的工人重新上岗，成本可以得到一定程度的节约。解聘成本包括违约金、重整其余员工的费用、公司中遭遇解聘的部分工人的潜在恶劣情绪，以及留下员工的士气损失。

鉴于这种方法成本的提高，同时公司逐渐将员工视为资产而非可变成本，因此今后不再考虑使用这种方法。

2) 加班

加班是该公司编制生产计划时经常使用的方法。相比聘用解聘方法，利用加班改变生产能力显得没有那么苛刻。它运用于公司全体员工，也可以根据需要有选择地运用于部分员工。此外，这种方式贯彻执行较快，可以保证公司维持在一个稳定的员工数量，从而降低员工流动对其士气的影响。

因此，该公司在对付节日性产品的高峰期需求时，通常采用加班方法，收效较好。因为这样一来公司既不必聘用和培训新员工，也不必在淡季到来时解聘他们。加班不但为公司维持熟练工人，还为员工增加了收入。

3) 存货

公司在运用加班方式的同时，还依靠产成品存货调整生产能力与需求的缺口。存货能够使工厂在某一时期生产，而在另一时期售出。虽然这种方式会产生存储成本，占用一部分资金，但此法对于平抑需求较为稳定，且由于公司的产品不易变质，因而不存在变质损坏成本。但需注意的是，可能会冒产品过时的风险。

4) 外包

将一部分不能完成的生产任务外包，能使公司获得临时性的生产能力，也是该公司选择的方法之一。这种方法对于公司来说，控制难度较大。一方面，对产出量的控制力较小，可能引发高昂的成本；另一方面，可能造成质量问题。因此，公司在解决自制还是外购问题时，要考虑可使用的生产能力、相关专门技术、质量、成本、需求数量和稳定性等诸多因素。

三、具体综合计划的编制

某一时期，对于该公司的非节日性产品，公司生产经理做了一份综合预测，如表 4-2 所示。

该公司生产部门有 10 名全职员工，每月能以每单位 80 元的成本生产 40 单位的产出。每期的存货持有成本为每单位 10 元，每期延迟交货成本为每单位 20 元，期初存货为 0。

表 4-2　某一时期的产品预测

月份	一月	二月	三月	四月	五月	六月	七月	总计
预测	50	44	55	60	50	40	51	350

生产计划编制者希望在正常时间内保持稳定的产出率，主要依赖存货平抑需求的波动，并且辅以加班和转包方式，但不允许积压订单待交货的情况存在。为此，计划者决定以加班、存货和转包的方式平抑需求的波动。在正常情况下保持每期40单位的产出，下降后的正常情况下的产出是每月38单位，加班工作的最大产出则是每月以120元的成本生产8单位的产出。转包情况下，则在每月以140元的成本得到12单位的产出。具体计划的编制如表 4-3 和表 4-4 所示。

表 4-3　正常生产的生产计划一

月份	一月	二月	三月	四月	五月	六月	七月	总计
预测								
产出	50	44	55	60	50	40	51	350
正常时间	38	38	38	38	38	38	38	266
加班时间	8		8	8				24
转包合同	12		12	12	12		12	60
产出预测	8	(6)	3	(2)	0	(2)	(1)	0
存货								
期初	0	8	2	5	3	3	1	
期末	8	2	5	3	3	1	0	
平均	4	5	3.5	4	3	2	0.5	22
延迟交货	0	0	0	0	0	0	0	0
成本/美元								
产出								
正常时间	3040	3040	3040	3040	3040	3040	3040	21 280
加班时间	960		960	960				2880
转包合同	1680		1680	1680	1680		1680	8400
聘用/解聘	—	—	—	—	—	—	—	
存货/美元	40	50	35	40	30	20	5	220
延迟交货/美元	0	0	0	0	0	0	0	0
总计/美元	5720	3090	5715	5720	4750	3060	4725	32 780

表 4-4　正常生产的生产计划二

月份	一月	二月	三月	四月	五月	六月	七月	总计
预测								
产出	50	44	55	60	50	40	51	350
正常时间	38	38	38	38	38	38	38	266
加班时间	8	8	8	8	8		8	48
转包合同	12		12	12				36
产出预测	8	2	3	(2)	(4)	(2)	(5)	0
存货								
期初	0	8	10	13	11	7	5	
期末	8	10	13	11	7	5	0	
平均	4	9	11.5	12	9	6	2.5	54
延迟交货	0	0	0	0	0	0	0	0
成本/美元								
产出								
正常时间	3040	3040	3040	3040	3040	3040	3040	21 280
加班时间	960	960	960	960	960		960	5760
转包合同	1680		1680	1680				5040
聘用/解聘	—	—	—	—	—	—	—	
存货/美元	40	90	115	120	90	60	25	540
延迟交货/美元	0	0	0	0	0	0	0	0
总计/美元	5720	4090	5795	5800	4090	3100	4025	32 620

上例只是许多可能选项中的两个，也许还存在其他成本更低的选项。你永远也不可能完全肯定自己找到了成本最低的那种方法，除非每一种可能选项都被试过。因而在计划具体编制过程中，应运用试误法，尽可能多做尝试，选择最优方案。

(资料来源：http://www.doc88.com/p-6951862356447.html)

分析与思考：

1. 思考企业在编制综合计划时应考虑的因素。

2. 若采用水平战略，即针对需求变化综合运用延迟交货、转包和存货等方式，如何编制综合生产计划？

分析与思考答案：

生产计划制订的相关因素。

(二)影响生产能力的因素

企业生产能力的大小取决于许多因素,但起决定作用的主要有以下三个因素。

1. 固定资产的数量

固定资产的数量是指企业在计划期内拥有的全部能够用于生产的设备数量。

2. 固定资产工作时间

固定资产工作时间是指按企业现行工作制度计算的设备全部有效工作时间。

3. 固定资产工作效率

固定资产工作效率是指单位设备的产量定额或是单位产品的台时定额。

(三)多品种生产条件下生产能力计算方法

对于单一品种产品的生产能力可以直接按设备组生产能力的计算公式计算,当设备组(或工作地)生产多品种时,由于产品品种结构的差异,不能简单地把不同品种产品的产量相加,而必须考虑品种之间的换算。在多品种情况下,企业生产能力的计算方法主要有代表产品和假定产品等。

1. 以代表产品计算生产能力

以代表产品计算生产能力,首先是选定代表产品。代表产品是反映企业专业方向、产量较大、占用劳动较多、产品结构和工艺上具有代表性的产品。下面举例说明代表产品法。

例 4-1: 某机加工企业生产 A、B、C、D 四种产品,各种产品在车床组的台时定额分别为 40 台时、60 台时、80 台时、160 台时,车床组共有车床 12 台,两班制生产,每班工作 8 小时,年节假日为 59 天,设备停修率为 10%。试求车床组的生产能力。

解: 以 C 产品为代表产品,则车床组的生产能力为

$$M = \frac{F_e \times S}{t} = \frac{(365-59) \times 8 \times 2 \times (1-10\%) \times 12}{80} \approx 660(台)$$

计算设备组的生产能力之后,为了使生产任务进行平衡,还需要将各种产品的计划产量折合为代表产品的产量,将其总和与生产能力进行比较。具体产品折合为代表产品产量,其换算表如表 4-5 所示。

设备负荷系数(η)=600/660=0.909

因为 η<1,即车床组能力大于计划产量。

表 4-5 代表产品法生产能力计算表

产品名称	计划产量/台	单位产品台时定额/台时	代表台时定额/台时	换算系数	折合产量/台
A	100	40		0.5	50
B	200	60		0.75	150
C	300	80	80	1	300
D	50	160		2	100
合计					600

2. 以假定产品计算生产能力

在企业产品品种比较复杂，各种产品在结构、工艺和劳动量差别较大，不易确定代表产品时，可采用以假定产品计算生产能力。其计算步骤如下。

首先，确定产品的定额。

假定产品台时定额 $=\sum($具体产品台时定额×该产品产量占总产量的百分比$)$

其次，计算设备组生产假定产品的生产能力。

以假定产品为单位的生产能力=(设备台数×单位设备有效工作时间)/假定产品的台时定额

最后，根据设备组假定产品的生产能力，计算出设备组各种计划产品的生产能力。

计划产品的生产能力=假定产品的生产能力×该产品占总产量的百分比

例 4-2：某机加工企业生产 A、B、C、D 四种产品，各产品在车床组的台时定额及计划产量如表 4-6 所示。设备组共有车床 16 台，每台车床的有效工作时间为 4400 小时，试用假定产品计算车床组的生产能力。

解：详细计算及结果如表 4-6 所示。

表 4-6 车床组生产能力计算表

产品名称	计划产量/件	各种产品占总产量的比重/%	在车床上的台时定额/小时	假定产品的台时定额/小时	生产假定产品的能力/台	折合成具体产品的生产能力/台
(1)	(2)	(3)	(4)	(5)=(3)×(4)	(6)	(7)=(6)×(3)
A	750	25	20	5	$\dfrac{4400\times 16}{20}$	880
B	600	20	25	5		704
C	1200	40	10	4		1408
D	450	15	40	6		528
合计	3000	100		20	3520	3520

第二节　备货性企业年度生产计划的制订

备货性生产企业编制年度生产计划的核心内容是确定品种和产量，因为有了品种和产量就可以编制年度生产计划。备货性生产无交货期设置问题，顾客可直接从成品库提货。大批和中批生产一般是备货性生产。

一、品种的确定

对于大量大批生产，品种数很少，而且既然是大量大批生产，所生产的产品品种一定是市场需求量很大的产品。因此，没有品种选择的问题。

对于多品种批量生产，则有品种选择的问题。确定生产什么品种是十分重要的决策。

确定品种可以采取象限法和收入利润顺序法。象限法是美国波士顿顾问中心提出的方法，该法是按"市场引力"和"企业实力"两大类因素对产品进行评价的，确定对不同产品应采取的策略，然后从整个企业考虑，确定最佳产品组合方案。

收入利润顺序法是将生产的多种产品按销售收入和利润排序，如表4-7所示为八种产品的收入和利润顺序，如图4-3所示。

由图4-3可以看出，一部分产品在对角线上方，还有一部分产品在对角线下方。销售收入高，利润也大的产品，即处于图4-3左下角的产品，应该生产。相反，对于销售收入低，利润也小的产品(甚至是亏损产品)，即处于图4-3右上角的产品，需要进一步分析。其中重要的因素是产品生命周期。如果是新产品，处于导入期，因顾客不了解，销售额低；同时，由于设计和工艺未定型，生产效率低，成本高，利润少，甚至亏损，就应该继续生产，并作广告宣传，改进设计和工艺，努力降低成本。如果是老产品，处于衰退期，则需提高产品质量。

一般来说，销售收入高的产品，利润也高，即产品应在对角线上。对于处于对角线上方的产品，如D和F，说明其利润比正常的少，是销价低，还是成本高，需要考虑。反之，处于对角线下方的产品，如C和H，利润比正常的高，可能由于成本低所致，可以考虑增加销售量，以增加销售收入。

表4-7　销售收入和利润次序表

产品代号	A	B	C	D	E	F	G	H
销售收入	1	2	3	4	5	6	7	8
利　润	2	3	1	6	5	8	7	4

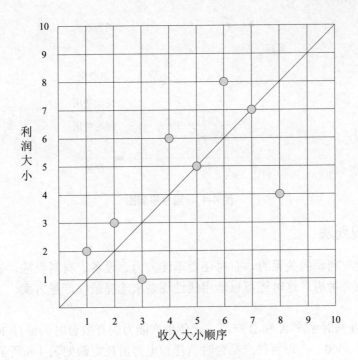

图 4-3 收入—利润次序图

二、确定生产产量的方法

(一)盈亏平衡分析法

盈亏平衡分析法,就是当产量增加到一定界限时,产品所支付的固定费用和变动费用才能为销售收入所抵偿;产品产量小于界限,企业就要亏损;大于这个界限,企业才盈利。这个界限点称之为盈亏平衡点。

盈亏平衡点计算公式为

盈亏平衡点的产量=固定费用/(单位产品销售价格-单位产品变动费用)

下面举例来说明盈亏平衡分析法。

例 4-3:某企业计划明年生产某产品,销售单价为 1.25 元/件,单位产品的变动费用为 0.92 元。预计明年该批产品总的固定费用为 10 000 元,试确定该批产品的产量。

解:临界产量=固定费用/(单位产品销售价格-单位产品变动费用)=10 000/(1.25-0.92)≈30 300(件),即明年计划产量应当超过 30 300 件,企业才能盈利,如图 4-4 所示。

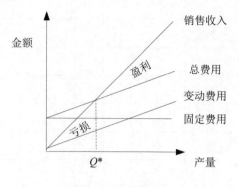

图 4-4　盈亏平衡图

(二)线性规划法

在确定产量与利润的关系时,有时还要牵涉人力、设备、材料供应,资金时间等条件的制约,需要综合考虑。这时还可以运用线性规划来选择最优产量方案。下面举例介绍线性规划法。

例 4-4:企业同时生产 A 和 B 产品,设备生产能力的有效台时为每月 2000 台时,电力消耗每月不超过 3000°,每百件产品台时消耗和电力消耗定额如表 4-8 所示。

表 4-8　设备能力和电力消耗

约束条件	产品 A	B
设备能力/台时	6	3
电力消耗/千瓦时	4	6

设 A 产品每 100 件的利润为 50 元,B 产品每 100 件利润为 80 元,试求 A、B 各生产多少,则企业获利最大。

解:第一步,建立线性规划模型。

设 A 产品月计划生产 x_1(百件),B 产品月计划生产 x_2(百件),最大利润为 $\max P$,建立模型为:

目标函数:$\max P = 50x_1 + 80x_2$

约束条件:(1)$6x_1 + 3x_2 \leqslant 2000$　(设备能力限制)

(2)$4x_1 + 6x_2 \leqslant 3000$　(电力限制)

(3)x_1、$x_2 \geqslant 0$　(产量非负)

第二步求解。上述方程,通过图解出。

由于产量不能是负数,所以,图解范围应当在第一象限。

图 4-5 中直线 AB 满足:$6x_1 + 3x_2 \leqslant 2000$,直线 CD 满足:$4x_1 + 6x_2 \leqslant 3000$,两直线相交于

P 点，P 点坐标为 $x_1=125$，$x_2=416.7$。

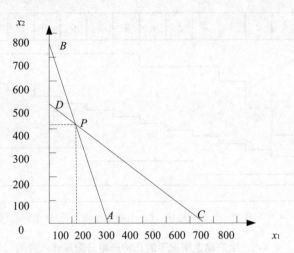

图 4-5　设备能力限制和电力限制图

因此，可以得出：A 产品每月生产 125×100=125 000(件)，B 产品每月生产 416.67×100=41 667(件)。每月最大利润额 $\max P$=125×50+416.67×80=39 583.6(元)。

上面介绍的是图解法的一个例子。这里要说明一点，我们给的这个例子是比较简单的，它只有两个变量 x_1、x_2。所以从图形上看是一个平面图形，可以用图解法来解决。如果变量较多，有三个或更多，那就较复杂，用图解法就不适合。在这种情况下，解线性规划的一般方法就要用单纯型法。单纯型法，如果比较简单，可以用手算；如果变量较多，就相当复杂，可以用计算机辅助计算。

三、产品出产计划进度的安排方法

不同生产类型的企业其产品出产进度的安排不同。产品出产进度的安排方法，取决于企业的生产类型、产量大小和产品的生产计划特点。下面按不同的生产类型进行阐述。

(一)大量大批生产类型

大量大批生产类型企业生产的特点是产品的品种少而产量大。安排产品出产进度主要是确定计划年度各季、各月的产量。常用的方法有三种，如图 4-6 所示。

1. 均匀分配方式

均匀分配方式即将全年计划产品平均分配到各季、各月。它适用于市场对该产品的需要量比较稳定的情况。

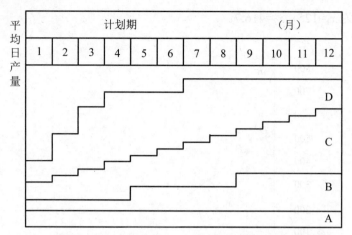

A 平均分配 B 分期递增 C 小幅度连续增长 D 抛物线递增

图 4-6 生产稳定情况下的几种产量分配形式示意图

2. 均匀递增法

均匀递增法也称分期递增法,就是将全年计划产量分期、分阶段均匀递增地分配到各季、各月。这种方法适用于市场对该种产品的需要量不断增加,而企业的劳动生产率稳步提高的情况。

3. 抛物线递增方式

抛物线递增方式即将全年计划产量按年初增长较快、以后增长较慢的方法,在各季、各月分配,产量增长近似抛物线形状。这种方法适用于新投产的产品,而且市场对该产品的需要是不断增长的。

(二)成批生产类型

成批生产类型企业生产的产品品种较多,而各种产品的产量不同,每种产品都有一定批量,因此,产品出产进度的安排,就不单纯是按季、按月分配各种产品的产量,而要考虑各产品品种的搭配与产量分配,以减少每季、每月生产的品种数,增大每种产品的批量,同时要使设备、劳动力的负荷比较均衡,以便合理利用人力、物力,提高经济效益。

1. 主导产品——细水长流

将产量较大、季节性需求变动较小的产品,按"细水长流"的方式每季、每月安排一定产量,尽可能使全年有比较均衡的生产,保持企业生产上的稳定性。

2. 成批产品——集中轮番

成批产品采取"集中轮番"的方式,这样可以减少每月同时生产的品种数,加大产品的生产批量,在较短时间内完成一种产品,再轮换生产别的产品。这样可以减少生产技术准备和生产作业准备的时间和工作量。但这种方式可能会出现产品出产期与用户要求的交货期不一致的情况,会增加库存量,占用更多的资金或者影响按期交货。因此对集中在什么时间生产最为有利,要进行经济分析权衡得失,再做决策。

3. 以新产品代替老产品——交替安排

新老产品交替要有一定的交叉时间。在这段时间内,新产品产量逐步增加,老产品产量逐步减少。这样可以避免由于骤上骤下带来的产量过大波动,造成生产技术准备工作时松时紧,也有利于工人逐步提高生产新产品的熟练程度。

4. 大中小型产品——搭配生产

尖端与一般、复杂与简单、大型与小型产品应合理搭配,以使各工种、设备及身处面积得到均衡负荷。

5. 品种前后的安排——关键约束

安排各种产品品种的搭配和先后顺序时,要考虑生产技术准备工作完成期限及关键原材料、外购外协件供应期。新产品和需要关键设备加工的产品,尽可能按季分摊,分期、分批交错安排。

(三)单件小批生产类型

单件小批生产类型企业的特点是产品品种多,每种产品的数量很少,而且多是根据用户的订货生产,生产任务时紧时松,设备负荷忙闲不均情况难以避免,所以其进度安排是在满足交货期要求的条件下,先安排已经明确的订货项目,反工艺顺序确定各车间的投料和完工时间,其中第一季度任务要规定得比较具体。同时兼顾其他方面的要求。例如,同类型的产品集中安排,新产品和需要关键设备加工的产品按季分摊、错开安排等,以提高企业生产的经济效益。单件小批生产条件下,安排产品出产进度,可以考虑下述原则。

(1) 按交货期要求,安排已经确定的订单任务。优先安排国家重点项目的产品;优先安排生产周期长、工序多的产品;优先安排延期交货罚款多的产品;优先安排原材料价值高和产值高的产品;优先安排交货期紧的产品。

(2) 对那些已有初步协议的产品,可按概略的计量单位(吨位、千瓦、工时)做出初步安排,粗略地分配各季、各月的生产任务,随着各项订货的具体落实,通过季度、月度计划对原初步安排进行调整。

(3) 安排产品出产进度要考虑与生产技术准备工作进度的衔接,同类产品集中生产,新产品、需用关键设备的产品分散安排;尽量使人力、物力、财力充分利用,要做好生产能力的核算平衡工作,保证各种订货按期投入生产。

【案例 4-2】

阿根廷鲍吉斯—罗易斯公司的泳装生产计划

鲍吉斯—罗易斯公司(Porges-Ruiz)是布宜诺斯艾利斯的一家泳装生产厂商。该公司制定了一项人事改革政策,不仅降低了成本,也增强了员工对顾客的责任心。由于是一个很受季节影响的企业,该公司不得不在夏季的三个月将其产品的3/4销往海外。鲍吉斯—罗易斯管理层还是像传统方式一样依靠超时工作、聘用临时工、积聚存货来应付需求的大幅上升。但这种方式带来的问题很多。一方面,由于公司提前几个月就将泳装生产出来,其款式不能适应变化的需求情况;另一方面,在这繁忙的三个月,顾客的抱怨、产品需求告急、时间安排变动及出口使得管理人员大为烦恼。

鲍吉斯—罗易斯公司的解决办法是在维持工人正常的每周42小时工作报酬的同时,相应改变生产计划,从8月到11月中旬改为每周工作52小时(南美洲是夏季时北半球是冬季)。等到高峰期结束,到第二年4月每周工作30小时。在时间宽松的条件下,进行款式设计和正常生产。

这种灵活的调度使该公司的生产占用资金降低了40%,同时使高峰期生产能力增加了一倍。由于产品质量得到保证,该公司获得了价格优势,因而销路很广,扩大到巴西、智利和乌拉圭等。

(资料来源:http://www.doc88.com/p-675874999954.html)

分析与思考:

阿根廷鲍吉斯—罗易斯公司是如何调整其泳装生产计划的?

分析与思考答案:

阿根廷鲍吉斯—罗易斯公司采用灵活弹性工作时间,将生产计划相应做出调整使公司占用资金减少,生产能力大大增强,质量得以保证,进而获得了竞争优势。

第三节 订货性企业年度生产计划的制订

单件小批生产是典型的订货性生产,其特点是按用户订单的要求,生产规格、质量、价格和交货期不同的专用产品。

单件小批生产方式与大量大批生产方式都是典型的生产方式。大量大批生产以其低成本、高效率与高质量取得的优势,使得一般中等批量生产难以与之竞争。但是,单件小批生产却以其产品的创新性与独特性,在市场中牢牢地站稳脚跟。其原因主要有三个。

(1) 大量大批生产中使用的各种机械设备是专用设备,专用设备是以单件小批生产方式制造的。

(2) 随着技术的飞速进步和竞争的日益加剧，产品生命周期越来越短，大量研制新产品成了企业赢得竞争优势的关键。新产品即使要进行大量大批生产，但在研究与试制阶段，其结构、性能和规格还要做各种改进。

(3) 单件小批生产制造的产品大多为生产资料，如大型船舶、电站锅炉、化工炼油设备和汽车厂的流水线生产设备等，它们为新的生产活动提供手段。

对于单件小批生产，由于订单到达具有随机性，产品往往又是一次性需求，无法事先对计划期内的生产任务作总体安排，也就不能应用线性规划进行品种和产量组合上的优化。但是，单件小批生产仍需要编制生产计划大纲。生产计划大纲可以对计划年度内企业的生产经营活动和接受订货决策进行指导。一般来讲，编制大纲时，已有部分确定的订货，企业还可根据历年的情况和市场行情，预测计划年度的任务，然后根据资源的限制进行优化。单件小批生产企业的生产计划大纲只能是指导性的，产品出产计划是按订单作出的。因此，对单件小批生产企业，接受订货决策十分重要。

一、接受订货决策

当用户订单到达时，企业要做出接不接、接什么、接多少和何时交货的决策。在作出这项决策时不仅要考虑企业所能生产的产品品种，现已接受任务的工作量，生产能力与原材料、燃料和动力供应状况，交货期要求等，而且要考虑价格是否能接受。因此，这是一项十分复杂的决策。其决策过程可用图4-7描述。

用户订货一般包括要订货的产品型号、规格、技术要求、数量、交货时间 D_c 和价格 P_c。在顾客心里可能还有一个最后可以接受的价格 $P_{c\max}$ 和最迟的交货时间 $D_{c\max}$。超过此限，顾客将另寻生产厂家。

对于生产企业来说，它会根据顾客所订的产品和对产品性能的特殊要求以及市场行情，运用它的报价系统给出一个正常价格 P 和最低可接受的价格 $P_{\min}$，也会根据现有任务情况、生产能力和生产技术准备周期、产品制造周期等，通过交货期设置系统设置一个正常条件下的交货期和赶工情况下最早的交货期 $D_{\min}$。在品种、数量等其他条件都满足的情况下，显然，当 $P_c \geq P$ 和 $D_c \geq D$ 时，订货一定会接受。接受的订货将列入产品生产计划。当 $P_{\min} > P_{c\max}$ 或者 $D_{\min} > D_{c\max}$，订货一定会被拒绝。若不是这两种情况，就会出现很复杂的局面，需经双方协商解决。其结果是可能接受，也可能拒绝。较紧的交货期和较高的价格，或者较松的交货期和较低的价格，都可能成交。符合企业产品优化组合的订单可能在较低的价格下成交，不符合企业产品优化组合的订单可能在较高的价格下成交。

从接受订货决策过程可以看出，品种、数量、价格与交货期的确定对订货性企业十分重要。

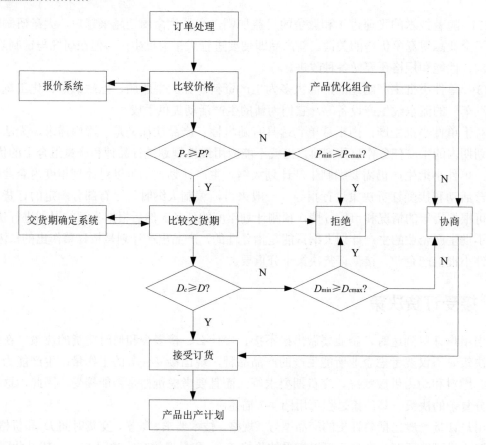

图 4-7 订货决策过程

二、订货性企业产品品种

对于订单的处理，除了前面讲的即时选择的方法之外，有时还可将一段时间内接到的订单累积起来再做处理。这样做的好处是，可以对订单进行优选。

对于小批生产也可用线性规划方法确定生产的品种与数量。对于单件生产，无所谓产量问题，可采用 0-1 型整数规划来确定要接受的品种。

三、价格与交货期的确定

(一)价格的确定

确定价格可采用成本导向法和市场导向法。成本导向法是以产品成本作为定价的基本依据，加上适当的利润及应纳税金，得出产品价格的一种定价方法。这是从生产厂家的角度出发的定价法,其优点是可以保证所发生的成本得到补偿。但是,这种方法忽视了市场竞争与供求关系的影响,在供求基本平衡的条件下比较适用。

市场导向法是按市场行情定价,然后再推算成本应控制的范围。按市场行情,主要是看具有同样或类似功能产品的价格分布情况,然后再根据本企业产品的特点,确定顾客可以接受的价格。按此价格来控制成本,使成本不超过某一限度,并尽可能小。

对于单件小批生产的机械产品,一般采用成本导向定价法。由于单件小批生产的产品的独特性,它们在市场上的可比性不是很强。因此,只要考虑少数几家竞争对手的类似产品的价格就可以了。而且大量统计资料表明,机械产品原材料占成本比重的60%~70%,按成本定价是比较科学的。

由于很多产品都是第一次生产,而且在用户订货阶段,只知产品的性能、重量上的指标,并无设计图纸和工艺,按原材料和人工的消耗来计算成本是不可能的。因此,往往采取类比的方法来定价。即按过去已生产的类似产品的价格,找出同一大类产品价格与性能参数、重量之间的关系,来确定将接受订货的产品价格。

(二)交货期的确定

出产期与交货期的确定对单件小批生产十分重要。产品出产后,经过发运,才能交到顾客手中,交货迅速而准时可以争取顾客。正确设置交货期是保证按期交货的前提条件。交货期设置过松,对顾客没有吸引力,还会增加成品库存量;交货期设置过紧,超过了企业的生产能力,造成误期交货,会给企业带来经济损失和信誉损失。

本 章 小 结

本章首先介绍了企业计划的层次以及各种计划的关系,还详细介绍了生产计划的内容与主要指标,生产计划的编制步骤以及滚动式计划的编制方法,重点阐述了生产能力的概念以及计算方法。第二节介绍了备货性生产企业年度生产计划的制定方法,内容主要涉及品种和产量的确定。第三节讨论了订货性生产企业年度生产计划的制订方法,内容主要涉及接受订货决策以及品种、价格、交货期的确定。

习 题

(一)单项选择题

1. 在生产计划系统中,对于处理流程型企业,最关键的是( )。
   A. 长期计划　　　B. 中期计划　　　C. 短期计划　　　D. 作业计划

2. 对于备货性企业,在年生产计划中,确定( )是最重要的决策。
   A. 交货期　　　B. 价格　　　C. 品种和产量　　　D. 成本和质量
3. 滚动式计划中,修订计划的间隔期称为( )。
   A. 滚动期　　　B. 计划展望期　　C. 间隔期　　　D. 周期
4. 生产计划的主要指标有:品种、质量、产量、产值和( )。
   A. 提前期　　　B. 出产期　　　C. 投入期　　　D. 生产周期
5. 确定日常的生产经营活动的安排属于哪个层次的生产计划?( )
   A. 战略层计划　　B. 战术层计划　　C. 作业层计划　　D. 以上都不是

(二)多项选择题

1. 生产计划的主要指标有( )。
   A. 产量指标　　　B. 销售额指标　　　C. 产值指标
   D. 品种指标　　　E. 质量指标
2. 生产计划的层次包括( )。
   A. 战略计划　　　B. 战术层计划　　　C. 协调层计划
   D. 激励计划　　　E. 作业层计划
3. 一般确定价格可采用( )方法。
   A. 线性规划法　　B. 图表法　　C. 成本导向法　　D. 市场导向法
4. 战略层计划有下面哪些特点?( )
   A. 计划期很长　　　　　　　B. 不确定性比较高
   C. 企业管理层次都是高层领导　D. 以上都不是
5. 在多品种情况下,企业生产能力的计算方法主要有( )。
   A. 代表产品　　B. 替代产品　　C. 假定产品　　D. 主要产品

(三)名词解释

1. 计划管理　　　2. 生产能力　　　3. 收入利润顺序法
4. 盈亏平衡分析法　　5. 线性规划法

(四)简答题/计算题

1. 红光润滑油公司产品的市场需求预测和成本数据如表4-9和表4-10所示。现有库存量250吨,希望期末库存为300吨,该公司生产能力和外协能力如表4-11所示。试用图表法制定公司的生产计划(不允许任务积压和缺货)。

表4-9　需求预测　　　　　　　　　　　　　　　　　　(单位:吨)

季　度	一	二	三	四	合计
需　求	300	850	1500	350	3000

表 4-10 成本数据

单位产品的库存成本	0.3 元/季度
单位产品的正常生产成本	1.00 元
单位产品的加班生产成本	1.50 元
单位产品的外协成本	1.90 元

表 4-11 可提供的生产力　　　　　　　　　　　　　　　　　　　　（单位：吨）

季度	1	2	3	4
正常生产	450	450	750	450
加班生产	90	90	150	90
外协	200	200	200	200

2. 前进公司生产 A、B、C、D 四种产品，各产品需要经过车、钻、装配、检验等工序，生产及经营数据如表 4-12 所示。试建立其生产计划的线形规划模型。

表 4-12 前进公司生产经营数据

产品	加工工时/小时				单元利润/元	最低产量
	车	钻	装配	检验		
A	0.5	3	2	0.5	9	150
B	1.5	1	4	1	12	100
C	1.5	2	1	0.5	15	300
D	1	3	2	0.5	11	400
能力/小时	1500	1700	2600	1200		

3. 简答生产计划的编制步骤。
4. 滚动式计划的优点有哪些？
5. 企业中各计划之间的关系有哪些？
6. 某企业生产八种产品 A、B、C、D、E、F、G、H，其销售收入和利润大小的排序如表 4-13 所示。试用收入利润法对企业生产的产品品种作出决策。

表 4-13 销售收入和利润次序表

产品代号	A	B	C	D	E	F	G	H
销售收入	1	2	3	4	5	6	7	8
利润大小	2	3	1	6	5	8	7	4

(五)案例分析题

麦当劳：从 MTS(按存货生产)向 MTO(按订单生产)的转变

麦当劳之前一直采用 MTS 系统，用一个大盘子装制作好的三明治来满足客户需求。随着企业数量上升到 25 000 家，其逐渐丧失了部分竞争力。销售额在 20 世纪 90 年代中期变得平淡没有起色，而且独立市场调查表明其在食品质量方面的竞争力与其他企业的差距也在加大。更糟的是，快餐顾客的喜好多样，当他们改变了食品喜好时，就会去别的餐馆。MTS 系统已经不能满足这些顾客的新需求。

经过 5 年的实验室和市场检验，麦当劳推出了"只为你"系统来创立一个 MTO 环境。这需要很大的改变，包括电脑技术、食品生产设备、食品准备表，同样还需要重新培训 60 000 多名国内食品生产工人。

对于麦当劳来说不幸的是，这个变化取得了相反的效果。销量并没有像预想得那样改善，顾客抱怨服务太慢。新系统将平均服务时间增加了两倍多，每个订单要 2~3 分钟，等上 15 分钟是很平常的事情。麦当劳的库存成本已经降下来了，但是它的竞争对手们也开始抢夺现有的市场份额。

(资料来源：《中国企业家》.2000 年 9 月)

讨论题：
为什么麦当劳改成 MTO 环境后失败了呢？

第五章 库存管理

【案例导入】

雀巢与家乐福之供应商库存管理系统

一、背景介绍

雀巢公司为世界最大的食品公司,由亨利·雀巢(Henri Nestle)设立于1867年,总部位于瑞士威伟市(Vevey),行销全球超过81国,200多家子公司,超过500座工厂,员工总数全球约有22万名,主要产品涵盖婴幼儿食品、乳制品及营养品类、饮料类、冷冻食品及厨房调理食品类、巧克力及糖果类、宠物食品类与药品类等。中国台湾雀巢成立于1984年,为国内最大的外商食品公司,产品种类包括婴幼儿奶粉、米麦粉、奶粉、乳制品、咖啡、即溶饮品、冰品、快餐汤及粥、厨房调理食品、巧克力及糖果与宠物食品等。台湾雀巢的销售通路主要包括现代型通路(特别是量贩店)、军公教代送商(23家)与专业经销商(14家),以及非专业经销商(如餐饮业者,100多家)等通路。

家乐福公司为世界第二大连锁零售集团,设立于1959年的法国,全球有9061家店,24万名员工。中国台湾家乐福为台湾量贩店龙头,拥有23家分店。

1. 雀巢与家乐福的关系现状

雀巢和家乐福现有关系只是一种单纯的买卖关系,家乐福是雀巢的一个重要客户,家乐福对买卖方式具有充分的决定权,决定购买的产品种类及数量,雀巢对家乐福设有专属的业务人员。并且在系统方面,双方各自有独立的内部ERP系统,彼此间不兼容,在推动计划的同时,家乐福也正在进行与供货商以EDI方式联机的推广计划,而雀巢的VMI计划也打算以EDI的方式进行联机。

2. 雀巢与家乐福对于VMI供货商管理库存系统的认同

雀巢与家乐福双方都认识到VMI是ECR中的一项运作模式或管理策略,主要的概念是供货商依据实际销售及安全库存的需求,替零售商下订单或补货,而实际销售的需求则是供货商依据由零售商提供的每日库存与销售资料并以统计等方式预估出来的,整个运作上通常由供货商用一套管理的系统来做处理。

这样的做法可大幅缩短供货商面对市场的响应时间,较早获得市场确实的销售情报;降低供货商与零售商用以适应市场变化的不必要库存,在引进与生产市场所需的商品、降低缺货率上取得理想的提前量。这种理想的运作方式在现实中却可能会因供货商与零售商的价格对立以及系统和运作方式的不同,而很难实施。

3. 雀巢与家乐福达成合作意向

雀巢与家乐福公司在全球均为流通产业的领导厂商,在 ECR(Efficient Consumer

Response,有效客户响应)方面的推动都是不遗余力的。1999年两家公司签订协议决定在ECR方面做更密切的合作,中国台湾地区分公司也被作为只是进行供货商管理库存(VMI, Vender Management Inventory)示范计划,并要把相关成果移转至其他厂商。台湾雀巢也积极开始与家乐福公司合作,建立整个计划的运作机制,总目标是:提高商品的供应率,降低客户(家乐福)库存持有天数,缩短订货前置时间以及降低双方物流作业的成本。

二、VMI 供货商管理库存系统实施

1. VMI 供货商管理库存系统的前期计划阶段

(1) 确定计划范围

其一,确定计划的时间。整个计划主要是在一年之内,建立一套VMI的运作环境并且可以顺畅地不断执行下去。具体而言,分为系统与合作模式建立阶段以及实际实施与改善阶段。第一个阶段约占半年的时间,包括确立双方投入资源、建立评估指标或评估表(Scorecard)、分析与协议所需的条件,确立整个运作方式以及系统建置。第二个阶段为后续的半年,以先导测试方式不断修正,使系统与运作方式趋于稳定,并根据评估指标不断寻找问题并加以改善,一直到不需人工介入为止。

其二,确定计划的人力投入。在人力投入方面,雀巢与家乐福双方分别设有一个全职的对应窗口,其他包括如物流、业务对采购以及信息对信息的团队运作方式。

其三,经费的投入。在家乐福方面主要是建置EDI系统的花费,没有其他额外的投入;雀巢方面除了建置EDI外,还引进了一套VMI运作模式及系统,花费了约250万新台币(约合60万元人民币)。

(2) 确定计划目标

计划目标主要是建设一套可行的VMI运作模式及系统,而且依据自行制定的评估表以达到如下目标:雀巢对家乐福物流中心产品到货率达90%,家乐福物流中心对零售店面产品到货率达95%,家乐福物流中心库存持有天数下降至预设标准,以及家乐福对雀巢建议订货单修改率下降至10%等。另外雀巢也期望将新建立的模式扩展至其他渠道上运用,特别是对其占有重大销售比率的配送渠道,以加强调控能力并获得更大规模的效益。相对地家乐福也会持续与更多的主要供货商进行相关合作。

2. VMI 供货商管理库存系统实施的子计划阶段

VMI 供货商管理库存系统在计划的实际执行上,除了有两大计划阶段外,还可细分至五个子计划阶段,这五个子计划阶段的说明如下:

(1) 评估双方的运作方式与系统在合作上的可行性。合作前双方评估各自的运作能力及系统整合与信息实时程度等以及彼此配合的步调是否一致,来判定合作的可行性。

(2) 高层主管承诺与团队建立。双方在最高主管的认可下,由部门主管出面协议细节以及取得内部投入的承诺,并且建立初步合作的范畴和对应的窗口,开始进行合作。

(3) 密切的沟通与系统建立。双方合作的人员开始进行至少每周一次的密集会议讨论具体细节,并且逐步建置合作方式与系统,包括补货依据、时间、决定方式、评估表建立、

系统选择与建置等。

(4) 同步化系统与自动化流程。不断测试，使双方系统与作业方式与程序趋于稳定，成为每日例行性工作，并针对特定问题做处理。

(5) 持续性训练与改进。回到合作计划的本身，除了使相关作业人员熟练作业方式和不断改进作业程序外，对库存的管理与策略也不断寻找问题症结以求改进，并长期进行下去，针对促销性产品进一步做策略研究。

在系统建设方面，针对数据传输部分，雀巢与家乐福公司均采用了 EDI 加网络的方式来进行传输，而在雀巢公司的 VMI 管理系统部分，则均采取外购产品的方式来建设。雀巢先前曾评估过 Manugistics 和 Infule 等公司的产品，最终选用 Infule 的 EWR 产品，主要原因一是家乐福推荐，二是法国及其他国家雀巢公司的建议，以及该系统可以满足其计划需求等因素。

3. VMI 供货商管理库存系统运作方式的步骤

目前整个 VMI 供货商管理库存系统运作方式，分为五个步骤，具体说明如下：

(1) 每日 9:30 前家乐福将结余库存与出货资料等信息用 EDI 方式传送至雀巢公司。

(2) 9:30~10:30 雀巢公司将收到的资料合并至 EWR 的销售数据库系统中，并产生预估的补货需求，系统将预估的需求量写入后端的 Bpcs ERP 系统中，以实际库存量计算出可行的订货量，产生所谓的建议订单。

(3) 10:30 前雀巢公司将建议订单以 EDI 方式传送给家乐福。

(4) 10:30~11:00 家乐福公司在确认订单并进行必要的修改(量与品项)后转至雀巢公司。

(5) 11:30 雀巢公司依照确认后的订单进行拣货与出货。

三、总结

1. 实施 VMI 供货商管理库存系统的经验教训

雀巢和家乐福虽然在国际上均承诺要推动 VMI 计划，但落实在执行层面，却有许多问题，表现在：首先，彼此的执行人员均习惯于过去的买卖关系而较难有对等及信任的态度；其次，在 VMI 计划本身大部分的参与人员并未有完整的相关知识与实务经验；最后，彼此既有的运用方式与系统的显著差异存在都增加了计划执行的复杂与难度。

所以，在 VMI 供应商管理库存系统漫长的发展过程中，从团队形成开始，经历了冷淡、争吵与对立等过程，直到彼此有共同的认知与开始乐意分享，而计划就在这种过程之中逐步推进。参与人员也从中互相学习，并有小小的成果。但是，未来这一计划的进一步发展，仍需要双方组织运作与系统的调整配合，难以轻言顺利。

2. 实施 VMI 供货商管理库存系统所取得的效益

(1) 在具体成果上的体现。在成果上，除建置了一套 VMI 运作系统与方式外，在经过近半年的实际上线执行 VMI 运作以来，在具体目标达成上也有显著的成果，雀巢对家乐福物流中心产品到货率由原来的 80%左右提升至 95%(超越目标值)，家乐福物流中心对零售店面产品到货率也由 70%左右提升至 90%左右而且仍在改善中，存库天数由原来的 25 天左右下降至目标值以下，在订单修改率方面也有60%～70%的修改率下降至现在的10%以下。

(2) 双方合作关系上的体现。除了在具体成果的展现上，对雀巢来说最大的收获却是在与家乐福合作的关系上：过去与家乐福是单向的买卖关系，顾客要什么就给他什么，甚至是尽可能地推销产品，彼此都忽略了真正的市场需求，导致卖的好的商品经常缺货，而不畅销的商品却有很高的库存量。经过这次合作，双方更为互相了解，也愿意共同解决问题，并使原本各项问题的症节点一一浮现，有利于根本性提升供应链的整体效率。另一方面雀巢进一步考虑降低各店缺货率以及促销合作等计划的可能性。

从雀巢与家乐福的VMI供货商管理库存系统的应用情况来看，如果信息的运用与电子商务知识单纯地将既有作业电子化与自动化，只能带来作业成本的减少等效益，其本身意义并不大，只有针对经营的本质做改善，才能产生加大幅度的效益提升。

对流通业而言经营本质的改善就是实施ECR，雀巢与家乐福的VMI计划即为其中的一种应用，透过经营模式的改变而逐步改善库存管理与配置的效益。就供应链而言，ECR更能影响整个后端的工厂制造与前端店面生产与库存效率的提升。然而这些应用最难的仍在创造合作的第一步，只有上下游双方均有宏观的思考，愿意合作，才会有进步的可能，雀巢与家乐福的合作计划虽然有很长的路要走，但仍不失为一个很好的示范，值得其他公司与产业认真思考。

(资料来源：http://mt.sohu.com/20160725/n460899835.shtml)

思考题：
1. VMI计划实施的关键是什么？
2. VMI取得了哪些成果？

【学习目标】

通过本章的学习，要求了解库存的含义和功能，并掌握库存分类。重点掌握库存问题的分类，包括单周期库存与多周期库存，独立需求库存与相关需求库存；掌握三种典型的库存控制系统，并知其原理。通过库存问题的基本模型，要求掌握单周期库存模型和多周期库存数学模型，重点掌握EOQ模型。

关键词：EOQ　　EPL

第一节　库存管理概述

一、库存的含义和功能

(一)库存的含义

库存是指为了使生产正常而不间断地进行或为了及时满足客户的订货需求，必须在各个生产阶段或流通环节之间设置的必要的物品储备。对于生产企业而言，为了保证生产活动的顺利进行，必须在各个生产阶段之间储备一定量的原材料、燃料、备件、工具、在制品、半成品等。对于销售商、物流公司等流通企业和生产企业为了能及时满足客户的订货需求，就必须经常保持一定数量的商品库存。如果企业的存货不足，会造成供货不及时，供应链断裂、丧失交易机会或市场占有率。然而，商品库存需要一定的维持费用，同时会存在由于商品积压和损坏而产生的库存风险。因此，在库存管理中既要保持合理的库存数量，防止缺货，又要避免库存过量，发生不必要的库存费用。换言之，就是通过适量的库存，用最低的库存成本，实现最佳或经济合理的供应，这就是现代库存管理的任务。

【案例 5-1】

Zara 怎么做自己的库存管理？

ZARA 全年要生产大约 12 000 款衣服，一年 52 周，平均每周大概 23 款。但所有的款式不会在每个专卖店都上架，每个店平均每周上两次新款，大概每次也有 50 多款。一般服装企业别说一周，就是一个月也上不了这么多新款。

ZARA 并没有真正意义上的设计师，是靠"买手"抄袭最新时装款式。

众所周知，时尚的最大特点就是多变，一部电影、一个 MV，或许就会颠覆目前的时尚元素。当这些时尚元素出现时，ZARA 的买手们只需几天的时间，就可以完成对世界顶级时装展所透视出来的潮流的模仿，保证这些款式在一定程度上非常接近最新潮流。

在设计环节大大降低风险后，ZARA 也没有盲目上量。ZARA 对门店的配货很准确，或者说很保守。"以目前 ZARA 具备的信息反馈系统，总部可以随时查看到每个单店、每款衣服的销售情况和现时库存，结合店长对销售报表的分析进行配货。每周配两次新货。无论是新上架的款式，还是二次补充的款式，总部发过来的数量都不会太多。"从副店长的描述来看，ZARA 有别于多数传统服装企业采用的订货制，而是总部根据每个店的销售情况主动配货。

位于总部的设计团队能够比较清晰地看到每个单店、每个城市、每个地区需要什么样的款式，什么样的颜色，多大的尺码，每次补货大概需补多少数量。

如果用订货制的眼光来看，ZARA 这样的企业就像是每隔三四天就要开一次订货会。这保证了 ZARA 在生产数量上有所根据，不会盲目地向店内压货。"已确定下架的衣服，即使店内还有存货，消费者想买到，也不会提出来卖。这就给消费者造成稀缺感，让他们感觉到 ZARA 的衣服过了这个村就没这个店。"由此可见，在款多量少的原则下，ZARA 还用"稀缺营销"的销售策略吊足消费者的胃口。

从 ZARA 一个店的运营，可以看到，ZARA 分布于全世界各地两千多家的服装连锁店基本符合零售"勤进快销"原则。一家零售店防止库存的最好办法，就是勤进快销，尤其是快时尚类型的服装，若短时间内销售不掉，不仅占用资金，占用货架，而且极容易过时贬值。因此，ZARA 通过四个环节，牢牢控制住服装业的固有风险：

1. 买手大规模抄版；
2. 设计到上架12天的快速上货周期，尽量不补货；
3. 款多量少，稀缺营销，不贪求在某一单款上的销量；
4. 终端销售信息的及时反馈。

而以上四点，则完整地展现了ZARA商业模式的顶层设计：勤进快销，不追求爆款上量，拉平销量和利润的波动线。

即便是这样，ZARA也不是没有库存，只是比较有效地分摊了服装业的风险，不至于在少数款上积压大量库存。

毫无疑问，这些年各品牌确实在一定程度上学习了ZARA，提高了供应链的反应速度。我们可以简单拆分下流程：设计、试装、定稿、样衣制作，这是订货会前的流程；之后是订货会；货量统计、大货生产、物流配送则是订货会后的流程。

那么，是否可以继续缩短生产铺货周期？答案是否定的。因为许多公司无法像ZARA一样砍掉订货会环节。ZARA开发完产品，下面的直营店必须无条件销售，而大多数品牌却做不到这点。因为订货的权利在加盟商手中，库存风险的承担者也是加盟商，加盟商必须认可产品。而这个认可就复杂了，必须请人过来看货、看打版、再下单、再买料，然后再生产，如此烦琐的程序，耗去了大量时间，如何生产所谓的快时尚服装？这样的快时尚生产出来，市场风向标是不是早已改变？又如何将这些快时尚服装推给他们的经销商？这些都是大问题。

加盟代理体系，根本无法去学ZARA的快时尚。因为订货制的主动权掌握在了大量加盟代理商手中，实际上形成了自下而上的组货制。各个代理加盟商由于对货品和款式的理解不一致，企业在产品开发上的主导权被潜移默化地削弱，极易被大家都看好的所谓"爆款"牵引，以此来获得大幅收益，对冲经营风险。

在订货制下，加盟商恨不得多进一些爆款，企业也恨不得多生产一些压货给加盟商。新款上架之初，无论是加盟店还是直营店，都会采取撇脂销售的策略，将价格定得虚高，赚得差不多了再正价销售，待分摊成本后再逐渐打折销售。如果存货太多，就需要深度打折，损失的利润，则要由前期溢价销售和正价销售的利润来补偿。所以服装圈内有句话："先赚的钱是纸，后赚的钱才是钱。"而这正是做不到"勤进快销"零售原则的必然结果，也是一种无奈的退而求其次。

一般的服装，退而求其次是可行的，因为它们的销售周期比较长。但是快时尚的服装如果不能做到"勤进快销"，过时贬值的速度非常快，极容易导致打折也很难销售掉的死库存。可见，学习ZARA，各种速度可以逐渐提高，但目前的经营体系，却天然地排斥着ZARA式的快时尚。

ZARA也并非是"零库存"，它同样有卖不出去的款式，同样不能百分百确定某款衣服一定有销量，而是采取款多量少的策略，有效分解了库存风险，即便是一件卖不掉的款式，也不会造成太多库存积压。反之，即便是前景再好的款式，宁可不赚那爆款的钱，也不生产大量补货，以防产生积压。可见，ZARA 控制风险的方法是：不追求在某些款式上获得大的收益，而是在所有款式上尽量做到"勤进快销"。国内快时尚服装企业与此截然相反，订货制下的服装零售店无法做到"勤进快销"，指望提前下单中的某几款能够在销售季获得大收益，对冲市场风险。当爆款不再"爆"的时候，库存风险就不可避免地来了。

看来，学 ZARA，仅仅学到供应链上的速度是远远不够的，如何学习 ZARA 平摊行业风险和收益的理念，也许才是需要认真考虑的。

(资料来源：http://tech.163.com/14/0316/13/9NF8PQKK00094ODU.html)

分析与思考：
ZARA 是如何控制库存风险的呢？
分析与思考答案：
根据"勤进快销"的方式展开分析。

(二)库存的功能

在现实经济生活中，商品的流通并不是始终处于运动状态的，作为储存表现形态的库存是商品流通的暂时停滞。库存在商品流通过程中有其内在的功能。

1. 调节供需矛盾、消除生产与消费之间时间差的功能

不同产品的生产和消费情况是不同的。有些产品的生产时间相对集中，而消费则是常年相对均衡的，如粮食、水果等农产品的生产(收获)有很强的季节性，但其在一年之中是均衡消费的；有些产品的生产是均衡的，但消费则是不均衡的，如服装、取暖设备等产品一年四季都在生产，但其消费有明显的季节性。为了维护正常的生产秩序和消费秩序，尽可能地消除供求之间、生产与消费之间这种时间上的不协调性，库存起到了调节作用，它能够很好地平衡供求关系、生产与消费关系，起到缓冲供需矛盾的作用。

2. 创造商品的"时间效用"功能

时间效用，就是同一种商品在不同的时间销售或消费，可以获得不同的经济效益或支出。如为了避免商品价格上涨造成损失或为了从商品价格上涨中获利而建立的投机库存，就是利用了库存的这一功能。

3. 降低物流成本的功能

对于生产企业而言，保持合理的原料和产品库存，可以消耗或避免因上游供应商原材料供应不及时而需要进行紧急订货而增加的物流成本，也可以消除或避免下游销售商由于销售波动进行临时订货而增加的物流成本。当然通过库存管理来降低物流成本，必须从整条供应链出发，综合考虑运输成本、缺货损失和库存成本，使物流总成本最低。

二、库存分类

库存是一项代价很高的投资，在了解库存作业前，有必要先了解库存的分类。无论是对生产企业还是物流企业，正确认识和建立一个有效的库存管理计划都是很有必要的。由于生成的原因不同，库存的分类有很多种，以下从几种角度来看库存的分类。

(一)按资源需求的重复程度

根据对物品需求的重复次数可将物品分为单周期需求与多周期需求。所谓单周期需求即仅仅发生在比较短的一段时间内或库存时间不可能太长的需求，也被称作一次性订货问题。圣诞树问题和报童问题都属于单周期库存问题。多周期需求则指在足够长的时间里对某种物品重复的、连续的需求，其库存需求不断的补充。与单周期需求比，多周期需求问题普遍得多。

单周期需求出现在下面两种情况：①偶尔发生的某种物品的需求；②经常发生的某种生命周期短的物品不定量有需求。第一种情况如由奥运会组委会发行的奥运会纪念章或新年贺卡；第二种情况如那些易腐物品(如鲜鱼)或其他生命周期短的易过时的商品(如日报和期刊)等。对单周期需求物品库存控制问题称为单周期问题；对多周期需求物品的库存控制问题称为多周期库存问题。

按资源需求的重复程度可分为单周期库存和多周期库存。

(1) 单周期库存是指需求仅发生在比较短的一段时间内，或库存时间不能太长的需求，又称为一次性订货量问题。一般发生在下面两种情况：①偶然发生的物品需求；②经常发生，但生命周期短、数量不确定的物品需求。单周期库存的典型例证是库存管理领域较为经典的"报童问题"。

(2) 多周期库存指在足够长的时间里对某种物品重复的连续需求，其库存需要不断地补充。如工厂常用的原材料、零配件等物料。因此多周期库存问题的决策包括：①何时订货？②每次订多少？③多长时间检查库存？这三个问题的回答是多周期库存控制的核心。

多周期库存是生产企业中最为常见的状态。

(二)按库存物品的形成原因(或作用)

按库存物品的形成原因(或作用)，可分为安全库存、储备库存、在途库存和周转库存。

(1) 安全库存(safety stock, SS)也称为保险库存，是为了应付需求、制造与供应的意外情况(如大量突发性订货、交货期突然延期、临时用量增加、交货误期等特殊原因)，企业需要持有周期库存以外的安全库存或缓冲库存。

(2) 储备库存一般是企业用于应付季节性市场采购与销售情况，如采购困难、材料涨价、销售旺季等。

(3) 在途库存是由于材料和产品运输以及停放在相邻两个工作地之间或相邻两个组织之间而产生的库存量。需要注意的是，在进行库存持有成本的计算时，应将在途库存看作是出发地的库存。因为在途的物品还不能使用、销售或随时发货。

(4) 周转库存是指为了应付正常周转而储备的库存，一般用于生产等企业经营需要而产生的库存，如按生产计划采购的物品等。它的产生是基于经济采购批量思想。

(三)按库存物品存在的状态

按库存物品存在的状态，可分为原材料库存、在制品库存、维修库存和产成品库存。

(1) 原材料库存包括原材料和外购零部件。如压缩机生产厂通常外购毛坯件进行加工，把毛坯件视为原材料，而很多标准化的螺母和螺丝都属于外购来的零部件。这些都属于原材料，而归为原材料库存。

(2) 在制品库存包括处在产品生产不同阶段的半成品。很多企业的半成品直接放在生产线或生产车间，等待进入下一个生产环节。还有一些企业则是将很多生产出来的半成品入库保管，在需要进一步生产时，再通过生产车间的派工单到半成品仓库领取。

(3) 维修库存包括用于维修与养护的经常消耗的物品或部件，维修备件库存居于这一类。

(4) 产成品库存是准备运送给消费者的完整的或最终的产品。

(四)按物品需求的相关性

来自用户的对企业产品和服务的需求称为独立需求。独立需求最明显的特征是需求的对象和数量不确定，只能通过预测方法粗略地估计。相反，我们把企业内部物料转化各环节之间所发生的需求称为相关需求。相关需求也称为非独立需求，它可以根据对最终产品的独立需求精确地计算出来。比如，某汽车制造厂年产汽车30万辆，这是通过预计市场对该厂产品的独立需求来确定的。30万辆汽车的生产任务确定之后，对构成该种汽车的零部件和原材料的数量与需要时间是可以通过计算精确地得到的。对零部件和原材料的需求就是相关需求。相关需求可以是垂直方向的，也可以是水平方向的。产品与其零部件之间垂直相关，与其附件和包装物之间则水平相关。

按物品需求的相关性可分为独立需求库存和相关需求库存。

(1) 独立需求是指物品的需求量之间没有直接联系，也就是说没有量的传递关系，可以分别确定。从库存管理的角度来说，独立需求库存是指那些随机的、企业自身不能控制而是由市场所决定的需求。独立需求的最明显的特点是需求的对象和数量不稳定，只能通过预测方法粗略地估计。独立需求物品的库存管理模型一般按核定量库存管理模型或定期库存控制模型来控制。

(2) 相关需求也称从属需求，是指物料的需求量存在一定的相关性。一种物料的需求与更高层次上的物品需求相关联，前者的需求由后者决定，这样物料的需求不再具有独立性。相关需求是物料需求计划的主要研究对象。

这两类需求都是多周期需求，而单周期需求不考虑相关或独立的问题。

此外，按库存用途还可分为投资库存、经常性库存、保险性库存、闲置性库存和季节性库存；按价值，可分为贵重物品和普通物品，如库存 ABC 分类法就属于按价值分类的方法。其中投资库存是指持有库存不是为了满足目前的需求，而是出于其他原因，如由于价格上涨、物料短缺或是为了预防罢工等囤积的库存。季节性的库存是投资库存的一种形式，指的是生产季节开始之前累积的库存，目的在于保证稳定的劳动力和稳定的生产运转。限制库存指在某些具体的时间内不存在需求的库存。

【案例 5-2】

戴尔成功之道

近年来，在全球电脑市场不景气的大环境下，戴尔却始终保持着较高的收益，并且不断增加市场份额。我们习惯于给成功者贴上"标签式"的成功秘笈，正如谈及沃尔玛成就商业王国时，"天天低价"被我们挂在嘴边；论及戴尔的成功之道，几乎是众口一词地归结为"直销模式"。 戴尔成功的诀窍在哪儿？该公司分管物流配送的副总裁迪克·亨特一语道破天机："我们只保存可供 5 天生产的存货，而我们的竞争对手则保存 30 天、45 天，甚至 90 天的存货。这就是区别。"由于材料成本每周就会有 1%的贬值，因此库存天数对产品的成本影响很大，仅低库存一项就使戴尔的产品比许多竞争对手拥有了 8%左右的价格优势。亨特无疑是物流配送时代浪尖上的弄潮者。亨特在分析戴尔成功的时候说："戴尔总支出的 74%用在材料配件购买方面，2000 年这方面的总开支高达 210 亿美元，如果我们能在物流配送方面降低 0.1%，就等于我们的生产效率提高了 10%。物流配送对企业的影响之大由此可见一斑。"而高效率的物流配送使戴尔的过期零部件比例保持在材料开支总额的 0.05%~0.1%之间，2000 年戴尔全年在这方面的损失为 2100 万美元。而这一比例在戴尔的对手企业都高达 2%~3%，在其他工业部门更是高达 4%~5%。

(资料来源：东方烟草报. 2009 年 2 月 26 日)

分析与思考：
1. 分析库存的利与弊。
2. 结合案例，分析提高企业库存周转率的作用。
分析与思考答案：
1. 库存有利的一面：使企业获得规模经济，保持生产活动的连续性和稳定性，应对不确定性、随机性的需求变动，降低制造成本，提高作业效率，实现区域专业化生产。
库存的弊端：占用大量资金，增加企业费用支出，以及腐烂变质的损失，麻痹管理人员的思想。

2. 库存周转率是指在一定期间(一年或半年)库存周转的速度。提高库存周转率对于加快资金周转，提高资金利用率和变现能力具有积极作用。由案例可见，缩短库存天数，加快库存周转率为戴尔赢得了很大的竞争优势。

三、库存问题的作用

库存既然是资源的闲置，就是一定会造成浪费，增加企业的开支。那么，为什么还要维持一定量的库存呢？这是因为库存有其特定的作用。归纳起来，库存有以下几方面的作用：

1. 缩短订货提前期

当制造厂维持一定量的成品库存，顾客就可以很快采购到他们所需的物品，这样缩短了顾客的订货提前期，加快了社会生产的速度，也使供应厂商争取到顾客。

2. 稳定作用

在当代处于激烈的社会中，外部需求的不稳定性是正常现象。生产的均衡又是企业内部生产的均衡是矛盾的。要保证满足需求，又使供方的生产均衡，就需要维持一定量的成品库存。成品库存将外部需求和内部生产分隔开，像水库一样起着稳定作用。

3. 分摊订货费用

需要一件采购一件，可以不需要库存，但不一定经济。订货需要一笔费用，这笔费用若摊在一件物品上，将是很高的。如果一次采购一批，分摊在每件物品上的订货费用就少了，但这样会有一些物品用不上，造成库存。对生产过程，采购批量加工，可以降低调整准备费用(Setup cost)，但批量生产就会造成库存。

4. 防止短缺

维持一定量库存可以防止短缺。为了应付自然灾害和战争，一个国家必须有储备。

5. 防止中断

在生产过程中维持一定量的在制品库存，可以防止生产中断。显然，当某道工序的加工设备发生故障时，如果工序间有在制品库存，其后续工序就不会中断。同样，在运输中维持一定量的库存，可以保证供应，使生产正常进行。例如，某工厂每天需要100吨原料，供方到需方的运输时间为2天，则在途库存为200吨，才能保证生产不断。

尽管库存有如此重要的作用，但生产管理的努力方向不是增加库存，而是不断减少库存。实际上，库存掩盖了生产经营过程中的各种矛盾，是应该消除的。我们研究库存，是要在尽可能低的库存水平下满足需求。

四、库存控制系统

库存控制系统有输出、输入、约束条件和运行机制四个方面，如图 5-1 所示。库存控制系统的输出和输入都是各种资源，与生产系统不同，在库存控制系统中没有资源形态的转化。输入是为了保证系统的输出(对用户的供给)。约束条件包括库存资金的约束、空间约束等。运行机制包括哪些参数以及如何控制。一般情况下，在输出端，独立需求不可控；在输入端，库存系统向外发出订货的提前期不可控，它们都是随机变量。可以控制的一般是何时发出订货(订货点)和一次订多少(订货量)两个参数。库存控制系统正是通过控制订货点和订货量来满足外界需求并使总库存费用最低的。

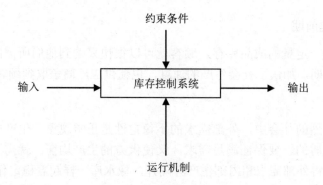

图 5-1 库存控制系统

任何库存控制系统都必须回答如下三个问题：
(1) 多长时间检查一次库存量？
(2) 何时提出补货订货？
(3) 每次订多少？

按照对以上三个问题回答方式的不同，可以分成三种典型的库存控制系统。

(一)固定量系统

固定量系统就是订货点和订货量都为固定量的库存控制系统，如图 5-2 所示。当库存控制系统的现有库存量降到订货点(reorder point，RL)及以下时，库存控制系统就向供应厂家发出订货，每次订货量均为一个固定的量 Q。经过一段时间，我们称之为提前期(lead time，LT)，所发出的订货到达，库存量增加 Q。订货提前期是从发出订货至验货的时间间隔，其中包括订货准备时间、发出订单、供方接受订货、供方生产、产品到达、提货、验收、入库等过程。显然，提前期一般为随机变量。

要发现现有库存是否到达订货点 RL，必须随时检查库存量。固定量系统需要随时检查库存量，并随时发出订货。这样，增加了管理工作量，但它使得库存量得到严格的控制。因此，固定量系统适用于重要物资的库存控制。

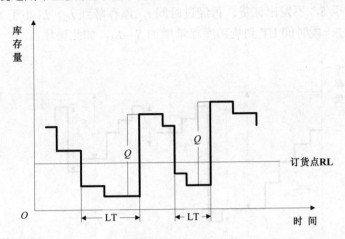

图 5-2 固定量系统

为了减少管理工作量，可采用双仓库系统(或两个容器)，其是一仓库使用完之后，库存控制系统就发出订货。在发出订货后，就开始使用另一仓库的物资，直到到货，再将物资按两仓库存放。

(二)固定间隔期系统

固定量系统需求随着监视库存变化，对于物资种类很多且订货费用较高的情况，是很不经济的。固定间隔期系统可以弥补固定量系统的不足。

固定间隔期系统就是每经过一个相同的时间间隔，发出一次订货，订货量将现有库存补充到一个最高水平 S，如图 5-3 所示。当经过固定间隔时间 t 之后，发出订货，这时库存降到 L_1，订货量为 $S—L_1$；经过一段时间(LT)到货，库存量增加 $S—L_1$；再经过固定间隔期 t 之后，又发出订货，这时库存量降到 L_2，订货量为 $S—L_2$，经过一段时间(LT)到货，库存量增加 $S—L_2$。

固定间隔期系统不需要随时检查库存量，到了固定的间隔期限，各种不同的物资可以同时订货。这样，简化了管理，也节省了货费。不同物资的最高水平 S 可以不同。固定间隔期系统的缺点是不论库存水平 L 降得多还是少，都要按期发出订货，当 L 很高时，订货量是很少的。为了克服这个缺点，就出现了最大最小系统。

(三)最大最小系统

最大最小系统仍然是一种固定间隔期系统，只不过它需要确定一个订货点 S_0，当经过时间 t 之后，如果库存量降到 S 及以下，则发出订货；否则经过时间 t 时再考虑是否发出订货，最大最小系统如图5-4所示。当经过间隔时间 t 之后，库存量降到 L_1，L_1 小于 S 发出订货，订货量为 $S-L_1$，经过一段时间 LT 到货，库存量增加 $S-L_1$。再经过时间 t 之后，库存量降到 L_2，L_2 大于 S，不发出订货。再经过时间 t，库存降到 L_3，L_3 小于 S，发出订货，订货量为 $S-L_3$ 经过一段时间 LT 到货，库存量增加 $S-L_3$，如此循环。

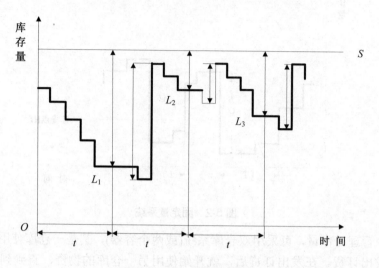

图 5-3　固定间隔期系统

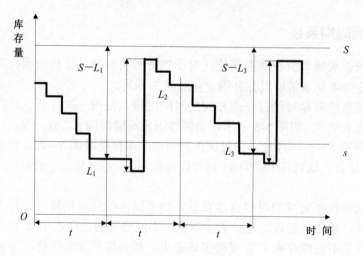

图 5-4　最大最小系统

(1) 概念：它是规定了订货点 S 的固定间隔期系统，经过时间间隔 t 时，如当时库存量 $L_i<S$，则发出订货；否则需再经过一个时间间隔 t 后，再考虑是否发出订货。

(2) 优点：既避免了随时查库存的烦琐管理，又防止虽经过了 t 的时间间隔，但库存量降得很少，需补充的订货量很少时机械地费时、费钱地发出订货的不足。

【案例5-3】

如何进行仓库管理？

美国机械公司是一家以机械制造为主的企业，该企业长期以来一直以满足顾客需求为宗旨。为了保证供货，该公司在美国本土建立了500多个仓库。但是仓库管理成本一直居高不下，每年大约有2000万美元。所以该公司聘请一调查公司做了一项细致调查报告，结果为：以目前情况，如果减少202个仓库，则会使总仓库管理成本下降200万～300万美元，但是由于可能会造成供货紧张，销售收入会下降18%。

(资料来源：https://www.zybang.com/question/45fd9b2432aa8db4028e73482b26f55e.html)

分析与思考：
1. 如果你是企业总裁，你是否会依据调查公司的结果减少仓库？为什么？
2. 如果不这样做，你又如何决策？

分析与思考答案：
1. 不会。因为：①减少202个仓库只能节省200万～300万美元，却造成了18%销售收入的下降，得不偿失。②即使能节省大量费用通过减少仓库丧失销售收入也不是上策，因为这等于顾客的丧失，在现代市场营销环境下，企业唯一的生存发展途径便是最大限度地满足用户需求。

2. 首先，通过调查，依据目标市场细分的原理将全国市场细分为10～15个左右的大型区域，目的是在每个大型区域建立区域配送中心；其次，通过配送中心选址方法选择每个区域配送中心合适的地理位置；再次，在每个区域内，选择5个左右的集中销售城市，建成城市配送中心；最后，从基本作业、实用物流技术、物流设备、管理信息系统四个方面入手，真正意义上发挥配送中心降低物流成本、提高顾客满意度的目标。

只有这样才能实现仓库大量减少、费用下降的目的，同时通过现代配送中心的作业提高顾客满意度，一举两得。

第二节 库存问题的基本模型

库存问题的基本模型包括单周期库存基本模型和多周期库存基本模型，多周期库存基本模型包括经济订货批量模型、经济生产批量模型和价格折扣模型。

一、单周期库存模型

对于单周期需求来说，库存控制的关键在于确定订货批量。对于单周期库存问题，订货量就等于预测的需求量。

由于预测误差的存在,根据预测确定的订货量和实际需求量不可能一致。一方面,如果需求量大于订货量,就会失去潜在的销售机会,导致机会——订货的机会(欠储成本)损失。另一方面,假如需求量小于订货量,所有未销售出去的物品将可能以低于成本的价格出售,甚至可能报废,还要另外支付一笔处理费。这种由于供过于求导致的费用称为陈旧(超储成本)。显然,最理想的情况是订货量恰恰等于需求量。

为了确定最佳订货量,需要考虑各种由订货引起的费用。由于只发出一次订货和只发生一次订购费用,所以订货费用为一种沉没成本,它与决策无关。库存费用也可视为一种沉没成本,因为单周期物品的现实需求无法准确估计,而且只通过一次订货满足。所以即使有库存,其费用的变化也不会很大。因此,只有机会成本和陈旧成本对最佳订货量的确定起决定性的作用。确定最佳订货量可采用期望损失最小法、期望利润最大法或边际分析法。

(一)期望损失最小法

1. 基本思想

期望损失最小法就是比较不同订货量下的期望损失,取期望损失最小的订货量作为最佳订货量。已知库存物品的单位成本为 C,单位售价为 P,实际需求量为 d。若在预订的时间内卖不出去,则单价只能降为 $S(S<C)$,单位超储损失为 $C_o=C-S$;若需求超过存货,则单位缺货损失(机会损失) $C_u=P-C$。设订货量为 Q 时的期望损失为 $E_L(Q)$,则取使 $E_L(Q)$ 最小值 Q 作为最佳订货量。$E_L(Q)$ 公式如下:

$$E_L(Q) = \sum_{d>Q} C_u(d-Q)P(d) + \sum_{d<Q} C_o(Q-d)P(d)$$

2. 例题

按过去的记录,新年期间对某商店挂历的需求分布率如表 5-1 所示:

表 5-1 某商店挂历的需求分布率

需求 d/份	0	10	20	30	40	50
分布率 $p(d)$	0.05	0.15	0.20	0.25	0.20	0.15

已知,每份挂历的进价为 $C=50$ 元,售价 $P=80$ 元。若在 1 个月内卖不出去,则每份挂历只能按 $S=30$ 元卖出。求该商店应该进多少挂历为好。

解:设该商店买进 Q 份挂历。

当实际需求 $d<Q$ 时,将有一部分挂历卖不出去,每份超储损失为 $C_o=C-S=50-30=20$(元)

当实际需求 $d>Q$ 时,将有机会损失,每份欠储损失为 $C_u=P-C=80-50=30$(元)

当 $Q=30$,则

$E_L(Q) = [30\times(40-30)\times0.20+30\times(50-30)\times0.15]+$

[20×(30−0)×0.05+20×(30−10)×0.15+20×(30−20)×0.20]
=(300×0.20+600×0.15)+(600×0.05+400×0.15+200×0.20)=60+90+30+60+40=
150+130=280(元)

当 Q 取其他值时，可按同样的方法算出 $E_L(Q)$，结果如表 5-2 所示。

表 5-2 期望损失计算表

订货量 Q	实际需求 d						期望损失 $E_L(Q)$
	0	10	20	30	40	50	
	P(D=d)						
	0.05	0.15	0.20	0.25	0.20	0.15	
0	0	300	600	900	1200	1500	855
10	200	0	300	600	900	1200	580
20	400	200	0	300	600	900	380
30	600	400	200	0	300	600	280
40	800	600	400	200	0	300	305
50	1000	800	600	400	200	0	430

由表 5-2 可以得出最佳订货量为 30。

(二)期望利润最大法

1. 基本思想

期望利润最大法就是比较不同订货量下的期望利润，取期望利润最大的订货量作为最佳订货量。设订货量为 Q 时的期望利润为 $E_P(Q)$，则：

$$E_P(Q) = \sum_{d<Q}[C_u d - C_o(Q-d)]P(d) + \sum_{d>Q}C_u QP(d)$$

2. 例题

同上例，经计算可得按此方法算出 $E_P(Q)$，可以得出最佳订货量为 30，与期望损失最小法得出的结果相同。

(三)边际分析法

1. 基本思想

假定原计划订货量为 Q。考虑追加一个单位订货的情况。由于追加了 1 个单位的订货，使得期望损失的变化为：

$$\frac{dE_L(Q)}{d(Q)} = E_L(Q+1) - E_L(Q)$$

$$= \left[C_u \sum_{d>Q} d - (Q+1)P(d) + C_o \sum_{d<Q} [(Q+1)-d]P(d) \right]$$

$$- \left[C_u \sum_{d>Q} (d-Q)P(d) + C_o \sum_{d<Q} (Q-d)P(d) \right]$$

$$= C_u \sum_{d>Q} (-1)P(d) + C_o \sum_{d<Q} P(d)$$

$$= -C_u \sum_{d>Q} P(d) - C_u$$

$$= (C_u + C_o) \sum_{d=0}^{Q} P(d) - C_u$$

因为要求得使期望损失变化最小的订货量 Q,故令导数 $\frac{dE_L(Q)}{dQ}=0$

得:

$$\sum_{d=0}^{Q^*} P(d) = 1 - P(D^*) = \frac{C_u}{C_u + C_o} \quad (P(D^*) = \sum_{d>Q^*} P(d))$$

$$\therefore \quad P(D^*) = \frac{C_o}{C_o + C_u} \quad \left(\because \sum_{d<Q} P(d) + \sum_{d>Q} P(d) = 1 \right)$$

求出 $P(D^*)$ 以后,取其 $P(D)$ 与其最接近数值对应的需求量为最佳订货量。

2. 例题

某批发商准备订购一批圣诞树供圣诞节期间销售。该批发商对包括订货费在内的每棵圣诞树要支付 2 美元,树的售价为 6 美元。未售出的树只能按 1 美元出售。节日期间圣诞树需求量的概率分布如表 5-3 所示(批发商的订货量必须是 10 的倍数)。试求该批发商的最佳订货量。

表 5-3 圣诞树需求量的概率分布

需求量	10	20	30	40	50	60
概率	0.10	0.10	0.20	0.35	0.15	0.10
P(D)	1.00	0.90	0.80	0.60	0.25	0.10

在这里,$C_o = 2-1 = 1$,$C_u = 6-2 = 4$,

所以,$P(D^*) = \frac{C_o}{C_o + C_u} = \frac{1}{(1+4)} = 0.20$

查表 5-3 可知,实际需求大于 50 棵的概率为 0.25,再结合求 D^* 的条件可以求出最佳订货量为 50 棵。

二、多周期模型

对于多周期库存模型，将讨论经济订货批量模型、经济生产批量模型和价格折扣模型。在介绍这些模型之前，首先对与库存相关的费用进行分析，只有在对费用分析的基础上，才能有明确的优化方向。

(一)与库存有关的费用

有两种费用，一种随着库存量增加而增加，另一种随着库存量的增加而减少。正是这两种费用相互作用，才有最佳订货批量。

1. 随库存量增加而增加的费用

(1) 资金的成本(opportunity cost of alternative investment)

库存的资源本身有价值，占用了资金。这些资金可以用于其他活动来创造新的价值，库存使这部分资金闲置起来，造成机会损失。资金成本是维持库存物品所必需的花费。

(2) 仓储空间费用(cost of providing the physical space to store the items)

要维持库存必须建造仓库、配备设备，还有供暖、照明、修理、保管等开支。这是维持仓储空间的费用。

(3) 物品变质和陈旧(breakage, spoilage, deterioration, and obsolescence)

在闲置过程中，物品会发生变质和陈旧，如金属生锈、药品过期、油漆褪色，鲜货变质等这又会造成一部分损失。

(4) 税收和保险(taxes and insurance)

以上费用都随着库存量增加而增加。如果只有随着库存量增加而增加的费用，则库存量越少越好，但也有随着库存量增加而减少的费用，使得库存量不能太低，也不能太高。

2. 随库存量增加而减少的费用

(1) 订货费(order cost)

订货费与发出订单活动和收货活动有关，包括评判要价、谈判、准备订单、通信、收货检查等。它一般与订货次数有关，而与一次订多少无关。一次多订货，分摊在每项物资上的订货费就少。

(2) 调整准备费(setup cost)

在生产过程中，工人加工零件，一般需要准备图纸、工艺和工具，需要调整机床、安装工艺装备。这些活动都需要时间和费用。如果花费一次调整准备费，多加工一些零件，则分摊在每个零件上的调整准备费就少。但扩大加工批量会增加库存。

(3) 购买费和加工费

采购或加工的批量大，可能会有价格折扣。

(4) 生产管理费

加工批量大，为每批工件做出安排的工作量就会少。

(5) 缺货损失费(penalty cost)

批量大则发生缺货的情况就少，缺货损失就少。

3. 库存总费用

计算库存总费用一般以年为时间单位。归纳起来，年库存费用包括以下 4 项：

(1) 年维持库存费(holding cost)：以 C_H 表示。它是维持库存所必需的费用，包括资金成本、仓库及设备折旧、税收、保险、陈旧化损失等。这部分费用与物品价值和平均库存量有关。

(2) 年补充订货费(reorder cost)：以 C_R 表示。与全年发生的订货次数有关，一般与一次订多少无关。

(3) 年购买费(加工费)(purchasing cost)：以 C_P 表示。与价格和订货数量有关。

(4) 年缺货损失费(shortage cost)：以 C_S 表示。它反映失去销售机会带来的损失、信誉损失以及影响生产造成的损失。它与缺货多少、缺货次数有关。若以 C_T 表示年库存总费用，则 $C_T = C_H + C_R + C_P + C_S$，对库存进行优化的目标就是要使 C_T 最小。

(二)经济订货批量模型

经济订货批量(economic order quantity，EOQ)模型最早是由 F.W.哈里斯(F.W.Harris)于 1915 年提出的。该模型有如下假设条件：

(1) 外部对库存系统的需求率已知、需求率均匀且为常量。年需求率以 D 表示，单位时间需求率以 d 表示，由于需求率均匀，D 与 d 是相同的。

(2) 一次订货量无最大最小限制。

(3) 采购、运输均无价格折扣。

(4) 订货提前期已知，且为常量。

(5) 订货费与订货批量无关。

(6) 维持库存费是库存量的线性函数。

(7) 不允许缺货。

(8) 补充率为无限大，全部订货一次交付。

(9) 采用固定量系统。

在以上假设条件下，库存量的变化如图 5-5 所示。从图 5-5 可以看出，系统的最大库存量为 Q，最小库存量为 0，不存在缺货。库存按值为 D 的固定需求率减少。当库存量达到订货点 RL 时，就按固定订货量 Q 发出订货。经过一固定的订货提前期(lead time，LT)，新的一批订货 Q 到达(订货刚好在库存变为 0 时到达)，库存量立即达到 Q。显然，平均库存量为 $Q/2$。

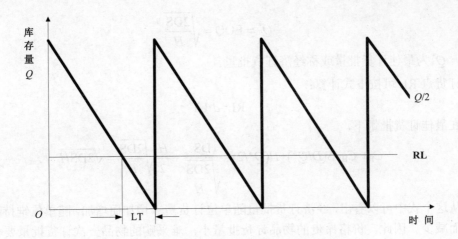

图 5-5　经济订货批量假设下的库存量变化

在 EOQ 模型的假设条件下，CT 式中 CS 为 0，CP 与订货批量大小无关，为常量。因此，

$$C_T = C_H + C_R + C_P = H(Q/2) + S(D/Q) + pD$$

式中：C_T——年库存总费用；C_H——年维持库存费；C_R——年补充订货费；C_P——年购买费(加工费)；S——一次订货费或调整准备费；H——单位库存维持费，$H = p \cdot h$ 为单价，P——单价；h——资金效果系数；D——年需求量。

年维持库存费 C_H 随订货批量 Q 增加而增加，是 Q 的线性函数；年订货费 C_R 与 Q 的变化呈反比，随 Q 增加而下降，不计年采购费用 C_P，总费用 C_T 曲线为 C_H 曲线与 C_R 曲线的叠加。C_T 曲线最低点对应的订货批量就是最佳订货批量，如图 5-6 所示。

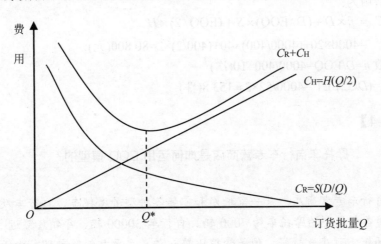

图 5-6　年费用曲线

为了求出经济订货批量，将上式对 Q 求导，并令一阶数导数为零，可得：

$$Q^* = \text{EOQ} = \sqrt{\frac{2DS}{H}}$$

式中，Q^* 为最佳订货批量或称经济订货批量。

订货点 RL 可按下式计算：

$$\text{RL} = d \cdot \text{LT}$$

在最佳订货批量下，

$$C_R + C_H = S(D/Q^*) + H(Q^*/2) = \frac{DS}{\sqrt{\frac{2DS}{H}}} + \frac{H}{2}\sqrt{\frac{2DS}{H}} = \sqrt{2DSH}$$

从这个式中可以看出，经济订货批量随单位订货费 S 增加而增加，随单位维持库存费 H 增加而减少。因此，价格昂贵的物品订货批量小，难采购的物品一次订货批量要大一些。这些都与人们的常识一致。

例 5-1：根据生产的需要，某企业每年以 20 元的单价购入一种零件 4000 件。每次订货费用为 40 元，资金年利息率为 6%，单位维持库存费按所库存物价值的 4% 计算。若每次订货的提前期为 2 周，试求经济订货批量、最低年总成本、年订购次数和订购点。

解：由已知可知 $p=20$ 元/件，$D=4000$ 件/年，$S=40$ 元，$\text{LT}=2$ 周。H 则由两部分组成，一是资金利息，一是仓储费用，即

$$H = 20 \times 6\% + 20 \times 4\% = 2 \text{ 元/(件·年)}$$

因此，$Q^* = \text{EOQ} = \sqrt{\frac{2DS}{H}} = \sqrt{\frac{2 \times 4000 \times 40}{2}} = 400(\text{件})$

最低年总费用为：

$$C_T = p \times D + (D/\text{EOQ}) \times S + (\text{EOQ}/2) \times H$$
$$= 4000 \times 20 + (4000/400) \times 40 + (400/2) \times 2 = 80\,800(\text{元})$$

年订货次数 $n = D/\text{EOQ} = 4000/400 = 10(\text{次})$

订货点 $\text{RL} = (D/52) \cdot \text{LT} = 4000/52 \times 2 \approx 153.8(\text{件})$

【案例 5-4】

摩托车自行车专营商店是如何运用 EOQ 模型的？

一、概况

某摩托车自行车专营商店，是一家批发和零售各种型号摩托车、自行车及其零配件的商店，每年销售各种类型的摩托车约 7000 辆、自行车 30000 辆，年销售额近 5000 万元。过去几年产品畅销，商店效益好，但是管理比较粗放，主要靠经验管理。由于商店所在地离生产厂家距离较远，前几年铁路运输比较紧张，为避免缺货，商店经常保持较高的库存量。近两年来，经营同类业务的商店增加，市场竞争十分激烈。

商店摩托车经销部新聘任徐先生担任主管，徐先生具有大学本科管理专业学历，又有几年在百货商店实际工作的经验。他上任以后，就着手了解情况，寻求提高经济效益的途径。

摩托车自行车采购的具体方式是，参加生产厂家每年一次的订货会议，签订下年度的订货合同，然后按期到生产厂办理提货手续，组织进货。

徐先生认为摩托车经营部应当按照库存控制理论，在保证市场供应的前提下，尽量降低库存，这是提高经济效益的主要途径。

二、经济订购批量的计算

商店销售不同型号的摩托车，徐先生首先选择 XH 公司生产的产品为例，计算其经济订购批量。

已知条件：

徐先生为计算 XH 公司供应的摩托车的经济批量，收集了如下数据：

1. 每年对 XH 公司生产的摩托车需用量为 3000 辆，平均每辆价格为 4000 元。

2. 采购成本主要包括采购人员处理一笔采购业务的旅费、住勤费、通讯等费用。以往采购人员到 XH 公司出差，乘飞机住宾馆、坐出租车，一次采购平均用 16~24 天，采购员各项支出每人平均为 6700 元，每次订货去两名采购员，采购成本为：

$$6700 \times 2 = 13400(元/次)$$

3. 每辆摩托车的年库存维持费用。

(1) 所占用资金的机会成本。每辆摩托车平均价格为 4000 元，银行贷款利率年息为 6%。所占用资金的机会成本 = $4000 \times 6\% = 240$(元/辆·年)

(2) 房屋成本(仓库房租及折旧、库房维修、库房房屋保险费用等平均每辆摩托车分担的成本)。商店租用一仓库，年租金 52 000 元。仓库最高库存量为 700 辆，最低时不足 100 辆，平均约为 400 辆，因此，每辆车年房屋成本可取 130 元/辆·年。

(3) 仓库设施折旧费和操作费。吊车、卡车折旧和操作费平均 10 元/辆·年。

(4) 存货的损坏、丢失、保险费用平均 20 元/辆·年。

以上各项合计年保存维持费用为：

$$240 + 130 + 10 + 20 = 400(元/辆·年)$$

(资料来源：https://max.book118.com/html/2015/0522/17474938.shtm)

分析与思考：

根据上面给出的数据，请计算出经济订货批量、每次订购次数、订购间隔期、订购点以及年库存维持总费用。

分析与思考答案：

将以上数据代入经济订购批量计算公式，计算出经济订购批量以及订购间隔期、订购点、年库存维持成本等。

1. 经济订购批量 = $\sqrt{\dfrac{2\times 3000\times 13\,400}{400}} \approx 448$(辆)
2. 每年订购次数 = 3000/448 ≈ 7(次)
3. 订购间隔期。神州商店每周营业7天，除春节放假5天外，其他节假日都不停业。年营业日为360日，订购间隔可用下面公式算出。

$$\text{订购间隔期} = 360/7 = 52(\text{天})$$

若采用定期订购方式，订购间隔为52天，即每隔52天订购一次。

4. 订购点。若采用定量订购方式，则要计算出订购点。

为计算订购点量，需要订货提前期的有关数据，经了解，订货提前期由采购准备时间(4天)、与供应商谈判时间(4天)、供应商提前期(15天)、到货验收(2天)几个部分组成。

其中采购准备工作时间，包括了解采购需求、采购员旅途时间。供应商提前期指与供应商谈判结束到摩托车到商店仓库所需的时间。由已知算出，订购提前期为25天。

若安全库存为40辆，可用下式算出订购点。

$$\text{订购点} = (25\times 3000/360) + 40 \approx 248(\text{辆})$$

5. 年库存维持费用。年库存维持费用等于年订购成本与年保存费用之和，即：

年库存维持费用 = 7×13 400 + (448/2 + 40)×400 = 93 800 + 105 600 = 199 400(元/年)

经过上面的数据收集、分析与计算，徐先生对库存各种费用的大体情况，以及在哪些方面可以采取措施、降低费用，有了一个初步的认识。

(三) 经济生产批量模型(EPL Model)

EOQ假设整批订货在一定时刻同时到达，补充率为无限大。这种假设不符合企业生产过程的实际。一般来说，在进行某种产品生产时，成品是逐渐生产出来的。也就是说，当生产率高于需求率时，库存是逐渐增加的，不是一瞬间上去的。要使库存不致无限增加，当库存达到一定量时，应该停止生产一段时间。由于生产系统调整准备时间的存在，在补充成品库存的生产中，也有一个一次生产多少的最经济的问题，这就是经济生产批量问题。经济生产批量(Economic production lot，EPL)模型，又称经济生产量(Economic production quantity，EPQ)模型，其假设条件除与经济订货批量模型第(8)条假设不一样之外，其余都相同。

图5-7描述了在经济生产批量模型下库存量随时间变化的过程。q为生产率(单位时间产量)；d为需求率(单位时间出库量)，$d<q$；t_p为生产时间；I_{max}为最大库存量；Q为生产批量；RL为订货点；LT为生产提前期。

生产在库存为0时开始进行，经过生产时间t_p结束，由于生产率q大于需求率d，库存将以$(q-d)$的速率上升。经过时间t_p，库存达到I_{max}。生产停止后，库存按需求率d下降。当库存减少到0时，又开始了新一轮生产。Q是在t_p时间内的生产量，Q又是一个补充周期T

内消耗的量。

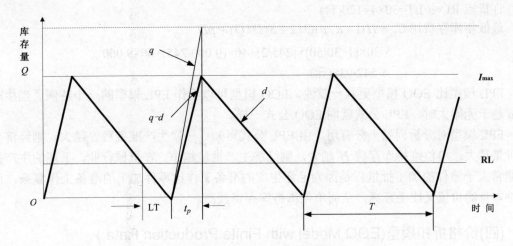

图 5-7　EPL 模型示意图

EOQ 假设整批订货在一定时刻同时到达，补充率为无限大。EPQ 假设条件除此之外与 EOQ 模型假设都相同。在 EPL 模型的假设条件下，C_p 与订货批量大小无关，为常量。与 EOQ 模型不同的是，由于补充率不是无限大，这里的平均库存量不是 Q/2，而是 $I_{max}/2$。于是：

$$C_T = C_H + C_R + C_P = H(I_{max}/2) + S(D/Q) + pD$$

问题现在归结为求 I_{max}。由图 5-8 可以看出：

$$I_{max} = t_p(q-d)$$

由 $Q=qt_p$，可以得出 $t_p=(Q/q)$。所以，

$$C_T = H(1-d/q)Q/2 + S(D/Q) + pD$$

可以得出：

$$EPL = \sqrt{\frac{2DS}{H\left(1-\dfrac{d}{q}\right)}}$$

例 5-2：根据预测，市场每年对某公司生产的产品的需求量为 9000 台，一年按 300 个工作日计算。生产率为每天 50 台，生产提前期为 4 天。单位产品的生产成本为 60 元，单位产品的年维修库存费为 30 元，每次生产准备费用为 40 元。试求经济生产批量 EPL、年生产次数、订货点和最低年总费用。

解：这是一个典型的 EPL 问题，将各变量取相应的单位，带入相应的公式即可求解。

$d = D/N = 9000/300 = 30$(台/日)

$$EPL = \sqrt{\frac{2DS}{H(1-d/q)}} = \sqrt{\frac{2 \times 9000 \times 40}{30 \times (1-30/50)}} = \sqrt{60\,000} \approx 245(台)$$

年生产次数 $n=D/\text{EPL}=9000/245\approx 36.7$(次)

订货点 $\text{RL}=d\cdot\text{LT}=30\times 4=120$(台)

最低年库存费用 $C_T = H(1-d/q)Q/2 + S(D/Q) + pD$

$\qquad\qquad\qquad =30\times(1-30/50)\times(245/2)+40\times(9\,000/245)+60\times 9\,000$

$\qquad\qquad\qquad \approx 542\,938$(元)

EPL 模型比 EOQ 模型更具一般性，EOQ 模型可以看作 EPL 模型的一个特例。当生产率 q 趋于无限大时，EPL 公式就同 EOQ 公式一样。

EPL 模型对分析问题十分有用。由 EPL 公式可知，一次生产准备费 S 越大，则经济生产批量越大；单位维持库存费 H 越大，则经济生产批量越小。在机械行业，毛坯的生产批量通常大于零件的加工批量，是因为毛坯生产的准备工作比零件加工的准备工作复杂，而零件本身的价值又比毛坯高，从而单位维持库存费较高。

(四) 价格折扣模型 (EOQ Model with Finite Production Rate)

为了刺激需求，诱发更大的购买行为，供应商往往在顾客的采购批量大于某一值时提供优惠的价格。这就是价格折扣。图 5-8 表示有两种数量折扣的情况。当采购批量小于 Q_1 时，单价为 P_1；当采购批量大于或等于 Q_1 而小于 Q_2 时，单价为 P_2；当采购批量大于或等于 Q_2 时，单价为 P_3。$P_3<P_2<P_1$。

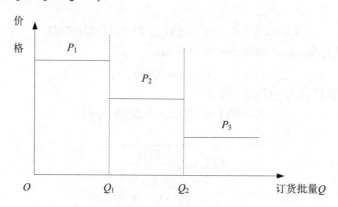

图 5-8　有数量折扣的价格曲线

价格折扣对于供应厂家是有利的。因为生产批量大，则生产成本低，销售量扩大可以占领市场，获取更大利润。价格折扣对用户是否有利，要做具体分析。在有价格折扣的情况下，由于每次订购量大，订货次数减少，年订货费用会降低。但订购量大会使库存增加，从而使维持库存费增加，按数量折扣订货的优点是单价较低，年订货成本较低，较少发生缺货，装运成本较低，而且能比较有效地对付价格上涨。其缺点是库存量大，储存费用高，存货周转较慢且容易陈旧。接不接受价格折扣，需要通过价格折扣模型计算才能决定。

价格折扣模型的假设条件仅有条件(3)与 EOQ 模型假设条件不一样。即允许有价格折扣。由于有价格折扣时，物资的单价不再是固定的了，因而传统的 EOQ 公式不能简单地套用。图5-9 所示为有两个折扣点的价格折扣模型的费用。年订货费 CR 与价格折扣无关，曲线与 EOQ 模型的一样。年维持库存费 CH 和年购买费 CP 都与物资的单价有关。因此，费用曲线是一条不连续的折线。三条曲线的叠加，构成的总费用曲线也是一条不连续的曲线。但是，不论如何变化，最经济的订货批量仍然是总费用曲线 CT 上最低点对应的数量。由于价格折扣模型的总费用曲线不连续，所以成本最低点或者是曲线斜率(亦即一阶导数)为零的点，或者是曲线的中断点。求有价格折扣的最优订货批量按下面步骤进行：

(1) 取最低价格代入基本 EOQ 公式求出最佳订货批量 Q^*，若 Q^* 可行(即所求的点在曲线 CT 上)，Q^* 即为最优订货批量，停止。否则转入步骤(2)。

(2) 取次低价格代入基本 EOQ 公式求出 Q^*。如果 Q^* 可行，计算订货量为 Q^* 时的总费用和所有大于 Q^* 的数量折扣点(曲线中断点)所对应的总费用，取其中最小总费用所对应的数量即为最优订货批量，停止。

(3) 如果 Q^* 不可行，重复步骤(2)，直到找到一个可行的 EOQ 为止。

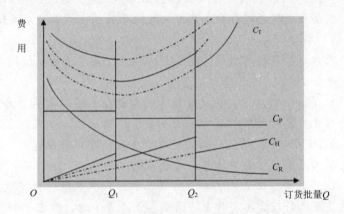

图5-9　有两个折扣点的价格折扣模型的费用

例5-3：某公司每年要购入 3600 台电子零件。供应商的条件是：①订货量大于等于 125 台时，单价32.50元；②订货量小于 125 台时，单价35.00元。每次订货的费用为10.00元；单位产品的年库存维持费用为单价的15%。试求最优订货量。

解：这是一个典型的数量折扣问题，求解步骤如下：

第一步，当 $C=32.50$ 时，$H=32.50 \times 15\% \approx 4.88$，$S=10.00$，$D=3\,600$。

则：$EOQ(32.50) = \sqrt{\dfrac{2 \times 3600 \times 10}{4.88}} = 121.47$（台）

因为只有当订货量大于等于 125 台时，才可能享受单价为 32.50 元的优惠价格，也就是说，121.47 台是不可行的(即 121.47 所对应的点不在曲线 CT 的实线上)。

第二步，求次低的单价 $C=35.00$ 元时的情况。此时：

$H=35.00\times15\%=5.25$，$S=10.00$，$D=3\ 600$。

$$EOQ(35.0)=\sqrt{\frac{2\times3600\times10}{5.25}}=117.11(台)$$

当单价为 35.00 元时，经济订货批量取 117 台时，这与供应商的条件是不矛盾的，因而 117 台为可行的订货量。在这里，订货量大于 117 台的数量折扣点只有一个，即 125 台。因此应该分别计算订货量为 117 台和 125 台时的总成本 CT(117) 和 CT(125)。

$CT(117)=(117/2)\times5.25+(3600/117)\times10.00+3600\times35.00\approx126\ 614.82(元)$

$CT(125)=(125/2)\times4.88+(3600/125)\times10.00+3600\times32.50\approx117\ 593.00(元)$

由于 CT(125)＜CT(117)，所以最优订货批量应为 125 台。

【知识链接】

北京绅士公司如何解决库存难题

北京绅士服装集团为北京市明星纺织服装企业。其品牌"绅士"系列服装连年被评为北京市著名品牌。在企业发展的进程中，职工人数从开始的一两百人发展到现在的近千人，产销量连年翻番。

到今天，成为北方地区屈指可数的，既有品牌效应，又有进出口权的年产 150 万件套成衣的中型服装制造企业。

企业整体规模上了一个新台阶，但是管理方面却使企业首脑深感压力巨大。在一次企业内部管理人员会议上，总经理提出了"三个如何"：第一，如何随时了解产品的市场走向；第二，如何减低库存风险；第三，如何提高业务部门整体反应速度。这三个如何的确反映了现代服装企业的通病：信息资源整合力度不够。

古人云："工欲善其事，必先利其器"。计算机和计算机软件系统就是现代企业管理最有效的利器。通过橙色科技公司与绅士集团信息化工作小组，双方一个多月的努力合作，最终确定了信息化管理的总体战略和实施步骤：总体规划以营销为龙头带动企业内部生产、供应、仓储、财务各环节，建立企业信息闭环。分步实施：第一步，解决企业内部以库存为核心，提高业务部门的进销调存的准确率和反应速度，周期为三个月。第二步，内部成品物流管理自动化，销售网络通路的完善和管理，达到信息流与物流的统一。第三步，建立内部 MRP/MRPII，实现资金的整体规划；网上电子商务。

目前，绅士公司已完成了第一步的实施工作，系统在网络的平台上运行稳定、良好。并统计整理出一些效应档案，贡献出来，与广大服装企业管理从业者及爱好者一起分享：

1. 总体来说，企业实现较大规模的信息管理，应该与企业的长期规划和管理实践相结合，借助优秀、专业的服装行业软件企业的技术优势和系统实施经验，双方共同努力，才会达到预期目标。

2. 库存数量经常不准确。经分析，日常单据经常发生跑、冒、掉、漏、手工误填等情况。为了从根本上杜绝这种情况的发生，橙色科技为绅士集团搭建内部局域网，建立工作流管理模式，利用系统严密的权限设置，使各业务部门职责分明、协调统一，相应地使部门间的监督管理加强；从前的手工三本账转变为电脑统一记账，大大减少了人员重复记账、统计的工作量，误操作情况已经杜绝。

3. 服装企业通常只核算货品的大类、品名和货号，并不管理商品的颜色、款式、尺码规格。这样，产品开发、生产、物流配送就存在一定的盲目性；绅士公司在商品管理方面借鉴了橙色科技"单品管理思想"，就是在整个生产、营销物流环节中，将每件货品细分到品种、款、色、码，这种办法提高了业务人员数据的统计效率，减少了人员的误操作，更为销售总经理提供了更加科学的报表数据。据计算，绅士近 6000 万元的产品库存，通过单品管理，其周转率整体提高 30%，货品调拨次数频繁，大大降低滞销品库存，畅销品追单反应速度加快，实现管理效益百万元。

4. 仓库与业务部门间的信息畅通无比。基本上业务部门想要查到的货品，能实时地了解，具体到单个货品在哪个仓库，什么货位，实际库存、账面库存、在单库存，甚至今后将了解生产线的库存周期。这样无疑使销售部门的工作如虎添翼，串货、断档、短码现象大大减少，销售量比同期有了一定比例的增长，客户满意度也有了很大的提高。

（资料来源：https://wenku.baidu.com/view/ea5efae65ef7ba0d4a733bd3.html）

本 章 小 结

本章系统对库存涉及的问题进行了阐述。第一节介绍了库存的含义及功能，详述了库存分类，并描述了 3 种典型的库存控制系统，即固定量系统、固定间隔期系统和最大最小系统。第二节介绍了库存问题的基本模型，包括单周期库存模型，具体包括期望损失最小法、期望利润最大法和边际分析法；多周期库存模型，具体包括经济订货批量模型、经济生产批量模型和价格折扣模型。通过实例讨论了模型的应用。

习 题

(一)单项选择题

1. 库存是指( )。
   A. 存放在仓库中的物
   B. 用于生产和/或服务所使用的储备物资
   C. 用于销售的储备物资
   D. 用于生产和/或服务的，以及用于销售的储备物资

2. 可以起到防止缺货，提高服务水平的库存，称为( )。
   A. 安全库存　　B. 周转库存　　C. 运输库存　　D. 预期库存
3. 可以起到节省开支，降低成本，取得规模经济作用的库存，称为( )。
   A. 安全库存　　B. 周转库存　　C. 运输库存　　D. 预期库存
4. 订货采购、成本的高低，和( )成正比。
   A. 订货批量　　B. 订货次数　　C. 缺货成本　　D. 保管成本
5. 库存保管成本的高低，和( )呈正相关关系。
   A. 订货批量　　B. 订货次数　　C. 缺货成本　　D. 订货成本
6. 在库存的ABC管理法中，A类物料的库存管理特点是( )。
   A. 严格控制库存时间，不严格控制库存数量
   B. 严格控制库存数量，不严格控制库存时间
   C. 既严格控制库存数量，又严格控制库存时间
   D. 不严格控制库存数量，又不严格控制库存时间
7. 经济订货批量，是指( )。
   A. 库存保管成本最低时的订货批量　　B. 订货成本最低时的订货批量
   C. 缺货成本最低时的订货批量　　　　D. 年总库存成本最低时的订货批量
8. ABC控制的要点是( )。
   A. 尽可能减少A类物资的库存　　B. A、B、C三类物资中，应重点管理B
   C. 尽可能增加C类物资的库存　　D. A、B、C三类物资中，应重点管理C
9. ABC库存管理法的操作步骤中，需要对各种物料进行排序，以确定对各种物料进行排序，以确定不同的类别，其排序的依据是( )。
   A. 年需求量　　B. 物料单价　　C. 物料价值　　D. 品种数量
10. ABC物资库存管理法所针对的是( )。
    A. 独立需求型库存项目　　B. 从属需求型库存项目
    C. 相关需求型库存项目　　D. 非独立需求型库存项目

(二)多项选择题

1. 固定量库存控制系统需要确定( )。
   A. 再订货点　　B. 订货批量　　C. 提前订货期　　D. 平均库存水平
2. 库存成本主要包括( )。
   A. 占用资金的利息　　B. 储藏保管费
   C. 保险费　　　　　　D. 库存物品价值损失费
3. 固定间隔期库存控制系统的特点包括( )。
   A. 订货期固定　　　　B. 对库存量进行严格的控制
   C. 安全库存量小　　　D. 供应厂商可定期检查对销售点的库存情况

4. 经济订购批量模型考虑的成本有(　　)。
   A. 机会成本　　　　　　B. 缺货成本　　　　　　C. 订购成本
   D. 库存持有成本　　　　E. 货物成本
5. 经济订货批量模型的假设条件包括(　　)。
   A. 只涉及一种产品　　　B. 年需求量已知　　　　C. 生产提前期不变
   D. 各批量单独运送接收　E. 没有数量折扣

(三)名词解释

1. 库存
2. 独立需求库存
3. 周转库存
4. 时间效用库存
5. 固定量系统
6. 固定间隔期系统

(四)简答题/计算题

1. 一家玩具制造厂每年大约使用 32 000 片硅片,这些硅片在一年,即 240 天里被匀速消耗。年持有成本为每片 60 分,订货成本为 24 元。
   ① 求经济订货批量。
   ② 每年需要订货多少次?

2. 某厂年需某零件 5000 件,存储费每件每年 2.5 元,订购费用每次 20 元,订货提前期为 7 天。求该零件的经济订购批量及订货点最佳库存水平。(一年以 365 天计算)

3. 圣诞节前某商店要购买一批圣诞树,买进价为 5 元/株,卖出价为 15 元/株,若这些树在节日期间卖不出去,则需以每株 1 元的价钱处理。已知对圣诞树的需求的分布率为:

需求量(D)	40	50	60	70	80	90	100	110	120 以上
分布率	0	0.1	0.15	0.25	0.20	0.15	0.1	0.05	0
需求≥D 概率 $P(D)$	1.00	1.00	0.90	0.75	0.50	0.30	0.15	0.05	0

求最佳订货批量。

4. 某公司平均每周销售 1450 个零件,公司的最高生产能力是每周 4500 个,并且每次生产调整准备费用是 250 元,在此生产率下的每个零件成本是 21.50 元,另外,库存这些零件的单位费用每年是成本的 24%,一年按 52 周计算,求:
   (1) 经济生产批量 EPL;
   (2) 试确定年总调整准备费用和总维持库存费用。

5. 预计对某种纪念盒的需求 D =2420 件/年,商店经理估计一次订货费为 45 元,单位维持库存费为 0.18 元/件·年。有如下价格折扣:一次购买 1~599 件,单价为 0.90 元;600~1199 件,单价为 0.80 元;1200 件及以上单价为 0.75 元,求使总费用最低的订货批量。

(五)案例分析题

明基：追求零库存的终极理想

广东东莞，一起交通意外造成了公路的堵塞，焦急的司机满头大汗，因为时间已经比预期超过了将近45分钟。当交通再次恢复时，倒霉的司机加足了油门，不过他仍然没能将货物正点送达目的地。

45分钟的延误，造成了数十美元甚至是上百美元的价格差异，是什么样的产品能导演出这么戏剧性的过程？新鲜的水果，或是生鱼，这恐怕是大多数人的答案。不过结果恰恰相反，答案是IT硬件，比如是一组内存条，或者只是机箱硬壳上的一个小配件——一枚螺丝。实际上，IT产品对"保险期"相当敏感，"几小时内价格变化之大超过人们的想象，某种程度上来说，它们就是'红鲑鱼'。"一名业内人士这样描述。

简单说来，IT产业是一个咬合紧密、高效协作的产业链条，当一个环节出现问题时，将引起一系列的连锁反应，无形中，当初那个环节的失误就被放大了许多倍，而且最终以价格的形式表现出来。

这背后的原因则与IT产业自身的特点密切相关。IT产业市场透明，技术升级换代相对快，新技术、新产品出现后，原有的产品和技术的身价将以几何级的速度暴跌，为了避免库存跌价损失，许多IT公司都不会储备大量库存。自己的仓库→公路→另外一个工厂的生产线，这就是IT产业的物流，而如何协调其中的资源安排是一门博大精深的学问，解决得好就能造就出另一个戴尔式的企业。甚至有人这样形容，物流就是IT业的核心竞争力。

对IT产业来说，库存除了意味着最基本的存货成本支出，比如房租、水电费和人力支出外，库存跌价损失就更为重要。IT产品库存跌价损失很大，如果库存控制得不好，将会给企业带来很大的问题，所以IT企业才更要做物流，控制好其中各种资源的调配。

高库存同时也意味着另一个问题，那就是占用更多的资金，这对于毛利率日益降低的IT产业来说，尤其不利。

对于高速运转的IT企业来说，控制库存就是要求生产部门严格按照订单生产。订单的来源是营销部门，生产出来的产品从工厂到外库，再到采购商手里是一个分秒必争的过程，订单没有按时生产出来无法交货，但一下子生产多了，企业自己的库房也会无法安排。

(资料来源：http://doc.mbalib.com/view/3b2ff025e1042a8a14ac7c6ee80cbef1.html)

讨论题：
1. 对于IT产业来说，库存控制最大的问题是什么？
2. 可以通过什么方法解决IT产业库存问题？

第六章 项目计划管理

【案例导入】

下面是以一个真实的"校园婚礼"为背景，玛丽·杰克逊即将与拉里·亚当斯结婚，由于时间仓促，在结婚的时间已经无法更改的情形下，他们要在短短22天做一切的婚前准备，这就好比一个"项目"，于是我们就要用科学合理的方法来解决这个问题，这个工作场景具体描述如下：

校园婚礼

去年3月31日，玛丽·杰克逊(Mary Jackson)兴冲冲地冲进家门，宣布她即将和拉里·亚当斯(Lary Adams，她的大学男友)结婚。过了好一会儿，她母亲才逐渐从震惊中恢复过来，紧紧地拥抱着她，并问："什么时候？"下面是她们之间的对话。

玛丽：4月22日。

母亲：什么！

父亲：亚当斯和杰克逊的婚礼将会成为今年的社会热点。你为什么要这么着急？

玛丽：在4月22日，校园的樱花总是开得最为繁茂。因此，那时举行婚礼的画面将是非常美丽的。

母亲：但是，宝贝，时间太仓促了，在那之前我们不可能做完所有必须完成的事情。还记得你姐姐婚礼的详细情形吗？即使我们从明天开始准备，也必须有1天的时间去预订教堂和礼堂，至少要用17天的时间发布公告。这些都必须在我们装饰教堂之前进行。而装饰教堂又需要3天。不过，如果我们周日愿意多支付100美元的话，可能将公告由17天减少为10天。

父亲：哦！

玛丽：我想让简·萨摩斯(Jane Summers)当我的伴娘。

父亲：但她现在在吉特玛拉(Guatemala)的科平公司(Peace Corps)，是吧？她要用10天时间去准备并开车过来。

玛丽：可我们可以让她乘飞机回来，那只要2天的时间，也仅仅会多花500美元，她必须按时到这儿准备她的礼服。

父亲：哦！

母亲：还要准备酒宴！这要花费两天的时间挑选蛋糕和桌布，杰克酒店至少要在准备宴会(婚礼的前一天晚上举行)前10天预订。

玛丽：我可以穿你的结婚礼服吗，妈妈？

母亲：当然，但我们最好换一些带子，我们可以在订购伴娘礼服料子时从纽约顺道订购。收到这些东西需要8天时间。礼服的式样提前选好，这也要用3天时间。

父亲：如果我们多付 25 美元空运过来的话，只要 5 天就可以收到。

玛丽：我希望礼服由沃特森(Watson)太太来制作。

父亲：但那需支付每天 120 美元的手工费！

母亲：如果我们自己完成所有的缝纫工作，就需要 11 天。如果有沃特森太太的帮助，那么可以减少到 6 天，但每天要付 120 美元。

玛丽：我只要她一个人来做！

母亲：还要有两天的试衣时间。正常的话，完成洗慰要两天，不过市里有一种新型清洗机可以在 1 天内完成这些工作，但要多花 30 美元。

父亲：所有这些工作都必须在准备宴会前结束，但是从现在算起也只有 21 天的时间了。

母亲：我们还忘记了一件事——发邀请函。

父亲：我们应该从鲍博(Bob)厂定做邀请函，这通常需要 12 天。但如果我们肯多花 35 美元的话，我敢打赌，只要 5 天就可以做完。

母亲：在发邀请函前，还要用 3 天时间来确定邀请函的式样，我们希望能在信封上印有回函地址。

玛丽：哦，太棒了！

母亲：邀请函必须在婚礼前 10 天发出。如果再晚，我们的一些亲戚可能会因为没有及时拿到而耽误了参加婚礼，这会令他们十分生气的，我敢打赌，如果我们在婚礼前 8 天还没有把它们寄出的话，伊泽尔(Ethel)姑姑就拿不到它了。她送的结婚礼物也会打上 200 美元的折扣。

父亲：哦！

母亲：我们必须把它们拿到邮局去寄，这要用 1 天，写地址要用 4 天，除非我们雇一些人帮忙，但这项工作也只有等到邀请函印好后才能开始。如果雇人的话，可能会节约两天的时间，但我们要为此支付每天 25 美元的费用。在写邀请函之前，我们得列出要邀请的客人名单。这要用 4 天时间，而且只有我才能理清我们的通讯录。

玛丽：啊，妈妈，我太兴奋了，我们可以让我们的每一个亲戚来分担一项工作。

母亲：宝贝，我不明白我们怎样才能做完这些事情。我们要挑选邀请函的式样，要与教堂预约……

父亲：天哪！你为什么不带着 1500 美元一走了之呢？你姐姐的婚礼只花了我 1200 美元，她不需要有人从吉特玛拉飞回来，不必另外雇人，不需要支付空运费，以及其他类似的费用。

(资料来源：http://www.docin.com/p-1432759343.html)

思考题：
1. 根据上面的案例我们要给出活动及其顺序关系，请为婚礼计划设计网络图。
2. 识别路线，并确定哪条是关键路线。
3. 为了满足 4 月 22 日举行婚礼的要求，最小成本计划是什么？

第六章　项目计划管理

【学习目标】

通过本章的学习，要求能根据项目流程编排项目计划，能选择最优的技术方法解决项目中的实际问题，能对项目进行优化。

关键词：项目管理　　网络计划　　甘特图　　网络图

第一节　项目管理

一、项目及项目管理

项目是一种一次性的工作；是一个用于达到某一明确目标的组织单元，应当在规定的时间内完成，有明确的可利用资源、明确的性能指标约定；需要运用多种学科的知识组织起来的人员；成功地完成一次开发性的产品或劳务。因此，美国《管理百科全书》中将项目定义为：那些在指定的时间内、特定的范围内、限定的预算内和规定的质量指标内所要完成的一次性任务或工作。

项目有些共同的特点。一是它们规模较大，甚至规模巨大。比如波音777飞机的研制，需要在众多合作者之间进行广泛的协调，当然也包括大量的资源和管理精力的投入。二是项目的复杂性。这要根据活动的多少和它们之间的相互依赖程度来确定，这也包括要按特定顺序来进行的许多活动。这种顺序一般是根据技术要求或策略考虑来确定的。三是必须估算各项活动所需要的时间和资源，这对于以前从来没做过的工作来说是特别困难的，研究和开发项目经常是这种情况。最后一个特点是项目相对无惯例可循。这意味着组织不能按照惯例和重复的方式开展特殊项目(例外的是航空公司对飞机进行定期维护的项目)。一般来说，每一项目都因为要满足定制的管理要求而具有创新特点。

项目管理包括许多制造和服务活动。大型项目如奥运会工程、长江三峡工程以及美国的曼哈顿计划、阿波罗登月计划等；小型项目如房地产开发中的小区工程、某个影视制作、高炉和发电机组的维修等，都是在项目管理思想的基础上进行的。这些都是一次性的活动或工作，都受期限和费用的约束，并有一定的技术、经济性能指标要求等。由此可见，在各种不同的项目中，项目内容可以是千差万别的，但项目本身有其共同的特点，这些特点可以概括如下：①项目通常是为了追求一种新产物而组织的，具有单一性、任务可辨认性；②项目是由多个部分组成的，跨越多个(社会)组织，因此具有(社会)协同性；③项目的完成需要多个职能部门人员的协调与配合，项目结束后原则上这些人员仍回原职能组织中；④可利用现有资源，事先对未来的项目有明确的预算；⑤一般来说，可利用资源一经约定，不再接受其他支援；⑥有严格的时间期限，并公之于众；⑦项目的产物其保全或扩展通常由项目参加者以外的人员来进行。

与项目的概念相对应，项目管理可以说是在一个确定的时间范围内，为了完成一个既定的目标，并通过特殊形式的临时性组织运行机制，通过有效的计划、组织、实施、领导与控制，充分利用既定有限资源的一种系统管理方法。

上述定义中的"确定的时间范围"应该是短期的，但不同项目中的"相对短期"的概念并不完全相同。例如一种新产品的研制开发可以是半年至二年，工业建设项目可能是三至五年，而一座核电厂建设期以及一个新型运载火箭的研制时间可能更长。

二、项目管理的特点

与项目的概念相对应，项目管理可以说是在一个确定的时间范围内，为了完成一个既定的目标，并通过特殊形式的临时性组织运行机制，通过有效的计划、组织、领导与控制，充分利用既定有限资源的一种系统管理方法。

项目管理具有以下几个基本特点：

1. 项目管理是一项复杂的工作

项目管理一般由多个部分组成，工作跨越多个组织，需要运用多种科学的知识来解决问题；项目工作通常没有或很少有以往的经验可以借鉴，执行中有许多未知因素，每个因素又常常带有不确定性；还需要将具有不同经历、来自不同组织的人员有机地组织在一个临时性的组织内，在技术性能、成本、进度等较为严格的约束条件下实现项目目标，等等。这些因素都决定了项目管理是一项复杂的工作，而且复杂性与一般的生产管理有很大不同。

2. 项目管理具有创造性

由于项目具有一次性的特点，因而既要承担风险又必须发挥创造性。这也是与一般重复性管理的主要区别。

创造总是带有探索性，会有较高的失败概率。有时为了加快进度和提高成功的概率，需要有多个试验方案并进。例如，在新产品、新技术开发项目中，为了提高新产品、新技术的质量和水平，希望新构思越多越好，然后再严格地审查、筛选和淘汰，以确保最终产品和技术的优良性能或质量。而筛选淘汰下来的方案也并不完全是没用的，它们可以成为企业内部的技术储备。这种储备越多，企业就越能应付外界变化和具有应变能力。

3. 项目有其生命周期

项目管理的本质是计划和控制一次性的工作，在规定期限内达到预定目标。一旦目标满足，项目就因失去其存在的意义而解体。因此项目具有一种可预知的生命周期。

项目在其生命周期中，通常有一个较明确的阶段顺序。这些阶段可通过任务的类型或关键的决策点来区分。根据项目内容的不同，阶段的划分和定义也有所区别，但一般认为项目的每个阶段应涉及管理上的不同特点并提出需完成的不同任务。表6-1提出了一种项目阶段的划分方法并说明了每个阶段应采取的行动。无论如何划分，对每个阶段开始和完成的条件和完成的条件与时间要有明确的定义，以便审查其完成程度。

表 6-1　项目阶段的任务

阶段 1——概念	阶段 2——计划	阶段 3——执行	阶段 4——完成
• 确定项目需要 • 建立目标 • 估计所需资源和组织 • 按需要构成项目组织 • 指定关键人员	• 确认项目组织方法 • 制定基本预算和进度 • 为执行阶段作准备 • 进行可行性研究与分析	• 项目的实施（设计、建设、生产、场地、试验、交货）	• 帮助项目产品转移 • 转移人力和非人力资源到其他组织 • 培训职能人员 • 转移或完成承诺 • 项目终止

4．项目管理需要集权领导和建立专门的项目组织

项目的复杂性随其范围的不同变化很大。项目越大越复杂，其所包括或涉及的学科、技术种类也越多。项目进行过程中可能出现的各种问题多半是贯穿各组织部门的，它们要求这些不同的部门作出迅速而且相互关联、相互依存的反应。但传统的职能组织不能尽快与横向协调的需求相配合，因此需要建立围绕专一任务进行决策的机制和相应的专门组织。这样的组织不受现存组织的约束，由来自不同部门的各种专业人员所构成。因此，复杂而包含多种学科的项目，大都以矩阵方式来组织，这是一种着眼于取得项目和职能组织形式两者好处的组织形式。

5．项目负责人(或称项目经理)在项目管理中起着非常重要的作用

项目管理的主要原理之一是把一个时间和预算有限的事业委托给一个人，即项目负责人，他有权独立进行计划、资源分配、指挥和控制。项目负责人的位置是因特殊需要形成的，他行使着大部分传统职能组织以外的职能。项目负责人必须能够了解、利用和管理项目的技术逻辑方面的复杂性，必须能够综合各种不同专业观点来考虑问题。但只有这些技术知识和专业知识仍是不够的，成功的管理还取决于预测和控制人的行为的能力。因此，项目负责人还必须通过人的因素来熟练地运用技术因素，以达到其项目目标。也就是说，项目负责人必须使他的组织成员成为一支真正的队伍，一个配合默契、具有积极性和责任心的高效率群体。

三、项目管理的目标

在项目管理中，通常有三个不同的目标：成本、进度和效果。

项目成本是直接成本与应由项目分担的间接成本的总和。项目经理的工作就是通过合理组织项目的施工，控制各项费用支出，使之不要超出该项目的预算。

项目管理的第二个目标是进度。一般在项目开始时就确定了项目的完工日期和中间几个主要阶段进展的日程，正如项目经理必须把成本控制在预算之内一样，也必须控制项目

的进度计划，但预算和成本常常发生冲突。例如，如果项目进展落后于安排的进度，那么就需要加班加点来赶进度，这就需要在预算中有足够的资金来支付加班成本。因此在时间和成本之间我们必须进行权衡，做出决策，管理部门必须确定某个进度安排的目标是否重要到必须增加成本来加以支持。

项目管理的第三个目标是效果。也就是项目生产的产品或服务成果的特性。如果项目是研究和开发一个新型的产品，其成果就是新产品的经济效果和技术性能指标。如果项目是某部影视片，其成果就是该部影视片的质量和票房收入。效果也需要在成本和进度安排上进行权衡。例如，某部影视片达不到预期的效果，那么就需要对灯光、布景等，甚至剧本内容作出重大修改。这样就会引起成本和进度的变化，因为在项目开始前几乎不可能精确地预见项目的效果、进度和必需的成本，所以在项目进行过程中需要做大量的权衡工作。

四、项目管理组织

项目管理组织是指为了完成某个特定的项目任务而由不同部门、不同专业的人员所组成的一个特别工作组织，它不受现存的职能组织构造的束缚，但也不能代替各种职能组织的职能活动。

项目管理组织有多种形式，例如职能型组织、矩阵型组织和混合型组织等。每种组织形式都有各自的优劣势，企业应根据每种组织形式的特点，结合项目具体内容选择一种合适的组织形式。

如果项目的开展需要多个职能部门的协助并涉及复杂的技术问题，但又不要求技术专家全日制参与，矩阵组织是比较令人满意的选择，尤其是在若干项目需要共享技术专家的情况下作用更明显。

矩阵组织是一种项目职能混合结构，是一个横向按工程项目划分的部门与纵向按职能划分的部门结合起来的关系网，而不是传统的垂直或职能关系。当很多项目对有限资源的竞争引起对职能部门资源的广泛需求时，矩阵组织就是一个有效的组织形式。传统的职能组织在这种情况下无法适应的主要原因在于，职能组织无力对包含大量职能之间相互影响的工作任务提供集中、持续和综合的关注与协调。因为在职能组织中，组织结构的基本设计是职能专业化和按职能分工的，不可能期望一个职能部门的主管人不顾他在自己的职能部门中的利益和责任，或者完全打消职能中心主义的念头，使自己能够把项目作为一个整体，对职能之外的项目也专心致志地关注。

在矩阵组织中，项目经理在项目活动的"什么"和"何时"方面，即内容和时间方面对职能部门行使权力，而各职能部门负责人决定如何支持。每个项目经理直接向最高管理层负责，并由最高管理层授权。而职能部门则从另一方面来控制，对各种资源作出合理的分配和有效的控制与调度。职能部门负责人既要对他们的直接上司负责，也要对项目经理负责。

矩阵组织的复杂性对项目经理是一个挑战。项目经理必须了解项目的技术逻辑方面的复杂性，必须能够综合各种不同专业观点来考虑问题。但只有这些技术知识和专业知识是不够的，成功的管理还取决于预测和控制人的行为能力。因此，项目负责人还必须通过人的因素来熟练地运用技术因素和管理因素，以达到其项目目标。也就是说，项目负责人必须使他的组织成员成为一支真正的队伍，一个工作配合默契、具有积极性和责任心的高效率群体。

第二节　网络计划技术概述

一、网络计划技术的概念

网络计划技术是现代科学管理的一种有效方法，它是通过网络图的形式来反映和表达生产线工程项目活动之间的关系，并且在计算和实施过程中不断进行组织、控制和协调生产进度或成本费用使整个生产或工程项目达到预期的目标。或者说：网络计划技术是运用网络图形式来表达一项计划中各个工序(任务、活动等)的先后顺序和相互关系，其次通过计算找出关键运作和关键路线，接着不断改善网络计划，选择最优方案并付诸实践，然后在计划执行中进行有效的控制与监督，保证人、财、物的合理使用。

二、网络计划技术的内容

广泛应用的网络计划技术，主要有关键路线法与计划评审技术两种。

关键路线法(Critical Path Method，CPM)于 20 世纪 50 年代最早应用于美国杜邦公司。1956 年杜邦公司为了系统地制定和有效协调企业不同业务部门的工作，该公司的科技人员与雷明顿—兰德合作，创造了一种图解理论的方法，这种方法不但用图解表示各项工序所需时间，同时也表示了它们之间的程序关系。用这种方法制定计划可以考虑到一切影响计划执行的因素，从而易于修改计划，并能运用计算机快速运算，这种方法叫 CPM 法。

与此同时美国海军在研究北极星导弹潜艇时用计划评审技术(Program Evaluation and Review Technique，PERT)。这一技术把该工程的 200 多家承包厂商和十万家精包厂共 1100 家企业有效地组织起来，使整个工程完工期大大缩短，节约了两年时间。1962 年后，美国政府决定对一切新开发工程全面实行 PERT。PERT 法的基本思路与方法同 CPM 法类似，都以网络图为主要工具，区别在于 PERT 法增加了对随机因素的考虑。所以 PERT 法叫非肯定型网络法，而 CPM 法叫肯定型法。

CPM 和 PERT 是 20 世纪 50 年代后期几乎同时出现的两种计划方法。随着科学技术和生产的迅速发展，出现了许多庞大而复杂的科研和工程项目，它们工序繁多，协作面广，常常需要动用大量人力、物力和财力。因此，如何合理而有效地把它们组织起来，使之相互协调，在有限资源下，以最短的时间和最低费用，最好地完成整个项目，就成为一个突出的问题。CPM 和 PERT 就是在这种背景下出现的。这两种计划方法是分别独立发展起来的，但其基本原理一致，即用网络图来表达项目中各项活动的进度和它们之间的相互关系，并在此基础上进行网络分析，计算网络中的各项时间参数，确定关键活动与关键路线，利用时差不断调整与优化网络，以求得最短周期。然后还可将成本与资源问题考虑进去，以求得综合优化的项目计划方案。因为这两种方法都是通过网络图和相应的计算来反映整个项目的全貌，所以又被称为网络计划技术。

【知识链接】

甘特图法

甘特图(Gantt chart)由亨利•甘特于 1916 年提出，它通过条状图显示了每个项目任务的时间，用来制订活动计划，并监控项目进度。图 6-1 的甘特图显示了实施项目中每个模块的时间和整个 ERP 实施项目的总周期时间。

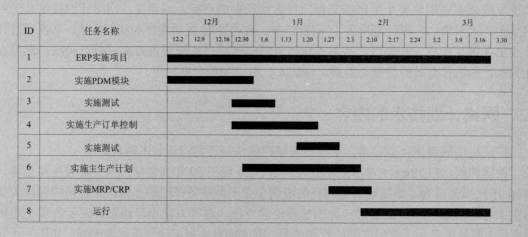

图 6-1 甘特图示例

甘特图还有其他多种形式，例如，跟踪甘特图不仅显示任务信息，还同时显示任务完成的百分比；延迟甘特图显示任务进度，以及在不耽误整个项目的前提下每个任务能延迟的时间；资源甘特图显示活动所占用的资源；而里程碑甘特图则显示关键的里程碑时间。甘特图能够帮助项目团队成员、赞助商、转包商和卖家迅速了解项目信息。

三、甘特图与网络图的异同

长期以来计划工作都采用甘特图，又名横道图法、线条图法来计划和控制工作进度。甘特图具有形象、直观、简明、易懂和作图简便等优点，至今被广泛采用，将来也会是行之有效的主要计划方法之一。但其有以下不足：

(1) 不能在图上清晰和严密地显示出各项工作的逻辑关系。也就是在工作上的相互关联，互为条件，互为因果的依存关系，在时间上的衔接关系。

(2) 不能既具有显示计划全貌的轮廓功能，又可以作为实施和控制作业计划功能，即两者不能兼备。

(3) 不能从保证生产和进度工期上找出关键工序和路线以及优化工作，也不适应使用计算机编制、修改和控制计划。

网络图克服了横道图的不足，但网络图在许多场合仍需要横道图配合，以取得更好的效果。网络计划技术的功能如下：

(1) 从轮廓计划的角度来研究其功能

①网络计划能显示全部工序及其构成和工序的开工时间，便于掌握了解计划全貌；②在网络中能显示出工序之间的依存关系；③在网络计划编制阶段各部门共同参加网络图的编制，目标一致。

(2) 从执行计划的角度来研究其功能

①由于任务分解，工序具体而不笼统；②网络法可以区分出关键工序和非关键工序；③网络法还可以计算出非关键工序的时差，也就是可以知道有多少机动时间。

四、网络计划技术的应用步骤

网络计划技术的应用主要遵循以下几个步骤。

(一)确定目标

确定目标，是指决定将网络计划技术应用于哪一个工程项目，并提出对工程项目和有关技术经济指标的具体要求。如在工期方面、成本费用方面要达到什么要求。依据企业现有的管理基础，掌握各方面的信息和情况，利用网络计划技术来为工程项目寻求最合适的方案。

(二)分解工程项目，列出作业明细表

一个工程项目是由许多作业组成的，在绘制网络图前就要将工程项目分解成各项作业。作业项目划分的粗细程度视工程内容以及不同单位要求而定，作业项目分得细，网络图的节点和箭线就多。对于上层领导机关，网络图可绘制得粗些，主要是通观全局、分析矛盾、掌握关键、协调工作和进行决策；对于基层单位，网络图就可绘制得细些，以便具体组织和指导工作。

在工程项目分解成作业的基础上，还要进行作业分析，以便明确先行作业(紧前作业)、平行作业和后续作业(紧后作业)。即在该作业开始前，哪些作业必须先期完成，哪些作业可

以平行地进行，哪些作业必须后期完成，或者在该作业进行的过程中，哪些作业可以与之平行交叉地进行。在划分作业项目后便可计算和确定作业时间。一般采用单点估计或三点估计法，然后一并填入明细表中。

(三)绘制网络图，进行节点编号

根据作业时间明细表，可绘制网络图。网络图的绘制方法有顺推法和逆推法。

(1) 顺推法，即从始点时间开始根据每项作业的直接紧后作业，依次绘出各项作业的箭线，直至终点事件为止。

(2) 逆推法，即从终点事件开始，根据每项作业的紧前作业逆箭头前进方向逐一绘出各项作业的箭线，直至始点事件为止。

同一项任务，用上述两种方法画出的网络图是相同的。一般习惯于按反工艺顺序安排计划的企业，如机器制造企业，采用逆推法较方便，而建筑安装等企业，则大多采用顺推法。按照各项作业之间的关系绘制网络图后，要进行节点编号。

(四)计算网络时间、确定关键路线

根据网络图和各项活动的作业时间，就可以计算出全部网络时间和时差，并确定关键路线。具体计算网络时间并不太难，但比较烦琐。在实际工作中影响计划的因素很多，要耗费很多的人力和时间。因此，只有运用计算机才能对计划进行局部或全部调整，这也为推广应用网络计划技术提出了新内容和新要求。

(五)进行网络计划方案的优化

找出关键路线，也就初步确定了完成整个计划任务所需要的工期。这个总工期，是否符合合同或计划规定的时间要求，是否与计划期的劳动力、物资供应、成本费用等计划指标相适应，需要进一步综合平衡，通过优化，择取最优方案。然后正式绘制网络图，编制进度表，以及工程预算等各种计划文件。

(六)网络计划的贯彻执行

编制网络计划仅仅是计划工作的开始。计划工作不仅要正确地编制计划，更重要的是组织计划的实施。网络计划的贯彻执行，要发动群众讨论计划，加强生产管理工作，采取切实有效的措施，保证计划任务的完成。在应用计算机的情况下，可以利用计算机对网络计划的执行进行监督、控制和调整，只要将网络计划及执行情况输入计算机，它就能自动运算、调整，并输出结果，以指导生产。

第三节　网络图的绘制及时间参数计算

一、网络图的构成

网络计划技术的一个显著特点是借助网络图对项目的进行过程及其内在逻辑关系进行综合描述，这是进行计划和计算的基础。因此，研究和应用网络计划技术要从网络图入手。它是以一种表示一项工程或一个计划中各项工作或各道工序的衔接关系和所需时间的图解模型。

网络图由以下两部分组成：

1. 网络模型

它反映整个工程任务的分解与合成。分解是对整个工程任务仔细划分；合成是解决各项工作的协作和配合。

2. 时间数值

时间数值也就是数学模型。它反映整个工程任务的过程中，人、事、物的运动状态。这些运动状态都是通过转化为时间、函数来反映的。反映人、事、物运动状态和时间数值，包括各项工作的作业时间、开工和完工时间、工作之间的衔接时间、完成任务的机动时间及日程范围、总工期，从时间上显示出保证工期的关键所在及其缩短、优化的途径。

二、网络图的构成要素

1. 活动

一项工作或一道工序又称工种工序作业。其又分为实活动和虚活动两种。实活动：占用时间，消耗资源，用"→"表示，又称箭线。虚活动：不占用时间、资源，而仅仅表示逻辑关系。用"--▶"表示。箭线长短与工序时间长短无关。

2. 事项(事件)

一项事件活动的瞬时开始和瞬时结束，又叫节点(节点)，其用"O"表示，有双重含意，表示前一事项结束后一事件开始，有瞬时性、连续性和直观性。在网络中，左边第一个节点，叫作始点，最右端的节点，叫作终点。

3. 路线

从始点→终点，中间一系列间线首尾相接的箭线叫路线，又叫通道，网络图由许多路线构成，其中最长的路线叫作关键路线，其上的工序叫关键工序，关键路线一般用双实线或加粗线表示。

三、绘制网络图规则和逻辑表示方法

(一)网络图绘制的基本规则

网络图的绘制遵循以下基本规则：

(1) 不允许出现循环回路，网络图中的箭线必须从左至右排列，不能出现回路，如图 6-2 所示。

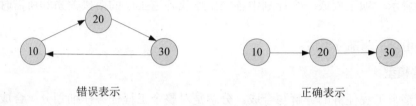

图 6-2 不允许出现循环回路

(2) 箭头节点的标号必须大于箭尾节点的编号。编号可以不连续，而且最好是跳跃式的，以便调整。

(3) 两节点间只能有一条箭线，否则，当用节点编号标识某项活动时，就会出现混乱。要消除这样的现象，就必须引入虚活动，如图 6-3 所示。

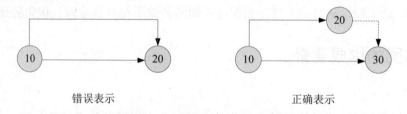

图 6-3 两节点间只能有一条箭线

(4) 网络图只有一个起始节点和一个终止节点。起始节点表示项目的开始，终止节点表示项目的结束。按惯例，起始节点放在图的左边，终止节点放在图的右边，如图 6-4 所示。

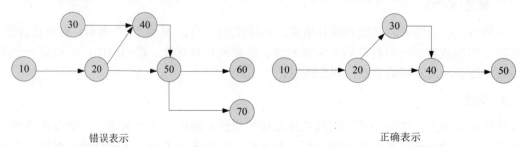

图 6-4 网络图只有一个起始节点和一个终止节点

(5) 每项活动都应有节点表示其开始与结束,如图 6-5 所示。

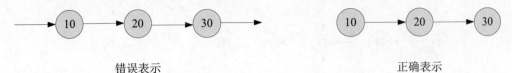

错误表示　　　　　　　　　　　　　　　正确表示

图 6-5　每项活动都应有节点表示其开始与结束

(6) 箭线交叉必须用暗桥,如图 6-6 所示。

(二)网络图作业之间的逻辑关系

根据网络图中有关作业之间的相互关系,可以将作业划分为:紧前作业、紧后作业、平行作业和交叉作业。

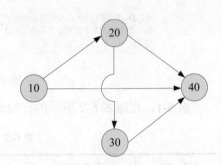

(1) 紧前作业,是指紧接在该作业之前的作业。紧前作业不结束,则该作业不能开始。

(2) 紧后作业,是指紧接在该作业之后的作业。该作业不结束,紧后作业不能开始。

图 6-6　箭线交叉必须用暗桥

(3) 平行作业,是指能与该作业同时开始的作业。

(4) 交叉作业,是指能与该作业相互交替进行的作业。

图 6-7 反映了网络图中的截取部分各作业之间的关系。

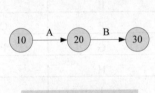

作业A完成后B才能开始

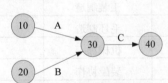

作业A、B完成后C才能开始

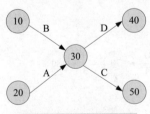

作业A、B完成后,作业C、D才能开始

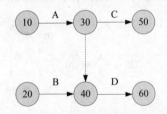

作业A完成后,作业C才能开始;A、B均完成后,D才能开始,D紧随于B。

图 6-7　网络图逻辑关系

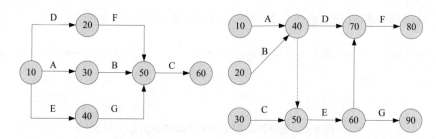

A、D、E同时开始，A完成后B开始，D完成后F才开始，E完成后G才开始，B、F、G完工后C才开始。

A、B完工后，D才开始，A、B、C均完工后E开始；E紧接于C；D、E完成后F才开始，F紧接于D；E完工后G才能开始。

图 6-7　网络图逻辑关系(续)

例 6-1：根据表 6-2 所示的已知条件，运用网络图的原则和逻辑表示方法绘制网络图。

表 6-2　某机械加工企业作业清单

顺　序	作业名称	作业时间/天	作业代号	紧前作业
1	图纸设计	3	A	—
2	工艺设计	4	B	A
3	模型制造	2	C	A
4	浇注模具	2	D	B
5	工装制造	5	E	B
6	毛坯制造	2	F	C、D
7	机械加工	4	G	E、F
8	装配协作	3	H	G
9	采购外协	2	I	A

根据表 6-2 资料，可绘制网络图如图 6-8 所示。

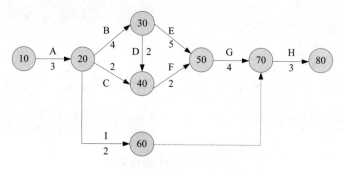

图 6-8　绘制网络图

> **提示：** 网络图绘制时严格遵守绘制规则，尤其是虚箭线的引入，不能多也不能少，应该添加几条虚箭线就添加几条虚箭线。

四、网络时间参数计算

在分析研究网络图时，除了从空间反映整个计划任务及其组成部分的相互关系以外，还必须分析确定各项活动的时间，这样才能动态模拟生产过程，并作为编制计划的基础。

网络时间的计算，包括以下几项内容：①确定各项活动的作业时间；②计算各节点的时间参数；③计算工序的时间参数；④计算时差，并确定关键路线。

(一) 各项活动作业时间的计算

1. 单时法

单时法即单一时间估计法。这种方法对活动的作业时间只确定一个时间值，估计时应以完成各项活动可能性最大的作业时间为准。采用单时法的网络图为肯定型网络图，它适用于不可知因素较少，在有同类工程或类似产品的工时资料可供借鉴情况下的项目。

2. 三点估计法

在没有肯定可靠的工时定额时，只能用估计时间来确定，一般用三点估计法，即先估计出最乐观时间、最保守时间、最可能时间，然后求其平均值。其公式如下：

$$TE = \frac{a + 4m + b}{6}$$

式中：TE——估计时间；a——最乐观时间；b——最保守时间；m——最可能时间。

3. 估计活动工期分布

上述时间计算其标准偏差为：$\sigma = (b-a)/6$

计划任务规定日期完成的概率：$\lambda = (TK-TS)/\sum\sigma$

式中：TK——计划规定完工日期或目标时间；TS——计划任务最早可能完成的时间，即关键线路上各项活动平均作业时间总和；λ——概率系数；$\sum\sigma$——关键线路上各项活动标准差之和。

例 6-2：如表 6-3 所示数值，要求能按期完成的概率达 90%，问工程周期定为几天？若将工期定为 25 天，问能按期完工的可能性有多大？

解：如图 6-9 所示，关键路线为 ①→②→③→④→⑦   TS =23.7(天)

$$\sum\sigma = \sqrt{\sum\frac{(b-a)^2}{6^2}} = \sqrt{\frac{(64+25+16+49)}{36}} = 2.068$$

查正态分布表概率为 90% 时，概率系数为 $\lambda = 1.3$

(1) 生产周期 $TK=TS+\sum\sigma\lambda=23.7+2.068\times 1.3\approx 26.4$(天)

表6-3 某作业数值

作业名称	三点估计			平均作业时间	方差
	a	m	b		
A	2	3	9	3.8	
B	2	4	10	4.7	
C	3	5	9	5.3	64/36
D	5	8	10	7.8	
E	1	5	10	5.2	25/36
F	5	7	9	7.0	
G	4	5	7	5.2	16/36
H	1	4	8	4.2	
I	2	5	6	4.7	49/36
合 计					4.278

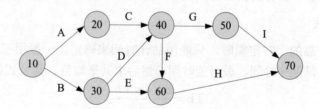

图6-9 工程作业时间及顺序图

(2) 假设工期为25天，即TK=25天

则 $\lambda = \dfrac{TK-TS}{\sum\sigma} = \dfrac{25-23.7}{2.068} \approx 0.63$

查正态分布表概率 $\lambda=0.63$ 时，完工概率为73%。

(二) 节点时间的计算

1. 节点的最早开始时间

节点的最早开始时间指从该节点开始的各项作业最早可能开始进行的时间，在此之前各项活动不具备开工条件，用ET表示。网络始点事项的最早开始时间为零，终点事项因无后续作业，它的最早开始时间也是它的结束时间。网络中间事项的最早开始时间计算可归纳为：前进法、用加法、选大法。

2. 节点的最迟结束时间

节点的最迟结束时间指以该节点为结束的各项活动最迟必须完成的时间，用 LT 表示。网络终点事项的最迟结束时间等于它的最早开始时间。其他事项的最迟结束时间的计算可归纳为：后退法、用减法、选小法。

节点最早开始时间和最迟结束时间可在图上计算法计算。就是根据网络时间计算的基本原理，在网络上直接进行计算，把时间标明在图上，一般节点最早开始时间标在"口"中，节点最迟结束时间标在"△"中，如图 6-10 所示。

(三)工序时间的计算

1. 工序的最早开工时间与最早完工时间

工序最早开工时间(ES)是工序最早可能开始的时间，它就是代表该工序箭线的箭尾节点的最早开始时间，即：$ES(i,j)=ET(i)$

工序的最早完工时间(EF)指工序最早可能完成的时间，它等于工序最早开工时间与该工序的作业时间之和，即：$EF(i,j)= ET(i)+T(i,j) = ES(i,j)+T(i,j)$

2. 工序的最迟开工时间和最迟完工时间

工序的最迟开工时间(LS)是指工序最迟必须开始，而不会影响总工期的时间，它是工序最迟必须完工时间与该工序的作业时间之差。工序的最迟完工时间(LF)等于代表该工序的箭线箭头节点的最迟结束的时间，因此，在已知节点最迟结束时间的条件下，可以确定各项工序的最迟完工时间，然后确定工序的最迟开工时间。

$$LF(i,j)=LT(j)$$
$$LS(i,j)=LF(i,j)-T(i,j)= LT(j)-T(i,j)$$

各项节点时间和工序时间计算见下例。

例 6-3： 某厂生产的产品共有七道工序，其工序流程及每道工序所需要的时间如表 6-4，试计算各工序时间参数。

表 6-4 工序时间表

工序名称	A	B	C	D	E	F	G
紧前工序	—	A	A	B	B	C, D	E, F
时间/天	1	8	5	3	7	3	1

解：(1)先作图，用图解法计算节点时间，如图 6-10 所示：

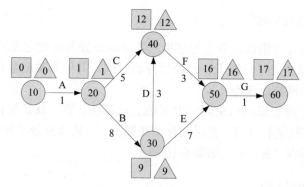

图 6-10 用图解法计算

(2) 计算工序时间如表 6-5 所示。

表 6-5 工序时间参数表

工序	作业时间/天	开始时间/天		结束时间/天		时差/天
		ES	LS	EF	LF	
①→②	1	0	0	1	1	0
②→③	8	1	1	9	9	0
②→④	5	1	8	6	13	7
③→④	3	9	10	12	13	1
③→⑤	7	9	9	16	16	0
④→⑤	3	12	13	15	16	1
⑤→⑥	1	16	16	17	17	0

(四) 时差及关键路线的确定

1. 时差

时差又叫机动时间、富裕时间,是每道工序的最迟开工(完工)时间与最早开工(完工)时间之差。关键路线上工序的时差为零。时差用 $S(i,j)$ 表示,计算公式如下:

$$S(i,j) = LS(i,j) - ES(i,j) = LF(i,j) - EF(i,j)$$

2. 关键路线的确定

关键路线是在网络图中完成各个工序需时间最长的路线,又称主要矛盾线。如果能够缩短关键工序(作业)的时间,就可以缩短工程的完工时间。而缩短非关键路线上的各个工序(作业)所需要的时间,却不能使工程完工时间提前。

对各关键工序,优先安排资源,挖掘潜力,采取相应措施,尽量压缩需要的时间。而对非关键路线上的各个工序，只要在不影响工程完工时间的条件下，抽出适当的人力、物力等资源，用在关键工序(工作)上，以达到缩短工期，合理利用资源的目的。在执行过程中，可以明确工作重点，对各个关键工序加以有效控制和调度。确定关键路线的方法有以下几种：

(1) 最长路线法：计算出工期最长的路线，即为关键路线。

(2) 时差法：由时差为零的活动所组成的路线为关键路线。

(3) 破圈法：从一个节点到另一个节点之间如果存在两条不同的线路，形成一个封闭的环，称为圈。形成圈的两条线路作业时间不等，该圈则称可破圈。可将其中较短的一条线路删除，圈就被打破了，保留下来的是较长的一条线路，也就是两节点间的关键线路。以此类推，剩下最后一条线路即为关键路线。

例 6-4：用破圈法找出图 6-11 中的关键路线。

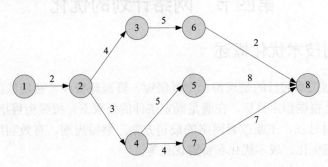

图 6-11　例 6-4 图

解：先破由节点②、③、④、⑤、⑥、⑧构成的圈，得图 6-12。

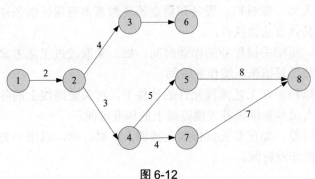

图 6-12

再破由节点④、⑤、⑦、⑧构成的圈，得图 6-13，则剩下的①→②→④→⑤→⑧为关键路线。

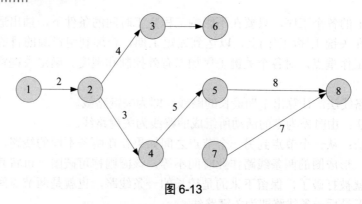

图 6-13

第四节　网络计划的优化

一、网络计划技术优化概述

运用网络计划技术的目的是求得一个时间短、资源耗费少、费用低的计划方案。网络计划优化，主要是根据预定目标，在满足既定条件的要求下，按照衡量指标寻求最优方案。其方法主要是利用时差，不断改善网络的最初方案，缩短周期，有效利用各种资源。网络计划的优化有时间优化、成本优化和资源优化等。

二、时间优化

时间优化是在人力、原材料、设备和资金等资源基本有保证的条件下，寻求最短的工程项目总工期。其具体方法途径有：

(1) 采取措施，压缩关键作业的作业时间。如，采取改进工艺方案，合理地划分工序的组成，改进工艺装备等措施压缩作业时间。

(2) 采取组织措施，在工艺流程允许的条件下，对关键路线上的各作业组织平行或交叉作业；合理调配人员尽量缩短各关键路线上的作业时间。

(3) 充分利用时差。如在非关键作业上抽调人、财、物，以用于关键路线上的作业，实现缩短关键路线的作业时间。

三、时间—费用优化

时间—费用优化，又称成本优化，就是根据计划规定的期限，确定最低成本；或根据最低成本的要求，寻求最佳工期。运用网络计划技术制订工程计划，不仅要考虑工期和资源情况，还必须考虑成本，讲求经济效益。

(一)直接费用 C_D

直接费用 C_D 是指能够直接计入成本计算对象的费用,如直接工人工资、原材料费用等。直接费用随工期的缩短而增加。

一项活动如果按正常工作班次进行,其延续时间称为正常时间,记为 t_Z;所需费用称为正常费用,记为 C_Z。若增加直接费用投入,就可以缩短这项活动所需的时间,但活动所需时间不可能无限缩短。如加班加点,一天也只能 24 小时;生产设备有限,投入更多的人力也不会增加产出。我们称赶工时间条件下活动所需最少时间为极限时间,记为 t_g;相应所需费用为极限费用,记为 C_g。直接费用与活动时间直接的关系如图 6-14 所示。

为简化处理,可将活动时间—费用关系视为一种线性关系。在线性假定条件下,活动每缩短一个单位时间所引起的直接费用增加称为直接费用变化率,记为 e。

$$e=(C_g-C_Z)/(t_Z-t_g)$$

(二)间接费用 C_I

间接费用 C_I 是与整个工程有关的、不能或不宜直接分摊给某一活动的费用,包括工程管理费用、拖延工期罚款、提前完工的奖金、占用资金应付利息等。间接费用与工期成正比关系,即工期越长,间接费用越高,反之则越低。通常将间接费用与工期的关系作为线性关系处理。

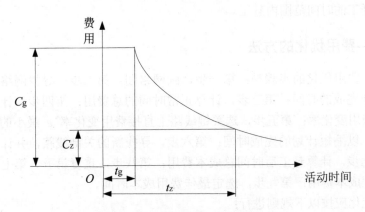

图 6-14 直接费用与工期的关系

工程总费用 C_T、直接费用 C_D、间接费用 C_I 与工期的关系如图 6-15 所示。

由图中可以看出,总费用先随工期缩短而降低,然后随工期进一步缩短而上升。总费用的这一变化特点告诉人们,其间必有一最低点,该点所对应的工程周期就是最佳工期,如图中 T^* 点所示。时间—费用优化的过程,就是寻求总费用最低的过程。

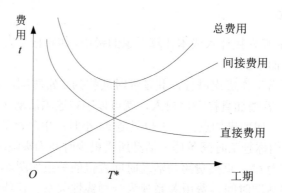

图 6-15 费用、工期关系图

设工期从 T 压缩至 T'，$T'<T$，相应的总费用变化为

$$C_T(T')=C_D(T')+C_I(T')=C_D(T)+\Delta C_D+C_I(T)+\Delta C_I,$$
$$C_T(T')-C_T(T')=\Delta C_D+\Delta C_I。$$

若 $\Delta C_D+\Delta C_I<0$，则工期还可以进一步缩短。

在进行时间—费用优化时，需要把握以下三条规则：

(1) 必须对关键路线上的活动赶工；
(2) 选择直接费用变化率 e 最小的活动赶工；
(3) 在可赶工的时间范围内赶工。

(三) 时间—费用优化的方法

进行时间—费用优化的步骤是：第一步，画网络图；第二步，寻找网络计划的关键线路，并计算计划完成的时间；第三步，计算正常时间的总费用；第四步，计算网络计划各项作业的直接费用变化率；第五步，选关键线路上直接费用变化率 e 最小的作业作为赶工对象进行赶工，以缩短计划的完成时间；第六步，寻找新的关键线路，并计算赶工后计划完成时间；第七步，计算赶工后时间总成本费用；第八步，重复第五、第七步，计算各种改进方案的日程成本费用；第九步，选定最佳费用成本时间。

时间费用优化应按以下规则进行：

第一，压缩工期时，应选关键路线上直接费用最小的作业，以增加最少直接费用来缩短工期。

第二，在确定压缩某项作业期限时，既要满足作业极限时间所允许的赶工限制，又要考虑网络图中长路线工期同关键路线工期的差额限制，并应取两者中较小者。

第三，为使网络图不断优化，出现数条关键路线时，继续压缩工期就必须在这数条关键路线上同时进行，否则仅压缩其中一条关键路线的时间，不会达到缩短工程总工期的目的。

下面举例说明。

例 6-5：某项目计划的网络图如图 6-16 所示。各项活动的正常时间、正常费用、极限时间、极限费用列于表 6-6 中。设该项目单位时间的间接费用为 5000 元。按合同要求，工期为 8 周，每超过 1 周，罚款 4500 元；每提前 1 周，奖励 4500 元。试找出最低费用下的工期。

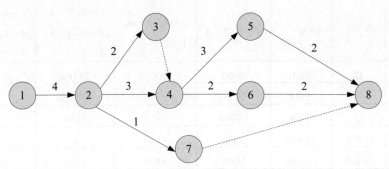

图 6-16 网络图

解：(1) 利用所给的正常和赶工情况下的各种数据，计算直接费用变化率，填于表 6-6 中。

表 6-6 时间率计算表

活动	正常条件下		赶工条件下		直接费用变化率 e/(元/周)
	时间/周	直接费用/元	时间/周	直接费用/元	
1～2	4	14 000	3	20 000	6000
2～3	2	15 000	1	20 000	5000
2～4	3	15 000	1	25 000	5000
2～7	1	6000	1	6000	—
3～4	0	—	0	—	
4～5	3	13 000	2	20 000	7000
4～6	2	3000	1	5000	2000
5～8	2	8000	1	12 000	4000
6～8	2	6000	1	10 000	4000

(2) 根据正常条件下的网络图(见图 6-16)求出关键路线。关键路线为 1-2-4-5-8，在正常条件下，直接费用和间接费用都没有变化，但由于比合同规定延迟了 4 周，罚款为 18 000 元，如表 6-7 所示。因此要考虑压缩关键活动时间。此时，关键活动为 1～2、2～4、4～5、5～8。在这 4 项活动中，活动 5～8 的直接费用率最小，因此优先考虑压缩活动 5～8 的时间。将活动 5～8 的时间从 2 周压缩至 1 周。活动 5～8 的、时间压缩 1 周后，直接费用增

加 4000 元,由于工期缩短 1 周,间接费用减少 5000 元,两项相加,节省 1000 元,但工期拖后 3 周,罚款为 13 500 元。

表 6-7 网络计划优化过程计算表

工 期	12 周	11 周	10 周	9 周	8 周	7 周
赶工活动	无	5~8	5~8, 2~4	5~8, 2~4, 1~2	5~8, 2~4, 1~2, 4~6, 4~5	5~8, 2~4, 1~2, 4~6, 4~5, 2~3, 2~4
ΔC_D	0	4000	9000	15 000	24 000	34 000
ΔC_I	0	-5000	-10 000	-15 000	-20 000	-25 000
$\Delta C_D+\Delta C_I$	0	-1000	-1000	0	4000	9000
罚款	18 000	13 500	9000	4500	0	-4500
总费用变化	18 000	12 500	8000	4500	4000	4500

总费用变化为 12 500 元,低于正常工期下的费用。接着,考虑将工期压缩为 10 周。由于活动 5~8 已压缩到极限时间,而且活动 4~6 和活动 6~8 也已成为关键活动,要使工期变为 10 周,要么同时压缩活动 4~5 的时间和活动 4~6 的时间,要么压缩活动 2~4 的时间。压缩活动 4~5 时间和活动 4~6 时间各 1 周需 9000 元,压缩活动 2~4 一周只需 5000 元。因此,压缩活动 2~4 的时间。

按这样的方法继续进行,最后结果如表 6-7 所示。总费用增加最少的方案是工期压缩到 8 周。每压缩一次活动的时间,都要重新计算出新的关键路线和关键活动,以便找出下一次的压缩对象。随着活动时间的压缩,关键活动和关键路线越来越多,优化工作也越来越复杂。本例中的最后结果如图 6-17 及表 6-7 所示。

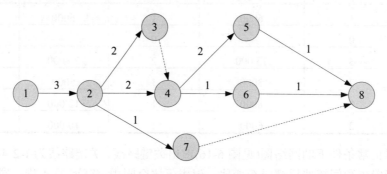

图 6-17 经优化的网络图

提示: 时间—费用优化的时候,压缩的一定是关键路线上的关键活动。

第五节　工作场景分析

一、项目分解

根据工作场景进行项目分解。由此场景可以将该项目分解为 15 项活动。
(1) 预订教堂和礼堂(A)；
(2) 发布公告(B)；
(3) 装饰礼堂(C)；
(4) 挑选蛋糕和桌布(D)；
(5) 伴娘赶来(E)；
(6) 挑选礼服式样(F)；
(7) 礼服送来(G)；
(8) 缝纫礼服(H)；
(9) 试衣(I)；
(10) 洗熨衣服(J)；
(11) 设计邀请函式样(K)；
(12) 定做邀请函(L)；
(13) 清理通讯录(M)；
(14) 写地址(N)；
(15) 邮寄邀请函(O)。

二、根据工作逻辑确定活动顺序

根据已知的信息，可以给出其活动的逻辑顺序，如表 6-8 校园婚礼活动关系表所示。

表 6-8　校园婚礼活动关系表

活动序号	活动名称	紧后活动	活动时间(天)	可压缩至的时间/天	额外支付的费用/美元
A	预订教堂和礼堂	B	1		
B	发布公告	C	17	10	100
C	装饰礼堂	—	3		
D	挑选蛋糕和桌布	—	2		
E	伴娘赶来	F	10	2	500
F	挑选礼服式样	G	3		

续表

活动序号	活动名称	紧后活动	活动时间/天	可压缩至的时间/天	额外支付的费用/美元
G	礼服送来	H	8	5	25
H	缝纫礼服	I	11	6	720
I	试衣	J	2		
J	洗熨衣服	—	2	1	30
K	设计邀请函式样	L	3		
L	定做邀请函	N	12	5	35
M	清理通讯录	N	4		
N	写地址	O	4	2	50
O	邮寄邀请函	—	1		

三、绘制网络图

根据校园婚礼活动逻辑关系，可以绘制出优化前的网络图，如图6-18所示。

通过时间参数计算，可知该网络图的关键路线是 E—F—G—H—I—J，A—B—C，K—L—N—O，关键路线完工时间为4月20日。

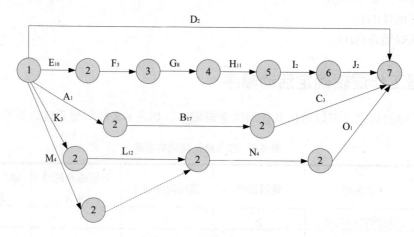

图6-18 优化前的网络图

四、网络优化

根据未优化的网络图可知，不能在4月22日如期举行婚礼，所以需要优化。为了使婚礼如期举行，需要压缩活动 E 至 2 天，活动 G 至 5 天，活动 H 至 6 天，活动 L 至 5 天，活动 N 至 2 天。为此需要产生一些费用是：500+25+120×6+35+25×2=1330(美元)。将压缩后的活动列入甘特图中，如图 6-19 所示。优化后的网络图如图 6-20 所示。

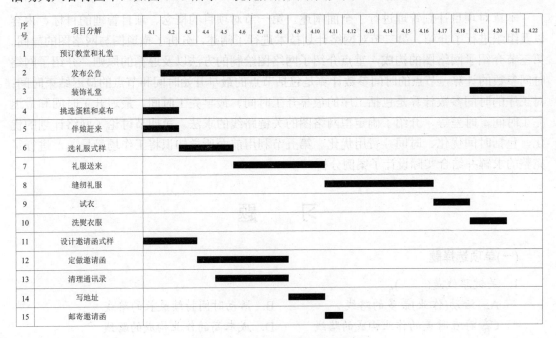

图 6-19　优化后的校园婚礼甘特图

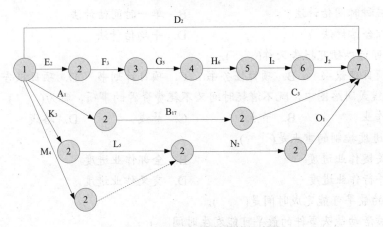

图 6-20　优化后的校园婚礼网络图

本 章 小 结

本章对项目计划管理进行了全面阐述。第一节对项目的概念、项目管理的目标、内容以及组织进行了介绍。第二节对网络计划技术进行了阐述,分析了横道图与网络图的异同。第三节介绍了网络图的构成,重点介绍了网络图绘制的方法以及遵循的原则,介绍了网络时间参数的计算,节点的时间参数计算是包括节点的最早开始时间和节点的最迟结束时间;对工序的时间参数计算是包括工序的最早开工时间、最早完工时间、最迟开工时间和最迟完工时间,时差等,介绍了确定型网络图的关键路线的求法。第四节讨论了网络计划的优化,包括时间优化、时间—费用优化。第五节利用前面所学知识将工作场景导入,进行了完整的求解并结合实际设计了案例分析。

习 题

(一)单项选择题

1. 关键路线是( )。
   A. 活动(作业)最多的路线 B. 活动时间持续最长的路线
   C. 存在时差的作业构成的路线 D. 成本高的作业构成的路线
2. 在计算网络计划的作业时间时,只确定一个时间值的方法是( )
   A. 三种时间估计法 B. 单一时间估计法
   C. 综合估计法 D. 平均估计法
3. 项目可行性研究报告又称( )。
   A. 项目建议书 B. 项目任务书 C. 项目计划书 D. 项目报告书
4. 在箭线式网络图中,既不消耗时间又不耗费资源的事项,称为( )
   A. 作业 B. 节点 C. 箭线 D. 路线
5. 工程进度控制的重点是( )。
   A. 关键作业进度 B. 全部作业进度
   C. 并行作业进度 D. 交叉作业进度
6. 活动的最早可能完成时间是( )。
   A. 该活动箭头事件的最早可能发生时间
   B. 该活动箭尾事件的最早可能发生时间
   C. 该活动箭头事件的最迟必须发生时间
   D. 该活动箭尾事件的最早可能发生时间加上活动所需时间
7. 活动的最早可能开始时间是( )。

A. 该活动箭头事件的最早可能发生时间
B. 该活动箭尾事件的最早可能发生时间
C. 该活动箭头事件的最迟必须发生时间
D. 以上都不是

8. 网络计划的优化不包括( )。
A. 时间优化　　　　　　　　B. 时间—资源优化
C. 时间—价格优化　　　　　D. 时间—成本优化

9. 在网络图中，消耗时间和资源的活动称为( )。
A. 虚作业　　B. 作业　　C. 路线　　D. 关键路线

10. 关键路线上各项作业时间的总和就是( )。
A. 工程项目的成熟期　　　　B. 工程项目的完工前期
C. 工程项目的总工期　　　　D. 工程项目的投资期

11. 在箭线式网络图中，( )是错误的。
A. 只能有一个始节点　　　　B. 只能有一个终节点
C. 两个相邻节点之间可有多条箭线连接　　D. 不能有回路

(二)多项选择题

1. 箭线型网络图由( )构成。
A. 节点　　B. 通路　　C. 箭线　　D. 作业时间

2. 可以说网络图是由"活动"( )组成的。
A. 事项　　B. 路线　　C. 平均周库存转　　D. 费用

3. 甘特图法的主要优点是( )。
A. 易于绘制　　B. 简单明了　　C. 形象直观　　D. 应用方便
E. 有利于计划与实施进度比较

4. 选择计划进度控制方法时应考虑的因素有( )。
A. 项目的规程和复杂性　　　　B. 项目的可行性
C. 项目的总进度是否由关键作业所决定　　D. 项目的寿命周期
E. 项目的新颖性

(三)名词解释

1. 网络图　　　　2. 虚作业　　　　3. 节点
4. 关键路线　　　5. 紧后作业　　　6. 紧前作业
7. 节点的最早开始时间　　8. 节点的最迟结束时间　　9. 时差
10. 作业总时差　　11. 作业最早开始时间　　12. 作业最迟结束时间

(四)简答题/计算题

1. 已知某工程项目的作业明细表,如下表所示。试根据绘制网络图的规则,绘制该工程项目的网络图。

作业代号	A	B	C	D	E	F	G	H
紧前作业	/	/	A	B	C、D	D	E	F
作业时间/天	1	3	4	6	5	2	6	8

2. 已知下列资料

工序代号	A	B	C	D	E	F	G	H	I
紧前工序	—	—	B	B	A、C	A	D	D	E、G
作业时间	8	6	5	5	7	6	6	14	8

(1) 画出网络图并计算时间参数。
(2) 找出关键路线。

3. 某项目作业明细表如下表所示,绘制网络图,找出关键路线,并求出工期。

作业	A	B	C	D	E	F	G	H	I
紧前作业	—	—	A	B	C	C	E	D、F	F、H
作业时间	5	4	6	2	3	4	3	2	5

4. 按下表提供的资料,(1)绘制箭线型网络图;(2)在箭线型网络图上计算事件的时间参数;(3)计算活动的最早可能开始时间和最迟必须开工时间,求出关键路线。

活动代号	A	B	C	D	E	F	G	H	L	K
活动时间/周	6	12	12	8	12	16	5	6	9	7
紧后活动	B、F、C	L	E	K	K	L、G	H、E	K	D	/

5. 按下表提供的资料,(1)按正常条件绘制箭线型网络图;(2)计算事件最早可能发生时间、事件最迟必须发生时间、作业最早可能开工时间、作业最迟必须开工时间,求出关键路线;(3)已知工期每压缩1周,间接费用省600元。求在总费用不超过正常工期费用情况下的最短工期。

作业	紧前作业	正常时间/周	正常条件下直接费用/元	极限时间/周	赶工条件下直接费用/元
A	无	4	1400	3	2200
B	A	6	600	4	1000
C	A	5	1500	3	2700

续表

作业	紧前作业	正常时间/周	正常条件下直接费用/元	极限时间/周	赶工条件下直接费用/元
D	B	8	1300	7	1900
E	B, C	9	1000	7	1800
F	E	5	800	4	1200
G	F	5	3000	3	4600
H	G, H	5	1300	4	2100

(五)案例分析题

小丁应怎么启动项目

A公司是一家经营纸质产品的企业，近几年业务得到了成倍的发展，原来采用手工处理业务的方式已经越来越显得力不从心，因此，经过公司董事会研究决定，在公司推行一套管理软件，用管理软件替代原有的手工作业的方式，同时，请公司副总经理负责此项目的启动。

副总经理在接到任务后，即开始了项目的启动工作。项目经过前期的一些工作后，副总经理任命小丁为该项目的项目经理，小丁组建了项目团队，并根据项目前期的情况，开始进行项目的计划，下表所示为初步项目进度计划表。

项目进度计划表

任务名称	工作量	开始时间	结束时间
项目范围规划	5	2014年1月1日	2014年1月6日
分析软件需求	20	2014年1月6日	2014年1月26日
设计	21	2014年1月26日	2014年2月13日
开发	30	2014年2月16日	2014年3月16日
测试	66	2014年2月16日	2014年4月22日
培训	63	2014年2月16日	2014年4月19日
文档	43	2014年2月16日	2014年3月29日
典型试验	97	2014年1月26日	2014年5月3日
部署	7	2014年5月3日	2014年5月10日
实施工作总结	3	2014年5月10日	2014年5月13日

项目进行了一半，由于公司业务发展的需要，公司副总经理要求小丁提前完工，作为项目经理，小丁对项目进行了调整，保证了项目的提前完工。

(资料来源：http://www.cnitpm.com/pm/33550.html)

讨论题：

1. 请用文字描述你作为项目前期的负责人，在接到任务后将如何启动该项目？

2. 作为项目经理，你的项目进度控制中的重点是什么？请描述你在项目进度控制中的甘特图及双代号网络图，并比较甘特图与网络图的区别。

3. 假设公司总经理要求提前完工，作为项目经理将如何处理？

第七章 MRP、MRP II 与 ERP

【案例导入】

红塔集团 ERP 应用案例

红塔集团是我国最大的国有烟草企业,从 2000 年开始,红塔集团与 SAP 公司合作,开始了国内规模最大、涉及面最广的 ERP 项目的实施。从 2002 年上线到目前,这套管理软件已经发挥出重要作用,在红塔集团的经营管理活动中产生效益。

通过分析,我们把这种实施信息化的模式归纳为:细致模式。其含义在于,企业在实施信息化的过程中,细致梳理企业复杂的流程,将原有的流程合并重组,达到优化业务流程的作用。

一、调研

红塔集团是一家以玉溪红塔烟草(集团)有限责任公司为核心企业的大型企业集团,其前身是 1956 年成立的玉溪卷烟厂。1995 年,由当时的玉烟为主体,组成了跨行业、跨地区经营的云南红塔集团。目前,红塔集团已经成为中国最大的烟草企业。

从 1998 年开始,在 ERP 立项之前,红塔集团董事会对项目进行了多次调研和筹备。2001 年,红塔集团组织了一个小组到相关企业进行考察。并派信息化的负责人深入国内已经实施 ERP 工程的企业,如海尔、康佳、联想等 30 多家企业进行调研考察,同时对烟草行业内的上海、长沙、颐中、昆明等烟厂进行全面考察和交流,为红塔 ERP 立项作了充分的前期调研工作。

对于红塔这样庞大的烟草帝国而言,实施 ERP 最大的难点还是转变观念。ERP 实施前,员工对 ERP 充满期待,认为实施后会减少工作量,但却发现工作更忙。这其中有两个原因:一是 ERP 实施后工作更规范、更细致,工作量增加;二是员工在接受新的模式和方法时,还没有完全适应。在国内企业中,红塔是实施 ERP 模块最多的企业,投资却不是最大;从规模看,红塔是中等偏上的水平,但实施效果却一直被合作方德国 SAP 公司认为是中国企业应用最好的企业之一,被列为该公司的经典案例。

二、ERP 核心

作为以制造为主的企业,红塔集团的信息化包含三个层面:生成设备自动化控制系统、生成执行系统(MES)、管理信息系统。ERP 项目是红塔集团信息化建设中的一个关键点,统领管理信息系统。

红塔集团 ERP 系统的组织结构采用面向业务流程方式,而非面向职能的方式。整个系统沿着业务流程横向展开,并整合优化业务流程。纵向则按业务管理进行分类设定。从而不管企业的实际组织结构和人员怎么变化都能适应,或者不论业务流程怎么变化,只要重新确定好ERP系统中的业务流程控制点和角色即可,这实际为企业不断管理变革建立起长期的IT支撑平台。

红塔ERP系统分别从计划控制流、物流和价值流三条线展开,运用集成思想,以集成计划和预算来指导和控制业务运作,强调以财务为核心,以及物流计划的相互衔接和配合,使销售、生产和采购供应紧密联系在一起,使企业内部的物流链高效协调地运作,同时,把企业物流同步映射到价值流,使价值流和业务流有机集成,从不同的角度审视企业的各项业务,并最终以价值的形式表达出来,使企业的各项业务运作情况实时、准确地反映到各级管理层,规避经营风险,完成企业管理目标。

红塔集团实施ERP的过程中,对所有业务数据进行全面整理,并进行了规范化和标准化编码工作。这包括对原料、烤片、辅料、半成品、成品等物料进行了统一编码和描述,对10 000余条固定资产数据进行了核对和规范,并对所有设备、质量、项目、人力资源主数据,进行了彻底整理、规范和编码工作。所有信息只有一个入口,所有业务和人员共用统一的信息和数据,从而提高信息共享程度。

红塔集团在历时两年的实施中,对500多个现有流程进行了彻底的分析,在此基础上,吸取国内外先进的管理经验以及国际规范的标准业务流程,结合自身的特点进行优化和合并,最后确定200多个业务流程,并在计算机系统中成功地实现。

三、全面信息化

红塔集团ERP工程从2001年开始实施,2002年年初正式上线。

在2001年实施了ERP系统中的生产计划与控制(PP)、物料管理(MM)、销售与分销(SD)、财务会计(FI)和管理会计(CO)五个模块,在2002年实施了设备管理(PM)、质量管理(QM)、项目管理(PS)、基金管理(FM)和人力资源管理(HR)等模块,覆盖了玉溪红塔集团的工业、商业及物资公司三家公司的所有业务范围。

在实施红塔集团管理软件的同时,红塔也搭建好了自己的硬件平台。这包括建成以622兆速率ATM网为骨干、100兆交换到桌面的网络。这张网络遍及企业各大厂区、各主要车间和办公建筑统一的企业计算机网络系统,连接网络布线点达6000多个,建设了YTT卫星地面接收站9座,形成了从局域网到广域网的红塔计算机网络系统。

红塔集团建立企业内部网,拥有自己的服务器,开通了电子邮件服务,并实施了红塔办公自动化系统。在加工信息化建设方面,红塔集团采用AUTOCAD网络版,实现了机械零件自动测绘,自动在计算机中形成三维实体模型,从而驱动加工中心加工出零件的现代化机械加工模式。制造加工方面,从卷烟生产的打叶复烤生产线、制丝生产线、膨胀烟丝生产线,到滤嘴棒生产线、卷接包生产线的所有生产环节,全部实现了计算机自动控制系统。建立了中国最大规模的自动化物流系统,货位超过2万个,AGV小车52台。建成了能源监控系统、电量采集和控制系统、火灾自动报警系统、空调监控系统、锅炉自动控制系统等计算机自动化监控系统。

2003年红塔集团进行了大规模的组织结构改革、全员竞争上岗和工商企业拆分,彻底变更了组织架构，调整了业务流程，伴随着这一系列改革，整个 ERP 平台只作了少量改动，在很短的时间完成前后业务无缝衔接，实践证明红塔集团的 ERP 系统在整个信息化建设中处于核心模块，并且能发挥核心作用。

(资料来源：https://wenku.baidu.com/view/98552f0852ea551810a68754.html)

思考题：
1. 该案例重点说明了 ERP 项目成功实施的核心是什么？
2. 红塔信息化包含的主要内容是什么？该公司的 ERP 系统主要具有哪些功能？

【学习目标】

通过本章的学习，要求熟悉物料需求计划，包括原理、计算过程，以及与物料需求计划相关的概念；要求了解闭环 MRP 的原理以及应用，包括生产数据库以及能力需求计划等；熟悉 MRP Ⅱ 的概念、原理，包括 MRP Ⅱ 的功能、逻辑以及实施，并了解 MRP Ⅱ 系统对企业生产经营活动的影响；掌握 ERP 的定义、基本特征以及主要功能。

关键词：MRP　闭环 MRP　MRP Ⅱ　ERP

第一节　MRP 概述

物料需求计划(material requirements planning, MRP)是 20 世纪 60 年代发展起来的一种计算物料需求量和需求时间的系统，是对构成产品的各种物料的需求量与需求时间所做的计划，它是企业生产计划管理体系中作业层次的计划。物料需求计划最初只是一种计算物料需求的计算器，是开环的，没有信息反馈，后来发展为闭环物料需求计划。

一、订货点法

早在 20 世纪 40 年代初期，西方经济学家就推出了订货点方法的理论，并将其用于企业的库存计划管理。订货点方法的理论基础比较简单，即库存物料随着时间的推移而使用和消耗，库存效益逐渐减少，当某一时刻的库存数可供生产使用消耗的时间等于采购此种物料所需要的时间(提前期)时，就要进行订货以补充库存。决定订货时的数量和时间即订货点。一般情况下，订货点时的库存量都考虑安全库存量。依据订货点的理论，实际工作中又派生出定量订购和定期订购两种基本方法。

订货点法基于以下假设：
(1) 假定库存项目的需求是常数，即需求是连续的，库存消耗是稳定的；
(2) 对多项库存设定一个固定的安全库存，而不考虑需求的变化与库存项目之间的联系；
(3) 提前期是常数而不计需求期的变化。

在以上假设条件下，订货点法用于库存管理会出现以下问题：

(1) 订货点法面向的是相互独立的需求项目。即认为库存项目是孤立的，每个项目可独立确定需求量和需求期。这对库存中的某些项目是适宜的。如最终项目产品和备件、备品等，然而对生产库存，其库存项目主要是原材料、坯料、零件、组件和部件等。它们的需求量和需求期是相互牵制的。订货点方法认为库存项目全部是独立的，自然会导致库存计划与控制上的不合理。

(2) 订货点法的需求量和需求期是通过对库存历史数据资料预测而得到的。这样，只有当这些规律在未来还会重演的情况下，预测才会有意义。然而，实际情况是不可能的，这种使用历史数据的库存管理方法必然会带来较大误差。

(3) 订货点法假定需求是连续的，并按以往的平均消耗率间接地提出需求时间，保证库存在任何时刻都维持在一定水平。一旦库存低于订货点，就立即补充。其订货时间往往较需求时间提前，再加上安全库存，使仓库在实际需求发生以前就有大的存货。

(4) 为装配成产品，要求部件、组件、零件和原材料等各库存项目的数量必须配套。否则，即使每个基础上的供货率得到保证，也不能保证总供货率是准确的。例如，假定各库存项目的供货率为95%，则10个不同基础上联合供货率只有 $0.95 \times 0.95 \cdots = 0.5987 \approx 0.6$ 即60%，可见按订货点法计划与控制库存，想要在总装时不发生短缺，或者不突击加班，那只是碰巧了。在制造过程中形成的需求一般都是非均匀的：不需要的时候为零，一旦需要就是一批。在产品的需求率为均匀的条件下，采用订货点方法，造成对零件和原材料的需求率不均匀，呈"块状"。"块状"需求与"锯齿状"需求相比，平均库存水平几乎提高一倍，因而占用更多的资金，如图7-1所示。

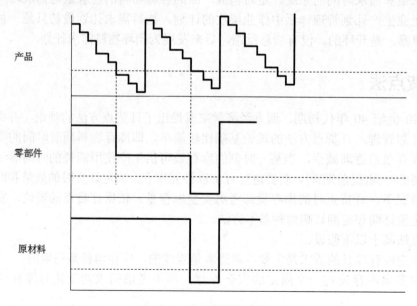

图 7-1　块状需求示意图

因此，用订货点法来处理相关需求问题，是一种很不合理、很不经济和效率极低的方法。它很容易导致库存量过大，需要的物料未到，不需要的物料先到，各种所需物料不配套等问题。

订货点法尽管有上述不足，但直到 20 世纪 60 年代中期还一直被广泛使用。直至 MRP 法的出现，才基本被其取代。

二、物料需求计划(MRP)

物料需求计划系统是专门为装配型产品生产所设计的生产计划与控制系统，它的基本工作原理是满足相关性需求。物料需求计划中的物料指的是构成产品的所有物品，包括部件、零件、外购件、标准件以及制造零件所用的毛坯与材料等。这类物料的需求性质属于相关性需求，其特点是：需要量与需要时间确定而已知；需求成批并分时段，即呈现出离散性；百分之百的保证供应。

由于企业中相关需求物料的种类和数量相当繁多，而且不同的零部件之间具有多层"母子"关系，因此这种相关需求物料的计划和管理比独立需求要复杂得多。对于相关需求物料来说，就很有必要采用已有的最终产品的生产计划作为主要的信息来源，而不是根据过去的统计平均值来制定生产和库存计划。而 MRP(物料需求计划)正是基于这样一种思路的相关需求物料的生产与库存计划。

(一)与物料需求计划相关的概念

在制定物料需求计划中，涉及一些概念，如独立需求与相关需求、时间分段与提前期等。

(1) 独立需求：企业外部需求决定库存量项目的称为独立需求，如产品、成品、样品、备品和备件等。

(2) 相关需求：由企业内部物料转化各环节之间所发生的需求称为相关需求，如半成品、零部件和原材料等。

(3) 产品结构或物料清单(Bill of Materials)，简称 BOM，如图 7-2 所示，其提供了产品全部构成项目以及这些项目相互依赖的隶属关系。

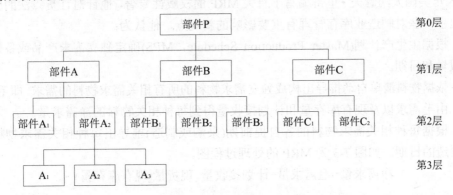

图 7-2　产品结构或物料清单

(4) 时间分段：将连续的时间流划分成一些适当的时间单元。通常以工厂日历(或称计划日历)为依据，如表 7-1 举例说明。(订货批量=50，订货提前期=2 周)

表 7-1 物料需求展开表

时间分段(周) 记录项目	1	2	3	4	5	6	7	8	9
需求量	40	0	0	70	0	0	0	35	
库存量	60								
计划入库	0	0	0	50	0	0	0	50	
可供货量	20	20	20	0	0	0	0	15	
计划订单下达						50			

由表 7-1 可知，采用时间分段记录库存状态，不但清楚地摆明了需求时间，也可大大降低库存。

(5) 提前期：不同类别的库存项目，其提前期的含义是不同的。如外购件：应定义采购提前期，指物料进货入库日期与订货日期之差。零件制造提前期是指各工艺阶段比成品出产要提前的时间。MRP 对生产库存的计划与控制就是按各相关需求的提前期进行计算实现的。

因此，MRP 基本理论和方法与传统的订货点法有着明显的不同，它在传统方法的基础上引入了反映产品结构的物料清单(BOM)，较好地解决了库存管理与生产控制中的难题，即按时按量得到所需的物料。

(二)MRP 的原理和逻辑

1. MRP 的原理

1975 年美国人约瑟夫·里奇编写了有关 MRP 的权威性专著，他针对订货点法的应用范围，提出了一些对制造业库存管理有重要影响的新观点，他认为：

(1) 根据主生产计划(Master Production Schedule，MPS)确定独立需求产品或备件备品的需求数量和日期。

(2) 依据物料清单自动推导出构成独立需求物料的所有相关需求物料的需求，即毛需求。

(3) 由毛需求以及现有库存量和计划接收量得到每种相关物料的净需求量。

(4) 根据每种相关需求物料的各自提前期(采购或制造)推导出每种相关需求物料开始采购或制造的日期。如图 7-3 为 MRP 的处理过程图。

净需求量=毛需求量-计划接收量-现货量(现有库存量)

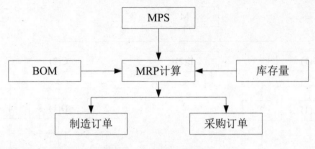

图 7-3　MRP 逻辑图

2. MRP 的目标

(1) 及时取得生产所需的原材料及零部件，保证按时供应用户所需产品；

(2) 保证尽可能低的库存水平；

(3) 计划生产活动与采购活动，使各部门生产的零部件、采购的外购件在装配要求的时间和数量上精确衔接。

3. MRP 的输入信息

(1) 主生产计划(MPS)。企业主生产作业计划，是根据需求订单、市场预测和生产能力等来确定的，它规定在计划时间内(年、月)，每一生产周期(旬、周、日)最终产品的计划生产量。

(2) 库存状态。其内容如下：当前库存量、计划入库量、提前期、订购(生产)批量、安全库存量。

(3) 产品结构信息。产品结构又称为零件(材料)需求明细，如图 7-4 所示。图 7-4 中以字母表示部件组件，数字表示零件，括号中数字表示装配数。从图 7-4 可见，最高层(0 层)的 M 是企业的最终成品，它是由部件 B(每件 M 产品需用 1 个 B)、部件 C(每件 M 产品需用 2 个 C)及部件 E(每件 M 产品需用 2 个 E)组成的。依此类推，这些部件、组件和零件中，有些是工厂生产的，有些可能是外购件。如果是外购件，如图 7-4 中的 E，则不必再进一步分解。

当产品结构信息输入计算机后，计算机根据输入的结构关系自动赋予各部件、零件一个低层代码。低层代码概念的引入，是为了简化 MRP 的计算。当一个零件或部件出现在多种产品结构的不同层次，或者出现在一个产品结构的不同层次上时，该零(部)件就具有不同的层次码。如图 7-4 中的部件 C 既处于 1 层，也处于 2 层，即部件 C 的层次代码是 1 和 2。在产品结构展开时，是按层次代码逐级展开，相同零(部)件处于不同层次就会产生重复展开，增加计算工作量。因此当一个零部件有一个以上的层次码时，应以它的最低层代码(其中数字最大者)为其低层代码。图 7-4 中各零部件低层代码如表 7-2 所示。一个零件的需求量为其上层(父项)部件对其需求量之和，图 7-4 按低层代码在作第二层分解时，每件 M 直接需要 2 件 C；B 需要 1 件 C，因此，生产 1 件成品 M 共需 3 件 C。部件 C 的全部需要量可以在第二层展开时一次求出，从而简化了运算过程。

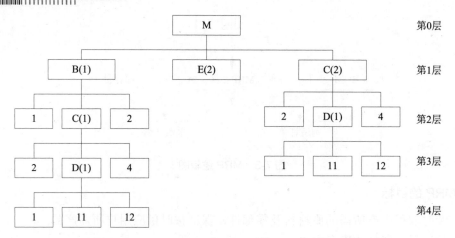

图 7-4　产品 M 的结构

4. MRP 的工作逻辑

在计算机中 MRP 的计算,是以矩阵的形式展开的,MRP 的工作逻辑如图 7-5 所示。

MRP 的计算是根据反工艺路线的原理,按照主生产计划规定的产品生产数量及期限要求,利用产品结构、零部件和在制品库存情况,各生产(或订购)的提前期、安全库存等信息,反工艺顺序地推算出各个零部件的出产数量与期限。由于它采用电子计算机辅助计算,因此具有以下三个主要特点:

(1) 根据产品计划,可以自动连锁地推算出制造这些产品所需的各部件、零件的生产任务。

(2) 可以进行动态模拟。不仅可以计算出零部件需要的数量,而且可以计算出它们生产的期限要求;不仅可以算出下一周期的计划要求,而且可推算出今后多个周期的要求。

(3) 计算速度快,便于计划的调整与修正。

表 7-2　各零部件低层代码

件　号	低层代码
M	0
B	1
E	1
C	2
D	3
1	4
2	3
4	3
11	4
12	4

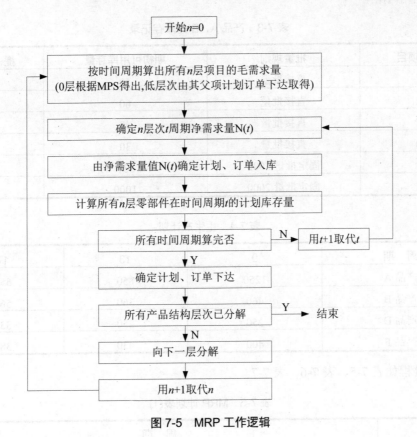

图 7-5 MRP 工作逻辑

(三)MRP 的计算过程

例 7-1：某工厂批量生产家用电器，产品系列中有 A，B 两种产品。表 7-3 是从库存管理子系统得到的产品 A、产品 B 及所属物料的库存记录数据及该厂主生产计划的有关部分。试制定每项物料在计划期的 MRP 计划。图 7-6 和图 7-7 分别是产品 A 和 B 的结构树，表 7-4 为主生产计划。

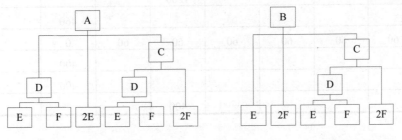

图 7-6 产品 A 的结构树图　　　　图 7-7 产品 B 的结构树图

表 7-3 产品 A、B 的库存记录

物料项目	批量规则	期初可用库存量	提前期
A	直接批量	50	2
B	直接批量	60	2
C	直接批量	40	1
D	直接批量	30	1
E	固定批量 2000	330	1
F	固定批量 2000	1000	1

表 7-4 主生产计划

周　期	9	13	17
产品 A	1250	850	550
产品 B	460	360	560
产品 D	250	250	330
产品 E	400	430	380

计算过程如表 7-5、表 7-6、表 7-7。

表 7-5 MRP 计划表(1)

项　目	周　期							
	4	5	6	7	8	9	10	11
A 总需求量						1250		
可用库存量 50	50	50	50	50	50	0		
净需求量						1200		
计划交货量						1200		
计划投入量				1200				
B 总需求量						460		
可用库存量 60	60	60	60	60	60	0		
净需求量						400		
计划交货量						400		
计划投入量				400				

表 7-6　MRP 计划表(2)

项目	周期							
	4	5	6	7	8	9	10	11
A 计划投入量				1200				
B 计划投入量				400				
C 总需求量				1600				
可用库存量 40	40	40	40	0				
净需求量				1560				
计划交货量				1560				
计划投入量			1560					
D 总需求量			1560	1200		250		
可用库存量 30	30	30	0	0	0	0		
净需求量			1530	1200		250		
计划交货量			1530	1200		250		
计划投入量		1530	1200		250			

表 7-7　MRP 计划表(3)

项目	周期							
	4	5	6	7	8	9	10	11
A 计划投入量				1200				
B 计划投入量				400				
C 计划投入量			1560					
D 计划投入量		1530	1200		250			
E 总需求量		1530	1200	2800	250	400		
可用库存量 330	330	800	1600	800	550	150		
净需求量		1200	400	1200				
计划交货量		2000	2000	2000				
计划投入量	2000	2000	2000					
F 总需求量		1530	4320	800	250			
可用库存量 1000	1000	1470	0	1200	950			
净需求量		530	2850	800				
计划交货量		2000	2850	2000				
计划投入量	2000	2850	2000					

【案例 7-1】

MRP 在石油钻井企业的应用研究

物料需求计划(MRP)通常用来实现企业在各计划时间段内的采购计划和制造计划。利用 MRP 可以制定周密而详细的计划,使企业内部各部门的活动协调一致,有效地利用各种资源、缩短生产周期、降低成本,实现企业整体优化。目前石油钻井企业生产管理水平相对落后,钻井管理主要有以下特征:

首先,库存积压多。为了完成原油产量,油田公司希望当年新建产能在年内发挥更大作用,所以大部分油田钻井生产计划集中安排在上半年。有的油田上半年就完成了全年工作量的 80%。上半年完成大部分钻井工作量后,下半年动用钻机数量逐渐减少,有些油田动用钻机数不足年初的二分之一,造成部分钻机等停或设备封存现象。因此生产计划的不均衡造成了钻井设备库存积压多。

其次,钻井工艺复杂、钻井钻具种类多。石油钻井企业钻井的工艺包括钻前工程、钻进过程和完井作业三个方面。钻前工程中钻井设计是一项重要的工作,它直接影响到钻井物料的需求。在钻进过程中,根据钻井设计以及具体的地理位置,要根据钻井的各开次需求钻井钻具数量确定,不同的地理位置钻井的深度不同、钻井周期也不尽相同。完井作业的工序是测井、固井和射孔,主要是针对物料的处理和后续工作做的准备。在钻井的每一阶段,钻井所需钻具都不完全相同,钻井钻具组合多,每一组合下钻具的种类也多。

针对以上石油钻井企业钻井钻具种类复杂、数量大,难以管理的状况。我们可以借鉴制造业的 MRP 管理思想,为石油钻井企业解决难题。

制造业 MRP 管理思想中,主生产计划的产品通过物料清单表示结构和数量特征,根据独立需求和相关需求表示产品的零部件和原材料,在生产中配置和协调各材料的提前期,有效地保证产品和零部件的交货期和交货量,使库存量保持最低水平,同时使企业生产过程的组织和控制规范化,提高企业管理者对生产过程的控制能力,真正实现"以销定产"的目的,这就是物料需求计划要解决的问题。生产计划是生产的起点,对比两个行业在生产计划的差异,为钻井企业实现 MRP 管理做进一步分析:

(1) 生产计划的依据不同。制造业的主生产计划依据是订单,企业对生产所需的原材料零部件——独立需求和相关需求的形式做出的产品规划和制定详细的生产计划,物料是以离散需求作为物料供应的基础的。钻井企业生产计划的主要依据是生产任务,将任务作为作业生产的依据。企业根据生产计划及生产情况提出用料计划,钻井企业仍使用传统连续需求进销存库管理方法,库存水平高居不下,达不到计划生产的目的。

(2) 生产计划的对象不同。制造业主生产计划的对象是产品,生产所需的零部件以及材料全部消耗于生产产品中,也就是说生产的产品组成部分都构成产品的实体。而石油钻井企业生产计划的对象是井,用于钻井的物料并不是产品的组成部分,比如钻头、钻杆、钻铤等钻井钻具,在钻完一口井之后,辅助钻井的钻具可以收回,并不构成"井"这个产品的实体。

从分析对比中总结，可以得出以下结论。制造业以订单为依据生产能有效地起到控制库存和生产的作用，适应市场灵敏的变化速度，满足顾客的需求。钻井企业生产并没有实现敏捷性制造，但是石油钻井企业以井为生产产品和制造业的产品有相似之处，同样都受到生产能力的限制，都是由一定的零部件、材料制造出来的产品，可以从 MRP 生产管理模式出发，用物料需求计划的方法来优化库存和采购。

石油钻井企业 MRP 生产流程如图 7-8 所示。

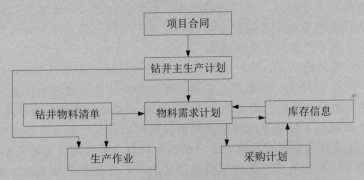

图 7-8　石油钻井企业的生产计划流程

从以上流程图可以看出，石油钻井企业 MRP 主要的输入数据是"钻井主生产计划""钻井物料清单"和"库存信息"。通过钻井主生产计划和钻井物料清单对钻井的作业生产进行管理控制，同时结合这两方面的信息得到物料需求计划，确定采购计划。由此可见，钻井主生产计划、钻井物料清单和物料需求计划是石油钻井 MRP 的三个重要环节。

钻井主生产计划为进一步细化的物料需求计划增加了实施的可靠性，起到了宏观规划向微观规划过渡的作用。钻井的周期指钻井中从第一开次到完井的时间，钻井主生产计划的作用是在具体的时间段计划钻井的型号和数量，因为钻井地质条件复杂，每口井周期都不是完全相同的，同一地质条件下钻井的深度也不尽相同，因此，造成了生产时间上的差异，如陕北油气井钻井周期短的一两周之内完井，而新疆深井钻井需要几个月，钻井周期在 MRP 管理中也是一方面的因素，准确地预测钻井周期才能有效地计划生产。不确定的复杂的生产环境，如何做好相应的防范措施，也是值得研究的内容。

钻井的物料清单是对钻井钻具组合的进一步描述，表明了钻井需要的钻具和相应的配套设施以及这些钻具之间的结构和数量关系，是制订物料需求计划内容的依据。钻井企业的主要产品是井，钻井钻具组合、套管、泥浆和钻井液等都是产品的物料，这里面有些物料可以直接消耗构成产品实体，如套管、泥浆。而钻井钻具组合这样的物料是钻井的辅助材料，不构成产品的实体，用完之后可以回收，在其他的产品生产中再次使用，这些物料是产品成本的重要组成部分，在生产过程中地质的复杂性决定了这些物料也会有消耗和磨损，这种磨损是不确定的，因此，在能多次使用和随机消耗磨损的物料需求前提下，钻井物料清单也是钻井物料需求计划实施的关键。

物料需求计划制定过程中，某些关键参数的确定是重点，如安全库存量、订货批量、提前期等。这都需要具体研究切合钻井企业实际的实现方法。

根据石油钻井企业的生产计划流程，可从四个方面实现 MRP 管理：

(1) 生产方式的实现。在当下市场经济占主导地位的情况下，石油钻井生产对市场变化的灵敏度低，企业为了适应市场的变化，增加企业的竞争力，企业生产的方式应作调整，根据钻井企业的钻井任务，用物料需求计划的方法管理企业生产，及时调整生产计划，改变以往进销存的库存管理模式，以不同的"井"为生产订单，按需生产，从而在独立需求和相关需求的物料清单基础上确定钻井物料的需求，用物料需求计划方法确定生产中物料的需求和采购，降低资产占用带来的成本。

(2) 钻井物料清单的实现。物料清单是 MRP 管理的核心内容，没有物料清单各项业务都难以围绕物料开展。因此，如果没有正确完整的物料清单，就不知道企业产品产生的流程，企业生产将无法有效进行。因此，怎样正确地建立石油钻井物料清单是 MRP 的重中之重，石油钻井企业物料不能简单地按照直接消耗物料的计算方法去计算，这些物料按生产流程生产，有能重复使用物料的现象，怎样的钻井物料清单能清楚地定义钻井需要的物料、物料之间的结构以及数量关系又怎样能明确描述出来，这些都是钻井企业物料需求计划要实现的内容。

(3) 钻井物料需求计划的实现。物料需求计划在产品结构的基础上，钻井企业也不例外，使钻井的计划做到在需要的时刻所有物料都能配套备齐，而在不到需要的时刻又不要过早积压，从而减少库存量和所占用资金。如何处理可重用的辅助钻井物料，可重用的物料随机损耗时，物料需求计划又是什么样的，这些都是研究的重点。

(4) 钻井订货批量的实现。订货批量是物料需求计划下采购计划的依据，因为钻具昂贵，基于石油钻井物料需求数量少、品种多的特点，对订货批量的要求也相对较高，因此，采购时不仅要考虑采购的次数而且还要考虑价格方面的影响。

综上所述，MRP 的管理思想发展于制造业，这种管理思想不仅降低了企业的库存、控制了产品生产，同时也优化了企业的物料采购。石油钻井企业物料需求计划是基于有效减少企业钻井钻具的库存提出的，其应用在传统方法上进行改进或者重建，即以石油钻井特点为前提条件，将钻井特殊需求的因素融入物料需求计划中，使石油钻井企业真正实现 MRP 管理。

(资料来源：《现代商贸工业》.2010, 22(7):280-281)

分析与思考：

石油钻井企业的 MRP 与制造企业的 MRP 有何不同？请设计出石油钻井企业 MRP 的操作流程图。

分析与思考答案：

根据物料需求计划的原理进行分析与设计。

三、闭环 MRP

(一)闭环 MRP 的处理过程

基本 MRP 能根据有关数据计算出相关物料需求的准确时间与数量，对制造业物资管理有重要意义。但它还不完善，如没有解决如何保证零部件生产计划成功实施问题；缺乏对完成计划所需的各种资源进行计划与保证的功能。也缺乏根据计划实施情况的反馈信息对计划进行调整的功能。因此，在基本 MRP 的基础上，引入了资源计划与保证，安排生产、执行监控与反馈等功能，形成闭环的 MRP 系统。

闭环 MRP 系统的逻辑流程图如图 7-9 所示。

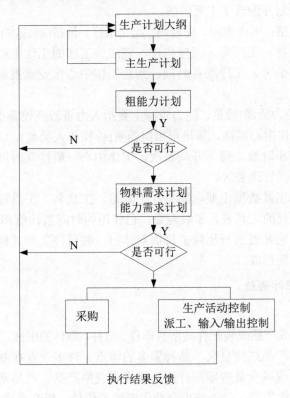

图 7-9　闭环 MRP 逻辑流程图

(二)生产数据库

生产数据库的建立，是实施闭环 MRP 的基础。

1. 生产数据库的基础数据

在生产数据库中组织与管理和基础数据主要有：

(1) 产品定义数据。所谓项目可以定义为一种产品、一个部件或者一个零件，有时也可将原材料、消耗品等定义为项目。产品定义数据是企业管理信息系统中最基本的数据集合，企业的产品、部件或零件都有唯一的定义和数据描述，如：项目号、项目名称、类型(产品、部件、零件、标准件等)、计量单位、批量、安全库存、提前期(安全提前期)制造或采购代码、存放位置、低层代码、工艺路线号、所用材料标准及价格等。

(2) 产品结构数据(BOM)。用以定义产品的结构，描述产品、部件、零件之间的装配关系与数量要求。它是物料需求计划产品拆零的基础。

(3) 加工工艺数据。可以分两级建立与维护，即工艺阶段数据和工艺路线数据。制造过程按物流顺序可以划分为若干工艺阶段。

工艺阶段数据包括：所在车间、提前期、起止工序、价格(或成本)增值及其他有关数据。

工艺路线数据包括：工序号、工序描述、完成该工序的工作中心号、可替代的工作中心号、有无工装、工装号、工序准备时间、到达工作中心作业或批量的运输时间、工时定额、工序提前期。

(4) 工作中心(能力资源)数据。能力资源主要指人力资源及设备资源。工作中心数据包括：工作中心号、工作中心描述、每班可用机器数(或操作人员数)、工作中心利用率、工作中心效率、每班排产小时数、每天开动班次、工作中心一般排队时间、单位工时成本、单位台时成本和单位时间管理费等。

(5) 工具数据。工具数据主要内容是：工具号、工具名、工具描述、在工具库中的位置、工具状态、可替代的工具号、工具寿命、已使用的时间累计值和工具寿命计量单位。

(6) 工厂日历。它是普通日历除去每周双休日、假日停工和其他不生产的日子，并将日期表示为顺序形式而形成。

2. 产品结构及零件清单

1) 产品结构

产品结构列出构成产品或装配件的所有部件、组件、零件的组成，装配关系和数量要求。

制造业一般都有产品结构复杂、品种繁多的特点。许多企业在基本型产品的基础上进行一些更改，如增加或减少某些零部件而形成许多变型产品。产品基型少而变型品种多，既能满足社会多方面的需要，又能减少企业生产的工作量，提高经济效益。

为满足设计和生产情况不断变化的要求，适应变型产品增加的趋势，BOM必须设计得十分灵活，使用户既能从BOM取得与每种产品相对应的零件清单，又不致在计算机中存储大量重复的数据。

2) 零件清单

提供给用户的零件清单，分为展开和反查两种处理方式。展开处理又称为拆零或分解，它通过分解产品或部件，求出其组成成分及每组份的数量。反查处理则与之相反，它是采用追踪各零部件在哪些上级装配件中使用及使用数量多少的方式。每种处理方式又有不同的输出形式，如展开型清单有以下三种输出形式：

(1) 单级展开。即按水平分层顺序分拆一个装配件，求出它的直接组成部分。

(2) 层次展开。即按产品、部件的装配形态自上而下分解装配件，直到最基本的零件为止。

(3) 综合展开。即按产品汇总列出一个产品所需各种零部件总需要量的清单。

类似于展开型零件清单，反查型零件清单也有单级反查、层次反查和综合反查等输出形式。

(三)能力需求计划

在编制主生产计划时，一般要在总体上进行能力平衡核算，即能力计划工作。但是，对于多品种小批量生产的企业，生产的产品品种、数量每月各不相同，生产能力需求经常变化。当总负荷核算平衡时，每个生产周期、每个工作中心可能并不平衡。所以还要按较短的时间期、更小的能力范围(如工作中心)进行详细负荷核算与能力平衡。其过程是根据来自MRP的零部件作业计划、生产数据库中的工作中心文件、工厂日历、工艺路线文件以及车间在制任务文件等信息，进行以下处理：首先，经过粗能力平衡以后的主生产计划，基本上可以认为从较长时间范围看是有能力完成的。然后，根据主生产计划制定物料需求计划。物料需求计划的输出明确规定了订购(投产)与入库(产出)期，但并没有考虑生产能力要素，因此说计划规定的这些投入产出期是过于理想化的，生产系统未必能按时完成，所以需要作能力需求计划。这是一个短期计划，根据物料需求计划，按时间分段、按加工中心精确地计算设备生产能力，即采取各种短期的能力调整措施。如果能力无法平衡，则返回到前面的主生产计划，重新修正主生产计划。此时的生产能力是指设备的加工机时，计划程度是比较细的。图 7-10 是能力需求计划处理过程。

(1) 编制工序进度计划。用倒序编排法或工序编排法，利用订单下达(投入)日期(开工期)、计划订单入库日期(完工日期)及数量，进行工序进度计划编制。

(2) 编制负荷图。当所有订单都编制了工序进度计划以后，以工作中心为单位编负荷图。首先计算工作中心负荷。对每个工作中心，按周期将各订单所需的负荷工时累加，获得各工作中心各周期的计划负荷需求。同时，计算工作中心可用能力。每周期工作中心可用能力可用下式计算：

可用能力=机器数或操作人员数×每班工时×每日班数×每周工作日数×利用率×效率

然后，根据工作中心负荷及工作中心每周期可用能力，确定各工作中心的负荷与能力直方图及负荷分析报告。

(3) 负荷与能力调平。如果大多数工作中心表现为超负荷或欠负荷，而且超欠量比较大，说明能力不平衡。引起能力不平衡的主要原因有：MPS 计划不全面、能力数据不准确、提前期数据不准确等,对上述因素进行分析,找出原因,逐个纠正,如能力和负荷仍不平衡,就要通过增加或降低能力,增加或降低负荷,同时调整能力和负荷等方法,将能力与负荷调平。

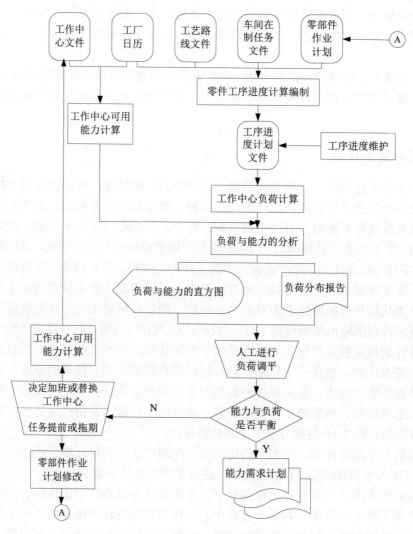

图 7-10 能力需求计划处理过程

(四)生产活动控制

通过能力需求计划,使各工作中心能力与负荷需求基本平衡,为组织生产活动、安排作业(派工)打下基础。如何具体地组织生产活动、安排作业顺序和及时反馈信息,对生产活动进行调整与控制,使各种资源合理利用又能按期完成各项订单任务,是需要进一步讨论的问题。

1. 作业排序

如前所述，通过执行能力需求计划，已初步排定各工作中心每周期的具体工作任务。但是在同一周期，一个工作中心往往有多个任务等待完成，这时应该先加工哪一个零(部)件，后加工哪一个零(部)件，才能使整个任务加工时间短、保证按期完工，又使资源利用率高，这就是作业排序的任务。

2. 任务下达

任务下达过程如下：
(1) 按工作中心建立可排序的作业集合；
(2) 计算各作业的优先级；
(3) 下达任务。

在工作中心排序的作业集合中，将最高优先级的作业分配给第一台可利用的机器；下一个最优先级的作业分配给第二台机器，如此类推。当全部工作中心可利用的机器都安排了一个作业后，模拟时钟增加一个步距，在第一个工作中心再次开始，直到达到规定时间为止。

根据作业分配的结果，输出作业分配表。现场操作人员根据作业分配表进行生产活动。

3. 信息反馈与生产控制

任务下达以后，理想的情况是完全按照所制订计划的要求，执行作业，按时完成订单。但是，在实际计划执行过程中，很可能出现工作中心的生产落后于原计划或提前于原计划，如机器可能出现故障、人员缺勤、工件在转移过程中出现错误、出现了次品等，均会使实际生产进度偏离计划要求。因此，必须监视每个工作中心的活动，及时反馈实际生产情况的信息，以便采取相应的对策进行控制。反馈的主要信息有：

(1) 输入/输出报告。它表明计划与实际的输入以及计划与实际的产出，用来比较计划与实际之差别。

(2) 状态报告。反馈的状态报告主要有：
①延期任务报告；②物料短缺报告，说明短缺物料号及数量；③机床状态报告。给出由于计划外维修、故障等所造成的不可用设备的信息。

(3) 有关生产"瓶颈"的信息。

上述各反馈信息是现场管理人员调度、控制生产的依据。当实际情况与计划偏离较大时，或本周期调整偏差仍超出允许范围，应将信息反馈给系统，作为下周期制定计划的依据。当能力需求计划通过后，系统就会进入对生产制造过程中活动的管理，生产活动控制就是对生产的派工、生产活动的输入输出信息的控制。具体来说把物料需求计划的输出信息作为制造过程的输入，编制设备或加工中心的作业顺序和作业完工期。然后将这些信息返回到主生产计划,以验证主生产计划可行与否。上述三个环节的反馈控制由粗到细逐级展开,第一步虽然是粗能力平衡,但它为下一步的能力需求计划提供了成功的基础,减少了返回修正主生产计划的次数。生产能力需求计划的精度细分到时间分段和加工中心,提高下一步生产过程模拟的成功率。经过三个环节的计算或模拟,计划的准确性很高。

第二节 MRP Ⅱ 原理与应用

一、MRP Ⅱ 的概念

MRPII 是制造资源计划的简称,由于制造资源计划的英文是 Manufacturing Resources Planning,缩写为 MRP,为了区别物料需求计划(MRP),所以称物料需求计划为 MRPI 或者 MRP,而称制造资源计划为 MRPII。MRPII 究竟是什么?不同的人接触的角度不一样,对 MRPII 的了解和认识不同,可能会有不同看法和认识,常见的说法是:"MRPII 是计算机辅助企业管理系统"或"MRPII 是计算机辅助企业管理软件"。MRPII 是一种适用于多品种、多级制造装配系统的具有代表性的管理思想、管理规范和管理技术。

二、MRP Ⅱ 的原理

在由 MRP 发展到闭环 MRP 后,人们又认识到了闭环 MRP 的一些不足,如:①计划的源头是从生产计划大纲(PP)及主生产计划(MPS)开始的,而对企业的高层、长远经营规划尚无考虑;②闭环 MRP 中包含了以制造为主线的物流和信息流,但企业中非常重要的资金流却无反映。针对闭环 MRP 的不足和局限,在 20 世纪 70 年代末 80 年代初,有关专家在闭环 MRP 的基础上加入了企业的高层长远经营规划(宏观决策层)及企业的财务职能形成了制造资源计划(MRPⅡ)。有关闭环 MRP 与 MRPⅡ 的主要区别可参见表 7-8。

表 7-8 闭环 MRP 与 MRPⅡ 的主要区别

对象 \ 区别	计划源头	系统模块
闭环 MRP	生产计划大纲 PP	生产计划
MRPⅡ	经营规划 BP	生产计划与控制子系统 经营子系统 财务子系统

(一)MRP Ⅱ 的信息集成

MRPⅡ 最大的成就在于把企业经营的主要信息完成了集成。在物料需求计划的基础上向物料管理延伸，实施对物料的采购管理，包括采购计划、进货管理、供应商账务管理及档案管理和库存账务管理等；由于系统已经记录了大量的制造信息，包括物料消耗、加工工时等，在此基础上扩展到产品成本的核算、成本分析；主生产计划和生产计划大纲的依据是客户订单，因此，向前又可以扩展到销售管理业务。因此，已不能从字面上来理解"制造资源计划(MRP II)"的含义。

MRP II 的通用软件所含有的数据库包括了企业最主要的数据，主要有：客户数据、库存数据、工艺规程数据、BOM 表、物料数据、主生产计划、加工中心数据、物料需求计划、能力需求计划、工厂日历、工作指令数据、车间控制数据、采购数据和成本数据。

MRP II 软件所包含的模块也非常丰富，功能也越来越强。一般有关于销售管理、物料管理、财务管理、生产计划与控制以及报表等模块。

(二)MRP II 系统的特点

MRP II 系统的特点可从六个方面来说明，每一个特点都含有管理模式的变革和人员素质或行为规范的变革。

1. 计划的一贯性和可行性

MRP II 系统是一种计划主导型的管理模式，计划层次从宏观到微观、从战略到战术，由粗到细逐层细化，但始终与企业经营战略目标保持一致。"一个计划"是 MRP II 系统的原则精神，它把通常的三级计划管理统一起来，编制计划集中在厂级职能部门，车间班组只是执行计划、调度和反馈信息。计划下达前反复进行能力平衡，并根据反馈信息及时调整，处理好供需矛盾，保证计划的一贯性、有效性和可执行性。

2. 管理系统性

MRP II 系统是一种系统工程，它把企业所有与生产经营直接相关部门的工作连成一个整体，每个部门都从系统整体出发做好本岗位的工作，每个人都清楚自己的工作同其他职能的关系。只有在"一个计划"下才能成为系统，条框分割各行其是的局面将被团队精神所取代。

3. 数据共享性

MRP II 系统是一种管理信息系统，企业各部门都依据同一数据库的信息进行管理，任何一种数据变动都能及时地反映给所有部门，做到数据共享，如图 7-11 所示，在统一数据库支持下按照规范化的处理程序进行管理和决策，改变过去那种信息不同、情况不明、盲目决策、相互矛盾的现象。为此，要求企业员工用严肃的态度对待数据，专人负责维护，保证数据的及时、准确和完整。

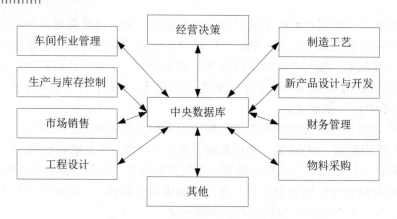

图 7-11　中央数据库支持下的 MRP Ⅱ

4. 动态应变性

MRP Ⅱ 系统是一个闭环系统，它要求跟踪、控制和反馈瞬息万变的实际情况，管理人员可随时根据企业内外部环境条件的变化迅速做出响应，及时决策调整，保证生产计划正常进行。它可以保持较低的库存水平，缩短生产周期，及时掌握各种动态信息，因而有较强的应变能力。为了做到这一点，必须树立全员的信息意识，及时准确地把变动了的情况输入系统。

5. 模拟预见性

MRP Ⅱ 系统是生产经营管理客观规律的反映，按照规律建立的信息逻辑必然具有模拟功能。它可以解决"如果怎样……将会怎样"的问题，可以预见相当长的计划期内可能发生的问题，事先采取措施消除隐患，而不是等问题已经发生了再花几倍的精力去处理。这将使管理人员从忙忙碌碌的事物堆里解脱出来，致力于实质性的分析研究和改进管理工作。

6. 物流、资金流的统一

MRP Ⅱ 系统包罗了成本会计和财务功能，可以由生产经营活动直接产生财务数字，把实物形态的物料流动直接转换为价值形态的资金流动，保证生产和财会数据一致。财会部门及时得到资金信息用来控制成本，通过资金流动状况反映物流和生产作业情况，随时分析企业的经济效益，参与决策，指导经营和生产活动，真正起到会计师和经济师的作用。同时也要求企业全体员工牢牢树立成本意识，把降低成本作为一项经常性的任务。

第三节　ERP 概述

MRP Ⅱ 是以计划和制造为主线的管理信息系统，但计划和制造并不是企业管理的全部内容，当今出现了企业需求计划(ERP)的概念。

一、ERP 的定义

企业资源计划 enterprise resource planning (ERP) 在 MRP Ⅱ 的基础上,通过反馈的物流和反馈的信息流、资金流,把客户需要和企业内部的生产经营活动以及供应商的资源整合在一起,体现完全按用户需要进行经营管理的一种全新的管理方法。ERP 意思是企业资源规划。它是一个以管理会计为核心的信息系统,识别和规划企业资源,从而获取客户订单,完成加工和交付,最后得到客户付款。

换言之,ERP 将企业内部所有资源整合在一起,对采购、生产、成本、库存、分销、运输、财务、人力资源进行规划,从而达到最佳资源组合,取得最佳效益。

企业需求计划(Enterprise Requirements Planning,ERP)是在 MRP Ⅱ 的基础上扩大了管理的功能和使用范围。ERP 包含的功能除了 MRP Ⅱ(制造、供销和财务)外,还包括工厂管理、质量管理、实验室管理、设备维修管理、仓库管理、运输管理、过程控制接口、数据采集接口、电子通信、法规与标准、金融投资管理和市场信息管理等。它将重新定义各项业务及其之间的相互关系,在管理和组织上采取灵活的方式,对供需链上供需关系作出变动,同时,敏捷和及时地做出响应;在掌握准确、及时和完整信息的基础上,做出正确的决策,尽力能动地采取措施。从功能上讲,它把企业的研究与开发管理、人力资源管理等管理功能集成进去,充分有效地利用企业的各种资源来发挥整体效益。在使用范围上,ERP 通过远程通讯网将多种计算机环境下的各个企业的管理信息系统集成在一起,非常适合于大的跨国集团公司。

二、ERP 的基本特征

ERP 是先进的现代企业管理模式,主要实施对象是企业,目的是将企业的各个方面的资源(包括人、财、物、产、供、销等因素)合理配置,以充分发挥效能,使企业在激烈的市场竞争中全方位地发挥能量,从而取得最佳经济效益。ERP 系统在 MRPⅡ 的基础上扩展了管理范围,提出了新的管理体系结构,把企业的内部和外部资源有机地结合在一起。这里充分贯彻了供应链的管理思想,将用户的需求和企业内部的制造活动以及外部供应商的制造资源一同包括了进来,体现了完全按客户需求制造的思想,其特征如图 7-12 所示。

ERP 集中反映出现代企业管理的理论与方法,同时也强调因地制宜的原则。但是现今的 ERP 软件还不完善,远没有达到客户的要求,甚至也没有达到软件供应商所做出的承诺。用户需要的是更周密的供应链计划、更灵活的实施,希望 ERP 不仅能适应今天的业务流程,而且能够迅速改革,适应将来的新模式。如今的 ERP 系统主要弱点在计划功能方面,即主生产调动模块和制造资源计划(MRP)模块没能适时地以现有的资源响应客户的需求,因而难以对现实世界的供应链提供支持。

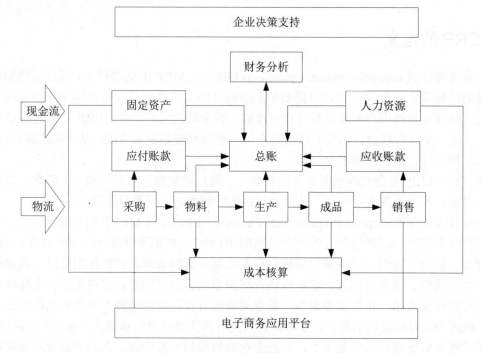

图 7-12 ERP 特征

ERP 管理系统的扩充点与主要特点如下：

(1) ERP 更加面向市场、面向经营、面向销售，能够对市场快速响应；它将供应链管理功能包含了进来，强调了供应商、制造商与分销商间新的伙伴关系；并且支持企业后勤管理。

(2) ERP 更强调企业流程与工作流，通过工作流实现企业的人员、财务、制造与分销间的集成，支持企业过程重组。

(3) ERP 纳入了产品数据管理 PDM 功能，增加了对设计数据与过程的管理，并进一步加强了生产管理系统与 CAD、CAM 系统的集成。

(4) ERP 更多地强调财务，具有较完善的企业财务管理体系，这使价值管理概念得以实施，资金流与物流、信息流更加有机地结合。

(5) ERP 较多地考虑了人作为资源在生产经营规划中的作用，也考虑了人的培训成本等。

(6) 在生产制造计划中，ERP 支持 MRP 与 JIT 混合管理模式，也支持多种生产方式(离散制造、连续流程制造等)的管理模式。

(7) ERP 采用了最新的计算机技术，如客户/服务器分布式结构、面向对象技术、基于 WEB 技术的电子数据交换 EDI、多数据库集成、数据仓库、图形用户界面、第四代语言及辅助工具等。

一般而言，除了 MRP II 的主要功能外，ERP 系统还包括以下主要功能：供应链管理、销售与市场、分销、客户服务、财务管理、制造管理、库存管理、工厂与设备维护、人力资源、报表、制造执行系统(Manufacturing Executive System，MES)、工作流服务和企业信息系统等方面。并且还包括金融投资管理、质量管理、运输管理、项目管理、法规与标准和过程控制等补充功能。

ERP 是信息时代的现代企业向国际化发展的更高层管理模式，它能更好地支持企业各方面的集成，并将给企业带来更广泛、更长远的经济效益与社会效益。

(8) ERP 模具管理从模具报价、设计、计划、采购、制造、试模、验收、投产，移交到领用，还回、维修和保养直至报废全过程的管理系统,是方天公司在模具管理层面上的一次创造性的贡献，是中国第一套模具制造管理系统。

【案例 7-2】

京凯公司 ERP 成功经验

京凯公司是一家生产电子产品的公司,产品特点是多品种、大批量,在没有应用计算机管理系统之前，管理工作十分繁杂，管理人员经常加班仍不能满足企业的要求。

1. 使用前的情况

在没有使用计算机管理之前，PMC 部每次下一个生产计划都要人工计算生产用料单，花费大量的时间清查现有库存，计算缺料等；材料品种多、进库、出库、调拨的频繁操作也使得仓库的管理工作量十分大，人工误差导致库存数量的不准也影响到生产发料；停工待料现象经常发生，因而也影响到生产交货不及时。供应商的交货信息、客户的发货情况不能及时反馈到财务部门。各个部门各自为政，信息流通滞后，严重影响经营决策，整个企业的管理比较杂乱。

2. 使用后的情况

公司于 2002 年年初开始实施软智 ERP/MRP 管理系统，实施后，PMC 人员下一个生产计划由原来的 2 天变为十几秒钟，自动生成的生产发料单又快又准，材料仓的进货可在第一时间自动补充生产缺料，也使得生产得以及时顺利进行，管理人员再不用为下一个生产计划而忙得团团转，生产状况得到极大的改善。

库存管理体系建立后，加强了重点物资的管理，通过对库存超储、积压处理等功能的实施，减少了库存的积压，有效地控制了库存资金的占用。公司内多个库房准确的动态库存数据随时为生产计划提供有效的信息。

企业的销售、采购、客户、供应商、应收、应付信息紧密地联系在一起了，通过采购订单自动生成的入库单入库后，入库信息即时反馈到采购部门和财务部门，通过销售订单自动生成的发货单发货后，发货信息即时反馈到销售部门和财务部门，有效地改善了原来信息严重滞后的情况，大大减轻了财务人员的工作负担，提高了工作效率。

通过基础工程数据的实施，整个公司原来各部门分别组织数据、部门各自为政、相互独立的情况得到了全面的改善，企业的数据统一组织和管理，不再受部门分工界限的限制，达到了企业信息管理的规范化和标准化，信息的高度集成使企业的管理面目焕然一新。

企业的销售、供应、生产计划、库存各个系统协同运行，通过对物料需求功能的实施，销售计划指导主生产计划，根据产品定额产生物料需求计划，对库存数据、采购合同进行平衡计算后，产生物资采购清单。有效地缩短了计划的编制周期，提高了物资采购的计划性、准确性，完全解决了生产缺料和库存物料积压过多这两个方面的矛盾，也消除了生产线停工待料的现象。

利用系统内质量监测数据档案，对原材料、半成品、成品等进行相关的质量分析，主管领导通过质量分析的结果，找出影响质量的原因，提出短期或中期的质量改进措施，大大提高了产品的质量。

所有生产、经营信息的即时传送，使企业的决策层能随时掌握企业各方面的最新数据，系统不失时机地为经营决策提供有力支持。

(资料来源：http://www.docin.com/p-535954193.html)

分析与思考：
设想一下京凯公司使用 ERP 软件之后将给企业带来哪些益处？

分析与思考答案：
通过 ERP 的实施，将提高生产计划的准确性和成本核算的可靠性，降低物料储备和物料消耗，减少在制品数量，缩短生产周期。降低储备资金、生产资金、成品资金及其他资金占用，节约流动资金，降低生产成本，加速流动资金的周转，提高单台产品的利税。

系统实施后，也将极大地提高管理人员的工作效率。产品质量的提高会赢得客户的好评，必会大大提高产品的市场占有率，取得好的经济效益。

三、ERP 的主要功能

ERP 是将企业所有资源进行整合集成管理，是将企业的三大流：物流、资金流、信息流进行全面一体化管理的管理信息系统。它的功能模块以不同于以往的 MRP 或 MRPII 的模块，它不仅可用于生产企业的管理，而且在许多其他类型的企业如一些非生产、公益事业的企业也可导入 ERP 系统进行资源计划和管理。

在企业中，一般的管理主要包括三方面的内容：生产控制(计划、制造)、物流管理(分销、采购、库存管理)和财务管理(会计核算、财务管理)。这三大系统本身就是集成体，它们互相之间有相应的接口，能够很好地整合在一起，以此来对企业进行管理。随着企业对人力资源管理重视的加强，人力资源管理已成为 ERP 系统的一个重要组成部分。

1. 财务管理模块

企业中，清晰分明的财务管理是极其重要的。所以，在 ERP 整个方案中它是不可或缺的一部分。ERP 中的财务模块与一般的财务软件不同，作为 ERP 系统中的一部分，它和系统的其他模块有相应的接口，能够相互集成，比如：它可将由生产活动、采购活动输入的信息自动计入财务模块生成总账、会计报表，取消了输入凭证的烦琐过程，几乎完全替代以往传统的手工操作。一般的 ERP 软件的财务部分分为会计核算与财务管理两大块。

1) 会计核算

会计核算主要是记录、核算、反映和分析资金在企业经济活动中的变动过程及其结果。它由总账、应收账、应付账、现金、固定资产、多币制等部分构成。

(1) 总账模块。它的功能是处理记账凭证输入、登记、输出日记账、一般明细账及总分类账，编制主要会计报表。它是整个会计核算的核心，应收账、应付账、固定资产核算、现金管理、工资核算、多币制等各模块都以其为中心来互相传递信息。

(2) 应收账模块。应收账是指企业应收的由于商品赊欠而产生的正常客户欠款账。它包括发票管理、客户管理、付款管理、账龄分析等功能。它和客户订单、发票处理业务相联系，同时将各项事件自动生成记账凭证，导入总账。

(3) 应付账模块。会计里的应付账是企业应付购货款等账，它包括了发票管理、供应商管理、支票管理、账龄分析等。它能够和采购模块、库存模块完全集成以替代过去烦琐的手工操作。

(4) 现金管理模块。它主要是对现金流入流出的控制以及零用现金及银行存款的核算。它包括了对硬币、纸币、支票、汇票和银行存款的管理。在 ERP 中提供了票据维护、票据打印、付款维护、银行清单打印、付款查询、银行查询和支票查询等和现金有关的功能。此外，它还和应收账、应付账、总账等模块集成，自动产生凭证，过入总账。

(5) 固定资产核算模块。即完成对固定资产的增减变动以及折旧有关基金计提和分配的核算工作。它能够帮助管理者对目前固定资产的现状有所了解，并能通过该模块提供的各种方法来管理资产，以及进行相应的会计处理。它的具体功能有：登录固定资产卡片和明细账，计算折旧，编制报表，以及自动编制转账凭证，并转入总账。它和应付账、成本、总账模块集成。

(6) 多币制模块。这是为了适应当今企业的国际化经营，对外币结算业务的要求增多而产生的。多币制将企业整个财务系统的各项功能以各种币制来表示和结算，且客户订单、库存管理及采购管理等也能使用多币制进行交易管理。多币制和应收账、应付账、总账、客户订单、采购等各模块都有接口，可自动生成所需数据。

(7) 工资核算模块。自动进行企业员工的工资结算、分配、核算以及各项相关经费的计提。它能够登录工资、打印工资清单及各类汇总报表，计算计提各项与工资有关的费用，自动做出凭证、导入总账、这一模块是和总账，成本模块集成的。

(8) 成本模块。它将依据产品结构、工作中心、工序、采购等信息进行产品的各种成本的计算，以便进行成本分析和规划。还能用标准成本或平均成本法按地点维护成本。

2) 财务管理

财务管理的功能主要是基于会计核算的数据，再加以分析，从而进行相应的预测、管理和控制活动。它侧重于财务计划、控制、分析和预测：

财务分析：提供查询功能和通过用户定义的差异数据的图形显示进行财务绩效评估、账户分析等。

财务计划：根据前期财务分析做出下期的财务计划、预算等。

财务决策：财务管理的核心部分，中心内容是作出有关资金的决策，包括资金筹集、投放及资金管理。

2. 生产控制管理模块

这一部分是 ERP 系统的核心，它将企业的整个生产过程有机地结合在一起，使得企业能够有效地降低库存，提高效率。同时各个原本分散的生产流程的自动连接，也使得生产流程能够前后连贯地进行，而不会出现生产脱节，耽误生产交货时间。生产控制管理是一个以计划为导向的先进的生产、管理方法。首先，企业确定它的一个总生产计划，再经过系统层层细分后，下达到各部门去执行。即生产部门以此生产，采购部门按此采购等。

1) 主生产计划

它是根据生产计划、预测和客户订单的输入来安排将来的各周期中提供的产品种类和数量，它将生产计划转为产品计划，在平衡了物料和能力的需要后，精确到时间、数量的详细的进度计划。它是企业在一段时期内的总活动的安排，是一个稳定的计划，是以生产计划、实际订单和对历史销售分析得来的预测产生的。

2) 物料需求计划

在主生产计划决定生产多少最终产品后，再根据物料清单，把整个企业要生产的产品的数量转变为所需生产的零部件的数量，并对照现有的库存量，可得到还需加工多少，采购多少的最终数量。这才是整个部门真正依照的计划。

3) 能力需求计划

它是在得出初步的物料需求计划之后，将所有工作中心的总工作负荷，在与工作中心的能力平衡后产生的详细工作计划，用以确定生成的物料需求计划是否是企业生产能力上可行的需求计划。能力需求计划是一种短期的、当前实际应用的计划。

4) 车间控制

这是随时间变化的动态作业计划，是将作业具体分配到各个车间，再进行作业排序、作业管理、作业监控。

5) 制造标准

在编制计划中需要许多生产基本信息，这些基本信息就是制造标准，包括零件、产品结构、工序和工作中心，都用唯一的代码在计算机中识别。

(1) 零件代码，对物料资源的管理，对每种物料给予唯一的代码识别。
(2) 物料清单，定义产品结构的技术文件，用来编制各种计划。
(3) 工序，描述加工步骤及制造和装配产品的操作顺序。它包含加工工序顺序，指明各道工序的加工设备及所需要的额定工时和工资等级等。
(4) 工作中心，是用相同或相似工序的设备和劳动力组成的，从事生产进度安排、核算能力、计算成本的基本单位。

3. 物流管理模块

1) 分销管理

销售的管理是从产品的销售计划开始，对其销售产品、销售地区、销售客户各种信息的管理和统计，并可对销售数量、金额、利润、绩效、客户服务做出全面的分析，这样在分销管理模块中大致有三方面的功能。

(1) 对于客户信息的管理和服务。它能建立一个客户信息档案，对其进行分类管理，进而对其进行针对性的客户服务，以最高效率地保留老客户、争取新客户。在这里，要特别提到的就是最近新出现的 CRM 软件，即客户关系管理，ERP 与它的结合必将大大增加企业的效益。

(2) 对于销售订单的管理。销售订单是 ERP 的入口，所有的生产计划都是根据它下达并进行排产的。而销售订单的管理贯穿了产品生产的整个流程。它包括：

① 客户信用审核及查询(客户信用分级，来审核订单交易)。
② 产品库存查询(决定是否要延期交货、分批发货或用代用品发货等)。
③ 产品报价(为客户作不同产品的报价)。
④ 订单输入、变更及跟踪(订单输入后，变更的修正及订单的跟踪分析)。
⑤ 交货期的确认及交货处理(决定交货期和发货事物安排)。

(3) 对于销售的统计与分析。这时系统根据销售订单的完成情况，依据各种指标做出统计，比如客户分类统计、销售代理分类统计等，再就这些统计结果来对企业实际销售效果进行评价。

① 销售统计(根据销售形式、产品、代理商、地区、销售人员、金额、数量来分别进行统计)。
② 销售分析(包括对比目标、同期比较和订货发货分析，来从数量、金额、利润及绩效等方面作相应的分析)。
③ 客户服务(客户投诉记录、原因分析)。

2) 库存控制

用来控制存储物料的数量，以保证稳定的物流支持正常的生产，但又最小限度地占用资本。它是一种相关的、动态的及真实的库存控制系统。它能够结合、满足相关部门的需求，随时间变化动态地调整库存，精确地反映库存现状。这一系统的功能又涉及：

(1) 为所有的物料建立库存，决定何时订货采购，同时作为交予采购部门采购、生产部门作生产计划的依据。

(2) 收到订购物料，经过质量检验入库，生产的产品也同样要经过检验入库。

(3) 收发料的日常业务处理工作。

3) 采购管理

确定合理的定货量、优秀的供应商和保持最佳的安全储备。能够随时提供定购、验收的信息，跟踪和催促对外购或委外加工的物料，保证货物及时到达。建立供应商的档案，用最新的成本信息来调整库存成本。具体有：

(1) 供应商信息查询(查询供应商的能力、信誉等)。

(2) 催货(对外购或委外加工的物料进行跟催)。

(3) 采购与委外加工统计(统计、建立档案、计算成本)。

(4) 价格分析(对原料价格分析，调整库存成本)。

4．人力资源管理模块

以往的 ERP 系统基本上都是以生产制造及销售过程(供应链)为中心的。因此，长期以来一直把与制造资源有关的资源作为企业的核心资源来进行管理。但近年来，企业内部的人力资源，越来越受到企业的关注，被视为企业的资源之本。在这种情况下，人力资源管理，作为一个独立的模块，被加入到了 ERP 的系统中来，和 ERP 中的财务、生产系统组成了一个高效的、具有高度集成性的企业资源系统。它与传统方式下的人事管理有着根本的不同。

1) 人力资源规划的辅助决策

对于企业人员、组织结构编制的多种方案，进行模拟比较和运行分析，并辅之以图形的直观评估，辅助管理者做出最终决策。

制定职务模型，包括职位要求、升迁路径和培训计划，根据担任该职位员工的资格和条件，系统会提出针对本员工的一系列培训建议，一旦机构改组或职位变动，系统会提出一系列的职位变动或升迁建议。

进行人员成本分析，可以对过去、现在、将来的人员成本作出分析及预测，并通过 ERP 集成环境，为企业成本分析提供依据。

2) 招聘管理

人才是企业最重要的资源。优秀的人才才能保证企业持久的竞争力。招聘系统一般从以下几个方面提供支持：

(1) 进行招聘过程的管理，优化招聘过程，减少业务工作量；

(2) 对招聘的成本进行科学管理，从而降低招聘成本；

(3) 为选择聘用人员的岗位提供辅助信息，并有效地帮助企业进行人才资源的挖掘。

3) 工资核算

(1) 能根据公司跨地区、跨部门、跨工种的不同薪资结构及处理流程制定与之相适应的薪资核算方法。

(2) 与时间管理直接集成，能够及时更新，对员工的薪资核算动态化。

(3) 回算功能。通过和其他模块的集成，自动根据要求调整薪资结构及数据。

4) 工时管理

(1) 根据本国或当地的日历，安排企业的运作时间以及劳动力的作息时间表。

(2) 运用远端考勤系统，可以将员工的实际出勤状况记录到主系统中，并把与员工薪资、奖金有关的时间数据导入薪资系统和成本核算中。

5) 差旅核算

系统能够自动控制从差旅申请、差旅批准到差旅报销整个流程。并且通过集成环境将核算数据导进财务成本核算模块中去。

一个完整的 ERP 系统是一个十分庞杂的系统，它既有管理企业内部的核心软件 MRP—Ⅱ，还有扩充至企业关系管理(客户关系管理 CRM 和供应链管理 SCM)的软件；既有管理以物流/资金流为对象的主价值链，又有管理支持性价值链——人力资源、设备资源、融资等管理，以及对决策性价值链的支持。任何一个企业都不可能一朝一夕就可实现这一庞大的系统。每个企业都有自己的特点和要解决的主要矛盾，需要根据自身实际情况确定实施目标和步骤。

本 章 小 结

本章全面介绍了物料需求计划 MRP、闭环 MRP、制造资源计划 MRPⅡ以及企业资源计划 ERP。第一节概述了 MRP，介绍了 MRP 的原理、逻辑和计算过程。简要介绍了闭环 MRP 的处理过程。第二节介绍了 MRPⅡ的概念、实施的基本条件以及原理，并对企业生产经营活动的影响进行了详尽的阐述；第三节介绍了 ERP 概述，包括 ERP 的定义、基本特征以及主要功能。

习 题

(一)单项选择题

1. 物料需求计划是适用于( )企业的作业计划技术。
   A. 流水线生产　　B. 单件生产　　C. 标准件生产　　D. 多级装配制造

2. 在能力资源计划中，将能够完成相同或相似工序的一组设备和(或)劳动力划分为( )。
   A. 能力单元　　B. 作业单元　　C. 工作中心　　D. 设备中心

3. 在闭环 MRP 的基础上，扩展了(　　)功能就形成制造资源计划。
   A. 实验室管理　　　　　　　　B. 经营、财务管理
   C. 设备维护　　　　　　　　　D. 人力资源管理
4. ERP 实施要求仓库管理人员保证库存数据准确率在(　　)以上。
   A. 90%　　　　B. 98%　　　　C. 95%　　　　D. 99%
5. CIMS 的两个支撑系统是指计算机网络和(　　)。
   A. 数据库系统　　B. 决策支持系统　　C. 操作系统　　D. 管理信息系统
6. MRP 有三种输入信息，即主生产计划、库存状态和(　　)信息。
   A. 产品结构　　B. 批量　　C. 安全库存量　　D. 在制品定额
7. MRP 中工厂日历是用于编制计划的日历，它与普通日历的关系是(　　)。
   A. 与普通日历相同　　　　　　B. 由普通日历除去假日
   C. 由普通日历加上加班日期　　D. 由普通日历除去不生产的日子
8. MRP 是在(　　)。
   A. 订购点法的基础上发展起来的　　B. 制品定额法的基础上发展起来的
   C. 累计数法的基础上发展起来的　　D. 网络计划法的基础上发展起来的
9. 物料需求计划中的物料需求性质属于(　　)。
   A. 相关需求　　　　　　　　　B. 独立需求
   C. 相关需求和独立需求　　　　D. 以上都不是
10. 20 世纪 90 年代初，提出了 ERP 概念的是(　　)。
    A. 美国的 IT 公司　　　　　　B. 日本的 IT 公司
    C. 法国的 IT 公司　　　　　　D. 中国的 IT 公司

(二)多项选择题
1. MRP 的输入包括(　　)。
   A. 主生产计划　　B. 物料清单　　C. 库存状态文件　　D. MRP 源代码
2. MRP Ⅱ 比闭环 MRP 增加了(　　)。
   A. 财务会计模块　　　B. 市场营销模块　　　C. 采购供应模块
   D. 人力资源管理模块　E. 产品开发模块
3. MRP 系统的库存状态信息包括(　　)。
   A. 当前库存量　　B. 计划入库量　　C. 提前期
   D. 订购(生产)批量　E. 安全库存量
4. MRP Ⅱ 与现行计划方式的主要区别有(　　)。
   A. 计划对象区别　　　　　　　B. 计划时段区别
   C. 计划编制方式的区别　　　　D. 以上都不是

(三)名词解释

1. 物料需求计划　　　2. BOM 清单　　　3. ERP

(四)简答题/计算题

1. 已知产品 A 的结构图如下，试用 A 的物料清单和所给文件来完成编制物料需求计划的整个过程。

主生产计划单(一)

周期	1	2	3	4	5	6	7	8
项目A	10	10	10	10	10	10	10	10

物料清单(二)

	层	用量
A	0	
B	1	2
C	1	1

产品结构

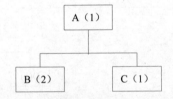

独立需求(三)

周期	1	2	3	4	5	6	7	8
项目C	5	5	5	5	5	5	5	5

库存文件(四)

周期	1	2	3	4	5	6	7	8
B(计划收到)				40				
C(计划收到)			30					

	现有库存	已分配量	提前期	订货批量
B	65	0	2 周期	固定批量：40
C	30	0	3 周期	固定批量：30

2. 某汽车修理厂在维修过程中用到 A 型轮胎，且后 10 周各周总需要量、预计到货量以及现有库存数如下表所示。已知订货提前期为 4 周，试确定净需求量和计划发出订货量。

A 型轮胎 LT=4 周	周次									
	1	2	3	4	5	6	7	8	9	10
总需求量	100	250	300	150	250	150	300	250	150	100
预计到货量		600		350						
现有数(100)	0	350	50	250	0	-150	-450	-700	-850	-900
净需要量										
计划发出订货量										

3. 工厂欲生产 A 型产品 80 个单位，其产品结构图如下图所示。假设工厂现在没有任何零件库存，试确定各种零件的采购或生产量。

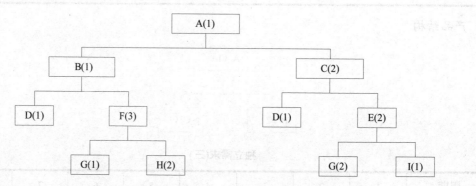

4. 雪人冷饮店销售某种型号的冰淇淋，预计本周每天的总需要量、预计到货量以及现有库存数如下表所示。已知订货提前期为 3 天，试确定净需求量和计划发出订货量。

冰淇淋 LT=3 天	星期						
	一	二	三	四	五	六	日
总需求量	30	55	60	100	50	55	40
预计到货量		100					
现有数(80)	50	195	135	35	-15	-70	-110
净需要量							
计划发出订货量							

5. 简述MRP输入信息的基本内容。
6. 简述闭环MRP的生产数据库包括的内容。
7. 简述MRP系统的目标。

(五)案例分析题

供应科长的难题

2008年4月,蓝色梦幻食品公司物资供应一科刘科长正为如何控制物资库存量发愁。刘科长是北方人,中等身材,1984年毕业于某师范大学哲学系,在武汉某大学教了几年政治经济学之后下海,先在一家农产品公司从事销售工作,后在一家饮料公司从事生产管理工作;2005年应聘到蓝色梦幻食品公司工作,因其为人正直、工作认真负责、善于学习新知识,而被委以负责物资管理工作的重任。蓝色梦幻食品公司的主导产品是保健饼干,这种用生物工程技术制成的饼干对头晕头疼、食欲不振、失眠、消化不良、腹泻、肝功能不正常等多种疾病有明显的疗效和保健作用。该产品生产工艺独特,基本流程大致如下:

菌种制作——母液形成——配料——上流水线加工——内封装盒——装箱

虽然该产品才推出几年,但销售额却增长迅速,特别是2007年下半年,市场上甚至出现了产品供不应求的状况。于是1998年公司制定了"保6争1"的目标,即销售额在2008年要达到6千万元,力争达到1个亿。

供应一科是专门负责公司包装物资采购的部门,包装物资主要是包装箱、包装盒内垫片及塑料纸,其中包装盒的外层贴纸是从韩国进口的。刘科长在2007年曾试图用经济订货批量(EOQ)模型来控制库存量。

EOQ的基本公式是:$EOQ = \sqrt{\dfrac{2NC}{H}}$ 其中N为年需求量,C为每次订货费,H为单位物资年存储费用,但刘科长却发现这个公式看上去简单,用起来却并不简单。首先是年需求量难确定,因为公司主导产品的需求量波动幅度很大,2007年初,公司认为当年销售额能达到1千万元就不错了,谁料到实际销售额居然达到了4千多万元。由于产品销量波动幅度大,难以预测,包装物资的年需求量也就难以预测,而且可以肯定,其波动幅度也会很大。即使给出了物资年需求量的估计值,刘科长又发现公式中的C和H这两值也难以估计:订货费C有时一次只要几十元钱,有时一次需要几千元钱,波动幅度很大,平均计算的可靠性自然不高;而单位物资的年存储费由于供应科组建时间不长,缺乏积累资料也难以精确估计。即使克服了诸多困难,估计出了计算所需的3个数据后,刘科长发现,不管如何计算或合理调整参数,按这个公式计算出的订货批量都不适用。2007年10月刘科长按此模型确定订货批量后,不久就发生了缺货,因影响了生产而受到公司领导的批评。刘科长从此断了使用经济订货批量模型的念头。

2007年年底,一个偶然的机会,刘科长从一所大学从事物资管理教学的一位老教授处了解到了MRP(物料需求计划),认识到MRP能降低库存量。刘科长如获至宝般从老教授处借来了大量 MRP 资料,并聘请一位曾为另一家企业设计了 MRP 软件的计算机专业的朋友进行有关软件的开发,因为公司产品的结构和生产工艺流程简单,软件开发似乎也很容易。但不久刘科长就发现,这个 MRP 好像也不能解决他的难题。MRP 要求生产计划可靠,但蓝色梦幻公司的产品销售计划变动很大,所以生产计划月月要变,而且变动幅度很大。其次,刘科长发现,MRP 中实际上也存在一个订货批量的计算问题,虽然 MRP 有关资料中提出了多种批量的计算方法,但刘科长认为这些方法的实质似乎也未离开"经济订货批量"模型的思想。基于此,刘科长对 MRP 的热情也就急剧下降了。不过公司现正在推行计算机管理,所以刘科长前段在 MRP 的工作也可以说是没有白费。

2008 年农历年一过,公司产品销售形势发生了重大变化,似乎销售额的增长随着大年的过去而过去了。2008 年 2 月,销售量出现了下降,公司不得不把刚刚投产的两条生产线中的一条停了下来。但原来为应付销售量迅速增长而订购的大量物资却陆续到货,一时间,公司仓库的库存量大增。刘科长又忙着与供应商协商推迟或取消订单,但在与代理进口韩国纸的外贸公司协商时,刘科长颇为为难。因为进口物资一般要提前半年报计划,以便外贸公司安排洽谈订货、看样、签约、外币准备、运输等相关事宜。2007 年下半年,刘科长一再要求外贸公司增加订货,外贸公司克服了诸多困难,不断增加订货量,却不料蓝色梦幻公司现在又提出减少订货,取消一些订单。外贸公司对此很有意见,要求蓝色梦幻公司分担部分损失。

不过,有一条消息让刘科长感到存在一个很大的成本节约机会,那就是由于东南亚金融危机,韩元大幅贬值,贬值幅度高达 50%。由于韩元贬值,韩国进口纸的价格大跌。刘科长觉得这好像又是一个机会。但由于现在仓库库存量较大,刘科长正犹豫要不要向公司提出利用这个机会的方案报告。

2008 年 3 月,公司聘请了国外有关管理专家来厂讲课。大家对这位管理专家所讲到的准时生产制(JIT)特别感兴趣。按准时生产制,公司库存应尽可能减少,库存量为零是最终的目标。如果能把库存降下来,刘科长粗算了一下,仅库存费一年就可节约几十万元。不过刘科长特别担心若实行准时生产制,肯定会发生缺货,那时所造成的影响生产的损失恐怕会远远超过库存的节约金额。所以在公司讨论是否实行准时生产制时,刘科长表示极力反对。刘科长觉得"准时生产制"离他自己还很遥远,眼下他所要做的是如何控制库存量。

(资料来源:http://www.chinadmd.com/file/3cwxvuiriruorupccwirr336_1.html)

讨论题:
1. EOQ 模型与 MRP 方法应用的前提条件是什么?有何不同?
2. 刘科长对 EOQ 和 MRP 这两种方法的看法正确吗?
3. JIT 能否在蓝色梦幻公司应用成功?
4. 刘科长应该如何应对"韩元贬值"这种现象?
5. 如果你是刘科长,你将如何控制库存量?你认为蓝色梦幻食品公司的物资需求有何特点?

第八章 作业排序与控制

【案例导入】

棘手的排队问题

位于格林尼治的大联盟超市通过市场调查了解，顾客可以忍受的最长队伍为 7 人；超过这个限度，客户会因厌烦而离去。因此，大联盟超市使用计算机系统对收银员进行科学调度，努力使等待结账的队伍不超过 3 个人。为了应付高峰时期的客流量，大联盟超市和其他超市一样，采用雇佣兼职员工的办法。大联盟超市雇用了很多家庭妇女和学生，这些临时工每天在超市里工作 4 小时。

除了采用雇用临时工的办法解决排队问题外，大联盟超市还借助电子扫描仪来加快结账速度，在所有大超市中都至少设有一个快速结账口。大联盟超市在牙买加的金斯敦市新开的连锁超市里，设有 20 个结账口，其中 6 个是为快速的顾客结账，并且只限现金结算。大联盟超市的有关负责人说："我们的目标是使顾客在 5~7 分钟内结账完毕，这是我们认为可以接受的等待时间。"

顾客在等待的时候会感到烦躁，而这时如果能够提供一些消遣，则会降低顾客的烦躁程度。自 1959 年以来，曼哈顿储蓄银行就开始在中午的高峰时间里向顾客提供一些娱乐节目。曼哈顿储蓄银行的 13 个分行中均有钢琴师弹奏乐曲。为了使顾客排队等待的时间更加精彩，曼哈顿储蓄银行偶尔还会安排一些展览。曼哈顿储蓄银行相信，由于有了以上这些消遣活动，顾客能够容忍比较长的等待时间。银行的一位高级副总裁说："即使在非常拥挤的高峰期，顾客向我们提出抱怨的情况也比较少。"

在酒店和办公楼的电梯的门上镶上镜子，可以使人们在等电梯时不至于太烦躁。人们通常会对着镜子整理一下自己的发型和衣服，而忽视了等待的时间。拉塞尔·阿珂夫研究指出，如果一间酒店的电梯门上有镜子，这家酒店收到的关于电梯太慢的抱怨会比没有镜子的少得多。

有时只需要告诉人们还需等多久，就会使他们的心情好起来。迪士尼乐园对于排队等待的现象十分敏感，因为在比较热门的娱乐项目前，等待的队伍有时会长达 1800 人。和许多其他游乐场一样，迪士尼乐园也向等待的游客提供娱乐活动，但它同时也注重反馈。沿队伍所等之地，很多地方都有指示信号标明从该点起还需要等多久。排队专家认为，最糟糕的事情莫过于满眼的等待，就像在公共汽车站的人们不知道下一辆车究竟是 1 分钟后就来，还是要等 15 分钟后才会来。迪士尼乐园的这种信息反馈，使父母们可以权衡一下：是花 24 分钟等"拖得先生的野马"好呢，还是花 30 分钟等"Dumbo"项目比较好？

另外，缓解排队问题还有许多其他方法。纽约和新泽西州港口管理局曾指出，用交通指示灯将车辆分成 14 辆一组，可使车辆通过荷兰隧道的效率最高。

哥伦比亚大学商学院的作业研究教授彼得·科尔萨认为，应该更多地使用差异定价来转移需求。例如，一些铁路线非高峰期的票价比较低、餐厅向早于正常时间用餐的顾客提供折扣等。

(资料来源：KLEINFIELD N.R. Conquering Those Killer Queues. New York Time,September 25)

思考题：
你身边有没有这种排队现象？你认为应该如何解决？

【学习目标】

掌握作业排序的含义与目标。掌握实际中几种常用的作业排序规则。掌握制造业中的作业排序问题，包括n/1、n/2、n/m等作业排序问题，并了解生产作业控制相关的几个方面。了解服务业作业排序特点，了解服务需求排序以及服务人员的排序等。

关键词： 作业排序　优先级法则　输入/输出控制　有限负荷　甘特图　作业计划　约翰逊法则　无限负荷　作业排序　负荷图

第一节　作业排序概述

在第七章中，已经学过如何制定MRP，接下来需要将MRP计划分配到各车间，以便确定各车间的生产任务。那么这些具体的生产任务是否可以随意分配呢？各项作业之间是否有着一些潜在的联系？能否在生产运作过程中对生产活动进行及时调整与控制呢？这就是本章要研究和解决的问题。

一、作业排序的内涵

作业排序是指为每台设备、每位员工具体确定每天的工作任务和工作顺序的问题。也就是说，作业排序要解决不同工件在同一设备上的加工顺序问题、不同工件在整个生产过程中的加工顺序问题，以及设备和员工等资源分配问题。人们还常常用生产调度、日常派工、生产控制来描述与作业排序核心含义相同的词语。

在介绍作业排序的内容前，需要清除几个概念：

(1) 工作中心。这是指运作中的一个场所或区域，该区域由一定的运作资源如人员、面积、空间、设备、工具等构成。工作中心可以是一台设备、一组设备、一个成组的运作单元、一个车间、一条生产线等。

(2) 无限负荷/有限负荷。这是指对工作中心运作能力的考虑。无限负荷是指在对工作中心分配任务时，并不直接考虑该工作中心是否具有足够能力来完成所分配的任务，而只是大概估计所分配的任务与该工作中心的能力是否匹配。有限负荷是指在对工作中心分配任务时，对所分配的任务与该工作中心能力之间做出详细的安排，明确规定每种资源在每一时刻的具体安排。

(3) 前向排序/后向排序。前向排序是指系统接受订单后，立即根据该订单的各相关作业进行排序。后向排序是指系统接受订单后，按照该订单的某一约定时间进行倒排序，从而排定该订单的各相关作业顺序。

二、作业排序的目标

不同的作业排序，有时会产生不同的结果。下面以一个生产电子板的工作中心为例，来看看不同的作业排序会产生哪些效果。假如某无线电厂需要按照订单生产 4 种型号的电子元件，分别为 A、B、C、D；而这 4 种元件需要经过打磨与焊接两道工序，各元件在这两道工序上的加工时间如表 8-1 所示。

表 8-1　各种电子元件的加工定额时间

电子元件	打磨工序时间	焊接工序时间
A	3	1
B	2	3
C	3	2
D	1	2

由于各电子元件的耗时不同，如果采取不同的加工顺序，那么 4 种电子元件最终的完工时间也会不同。那么加工该 4 种电子元件的次序排列有哪些呢？这是一个简单的排列组合的问题。根据排列组合的原理，这 4 种电子元件的加工顺序应该有 24 种。只假设用以下 4 种顺序来进行加工，来看看结果如何(如图 8-1 所示)。

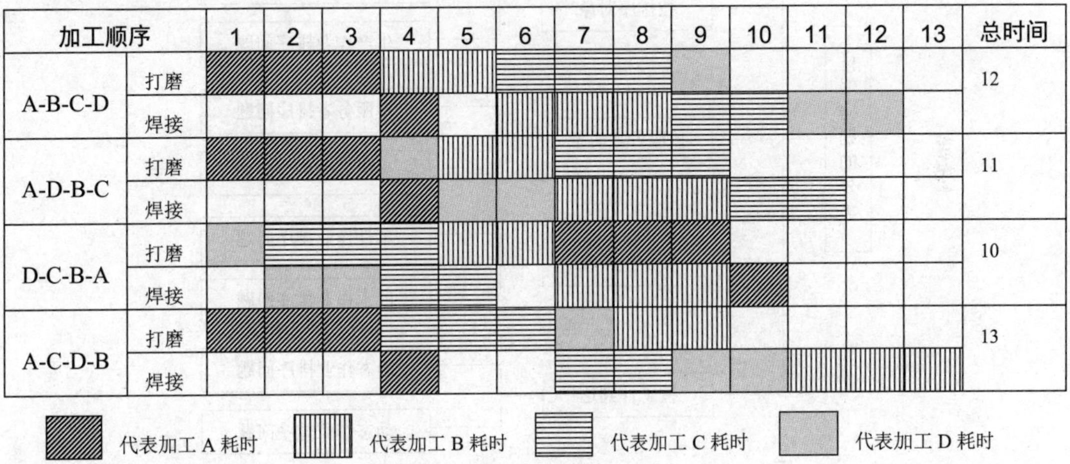

加工顺序		1	2	3	4	5	6	7	8	9	10	11	12	13	总时间
A-B-C-D	打磨														12
	焊接														
A-D-B-C	打磨														11
	焊接														
D-C-B-A	打磨														10
	焊接														
A-C-D-B	打磨														13
	焊接														

代表加工 A 耗时　　代表加工 B 耗时　　代表加工 C 耗时　　代表加工 D 耗时

图 8-1　不同加工顺序的比较

由图 8-1 可知，第 3 种排序是 4 种排序中时间最为节省的顺序。因此，科学的作业排序能够提高整个制造过程或服务过程的效率，缩短加工时间或客户等待的时间。那么怎样的作业排序是最合理的？是不是整个工序时间越短越好？一般来说，合理的作业排序需要在一定的排序目标下进行，而作业排序的主要目标包括：

(1) 满足顾客或下一道工序的交货期要求。满足客户的交货要求是作业排序的最低目标，也是检验作业排序成功与否的重要标准之一。

(2) 降低在制品的库存，加快流动资金周转。在激烈的市场竞争及资金压力下，现代企业对库存有很高的要求，零库存一度成为制造企业追求的目标。通过合理的作业排序管理减少工件的生产加工时间，加快工件在生产过程中的流通速度，从而释放在制品库存所占用的资金，加快流动资金周转。

(3) 流程时间最短，即各作业在加工过程中所消耗的时间最少。这将意味着企业用更快的速度生产产品，在激烈的市场竞争中更容易占据领先地位。

(4) 降低机器设备的准备时间和准备成本，充分利用机器设备和劳动力。现代化生产代表着大批量、少品种的生产方式，这种生产方式能最大限度地降低企业的生产制造成本，为企业创造更多的利润。而小批量多品种的市场需求意味着生产设备要频繁进行调整。

三、作业排序的类别

作业排序有多种不同的分类方法。如图 8-2 所示。

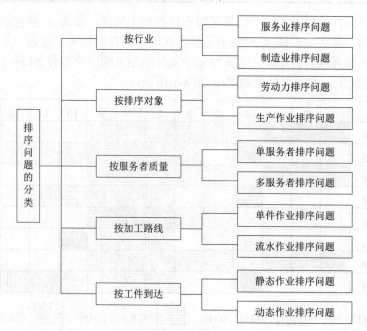

图 8-2 排序问题的分类

(1) 按照行业的不同，可分为制造业排序问题和服务业排序问题。制造业排序主要解决工件在生产过程中的加工次序问题；服务业排序主要解决如何安排服务能力以适应服务需要的问题。

(2) 按照对象不同，可分为劳动力(或服务者)排序和生产作业排序。劳动力排序主要确定机器设备或服务人员何时工作，生产作业排序则主要是将不同工件安排到不同的设备上。

(3) 按照服务者的种类和数量不同，可分为单服务者排序问题和多服务者排序问题。在服务业中，单服务者排序是指单列单服务台排队问题，而多服务者排序问题是指单列多服务台或多列多服务台的排队问题。在制造业中则为单台设备上的加工排序问题和多台设备上的加工排序问题。

(4) 对于多台设备上的加工排序问题，又可根据加工路线分为单件作业排序问题和流水作业排序问题。单件作业排序问题的基本特征是零件的加工路线不同；流水作业排序问题的基本特征是零件的加工路线完全相同。

(5) 按照零件或顾客到达工位或服务台的具体情况，可分为静态作业排序问题和动态作业排序问题。静态作业排序是指当进行排序时，所有零件或顾客都已到达，可以一次对它们进行排序；动态作业排序是指零件或顾客是陆续定型排序问题和随机排序问题等。

四、作业排序的优先规则

如前所述，加工排序问题相当复杂。1 台机器 n 个工件的排序问题就有 $n!$ 种可能的排序，如果有 m 台机器，则最多会有 $(n!)m$ 种可能的加工顺序。而现实规模常常更大，因此，在决策作业排序的问题时，需要借助一些排序规则来进行。迄今为止，人们已提出了上百种优先规则，在实际中常用的规则有以下几种：

(1) FCFS(First-come, first-served)先到先服务规则：按照作业到达的先后顺序加工。

(2) SPT(shortest processing time)最短作业时间规则：按照各项作业所需的加工时间由小到大的顺序进行加工。

(3) EDD(earliest due date)最早交货规则：按照订单的交货日期的顺序进行加工，优先出来交货期最早的订单。

(4) STR(slack time remaining)最小松弛规则：剩余松弛时间最短的订单先被处理。剩余松弛时间 STR=距离交货期所剩时间-剩余加工所需时间。

(5) RW(remaining work)剩余加工量规则：按照剩余加工时间从小到大的顺序进行加工。

(6) CR(critical ratio)关键比例最小规则：关键比例最小的订单先处理。关键比例 CR=距离交货期所剩余的时间/剩余工作时间。

以上优先规则各具特色。FCFS 规则适用于服务行业最能体现公平的原则；SPT 规则可以使作业的平均流程时间最短，从而减少在制品数量；EDD 及 CR 规则可使作业延误时间最少。除此之外，还有许多其他规则，如随机规则、后到先服务规则等。在进行作业排序时，具体采用哪一种规则，应根据企业的目标而定。

第二节　制造业中的作业排序

首先讨论应用最广泛的制造业中的作业排序问题。这类问题可以描述为：n 种工件在 m 台机器设备上加工的作业排序问题，表示为 n/m。

一、n/1 作业排序问题

n/1 作业排序问题是指 n 种工件在一台设备上加工的排序问题，是排序问题中比较简单的情形。在进行排序方案的设计时，只需要根据上节介绍的优先规则进行排序，对方案的选择可根据以下几个评价指标来比选：交货时间延迟、工件流程时间、在制品库存等。举例说明：

例 8-1：某电子元件生产厂需要在一台机器上加工 5 种电子元件，每种元件的加工时间和交货时间如表 8-2 所示。

表 8-2　原始数据

电子元件	加工时间/小时	交货时间/小时
A	3	5
B	4	6
C	2	7
D	6	9
E	1	2

分别使用以下优先规则来进行作业排序：FCFS、SPT、EDD、STR。对每一种方法都要求计算出总流程时间、平均流程时间、平均作业数和平均延迟时间。

(1)　按照 FCFS——先到先服务规则，见表 8-3。

平均流程时间=50÷5=10(小时)

平均延迟时间=23÷5=4.6(小时)

平均在制品库存数=50÷16×1=3.125(个)

只有 A 能准时交货，B、C、D、E 分别会延迟 1 小时、2 小时、6 小时、14 小时。

(2)　按照 SPT——最短作业时间规则，见表 8-4 所示。

平均流程时间=36÷5=7.2(小时)

平均延迟时间=12÷5=2.4(小时)

平均在制品库存数=36÷16×1=2.25(个)

E、C 能准时交货，A、B、D 分别会延迟 1 小时、4 小时、7 小时。

表 8-3 FCFS 规则排序表

加工顺序	加工时间	完成时间	交货时间	延迟时间
A	3	3	5	0
B	4	7	6	1
C	2	9	7	2
D	6	15	9	6
E	1	16	2	14
总计		50		23

表 8-4 SPT 规则排序表

加工顺序	加工时间	完成时间	交货时间	延迟时间
E	1	1	2	0
C	2	3	7	0
A	3	6	5	1
B	4	10	6	4
D	6	16	9	7
总计		36		12

(3) 按照 EDD——最早交货规则，见表 8-5 所示。

表 8-5 EDD 规则排序表

加工顺序	加工时间	完成时间	交货时间	延迟时间
E	1	1	2	0
A	3	4	5	0
B	4	8	6	2
C	2	10	7	3
D	6	16	9	7
总计		39		12

平均流程时间=39÷5=7.8(小时)

平均延迟时间=12÷5=2.4(小时)

平均在制品库存数=39÷16×1≈2.44(个)

E、A 能准时交货，B、C、D 分别会延迟 2 小时、3 小时、7 小时。

(4) 按照 STR——最小松弛规则，见表 8-6 所示。

表 8-6 STR 规则排序表

加工顺序	加工时间	交货时间	松弛时间	完工时间	延迟时间
E	1	2	1	1	0
A	3	5	2	4	0
B	4	6	2	8	2
C	6	9	3	14	5
D	2	7	5	16	9
总计				43	16

平均流程时间=43÷5=8.6(小时)

平均延迟时间=16÷5=3.2(小时)

平均在制品库存数=43÷16×1≈2.69(个)

E、A 能准时交货，而 B、C、D 分别延迟 2 小时、5 小时、9 小时。

将以上四种规则的排序结果进行比较，见表 8-7。

表 8-7 FCFS、SPT、EDD、STR 的结果比较

规则	总流程时间	平均流程时间	平均延迟时间	平均在制品库存
FCFS	50	10	4.6	3.125
SPT	36	7.2	2.4	2.25
EDD	39	7.8	2.4	2.44
STR	43	8.6	3.2	2.68

从表 8-7 中可以看出，利用 FCFS 规则进行的排序结果在几个关键绩效指标中是最差的，而 SPT 规则的排序结果是四种排序方案中效果最好的。这是由于 SPT 规则是以最短作业时间为出发点，要求整个流程时间最短，相应每个作业的平均流程时间也会最短，因此平均在制品库存也较少。一般来说，SPT 规则是较优的排序规则，被誉为排序方面最重要的规则。以交货时间为优先选择标准的 EDD 规则以及 STR 规则使得工件延期的时间在一个较低的范围内，这对那些对交货时间有严格要求的订单非常适用。

二、n/2 作业排序问题

一般来说，排序问题是随着机器设备的增多而越来越复杂。n/2 作业是指 n 个工件需要在两台设备上进行加工，并且所有作业的加工顺序都相同，即都是先在第一台设备上加工，

然后移动到第二台设备上进行加工。在这种情况下，全部完工时间就变成了最重要的评价指标，排序的结果就是要使得加工周期最短。解决这种 n/2 作业的排序问题，通常使用著名的约翰逊算法(由 S.M.Johnson 于 1954 年提出)。其基本思想是尽量减少第二台设备上的等待加工时间，将在第二台设备上加工时间长的工件先加工，将在第二台设备上加工时间短的工件后加工。这种算法的程序如下：

(1) 列出两台机器上的工件加工所需要的时间。

(2) 选择最短加工时间的工件，如果该最短时间发生在第一台设备上，则最先完成该工件；如果该最短时间发生在第二台设备上，则最后完成该工件；如果两台加工时间相等，则在第一台设备上完成。

(3) 把已经确定顺序的工件划去，在剩下的工件中继续第二步，直到全部工件顺序确定。

例 8-2： 已经有 5 种工件需要顺序经过两台设备进行加工，其各自的加工时间如表 8-8 所示。试用约翰逊算法给出最优加工顺序。

表 8-8　加工时间表　　　　　　　　　　　　　　　　　　（单位：小时）

设备\工件	A	B	C	D	E
I	5	1	8	5	3
II	7	2	2	4	7

解：

(1) 选择加工时间最短的工件：B，最短加工时间为 1，发生在设备 I 上，故安排在第一位进行加工。从列队中划去 B。

(2) 在剩下的队列中选择加工时间最短的工件：C，最短加工时间为 2 小时，但该时间是在设备 II 上进行的，故放在最后加工。划去 C。

(3) 重复以上步骤，选择工件 E，放在 B 后加工；选择工件 D，放在工件 C 前加工；选择工件 A，放在 E 后加工。得到排序方案如下：

B → E → A → D → C

该方案的排序总加工周期为 24 小时。

图 8-3 是该方案的排序示意图。

图 8-3　作业排序方案示意图

三、n/m 作业排序问题

$n/m(m\geq 3)$的流水作业排序是一个复杂的问题。如果 n/m 的值不大，可以通过枚举法来求解。但当 n/m 值很大时，作业排序会出现$(n!)m$ 种可选方案。而生产活动中常常会出现这种情况。因此，通常会根据一些算法，使用计算机仿真来进行方案的比选。具体操作不在这里赘述。

四、生产作业控制

生产作业控制是对作业计划的实施情况进行监控，发现作业计划与实际完成情况之间的偏差，采取调节和纠正措施，以确保生产计划顺利完成。由于生产作业计划是在生产活动开始前预先制定的作业安排，在实施过程中总是存在一些不确定因素，比如机器设备发生故障、工作人员离职或请假，又或者在生产过程中突然产生了一些加急的订单等，这些情况的出现往往会打乱我们既定的计划。因此，我们需要对生产作业进行有效控制，以便及时地调整生产计划以适应变化的环境要求。

生产作业控制主要包括对工作中心的负荷控制、生产作业时间(进度)的控制和生产能力的控制三个方面。对工作中心的负荷控制也就是合理分配生产作业，以至于工作中心不会超负荷运营也不会负荷不足。生产作业时间(进度)控制是通过对作业计划执行情况的动态监控，调整资源分配，控制偏差，保证作业计划按期完成。生产能力控制主要是调整现有的生产能力从而使一些作业顺利进行。下面简单介绍三种用于生产作业控制的工具和方法：

(一)甘特图

甘特图是作业排序与控制中最常用的一种工具，是一种将任务标注于时间轴的条形图。通过条形图的完成情况能够使管理者对各项工作的完成情况了如指掌，为管理者对生产计划与控制的调整提供依据。甘特图广泛运用于作业进度、机器任务安排、资源安排等控制中。图8-4是某工作中心的机器作业进度控制图，图8-5是某订单进度控制示意图。

(二)输入/输出控制

输入/输出控制是对工位的工作流进行控制，是生产控制的主要部分。它的主要原理就是严格控制工作中心的生产作业输入不能超过生产作业输出。一方面，一旦输入大于输出，就会造成工作中心的订单积压，要完成订单任务只有超负荷运转；另一方面，如果输入小于工作中心的正常输出，就会造成工作中心的效率低下，这也是生产作业不合理的地方。输入/输出是否平衡可以通过输入/输出报告来检测。表8-9就是某工作中心的输入/输出报告表。从表8-9中可以看出，该工作中心存在着生产能力瓶颈问题，要解决该工作中心的作业积压问题必须从解决生产能力入手或者降低工作的输入。

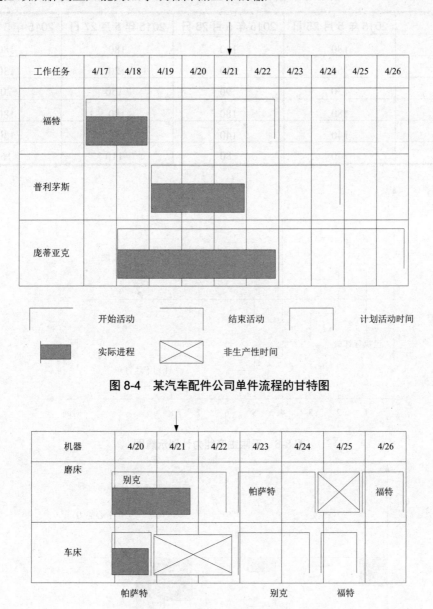

图 8-4　某汽车配件公司单件流程的甘特图

图 8-5　某汽车配件公司的机器甘特图

(三)生产能力负荷图

生产能力负荷图直接明了地将某工作中心的生产能力与订单的比较情况表示出来。图 8-6 是无限生产能力负荷图，图 8-7 是有限生产能力负荷图。

表 8-9　某工作中心 2015 年 5 月 25 日~28 日的输入/输出情况

时间	2015 年 5 月 25 日	2015 年 5 月 26 日	2015 年 5 月 27 日	2015 年 5 月 28 日
计划输入	180	180	180	180
实际输入	150	120	120	130
累积偏差	-30	-90	-150	-200
计划输出	180	180	180	180
设计输出	140	140	150	130
累计偏差	-40	-80	-110	-160

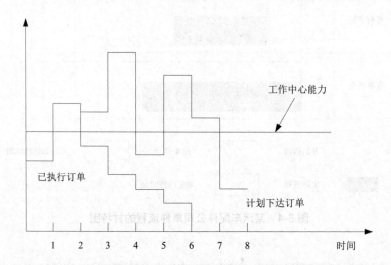

图 8-6　无限生产能力计划示意图

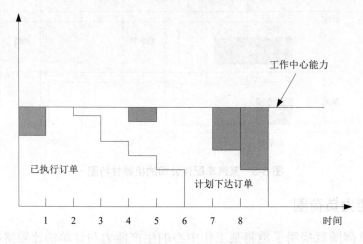

图 8-7　有限生产能力计划示意图

第三节　服务业的作业排序问题

一、服务业作业排序的特点

与制造业相比，服务业最重要的特征有两点：一是无法对所提供的服务进行库存管理，而制造业生产的产品是可以通过库存量的设计来应对不时之需的；二是需要提供服务的顾客是不确定的，也就是说服务业的服务对象(需求)是难以预测的。以银行柜台工作人员提供的金融服务为例，什么时候有什么样的顾客需要进行哪种类型的服务是无法预知的。根据这个特点，对服务业的作业排序也就转变成了根据服务需求的订单及对服务需求的预测来对提供服务的工作人员进行排序的问题。

服务作业排序的主要目标是使顾客需求与服务能力相匹配。因此，服务作业排序有两种基本的方式：①将顾客需求分配到不同的时间段内，以不变的服务能力去满足顾客的需求；②将服务人员安排到顾客需求不同的时间段内，用变化的服务能力去适应顾客的需求。

二、顾客需求排序

这种方式中，服务能力保持一定，通过适当安排顾客的需求来提供准时服务和充分利用能力。常用的方法有三种：预约、预订、排队。

(1) 预约。通过预约系统的使用，在特定的时间为顾客提供服务。这种方法的优点是能够为顾客提供及时的服务并提高服务系统和服务人员的效率。医生、律师、维修部门是使用预约系统提供服务的典型例子。比如某汽车维修部门可以根据预约系统中的当天预约信息来安排当天的工作计划，以确保顾客到达后能及时提供维修服务。这样可以避免客户等待过长的时间，提高客户满意度。

(2) 预订。预订系统与预约系统有类似之处，区别在于预订系统通常是指客户在接受服务时需要占据或使用相应服务设施的情况。比如顾客预订酒店房间、飞机座位、饭店座位等常常使用预订系统。预订系统的主要优点在于能够给予服务管理者一定的提前期来做出服务作业计划。但是预订系统一般应要求顾客支付一定数额的订金，以免出现预订后又放弃的情况。

(3) 排队。即使是使用了以上方法，仍然无法避免出现排队等待服务的现象。这是因为顾客需求是随机的，永远无法准确预知顾客的需求情况。对于排队现象如何进行服务作业排序主要是依据排队论的研究进行的。

【案例 8-1】

美国加利福尼亚大学洛杉矶分校的课程安排

加州大学洛杉矶分校(UCLA)安达信管理研究生院为本科生、MBA 和博士课程进行手工排课需要两个人每季度花 3 天时间才能完成。复杂性来源于教师们的各种偏好，以及设施和行政方面的约束条件。例如，老师们可能喜欢将分配给自己的课程安排在同一天连着上，并且还要安排在下午。此外，一天只有 8 个小时空当可以上 MBA 核心课；对能够进行案例讨论、大班课或上机的教室数目也有限制。同一个老师上的课不能重复，同时课程的时间还必须安排得使所有学生都可以选到每个季度的所有必修课。对 25 门 MBA 核心课以及 120 门非核心课进行安排，使教师的偏好、学生的需求以及其他所有约束条件最大限度地得到满足并非一件容易的事情。

现在课程安排可以采用计算机辅助进行。由于核心课的存在课程开始时间的限制，并且所有的 MBA 学生都必须选这些课，因此首先安排核心课。有关所要提供的核心课的节数、师资和行政约束条件，以及上核心课的教室的教学偏好的数据都会输入到一个计算机模型中，利用该模型将教室分配给各门课程，将各门课程安排到各个时间空当，使教学偏好最大限度地得到满足，同时还要满足各种约束条件。并非所有的偏好都会得到满足。但是，如果教师的偏好有改变，可以重新利用该模型在几秒钟的时间内生成一个新的教学安排。

另外，还开发了一个模型用来给非核心课程安排时间、给教师安排课程，使教师的偏好得到最大限度的满足。模型的输入值包括核心课教学任务、核心课安排、可用的教室以及教师的偏好。

该系统已经实施且运转良好。这个排课系统改进了最终的课程安排质量，还节约了时间。包括解决教师偏好冲突所需的时间在内，现在只需要 3 个小时就能生成一个完整的排课计划。

(资料来源：http://www.china-cam.cn/)

分析与思考：
美国加利福尼亚大学洛杉矶分校的排课系统是基于模型开发的，试想下模型目标是什么？约束条件是什么？要考虑哪些方面呢？

分析与思考答案：
排课系统的目标是最大化满足教师、学生、师资条件的需求，约束条件包括核心课教学任务必须满足，教室数量、师资条件以及教师的偏好。

三、服务人员的排序

服务人员排序普遍存在于服务行业中，如麦当劳的营业人员、医院的护士、商场收银人员、车站售票员的工作计划和休息日的安排。对服务人员的排序，也就是将服务人员安排到顾客需求不同时间段内，通过适当安排服务人员的数量来调整服务能力，从而最大限度地满足不同时间段内的不同服务需求。

由于大部分国家对员工的工作时间也都有法律约束，对企业来说，超出法定工作时间使用员工则需要付出相当高的加班费用。这也意味着服务成本的提高。因此，如何在保证服务需求得到充分满足的情况下,合理安排员工的休息时间对服务型企业来说至关重要。下面介绍一种最常见的 5 个工作日、连续休息两天的启发式算法来进行服务人员的排序:

排序步骤如下:

(1) 从每周人员需求量中,找出服务人员需求量总和最少的连续两天;

(2) 使第 1 位员工在(1)中确定的两天休息、在其他 5 天工作。并且对其工作的 5 天的服务人员需求量均减去 1,表示这些工作日已有 1 人工作,因此少需要一个员工;

(3) 重复以上步骤,直接将所有服务人员的工作日和休息日安排完毕。

例 8-3:某快餐店有 10 名雇员,据预测每天需要的雇员数如表 8-10 所示。在不影响店面服务水平的前提下,要使 10 名雇员每周都能享受连续两天的休息日,并且尽量安排在周六、周日休息。请为店长做出员工班次计划,并且对快餐店的服务能力情况做出评价。

表 8-10 快餐店一周的每天雇员需求量

	周一	周二	周三	周四	周五	周六	周日
人员数	8	7	6	5	10	6	5

解:按照排序步骤进行。先假设这 10 位雇员分别为 A、B、C、D、E、F、G、H、I、J。

(1) 对 A 来说,周三和周四的需求量与周六和周日的需求量之和是一样最少的,但是根据尽量安排在周六、周日这一原则,选择周六、周日安排 A 休息。

(2) 对周一到周五的雇员需求量均减 1,得到表 8-11 中的第二行。

表 8-11 快餐店员工排序过程及结果

星期	一	二	三	四	五	六	日	员工
员工需求量	8	7	6	5	10	6	5	A
	7	6	5	4	9	6	5	B
	6	5	5	4	8	5	4	C
	5	4	4	3	7	5	4	D
	4	3	4	3	6	4	4	E
	3	2	3	2	5	4	3	F
	2	1	3	2	4	3	2	G
	2	1	2	1	3	2	1	H
	1	0	1	0	2	2	1	I
	1	0	0	0	1	1	0	J
服务能力	8	8	6	6	10	6	6	
顾客需求	8	7	6	5	10	6	5	
闲置产能	0	1	0	1	0	0	1	

(3) 在第二行中,周三、周四的连续需求量之和最少,故安排 B 在周三、周四休息。对 B 的工作日中的需求量均减 1,得到表 8-11 中的第三行。

依次安排下去,得到其他雇员的工作日和休息日,见表 8-11。表 8-11 中划圈的地方表示雇员连续休息的时间。从表 8-11 中可以看出,快餐店目前的 10 名雇员完全能够满足店面的员工需求情况,服务能力充分。

四、计算机化员工作业计划系统

由于员工的作业时间常常伴随无数的约束条件和考虑因素,比如电话公司、快递公司或某客户服务热线,员工必须每周工作 7 天、每天 24 小时值班,有时一部分员工是兼职员工,上班班次可以交叉,可以延长值班时间,值班时间必须考虑员工的用餐休息时间及其他一些情况。诸多约束条件和考虑因素,使得管理层进行员工作业计划变得非常复杂。使用计算机编程进行员工作业排序使问题变得简单易行。比如,某保险公司的客户服务中心必须保证每周 7 天每天 24 小时都配有电话接线员。该公司拥有 150 名正式员工和 100 名临时雇员。正式员工要在轮班制的基础上保证一周七天的最小工作量。临时雇员的工作时间安排则相对灵活,有的可以一周工作六天,有的只需要保证每周工作 20 小时的最低工作时数。运用计算机化员工作业计划系统,公司管理层只需要先预测电话中心每小时的工作量,并将这个工作量转换为生产能力需求,然后再为员工生成一周的作业计划,用来满足对生产能力的这些需求。

【案例 8-2】

让病人等待?这事不会发生在我的办公室

在我的小儿科办公室里,99%以上是在预约的时间接待患者的。所以,在我繁忙的单独行医的经历中,遇到很多时候对我表示感激的病人。病人经常对我说:"我们真的很感激你的准时接待。为什么其他的医生做不到呢?"我的回答是:"我不知道,但是我很愿意告诉他们我是怎样做到的"。

1. 按实际情况安排预约

通过实际安排许多病人的就诊时间,我发现他们可以分为几大类别。我们可以为一个新的病人安排半小时,给一个健康的婴儿检查或者一个重要病症安排 15 分钟时间,给一个伤病复查、一个免疫就诊或者类似长痱子之类的小病安排 5 分钟或者 10 分钟。当然,你可以根据你自己的实际情况安排你的时间分配。当预约好了以后,每一个病人都能收到一个确切的时间,像 10:30 或 14:40。在我的办公室里,对病人说"10 分钟以后你再来"或者"半小时以后再来"是绝对不允许的。人们对这暗示的理解是不同的,而且没有人知道他们到底什么时候会到。

2. 急诊安排

在大多数情况下，急诊是医生未能遵循预约时间的原因。当一个手臂骨折的小孩来就诊或者接到医院电话去参加一个剖腹产急救手术的时候，我就会放下手中的其他工作。如果只是中断一小会儿，那么还可以设法赶上原来的计划。如果要很长时间，那么接下来的几个病人就可以选择继续等待或者安排新的预约。偶尔，我的助手需要对接下来的一个或几个小时进行重新安排。不过，通常这种中断不会超过20分钟，而且病人通常也会选择继续等待。接下来我会把他们安排到为重症病人额外保留的时间里。

3. 电话处理

来自患者的电话，如果你不能好好处理，会破坏你的预约计划。但是，我这里没有这种问题。和其他的小儿科医生不同，我没有规定的电话时间，但是我的助手在办公时间接听来自患者母亲的电话。如果电话比较简单，如"一个一岁的孩子应该服用多少阿司匹林"等，那么我的助手就会回答。如果这个问题需要我的回答，那么助手就会写在患者来电登记表里，在我给下一个孩子诊治的时候交给我。我写下答案，然后由助手传达给打电话的人。

4. 迟到处理

当超过了为一个病人预约的时间19分钟以上，病人还没有出现在办公室，那么助手就会打电话到他家里，安排晚一些的预约。如果没人应答，并且病人在几分钟后到达办公室，接待员会很有礼貌地说："嗨，我们正在这找您呢！医生不得不为其他预约的病人就诊了，但是我们会尽快把您插进去的。"然后在患者登记表上做记录，记下日期、迟到原因以及他是那天诊治了还是另外预约时间了。这样可以帮助我们鉴别那些总是迟到的人，在需要的时候采取强硬点的措施。

5. 不露面处理

对于预约好了但是最终没有出现、电话也找不到的病人该怎么处理呢？这些也会被记在患者登记表中。通常有很简单的解释，比如出城了或者忘了预约。如果第二次出现，我们会重复同一步骤。如果第三次出现，病人就会收到一封信，提醒他时间已经留出来，但是他三次都没有出现；并且告诉他，将来他会为这些浪费的时间付账的。

(资料来源：SCHAFER W B. Keep patients waiting? Not in my office [J]. Medical Economics, May 12,1986:137-141.)

分析与思考：
为什么在该科室没有出现患者等待的事呢？

分析与思考答案：
分别从实际情况安排预约、急诊安排、电话处理、迟到处理以及不露面处理等几个方面来分析。

本章小结

本章全面介绍了作业排序与控制的内涵与方法。第一节论述了作业排序概述,介绍了作业排序的内涵、目标、类别以及几种优先规则;第二节论述了制造业中的作业排序,介绍了 n/1、n/2 以及 n/m 作业排序问题,并根据几种优先规则计算流程时间;第三节论述了服务业的作业排序问题,介绍了服务业作业排序的特点、服务需求排序、服务人员排序以及计算机化员工作业计划系统等。

习 题

(一)单项选择题

1. 在排队分析中,下面哪一项通常不被当作系统绩效的度量?( )
   A. 等待队列中的平均人数　　　B. 系统中的平均人数
   C. 系统的使用率　　　　　　　D. 服务台的费用加上顾客的等待费用
   E. 服务时间
2. 生产控制的基本程序中不包括( )。
   A. 控制目标　　B. 测量比较　　C. 控制决策　　D. 实施控制
3. 进度控制的最终目标是( )。
   A. 销售进度　　B. 工序进度　　C. 投入进度　　D. 产出进度
4. ( )表明了流水线的生产速度,同时也规定了流水线的生产能力。
   A. 节拍　　　　B. 批量　　　　C. 批次　　　　D. 负荷
5. 通过哪项可将生产计划任务最终落实到操作工人身上?( )
   A. 流程设计　　　　　　　　　B. 能力计划
   C. 生产大纲　　　　　　　　　D. 排序和车间生产作业计划
6. 下边哪项不是排序的优先调度法则?( )
   A. 优先选择余下加工时间最长的工件　B. 优先选择加工时间最短的工件
   C. 优先选择临界比最小的工件　　　　D. 优先选择临界比最大的工件
7. 一个工件剩下 5 天加工时间,今天是这个月的 10 日。如果这个工件 14 日到期,临界比是多少?( )
   A. 0.2　　　　B. 4　　　　　C. 1　　　　　D. 0.8
8. 任务分派情况下,5 个工件分派到 5 台机器上有多少种不同方法?( )
   A. 5　　　　　B. 25　　　　 C. 120　　　　D. 125
9. 与流水车间排序不直接相关的是( )

A. 加工描述矩阵 B. 加工时间矩阵
C. 加工顺序矩阵 D. "漏斗"模型

10. 为什么在无限源排队系统中会有等待？（ ）
    A. 安排欠妥当 B. 服务太慢 C. 使用率太低
    D. 到达率与服务率不稳定 E. 多阶段处理

11. 哪一项会增加系统的使用率？（ ）
    A. 服务率的增加 B. 到达率的增加 C. 服务台数的增加
    D. 服务时间的减少 E. 以上五项均可

12. 无限源与有限源排队模型的基本区别是（ ）
    A. 服务台的数量 B. 平均等待时间 C. 到达率的分布
    D. 潜在呼叫人口的规模 E. 加工处理速率

13. 一单通路排队系统的平均服务时间是8分钟，平均到达时间是10分钟，到达率是（ ）
    A. 6次/每小时 B. 7.5次/每小时 C. 8次/每小时 D. 5次/每小时

14. 一个排队系统有4个小组，每个小组包含3个成员，服务台的数量为（ ）
    A. 3个 B. 4个 C. 7个 D. 12个 E. 1个

15. 在以下几种优先规则中，能保证作业流动时间最少的优先规则是（ ）。
    A. FCFS B. SPT C. EDD D. SST

16. 在以下几种优先规则中，能保证作业延期时间最短的优先规则是（ ）。
    A. FCFS B. SPT C. EDD D. SST

17. 作业的流动时间是指（ ）。
    A. 实际加工时间 B. 等待加工时间
    C. 各操作之间的运送时间 D. 以上各时间的总和

18. （ ）优先规则考虑到了各项任务在完成过程中的松紧、缓急，在使用的过程中融入了下游生产线的信息，任一给定操作结束之后，都要对操作序列进行再评价，改变原先设计好的作业顺序。
    A. FCFS B. SPT C. EDD D. SST

19. （ ）规则能够使工作中心内的操作时间最短、总空闲时间最少。
    A. 约贝规则 B. SPT C. EDD D. SST

20. N项作业在3个工作中心的排序问题，可以按约约规则的扩展方法求得最优解，但必须满足（ ）条件。
    A. 机器1上的作业最小操作时间至少等于机器2上作业的最大操作时间
    B. 机器3上的作业最小操作时间至少等于机器2上作业的最大操作时间
    C. 机器1上的作业最小操作时间小于机器2上作业的最大操作时间
    D. A或B

(二)多项选择题

1. 进行生产派工时,加工路线单的缺点有( )。
   A. 使用太灵活　　　　B. 时间长　　　　　C. 容易丢失
   D. 周转时间短　　　　E. 不易及时掌握情况

2. 下列属于生产宽放时间的有( )。
   A. 个人需求宽放　　　B. 疲劳宽放　　　　C. 延迟宽放
   D. 速度宽放　　　　　E. 效率宽放

3. 四班轮休制常常采用以( )天为一个循环期的轮班形式。
   A. 3　　　　B. 6　　　　C. 4　　　　D. 8　　　　E. 12

4. 作业排序的评价标准包括( )。
   A. 作业的平均流动时间　　B. 工作系统的使用率　　C. 作业的延期时间
   D. 系统的平均工作数量　　E. 在制品库存　　　　　F. 作业的制造成本

5. 以下哪些属于服务作业的排序方式( )。
   A. 预约　　　　　　　B. 预订　　　　　　C. 排队等待
   D. 人员班次计划　　　E. 车辆运输日程表

(三)名词解释

1. FCFS　　　　　2. SPT　　　　　3. EDD
4. STR　　　　　5. RW　　　　　6. CR

(四)简答题/计算题

1. 什么是作业排序?
2. 作业排序的目标是什么?作业排序有哪些类型?
3. 作业排序的优先规则有哪些?
4. 服务业排序与制造业排序有何不同?
5. 作业排序与作业计划有何不同?
6. 有6项需要加工的产品在某车间进行加工的时间如下表所示:

产品	加工时间/天	预订交货时间/天
A	11	23
B	10	25
C	6	18
D	5	12
E	3	8
F	6	14

使用 SPT、EDD、SCR 三种优先规则，进行产品的加工顺序排序。

7. 某工厂根据合同定做一些零件，这些零件要求先在车床上车削，然后再在磨床上加工，每台机器上各零件的加工时间如下表所示：

零件	车床	磨床	零件	车床	磨床
1	1.5	0.5	4	1.25	2.5
2	2.0	0.25	5	0.75	1.25
3	1.0	1.75			

应该如何安排这五个零件的先后加工顺序才能使完成这五个零件的总加工时间最少？

(五)案例分析题

Earth Buddy 生产

Earth Buddy 使用混合的批量流程进行生产。生产流程图如下。
烘干 5 个小时。在一个 8 小时的班次中有 7 小时可以记为生产时间。

工序	填充	成形	制眼镜	安装眼镜	绘制	包装
单件工时/min	1.5	0.8	0.2	0.4	0.25	0.33
工人数/人	6	3	1	2	1	2

思考与分析：
1. 1 班能生产多少件产品？如果一天 2 班能生产多少？3 班呢？每天 3 班、每周 7 天能生产多少？哪个工序是瓶颈环节？
2. 假定每道工序按所观察的速度工作，并且原材料供应充足，在每班结束后，每两道工序间积压的在制品是多少？
3. 如果要求所有的工人按照瓶颈工序的速度生产，每班每道工序工人的空闲时间是多少？
4. 现在安排 2 班生产，并且避免产生在制品和出现工人空闲，准备让一些中班工人比正常 4:00PM 晚一定时间上班，哪些工人应该晚上班？什么时间开始工作？
5. 现在可能从沃尔玛获得一份大订单，并预期会有更多，要求把产量提高到 4000 件/天，应如何答复？
6. 客户说必须在 45min 后离开，能否按时准备好样品？如果不能，为了保持公司的声誉，还能做什么？
7. 投产初期产品的不合格率是 15%。假设问题发生在填充工序中或之前，而且在包装之前无法发现存在的问题，生产能力会受什么影响？采取什么措施？
8. 哪些过程可以改进？

第九章 生产现场管理

【案例导入】

企业 5S 管理案例分析

一、项目背景

浙江省某民营企业老板姓李,他 20 岁开始做小工帮人家送货,后来做起小生意,当时适逢内衣制造业迅猛发展,他就选择了做内衣的加工。于是,家里的亲朋好友前来帮忙打理,工厂越做越大,员工人数达 500 多人;李老板本应该开心,可他犯愁了——工厂应该赚钱才对,可是除去开支、每年银行的贷款所剩无几。他自己每天都忙忙碌碌工作,工厂根本没有什么进展,企业要做大他就更没信心了。

分析:
1. 工厂管理上有问题吗?表现在哪些地方?
2. 如何改善?
3. 企业的竞争力是什么?
4. 如何强化执行力?

二、生产现状

1. 他经常到车间巡视,每天安排四个搬运工搬运车间的半成品,车间主任还说杂工太少,如要增加搬运工,但人工成本又增加,这如何是好?
2. 各车间的成品、不良品、半成品及原料到处乱放,无标识、无区分,有时候出货时少数量,找不到,出货后又冒了出来,让人哭笑不得。
3. 机修师傅的工具和员工的工具随地乱放,常常遗失,又申请购买。有时工人常常吵架,怀疑有人偷窃。
4. 机台有时候突然损坏,一修就是半天,还缺少零部件;电平车、缝车等根本没保养,一坏就是半天,找不到零配件。
5. 在车间现场,私人物品到处乱放,衣服、雨伞、梳子等有的放在机器内、放在窗户上。
6. 在车间,有的工人打电话,有的听收音机,有的干脆就把耳机插在耳朵内,不取下来。
7. 地面很脏,天花板上的蜘蛛网连成一片,出货的电梯门敞开,曾经还发生事故。
8. 员工士气不振,管理人员都说管理太难,员工太刁,人员不好处理。
9. 许多管理人员说,这些都是小问题,能出货,客户的钱能收回就好。
10. 更让人心烦的是,出货老是延期,产品质量无法控制,客户抱怨增多,成本增加,产品价格又下降。

三、产生的后果

1. 人生病了，就要治疗，长期不治疗的话，可能病倒就要住院；锅炉、蒸气炉等自然寿命短，影响生产，无法保证客户的交货期。

2. 工厂接到客户的订单，没有任何计划和排单生产，从板房、裁床、缝制车间、包装车间，没有任何统计数据，最多只是员工的计件数量，如果你问车间主任，今天的生产量是多少？他不知道。这样一来，只能出货的时候，通宵达旦加班、加班。产品质量得不到保障，也不能按时出货。

3. 在车间，质量控制更是一笔糊涂账，多少不良品，不良项目是什么？不清楚，既然不清楚，能提高产品的质量吗？

4. 在现场管理方面，废布头、线屑到处有，有的还作为搭手布和垫脚布，有没有想过，工人的潜意识中是如何看待我们的产品的。正如有的人说，内衣厂不穿自己做的衣服，食品厂不吃自己做的食品，也就不奇怪了。

四、改善思路

1. 首先要形成一种良好的企业氛围，要潜移默化地让所有员工改变陋习，形成好的习惯。不能过急，也不能没感觉，员工都希望自己有价值感，工人都喜欢一个好文化的企业，您还怕流失工人吗？你的企业肯定会做强。

2. 要有制度，企业小靠的是人情，做大点靠的是制度，再大点是做文化。要规划自己的组织结构，明确各自职责，一定要清晰和细腻。作业指导书、质量标准、各部门的工作衔接要理清。

3. 要有监督机制，凡事要有计划，要执行，并监督是否有效的执行，企业的执行力不行，管理人员无责任心，一定要培植。

4. 要数据化，每天的生产数量及质量要有统计报表，要分析，要改善，并要做预防措施。没有数据，无法管理好自己的工厂。

5. 要有持续改进的意识，企业没有最好，只有更好，管理者要善于发现问题、分析问题和解决问题。

6. 要建立绩效考评机制，管理人员及工人不仅要与生产业绩，还要与质量挂钩，还有他们的敬业精神和协调方面也要挂钩。

五、项目执行

1. 推进5S管理的基本原理

心态变则意识变，意识变则行为变，行为变则性格变，性格变则命运变。

2. 推行步骤(见表9-1)

表9-1 项目的推行步骤

阶 段	步 骤	具体作业内容
准备阶段 P	第一步	高层承诺、做好准备
	第二步	成立5S管理推进领导小组
	第三步	5S管理推行方案
	第四步	宣传造声势、教育培训
实施、评价阶段 DC	第五步	局部推进： 1. 现场诊断 2. 选定样板区 3. 实施改善
	第六步	全面启动： 4. 区域责任制 5. 制定评价标准 6. 评价诊断、检查监督和考核 7. 进行5S管理评比、竞赛
巩固阶段 A	第七步	维持5S管理成果(标准化、制度化)
	第八步	挑战新目标

3. 局部推进5S管理

局部推进5S管理，又分为四个阶段：

(1) 现场诊断

(2) 选定样板区

(3) 实施改善

(4) 确认效果

4. 全面推进

(1) 改善布局

(2) 规划生产现场

(3) 改善物流

(4) 减少搬运

(5) 精简业务

(6) 会议的5S管理

(7) 文件资料的5S管理

5. 5S管理考核及竞赛

六、项目成果

1. 改善和提高企业形象

整齐、整洁的工作环境,吸引了顾客,让顾客心情舒畅;同时,由于口碑的相传,企业成为其他公司的学习榜样,从而能大大提高企业的威望。

2. 促成效率的提高

良好的工作环境和工作氛围,再加上有修养的合作伙伴,员工们精神集中,认认真真地干好本职工作,大大地提高了效率。

3. 改善零件在库周转率

需要时立即取出有用的物品,供需间物流通畅,极大地减少了那种寻找所需物品的时间,有效地改善零件在库房中的周转率。

4. 减少直至消除故障,保障品质

优良的品质来自优良的工作环境。工作环境,通过经常性的清扫、点检和检查,不断净化工作环境,有效地避免污损东西或损坏机械,维持设备的高效率,提高生产品质。

5. 保障企业安全生产

整理、整顿、清扫,做到储存明确,工作场所内都保持宽敞、明亮,通道畅通,地上不摆设不该放置的东西,工厂有条不紊,意外事件的发生大为减少,安全有了保障。

6. 降低生产成本

企业通过实行或推行5S管理,极大地减少人员、设备、场所、时间等这方面的浪费,从而降低生产成本。

7. 改善员工的精神面貌,使组织活力化

明显改善员工的精神面貌,使组织焕发一种强大的活力。员工都有尊严和成就感,对自己的工作尽心尽力,并带动改善意识形态。

8. 缩短作业周期,确保交货

通过实施整理、整顿、清扫、清洁来实现标准的管理,企业的管理就一目了然,使异常的现象很明显化,便于及时处理,从而使作业效率提高,作业周期缩短,确保在交货日期交货。

七、客户评价

1. 现场大有改进。

各物件都定置定位,且堆放整齐,各物品标记明确,通道畅通无阻。

2. 员工的素质有所提高。通过5S管理活动,使员工学到了很多知识,逐步养成按规范行事,按规定操作的习惯,并且能监督别人的行为。

3. 员工的安全意识加强了。上班时能自觉戴上安全用品,熟悉厂配置的消防器具及安全通道。

5S管理活动,是一个全员的活动。它不是一个人或是一个部门的事,而是我们每一个员工都要参加的整体活动。

> 5S 管理活动，是一个循序渐进的过程，人的习惯也不能一下子就能改变。需要有一个过程，它要求我们不断创新、不断监督考核、不断 PDCA 循环，让 6S 管理不断精益求精，促进企业经济效益的持续增长。
>
> （资料来源：https://sanwen8.cn/p/13cOF06.html）

【学习目标】

通过本章的学习，要求了解现场和现场管理的概念以及特点，掌握现场管理的任务和内容，掌握定置管理的基本理论并理解在企业中如何推行定置管理；重点掌握"5S"活动的含义、内容以及具体要求，并能结合企业实际理解"5S"活动的组织与实施；了解目视管理的基本概念，包括目视管理的定义、作用、内容、形式、要求等，理解目视管理在企业中的实际应用。

关键词： 现场　现场管理　定置管理　"5S"活动　目视管理

第一节　现场与现场管理

现场管理是企业生产运作管理的有机组成部分，生产现场管理是生产运作系统中一个区域，它直接影响产品质量和企业的经济效益，只有不断优化生产现场管理，才能实现企业管理的整体优化。本章主要阐述现场管理的概述、搬运管理、定置管理、"5S"活动、生产现场诊断等内容。

一、现场和现场管理的概念

现场一般指作业场所。生产现场就是从事产品生产、制造或提供生产服务的场所，即劳动者运用劳动手段，作用于劳动对象，完成一定生产作业任务的场所。它既包括生产一线各基本生产车间的作业场所，又包括辅助生产部门的作业场所，如库房、试验室和锅炉房等。在我国工业企业规模较小，习惯于把生产现场简称为车间、工场或生产第一线。

工业企业的生产现场由于受行业特点的影响，既具有共性，又具有各自的特征：所谓共性，是指有些基本原理和方法对所有企业的生产现场都是适用的，如所有生产现场都要求生产诸要素的合理配置，都有一个投入与产出转换的效益问题；在管理上都具有综合性、区域性、动态性和可控性等特点。所谓特性，主要是指由于生产工艺、技术装备、生产规模和生产类型等不同，从而优化现场管理的具体要求和方法也不尽相同。从生产技术特点看，不同行业的生产现场有明显的差别：钢铁企业是炼铁、炼钢、轧钢；纺织企业是纺纱、织布、印染。即使是在同一个机械制造企业中，冶加工与热加工的生产现场也有很大差异。从技术装备程度看，有些生产现场拥有较多机械化、自动化设备，技术密集程度较高，如大型化工企业的生产现场，一般都是通过装置和管道设施对原料进行加工的。而有的生产现场则以手工业为主，劳动密集程度较高。从生产规模看，大型企业的生产现场，在人员素质、管理水平和环境条件等方面，一般要比小型企业具有较多优势。从生产类型看，订货生产与存货生产、连续生产与间断生产、单一品种生产与多品种生产、流水生产与成批生产，其生产现场的组织管理方式皆不相同。按对象原则设置的生产现场与按工艺原则设置的生产现场，其组织管理方式也有区别。所以研究现场管理的重点首先放在共性上，主要揭示生产现场运作的一般规律，但在具体实施时要从企业生产现场的实际情况出发，注意不同生产现场的特性要求，防止"一刀切"。

有现场就必然有现场管理。现场管理就是运用科学的管理思想、管理方法和管理手段，对现场的各种生产要素，如人(操作者、管理者)、机(设备)、料(原材料)、法(工艺、检测方法)、环(环境)、资(资金)、能(能源)、信(信息)等，进行合理配置和优化组合，通过计划、组织、控制、协调和激励等管理职能，保证现场按预定目标，实现优质、高效、低耗、均衡、安全、文明生产。现场管理是企业管理的重要环节，企业管理中的很多问题必然会在现场得到反映，各项专业管理工作也要在现场落实。可是作为基层环节的现场管理，其首要任务是保证现场的各项生产活动能高效率、有秩序地进行，实现预定的目标任务，现场出现的各种生产技术问题，有关人员在现场就能及时解决，不等、不拖、不"上交"。从这个意义上说，生产现场管理也就是现场的生产管理。

二、现场管理的特点

1. 基础性

企业管理一般可分为三个层次，即最高领导层的决策性管理、中间管理层的执行性管理和作业层的现场管理。现场管理属于基层管理，是企业管理的基础。基础扎实，现场管理水平高，可以增强企业对外部环境的承受能力和应变能力；可以使企业的生产经营目标，以及各项计划、指令和各项专业管理要求，顺利地在基层得到贯彻与落实。优化现场管理需要以管理的基础工作为依据，离不开标准、定额、计量、信息、原始记录、规章制度和基础教育，基础工作健全与否，直接影响现场管理的水平。通过加强现场管理又可进一步健全基础工作。所以，加强现场管理与加强管理基础工作，两者是一致的，不是对立的。

2. 系统性

现场管理是从属于企业管理这个大系统中的一个子系统。过去抓现场管理没有把生产现场作为一个系统进行综合治理，整体优化。往往抓住了某一个方面的工作改进，忽视了各项工作之间的配套改革；比较重视生产现场的各项专业管理，却忽视了它们在生产现场中的协调与配合，所以收效不大。现场管理作为一个系统，具有系统性、相关性、目的性和环境适应性。这个系统的外部环境就是整个企业，企业生产经营的目标、方针、政策和措施都会直接影响生产现场管理。这个系统输入的是人、机、料、法、环、资、能和信等生产要素。通过生产现场有机的转换过程,向外部环境输出各种合格的产品或优质的服务。同时,反馈转换过程中的各种信息,以促进各方面工作的改善。生产现场管理系统的性质是综合的、开放的、有序的、动态的和可控的。系统性特点要求生产现场实行统一指挥,不允许各部门、各环节、各工序违背统一指挥而各行其是。各项专业管理虽自成系统,但在生产现场也必须协调配合,服从现场整体优化的要求。

3. 群众性

现场管理的核心是人。人与人、人与物的组合是现场生产要素最基本的组合,不能见物不见人。现场的一切生产活动、各项管理工作都要现场的人去掌握、去操作、去完成。优化现场管理仅靠少数企业管理人员是不够的,必须依靠现场所有人员的积极性和创造性,发动广大员工群众参与管理。生产人员在岗位工作过程中,按照统一标准和规定的要求,实行自主管理,开展员工民主管理活动,必须改变人们的旧观念,培养员工良好的生产习惯和参与管理的能力,不断提高员工的素质。员工素质中突出的是责任心问题,有了责任心,工作就主动,不会干的可以学会。如果没有责任心,再好的管理制度和管理方法也无济于事。提高员工素质既不能任其自然,也不能操之过急,要从多方面做细致的工作。

4. 开放性

现场管理是一个开放系统,在系统内部与外部环境之间经常需要进行物质和信息的交换与信息反馈,以保证生产有秩序地连续进行。各类信息的收集、传递和分析利用,要做到及时、准确、齐全,尽量让现场人员能看得见、摸得着,人人心中有数。例如,需要大家共同完成的任务产量产值、质量控制、班组核算等。可将计划指标和指标完成情况画成图表,定期公布于众,让现场人员都知道自己应干什么和干得怎么样。与现场生产密切相关的规章制度,如安全守则、操作规程和岗位责任制等,应公布在现场醒目处,便于现场人员共同遵守执行。现场区域划分、物品摆放位置和危险处所等应设有明显标志。各生产环节之间、各道工序之间的联络,可根据现场工作的实际需要,建立必要的信息传导装置。例如,生产线上某个工位出现故障,流水线就会自动停下来,前方的信号灯就会显示出第几号工位出了毛病。

5. 动态性

现场各种生产要素的组合,是在投入与产出转换的运动过程中实现的。优化现场管理是由低级到高级不断发展、不断提高的动态过程。在一定条件下,现场生产要素的优化组合,具有相对的稳定性。生产技术条件稳定,有利于生产现场提高质量和经济效益。但是由于市场环境的变化,企业产品结构的调整,以及新产品、新工艺、新技术的采用,原有的生产要素组合和生产技术条件就不能适应了,必须进行相应的变革。现场管理应根据变化了的情况,对生产要素进行必要的调整和合理配置,提高生产现场对环境变化的适应能力，从而增强企业的竞争能力。所以，稳定是相对的、有条件的，变化则是绝对的，"求稳怕变"或"只变不定"都不符合现场动态管理的要求。

上述特点有助于进一步理解现场管理的含义，同时为优化现场管理提供了理论依据。

三、加强现场管理的必要性

为什么要加强现场管理，这个问题可以从以下四个方面来分析。

(一)从管理理论上分析

生产现场是企业生产力的载体，是员工直接从事生产活动、创造价值与使用价值的场所。企业向社会和市场提供的商品要通过生产现场制造出来；员工的精神面貌、道德、作风要在生产现场培养和体现出来；投入生产的各种要素要在生产现场优化组合后才能转换为生产力；所有这些都要通过现场有效的管理才能实现。现场管理水平的高低，直接关系到产品质量好坏、消耗与效益的高低，以及企业在市场竞争中的适应能力与竞争能力。由此可见，优化现场管理是企业整体优化的重要组成部分，是现代化大生产不可缺少的重要环节。它对于加强企业管理，提高企业素质和提高企业的经济效益，有着重要的意义。

(二)从管理实践上分析

我国工业企业对生产现场管理历来是重视的，并积累了不少好经验。"一五"时期，机械工业部通过调查，认识到应"根据企业不同生产类型，采用不同的管理方法"，提出要"以生产作业计划为中心加强企业管理"，强调要"管好在制品"。20世纪60年代，大庆油田创造了许多现场管理经验。例如，建立生产人员、基层干部和领导干部与机关工作人员的岗位责任制，做到"事事有人管、人人有专责、办事有标准、工作有检查"，把生产现场的工作同广大职工建设社会主义的积极性结合起来。强调机关科室要为生产现场服务，实行"三个面向"(面向群众、面向基层、面向生产)、"五到现场"(生产指挥、思想工作、材料供应、科研设计、生活服务到现场)。在仓库管理中实行"四号定位"与"五五化摆放"，即对仓储的各种器材规定出固定的摆放位置，按库号、架号、层号、位号对号入座；并按五个为一个记数单元进行摆放。为培养职工队伍，提出"三老"(当老实人、说老实话、办老实事)、"四严"(严格要求、严密组织、严肃态度、严明纪律)、"四个一样"(黑天和白天、坏天气和好天气、领导在场和不在场、有人检查和没人检查一个样)的作风等。

改革开放以来，特别是深化企业内部改革，实行了承包经营责任制以来，许多企业从实际出发，在新形势下创造了许多优化现场管理的新经验。例如，南京第二机床厂用十年时间，坚持不懈地抓现场管理，形成现场管理优化11法和现场管理40条，促进了企业发展。哈尔滨锅炉厂从长远发展战略出发，对生产现场进行综合治理，系统优化，形成了良好的文明秩序，保证了各项经济技术指标连续几年大幅度增长。第二汽车制造厂从日本引进现场管理经验，建立以现场为中心的综合管理体系，形成"一个流"生产方式，成为挖掘生产潜力，提高经济效益的有效手段。还有很多企业在加强现场管理方面，摸索创造了各具特色的好经验，如山东博山水泥厂的"规范化工作法"、上海金陵无线电厂的"模特法"、黑龙江阿城继电器厂的"定置管理"、石家庄第一塑料厂的"满负荷工作法"等。

尽管有一批现场管理搞得相当好的企业和车间，也积累了不少具有先进水平的管理经验，但从全局看，许多企业的现场管理水平同国外先进水平相比还有一定的差距。有些企业近几年来注意抓市场，却忽视了现场，管理重心外移，而不是内沉。有些新发展起来的中小企业整体素质差，还不知道什么是科学的现场管理。现场管理落后集中反映在：现场纪律松弛，生产效率低，质量差，投入多产出少，效益低，生产不能适应市场变化的需要。具体表现在以下几方面：

1. 现场生产秩序混乱

员工干活无计划，操作无标准；职责分工不明，遇事推诿扯皮，规章制度不能严格执行；供应不及时，生产不均衡，工时利用率低，安全、质量事故频繁。

2. 现场存在浪费现象

用人过多，有人没活干，有活没人干，停工等待，无效劳动；生产过剩，库存积压，资金周转慢；物料消耗高，产品档次低，不必要的装卸搬运，出现大量的废品和不良品；长明灯、长流水，到处"跑、冒、滴、漏"。

3. 现场环境"脏、乱、差"

设备布局、作业路线不合理；物料、半成品乱堆乱放，工具箱、更衣箱参差不齐；门上有尘土，地面有油污，杂物堆积，通道堵塞，作业面积狭窄，环境条件达不到规定标准的要求。

4. 现场人员的素质亟待提高

必须改变人们不符合大生产和文明生产要求的旧观念、旧习惯，克服"惰性"、作风散漫和纪律松弛等毛病，增强凝聚力，提高思想和技术业务素质。有人认为，当前困扰企业的主要问题是企业外部环境的影响，许多企业的领导者忙于搞"外交"，抓市场，筹资金，顾不上抓现场管理，即便抓了也认为是"远水解不了近渴"。在市场经济条件下，企业生产经营必须以市场需求为导向，抓市场是完全必要和应该的，问题是不能把抓市场同抓生产现场割裂开来，这两者是相互关联、相互制约、密不可分的。企业要在激烈的市场竞争中求生存、求发展，就必须向市场提供质量好、品种多、价格便宜、能按期交货的产品，而这些产品是在生产现场制造出来的，要靠现场管理来保证。因此，现场管理水平的高低决定着企业对市场的应变能力和竞争实力。为什么在同样严峻的外部环境中，有些企业的经济效益连连滑坡,生产难以为继;而有些企业则应付自如,其产品仍能在市场上畅销不衰?原因之一就是这些企业有一个良好的后方基地,注重现场管理,能及时调整产品结构,开发新产品和不断提高产品质量。所以,企业的领导者要一手抓市场,一手抓现场,不能抓了市场丢了现场,也不能只顾现场忘了市场,要以市场促现场,用现场保市场,通过加强现场管理去适应外部环境的不断变化。

(三)加强现场管理是企业技术进步的需要

新产品的开发与研制、老企业的技术改造、设备更新、采用新技术、新材料、新工艺,以及引进技术的消化吸收与推广应用,这些都要具体落实和体现在生产现场。如果没有先进的现场管理,先进技术就很难充分发挥作用,技术进步的成果就不能很快变成现实的生产力。有些企业引进了国外先进的技术设备,但由于现场管理水平低,迟迟不能投产或投产后不能达标,就是明显的例证。

(四)加强现场管理是提高企业素质,实现企业管理整体优化的需要

现场管理与企业管理是相辅相成、相互促进的,两者是"局部与整体"的关系。作为区域性的子系统,现场管理要服从企业管理整体优化的要求,保证企业生产经营总目标的实现,优化各项专业管理。同时,企业管理也要以现场管理优化为基础,把管理的重点放在现场,各职能科室要主动地为生产现场服务,为现场提供良好的工作条件。现场管理搞好了,企业管理的整体优化才有可能。

提高对现场管理重要性和必要性的认识,目的是增强搞好现场管理的自觉性,把优化现场管理这项工作扎扎实实地开展起来。

四、现场管理的任务和内容

(一)现场管理的任务

有人把现场管理仅仅理解为"打扫卫生,文明生产",这是很不全面的。现场管理的任务主要是合理地组织现场的各种生产要素,使之有效地结合起来形成一个有机的生产系统,并经常处于良好的运行状态。具体的目标任务是:

(1) 以市场需求为导向,生产适销对路的产品,全面完成生产计划规定的任务,包括产品品种、质量、产量、产值、资金、成本、利润和安全等经济技术指标;

(2) 消除生产现场的浪费现象,科学地组织生产,采用新工艺、新技术,开展技术革新和合理化建议活动,实现生产的高效率和高效益;

(3) 优化劳动组织,搞好班组建设和民主管理,不断提高现场人员的思想水平与技术业务素质;

(4) 加强定额管理，降低物料和能源消耗，减少生产储备和资金占用，不断降低生产成本；

(5) 优化专业管理，完善工艺、质量、设备、计划、调度、财务和安全等专业管理保证体系，并使它们在生产现场协调配合，发挥综合管理效应，有效地控制生产现场的投入与产出；

(6) 组织均衡生产，实行标准化管理；

(7) 加强管理基础工作，做到人流、物流运转有序，信息流及时准确，出现异常现象能及时发现和解决，使生产现场始终处于正常、有序、可控的状态；

(8) 治理现场环境，改变生产现场"脏、乱、差"的状况，确保安全生产、文明生产。

(二)现场管理的内容

现场管理多样化的任务决定现场管理的内容是多方面的，既包括现场生产的组织管理工作，又包括落实到各项专业管理和管理基础工作。因此，现场管理的内容可以从不同的角度去概括和分析。例如，从管理职能分析，现场管理的层次与范围虽不同于企业管理，但仍具有计划、组织、控制、激励和教育等职能，这些管理职能在生产现场都有所体现，所以可以据此概括和分析现场管理的内容。另外，还可以从构成现场的点(工序管理)、线(流水管理)、面(环境管理)角度，概括和分析现场管理的内容。下面是从优化现场的人、机、料、法、环等主要生产要素，从优化质量、设备等主要专业管理系统这一角度来概括和分析现场管理的内容。具体内容包括：①作业管理；②物流管理；③文明生产与定量管理；④生产现场质量管理；⑤生产现场设备管理；⑥生产现场成本控制；⑦生产现场计划与控制；⑧优化劳动组织与班组建设；⑨岗位责任制；⑩生产现场管理诊断。

在不同行业的不同企业中，现场管理的内容及其重点不尽相同。上述10项内容是从当前大多数企业的实际情况出发提出来的，具有一定的普遍意义。随着生产技术的发展和管理水平的提高，现场管理的内容将更加丰富、充实，并不断出现新的内容。

【知识拓展】

以柔克刚——大连三洋制冷有限公司柔性现场管理

企业的价值系统为柔性化管理提供了精神动力，柔性化的现场管理则是实现企业目标的物质基础和技术手段。大连三洋的现场管理表现在三个主要方面：

(1) 以"柔性"加工设备，适应用户需求多样化。在生产制造过程中，他们采用"柔性"可编成的尖端加工设备，实施柔性生产，确保了三洋制冷满足用户需求和应变市场需求变化的能力。

(2) 在现场开展"5S"活动，注入柔性活力。公司在推广"5S"管理这种科学方法时，不是照搬固定的管理条文，而是坚持以"自我改善"为主。从观念的转变到认识的升华，从管理者的推动到员工的自觉意愿，从被动行为到主动意识，从定时清扫到随时整理，这些都不是单纯依靠硬性的奖惩制度所能长期奏效的，而是柔性管理激发了现场"SS"活动的活力。展示了三洋制冷"现场就是市场"的现场软管理的硬功夫。

（3）实行现场"质量三确认"，确保产品质量。具体做法是：对产品的刚性质量指标，不设置专职质量检查员，而是集制造加工者和质量检查者于一身，依靠质量"三确认"和严格遵守操作规程，形成员工自我管理、自我约束的意识。质量"三确认"的内容是：①本工序确认上道工序的质量。②确认本工序的质量。③下道工序确认本工序的质量。这种"三确认"的方法杜绝了不良品流转到下道工序。

（资料来源：http://www.docin.com/p-69780667.html）

第二节 定 置 管 理

一、定置管理的含义

定置管理是我国工业企业 20 世纪 80 年代从日本学习引进的一种先进管理方法。作为生产现场管理的一个重要组成部分，定置管理的主要任务是研究作为生产过程主要要素的人、物、场所三者的相互关系。它通过运用调整生产现场的物品放置位置，处理好人与物、人与场所、物与场所的关系；通过整理，把与生产现场无关的物品消除掉；通过整顿，把生产场所需要的物品放在规定的位置。这种定置要科学、合理，实现生产现场的秩序化、文明化。

二、定置管理的基本理论

1．人与物的三种结合状态

在工厂生产活动中，构成生产工序的要素有材料、半成品、机械设备、工夹模具、操作人员、工艺方法和生产环境等，归纳起来就是人、物、场所和信息等因素，其中最基本的是人与物的因素，只有人与物的合理结合，才能使生产有效进行。

人与物的结合可归纳为三种基本状态：

（1）A 状态。即人与物处于能够立即结合并发挥效能的状态。例如，操作工作使用的各种工具，由于摆放地点合理而且固定，当操作者需要时能立即拿到或者做到得心应手。

（2）B 状态。即人与物处于寻找状态或尚不能很好发挥效能的状态。例如，一个操作者加工一个零件，需使用某种工具，但由于现场杂乱而忘记了这种工具放在何处，结果因寻找工具而浪费了时间；或者由于半成品堆放不合理，散放在地上，当加工时每次都需弯腰，一个个地捡起来，即增加了工时，又提高了劳动强度。

(3) C 状态。人与物失去联系的状态。这种物品与生产已无关系，不需要人去同该物结合。例如，生产现场中存在的已经报废的设备、工具、模具，生产中产生的垃圾、废品、切屑，以及同生产现场无关的人员生活用品等。这些物品放在生产现场，必将占用作业面积，而且影响操作者的工作效率及安全。

因此，定置管理就是要通过相应的设计、改进和控制，消除 C 状态，对 B 状态进行分析和改进，使之都成为 A 状态并长期保持下去。

2．人与物的结合成本

在生产活动中，为实现人与物的结合，需要消耗劳动时间，支付劳动时间的工时费用，这种工时费用称之为人与物的结合成本。结合成本，即物的使用费用。

人与物的结合成本，和人与物的结合状态有直接关系。当人与物的结合处于 A 状态时，结合成本可以忽略不计。当人与物的结合处于 B 状态时，比如作业者因使用的工具未实现定置管理，工作时花费很多时间去寻找需要的工具，用于找工具的工时费用越多，结合成本就越高。结合成本高，也就是增加了物的使用费用。

人与物的结合成本，同物的原成本和物的现成本的关系如下：

$$物的现成本=物的原成本+结合成本$$

例 9-1：某作业者操作时需使用一套模具，模具的原成本为 500 元，当模具处于 A 状态时，结合成本很少，可以不考虑。这时，模具的现成本为它的原成本，即 500 元。如果模具处于 B 状态，假定寻找该模具费了 5 个小时，单位工时费用为 10 元，试确定模具的现成本。

解：模具的现成本=模具的原成本+结合成本 =500+5×10=550(元)

如果模具处于 C 状态，即模具已与生产活动无关，这时，模具就可作入库或报废处理了。

从上面分析可知，力求使人与物的结合保持 A 状态，是降低结合成本，使物的现成本不致增加的最佳途径。

3．物与场所的关系

在生产活动中，人与物的结合状态，是决定生产有效程度的因素。但人与物的结合都是在一定场所进行的。因此，实现人与物的最佳结合，必须首先处理好物与场所的关系，实现物与场所的合理结合。因为物与场所的有效结合是实现人与物合理结合的基础。研究物与场所的有效结合，就是对生产现场、人、物进行作业分析和动作研究，使对象物品按生产需要、工艺要求科学地固定在某场所的特定位置上，达到物与场所的有效结合，缩短人取物的时间，消除人的重复动作，以促进人与物的最佳结合。

(1) 实现物与场所的合理结合，首先要使场所处于良好的状态。场所本身的布置可以有三种状态：A 状态：良好状态。即良好的工作环境，场所中的作业面积、通风设置、恒温设备、光照、噪声和粉尘等状态，必须符合人的生理、工作生产和安全的要求。B 状态：

需要改善的状态。即需要不断改善的工作环境，这种状态的场所，布局不尽合理，或只满足人的生理要求，或只满足生产要求，或两者都不能满足。C状态：需彻底改造的状态。即需消除或彻底改造的工作环境。这种场所对人的生理要求及工作生产、安全要求都不能满足。

定置管理的任务，就是把物与场所的B、C状态改变为A状态。

(2) 实现物与场所的结合。要根据物流运动的规律，科学地确定物品在场所内的位置，即定置。定置方法有两种基本形式。

① 固定位置。即场所固定、物品存放位置固定、物品的信息媒介物固定。这种"三固定"的方法，适用于那些在物流系统中周期性地回归原地，在下一生产活动中重复使用的物品。主要是那些用作加工手段的物品，如工、检、量具、工艺装备、工位器具、运输机械和机床附件等物品。这些物品可以多次参加生产过程，周期性地往返运动。对这类物品适用"三固定"的方法，固定存放位置，使用后要回到原来的固定地点。例如，模具平时存储在指定的场所和地点，需用时取来安装在机床上，使用完毕后，从机床上拆卸下来，经过检测、验收后，仍搬回到原处存储，以备下次使用。

② 自由位置。即相对地固定一个存放物品的区域，至于在此区域内的具体放置位置，则根据当时的生产情况及一定的规则来决定。这种方式同上一种相比，在规定区域内有一定的自由，故称自由位置。这种方法适用于物流系统中那些不回归、不重复使用的物品。例如，原材料、毛坯、零部件、产成品。这些物品的特点是按照工艺流程不停地从上一工序向下一工序流动，一直到最后出厂。所以，对每一个物品(如零件)来说，在某一工序加工后，除非回原地返修，一般就不再回归到原来的作业场所，对这类物品应采用规定一个较大范围区域的办法来定置。由于这类物品的种类、规格很多，每种的数量有时多，有时少，很难就每种物品规定具体位置。如在制品停放区、零部件检验区等。在这个区域内存放的各个品种的零部件，则根据可充分利用空间、便于收发、便于点数等规则来确定具体的存放地点。

4．信息媒介同定置的关系

信息媒介就是在人与物、物与场合理结合过程中起着指导、控制、确认等作用的信息载体。由于生产中使用的物品品种多、规格杂，它们不可能都放置在操作者的手边。如何找到，需有一定的信息来指引，许多物品在流动中是不回归的，它们的流向和数量也需有信息来指导和控制；为了便于寻找和避免混放，也需要有信息来确认。因此，在定置管理中，完善而准确的信息媒介是很重要的，它影响到人、物、场所的有效结合程度。

根据信息媒介在定置管理中所起的作用，信息媒介可分为两类：

(1) 引导信息。有的引导信息告诉人们"该物在何处"，便于人与物结合。例如，车间里各种物品的台账就是一种引导信息。在台账中，每类物品都有自己的编号，这种编号是按"四号定位"原理来编码的(库、区、架、位)，有了台账就可知道某种物品放在何处。

又如，定置的平面布置图，也是一种重要的引导信息，它形象地指示存放物的处所或区域的位置，人们凭借平面图中标记的信息，被引导到所需物品的场所去。

(2) 确认信息。这是为了避免物品混放和场所误置所需的信息。例如，各种区域的标志线、标志牌和彩色标志，它告诉人们"这儿就是该场所"。有了废品存放区和合格品存放区的不同标志，就可避免混放的质量事故。这种指示地点的信息，又称场所标志。又如各种物品的卡牌，也是一种重要确认信息。在卡片上说明这种物品的名称、规格、数量和质量等，告诉人们"这就是该物"，是物品的核实信息。

由上可见，在定置管理中各种信息媒介物是很重要的。实行定置管理，必须重视和健全各种信息媒介物，良好的定置管理，要求信息媒介物达到五方面的要求(五种理想状态)：①场所标志清楚；②场所设有定置图；③位置台账齐全；④存放物的序号、编号齐备；⑤信息标准化(物品流动时间标准、数量标准和摆放标准等)。

三、如何推行定置管理

推行定置管理，一般开展程序如下：

1．对现场进行调整，明确问题点

成立调查小组，以推行定置管理的主管人员为主(一般为车间主任)，组织有经验的管理者和现场有关人员参加，对生产现场进行调查。调查内容一般包括：①生产现场中人-机联系情况；②物流情况；③员工操作情况；④生产作业面积和空间利用情况；⑤原材料、在制品管理情况；⑥半成品库和中间库的管理情况；⑦工位器具的配备和使用情况；⑧生产现场物品摆放情况；⑨生产现场物品搬运情况；⑩质量保证和安全生产情况；⑪设备运转和利用情况；⑫生产中的消耗情况等。

调查应有侧重点，在调查的基础上，找出现场存在的主要问题，明确定置管理的方向。

2．分析问题，提出现场改善的方案

主要分析以下几个方面：①人物结合情况；②现场物流状况及搬运状况；③现场信息流状况；④工艺路线和工艺方法状况；⑤现场利用状况等。

3．定置管理的设计

定置管理设计的内容有：

(1) 各种场地(厂区、车间和仓库等)及各种物品(机台、货架、箱柜和工位器具等)的定置设计。其表现形式就是各类定置图。定置设计，实质是工厂布置的细化、具体化，它必须符合工厂布置的基本要求。主要有：①单一的流向和看得见的搬运路线；②最大限度地利用空间；③最大的操作方便和最小的不愉快；④最短的运输距离和最少的装卸次数；⑤切实的安全防护保障；⑥最少的改进费用和统一标准；⑦最大的灵活性及协调性。

(2) 信息媒介物的标准设计。如各种区域、通道和流动器具的位置信息符号的设计；各种料架、工具箱、生活柜和工位器具等物品的结构和编号的标准设计；位置台账、物品确认卡片的标准设计；结合各种物品的专业管理方法，制定出各种物品进出、收发的定置管理办法的设计等。

4. 定置管理方案的实施和考核

定置管理的实施，即按照设计要求，对生产现场的材料、机械、操作、方法进行科学的整顿，将所有的物品定位。要做到：有物必有区，有区必有牌，按区存放，按图定置，图物相符。定置管理的实施，一定要把它看成是群众自己的事，要依靠群众。为此，定置管理的设计必须吸收操作者参加；要对操作人员进行定置管理的培训；定置方案的实施主要依靠本车间操作人员自己来完成。

为了巩固已取得的成果，进一步发现存在的问题，不断完善定置管理，必须坚持定期检查和考核工作。考核的基本指标就是定置率，其计算公式是：

$$定置率 = \frac{实际定置的物品个数(种类)}{定置图规定的定置物品个数(种类)} \times 100\%$$

例 9-2：检查某车间三个定置区域，其中合格区(绿色标牌区)摆放 15 种零件，其中有 1 种没有定置；待检区(蓝色标牌区)摆放 20 种零件，其中有 2 种没有定置；返修区(红色标牌区)摆放 3 种零件，其中有 1 种没有定置。试确定该场所的定置率。

解：$定置率 = \frac{(15+20+3)-(1+2+1)}{15+20+3} \times 100\% = 89.47\%$

四、一个车间的定置要求

1. 车间场地的定置要求

(1) 要有按标准设计的车间定置图；

(2) 生产场地、通道、工具箱、交检区、物品存放区，都要有标准的信息显示，如标牌、不同色彩的标志线等；

(3) 对易燃、易爆物品、消防设施、有污染的物品，要符合工厂有关特别定置的规定；

(4) 要有车间、工段、班组卫生责任区的定置，并设置责任区信息牌；

(5) 临时停滞物品区域的定置规定，包括积压的半成品停滞、待安装设备、建筑维修材料等的规定；

(6) 垃圾、废品回收点的定置，包括回收箱的分类标志：料头箱(红色)、铝屑箱(黄色)、铁屑箱(黄色)、铜屑箱(黄色)、垃圾箱(白色)、大杂物箱(蓝色)，以上各类箱子有明显的标牌信息显示；

(7) 按定置图的要求，清除与区域无关的物品。

2．车间各工序、工位、机台的定置要求

(1) 必须有各工序、工位、机台的定置要求；
(2) 要有图纸架、工艺文件等资料的定置规定；
(3) 有工、卡、量具、仪表、小型工具、工作器具在工序、工位、机台停放的定置要求；
(4) 有材料、半成品及工位器具等在工序、工位摆放的数量、方式的定置要求；
(5) 附件箱、零件货架的编号必须同零件账、卡、目录相一致，账卡等信息要有流水号目录。

3．工具箱的定置要求

(1) 必须按标准设计定置图；
(2) 工具摆放要严格遵守定置图，不准随便堆放；
(3) 定置图及工具卡片，一律贴在工具箱内门壁上；
(4) 工具箱的摆放地点要标准化；
(5) 同工种、工序的工具摆放要标准化。

4．库房的定置要求

(1) 要设计库房定置总图，按指定地点定置；
(2) 易燃、易爆、易污染、有储存期要求的物品，要按工厂安全定置要求，实行特别定置；
(3) 有储存期物品的定置，要求超期物品有单独区域放置；接近超期1～3个月的物品要设置期限标志；在库存报表上对超期物品也要用特定符号表示；
(4) 账本前面应有序号及物品目录；
(5) 特别定置区域，要用标准的信号符号显示；
(6) 物品存放的区域、架号、库号，必须同账本的物品目录相一致。

5．检查现场的定置要求

(1) 要有检查现场定置图；
(2) 要划分不同区域并用不同颜色标志。①半成品的待检区及合格区；②成品的待检区及合格区；③废品区；④返修区；⑤待处理区。

待检区(蓝色)、合格区(绿色)、返修区(红色)、待处理区(黄色)、废品区(白色)。即"绿色通、红色停、黄色红道行、蓝色没检查、白色不能用"。

(3) 小件物品可装在不同颜色的大容器内，以示区别。

【案例9-1】

餐厅定置定位管理的启发

员工餐厅管理，历来是一个难题，员工餐厅用餐环境的文明，决定着公司全体职工的精神文明素养。管理得当，就能成为公司一道亮丽的风景线；管理失当，就成为公司管理不善的缩影。客户参观公司，一看洗手间，二看餐厅，所以餐厅成为公司形象的主要窗口。

以前，餐桌是由职工随意挑选就座的，有的职工素质比较高，用餐后能将垃圾清除干净；但大部分职工却留下满桌的垃圾；后来吃饭的人看到桌上一片狼藉，毫无胃口，甚至没有地方落座，而互相抱怨。而餐厅管理人员每天提醒、每天检查，效果都不明显，而且牵制着管理人员大量的精力。如何彻底改变这一不文明现象，办公室决定，将每个职工的座位编号排序，每个职工的姓名写在桌上，责任到人，每个人负责好自己桌位的卫生管理工作。通过职工与职工比、班组与班组比、工序与工序比、夫妻与夫妻比、公司与公司比，创造美好的用餐环境，提升职工的整体文明素养。通过管理提升效率，通过餐厅定置定位，给所有的职工植入一个6S定置定位的理念；6S管理，从自己做起，责任到人，相互监督，一定能够持续下去。

通过职工用餐定置定位的执行，职工用餐后的桌面干净整洁，没有留下任何垃圾，用餐前与用餐后的桌面是一样干净的。

（资料来源：http://www.360doc.com/content/11/0524/22/2831026_119153266.shtml）

分析与思考：
餐厅管理是如何运用定置管理的？
分析与思考答案：
餐厅管理的好坏直接关系到企业的形象，所以通过运用定置管理：将员工与餐桌定位定置，责任落实到个人，通过激励良性竞争手段共同维护良好的用餐环境。

第三节　"5S"活动

一、"5S"活动的含义

"5S"活动，是指对生产现场各生产要素，主要是物的要素所处状态不断地进行整理、整顿、清洁、清扫和提高素养的活动。由于整理、整顿，清洁、清扫和素养这五个词口语中罗马拼音的第一个字母都是"S"，简称为"5S"。"5S"活动在日本企业中广泛实行，它相当于我国企业里开展的文明生产活动。

"5S"活动在西方和日本企业中的推行，有个逐步发展、总结、提高的过程。开始的提法是开展"3S"活动，以后内容逐步充实，改为"4S"，最后增加为"5S"，这不仅内容增加和丰富了，而且按照文明生产各项活动的内在联系和逐步地由浅入深的要求，把各项活动系统化和程序化了，"5S"活动总结出在各项活动中，提高队伍素养这项活动是全部活动的核心和精髓。"5S"活动重视人的因素，没有员工队伍素养的相应提高，"5S"活动是难以开展和坚持下去的。最后，日本企业在如何推行"5S"活动方面，也总结了一套方法，不少方面值得我们学习。从一定意义上说，日本企业实行的"5S"活动，也是文明生产活动的发展和提高。因此，近年来我国许多企业，为了提高文明生产活动的水平，学习和推行了"5S"活动。

二、"5S"活动的内容和具体要求

1．整理(Seiri)——把要与不要的人、事、物分开，再对不要的人、事、物进行处理

这是开始改善生产现场的第一步。其要点是首先对生产现场摆放和停滞的各种物品进行分类，区分什么是现场需要的，什么是现场不需要的；其次，对于现场不需要的物品，诸如用剩的材料、多余的半成品、切下的料头、切屑、垃圾、废品、多余的工料、多余的工具、报废的设备、员工个人生活用品(下班后穿戴的衣帽鞋袜、化妆用品)等，要坚决清理出现场。这样做的目的是：

(1) 增大作业面积；
(2) 现场无杂物，行道通畅，提高工作效率；
(3) 减少磕碰的机会，保障安全，提高质量；
(4) 消除管理上的混放、混料等差错事故；
(5) 有利于减少库存量，节约资金；
(6) 改变作风，提高员工工作情绪。

这项工作的重点在于坚决把现场不需要的东西清理掉。对于车间里各个工位或设备的前后、通道左右、厂房上下和工具箱内外等，包括车间的各个死角，都要彻底搜寻和清理，达到现场无不用之物。坚决做好这一步，是树立好作风的开始。日本有的企业提出口号：效率和安全始于整理！有的企业，为了做到这一条，而又照顾到员工摆放个人生活用品的实际需要，因地制宜，采取了相应措施。如在车间外专门为员工设置休息室和存放衣帽的专用橱柜；有的利用两个车间之间的空间，专门设置员工存放个人用品的地方等。

2．整顿(Seiton)——把需要的人、事、物加以定量、定位

通过上一步整理后．对生产现场需要留下的物品进行科学合理的布置和摆放，以便最快速地取得所要之物，在有效的规章制度和流程下完成事务。

整顿活动的要点是：

(1) 物品摆放要有固定的地点和区域，以便于寻找和消除因混放而造成的差错；
(2) 物品摆放要科学合理，例如，根据物品使用的频率，经常使用的东西放得近些(如放在作业区内)，偶尔使用或不常用的东西则应放得远些(如集中放在车间某处)；
(3) 物品摆放目视化，使定量装载的物品做到过目知数，不同物品摆放区域采用不同的色彩和标记。

生产现场物品的合理摆放有利于提高工作效率，提高产品质量，保障生产安全。

3．清扫(Seiso)——把工作场所打扫干净，设备异常时马上修理，使之恢复正常

现场在生产过程中会产生灰尘、抽污、铁屑和垃圾等，从而使现场变脏。脏的现场会使设备精度降低，故障多发，影响产品的质量，使安全事故防不胜防；脏的现场更会影响人们的工作情绪，使人不愿久留。因此，必须通过清扫活动来清除那些脏物，创建一个明快、舒畅的工作环境，以保证安全、优质和高效地工作。清扫活动的要点有：

(1) 自己使用的物品，如设备、工具等，要自己清扫，而不是依赖他人，不增加专门的清扫工；

(2) 对设备的清扫，着眼于对设备的维修保养。清扫设备同设备的日常检查结合起来。清扫设备要同时做好设备的润滑工作，清扫也是保养；

(3) 清扫也是为了改善，所以当清扫地面发现有飞屑和油水泄漏时，查明原因并采取措施加以改进。

4．清洁(Seikeetsu)——整理、整顿、清扫之后要认真维护，保持完美和最佳状态

清洁，不是单纯从字面上来理解，而是对前三项活动的坚持与深入，从而消除发生安全事故的根源，创造一个良好的工作环境，使员工能愉快地工作。清洁活动的要点是：

(1) 车间环境不仅要整齐，而且要做到清洁卫生，保证员工身体健康，增强员工劳动热情；

(2) 不仅物品要清洁，而且整个工作环境要清洁，进一步消除混浊的空气、粉尘、噪音和污染源；

(3) 不仅物品、环境要清洁，而且员工本身也要做到清洁，如工作服要清洁，仪表要整洁，及时理发、刮须、修指甲和洗澡等；

(4) 员工不仅做到形体上的清洁，而且要做到精神上的"清洁"，待人要有礼貌，要尊重别人。

5．素养(Shitsuke)——养成良好的工作习惯，遵守纪律

素养即教养。努力提高人员的素质，养成严格遵守规章制度的习惯和作风，这是"5S"活动的核心。没有人员素质的提高，各项活动也不能顺利开展，开展了也坚持不了。所以，抓"5S"活动，要始终着眼于提高人的素质。"5S"活动始于素质，也终于素质。

在开展"5S"活动中，要贯彻自我管理的原则。创造良好的工作环境，不能单靠添置设备来改善，也不要指望别人来代为办理，而让现场人员坐享其成。应当充分依靠现场人员，由现场的当事人员自己动手为自己创建一个整齐、清洁、方便和安全的工作环境。使他们在改造客观世界的同时，也改造自己的主观世界，产生"美"的意识，养成现代化大生产所要求的遵章守纪、严格要求的风气和习惯。因为是自己动手创造的成果，也就容易保持下去。

由上可见，"5S"活动是把企业的文明生产各项活动系统化，并进入了一个更高的阶段。

三、"5S"活动的组织管理

实践表明,"5S"活动开展起来比较容易,可以搞得轰轰烈烈,在短时间内取得明显的效果,但要持之以恒,不断优化则就不太容易。不少企业发生过"一紧、二松、三垮、四重"现象。因此,开展"5S"活动,必须领导重视,加强组织和管理。

1. 将"5S"活动纳入岗位责任制

要使每一部门、每一人员都有明确的岗位责任和工作标准。以一个机械加工车间的清扫工作为例:

(1) 每日清扫。①清扫时间:每天下班前30分钟;②清扫人员分工:操作者负责机床上下及班组管理区域的清扫,清扫工负责车间主、次干道的清扫及现场铁屑的清扫;③清扫内容:见表9-2所示。

表9-2 每日清扫内容

人员	地面	机床	刀检工具	工位工具	铁屑
操作人员	清扫自己活动区的地面	按设备日清扫标准执行	处理无用刀具、定位放好使用的工、检、刀、夹具	小车按规定放好	将工作区的铁屑扫入铁屑箱
清扫人员	清扫各行走干道		把使用过的工具放在自己的工作室	运铁屑的车辆放置在固定的位置	将铁屑箱内的铁屑清除干净
辅助人员	保证车间地面清洁		使用过的工具不随意放在现场		

(2) 周末清扫。①清扫时间:周末白班下班前一小时;②清扫人员分工:同每日清扫;③清扫内容:见表9-3所示。

表9-3 周末清扫内容

人员	地面	机床	刀检工具	工位工具	铁屑
操作人员	清扫自己活动区的地面	按设备日清扫标准执行	做日清扫事项,擦洗管理点架,整理工具箱内部	擦洗小车滑道等,包括踏脚板,并定置放好	彻底清除设备周围的铁屑
清扫人员	清扫各行走干道		同"日清扫"	同"日清扫"	同"日清扫"

续表

人员	地面	机床	刀检工具	工位工具	铁屑
辅助人员	清查现场有无自己负责的无用品,如有则清除	配合操作者、帮助指导设备保养	同"日清扫"		

2. 严格执行检查、评比和考核制度

认真、严格地搞好检查、评比和考核,是使"5S"活动坚持下去并得到不断改进的重要保证。

检查和考评的方式方法可以多种多样,根据各单位的实际情况和条件来决定,不求一个模式。

日常性的检查评比,通常是在车间内部进行,由班级的兼员工管理员参加,而且同开展竞争、同岗位责任制检查结合起来,下面是某汽车制造厂一个车间的做法:

(1) 检查方式:每日进行。由一名车间主任及车间工会主席,以及各组的"5S"委员或班长在下班前对车间各个班组进行"5S"检查。检查项目以"日清扫"为标准进行。由各班组"5S"委员集体评议,分出等级。

(2) 评比等级:评比分为四个等级。4 分——良好——绿色;3 分——中等——蓝色;2 分——及格——黄色(黄牌警告);1 分——差——红色(红牌需停工整顿)。

(3) 评比公布方式:评比结果,每日公布,由工会负责填写"5S 活动竞赛评比牌",挂在车间现场。

评比牌的格式如图 9-1 所示。

由表说明:牌上的●分为绿、蓝、黄、红四种颜色。

除了车间内部的每日检查、评比外,还应有全厂的检查和考核,这种检查通常按月或季度进行。下面是某电器公司有关定置管理的检查考核办法。

① 检查方式和时间:对车间、科室每月定期检查一次;此外,还实行不定期的突击性检查,每季度 1～2 次。

② 检查内容及扣分标准:A. 没有制定定置管理总图的扣 5 分;B. 车间、班组,没有工具箱、工序、交检区、库房定置图的,一项扣 2 分;C. 各类定置不完整的,一项扣 1～2 分;D. 考核定置率要求达到 100%。检查时为 96%～99%,扣 1～2 分;90%～95%,扣 3～5 分;85%～89%,扣 8～12 分;E. 经常使用的工夹具、量具等,没有处在 A 类状态的,两项扣 1 分;F. 物品类别相混淆,扣 1～5 分;G. C 类状态物品没有清除掉,一处扣 2 分;H. 各类库房没有信息标志,一处扣 2 分;I. 各类库房,对于将要超过储期的物品,月末盘点报表,没按标准信息符合标志,一项扣 1～3 分;J. 各类物品没按定置图的要求堆放,

如堆放在通道、走廊等，一律扣 2 分；K. 垃圾类不按定置要求堆放，各种料屑相混，扣 1～5 分；L. 办公室、工位、机台的工作椅，不按规定要求放置，一律扣 0.5 分。

日期 班组名	1	2	…	30	31	备注
×××班	●	●		●	●	
×××班	●	●		●	●	
×××班	●	●		●	●	
…	…	…		…	…	

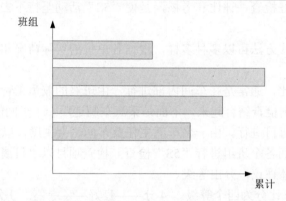

图 9-1 "5S"活动竞赛评比牌格式

③ 奖罚标准：A. 扣分不超过 20 分的，按单位在册人数每人奖励 10～50 元；B. 扣分在 20～30 分之间，不奖不罚；C. 扣分超过 30 分的，按单位在册人数每人扣罚 20～100 元；D. "亮黄牌"——由值班主任每日定时巡视现场一周，发现缺点就贴一黄纸，说明缺点、原因并限期改正。

3. 坚持 PDCA 循环，不断提高现场的"5S"水平

"5S"活动的目的是不断改善现场，而"5S"活动的坚持也不可能总在同一水平上徘徊，而是要通过检查，不断发现问题，不断去解决问题。要在不断提高中去坚持。因此，在检查考核后，还必须针对问题点，提出改进措施和计划。表 9-4 是一种"5S"问题的改进计划表格。

表 9-4 "5S"问题改进计划表

序号	改进项目	部门车间	负责人	日期							
				1	2	3	4	5	……	30	31

厂部、科室、车间、班组等各级都应制订各自的"5S"改进计划，通过 PDCA 循环，使"5S"活动得到坚持和不断提高。

【知识拓展】

海尔企业的 OEC 管理

日事日毕、日清日高

用斜坡球体论来比喻 OEC 在管理上的深层含义的三方面：

1. 管理是企业成功的必要条件。没有管理，没有止挡，企业就会下滑，就不可能成功。

2. 抓管理要持之以恒。管理工作是一项非常艰苦而又细致的工作。管理水平易反复，也就是说止挡自己也会松动下滑，需要不断加固。

3. 管理是动态的、永无止境的。企业向前发展，止挡也要跟着提高。管理无定式，需要根据企业目标的调整、根据内外部条件的变化进行动态优化，而不能形成教条。海尔的口号是"练为战，不为看"，一切服从于效果。

崔淑立的"夜半日清"

"拿下美国 B 客户非常难！"洗衣机海外产品经理崔淑立接手美国市场时，大家都这么说，因为前任各产品经理在这位客户面前都业绩平平。

真这么难吗？崔淑立不信。这天，崔淑立一上班就看到了 B 客户发来的要求设计洗衣机新外观的邮件。因时差 12 个小时，此时正是美国的晚上，崔淑立很后悔，如果能即时回复，客户就不用再等到第二天了！从这天起，崔淑立决定以后晚上过了 11 点再下班，这就意味着可以在当地上午的时间里处理完客户的所有信息。

三天过去了，"夜半日清"让崔淑立与客户能及时沟通，开发部很快完成了新外观洗衣机的设计图。就在决定把图样发给客户时，崔淑立认为还必须配上整机图，以免影响确认。当她"逼着"自己和同事们完成"日清"——整机外观图并发给客户时，已经是晚上 12 点了。大约凌晨 1 点，崔淑立回到家，立刻打开家中电脑，当她看到客户的回复："产品非常有吸引力，这就是美国人喜欢的。"她顿时高兴得睡意全无，为自己的"夜半日清"有效果而兴奋不已！

样机推进中，崔淑立常常半夜醒来打开电脑看邮件，可以回复的就即时给客户答复。美国那边的客户完全被崔淑立的精神打动了，推进速度更快了，B 客户第一批订单终于敲定了！

其实，市场没变，客户没变，拿大订单的难度没变，变的只是一个有竞争力的人——崔淑立。崔淑立完全有理由说："有'时差'，我没法当天处理客户邮件。"但她只认目标，不说理由！为什么？崔淑立说："因为我从中感受到的是自我经营的快乐！有'时差'，也要日清！"

> 在海尔市场链的机制下，员工的境界达到了全新的高度，他们主动工作，一切为了满足用户需求。因此，一个企业，只要机制对了头，就会焕发出蕴藏在员工中的热情。
>
> *(资料来源：https://wenku.baidu.com/view/59006ac52cc58bd63186bd6f.html)*

第四节 目视管理

一、目视管理的定义

目视管理是利用形象直观、色彩适宜的各种视觉感知资讯来组织现场生产活动，达到提高劳动生产率目的的一种管理方式。它是以视觉信号为基本手段，以公开化为基本原则，尽可能地将管理者的要求和意图让大家都看得见，借以推动自主管理、自我控制。所以目视管理是一种以公开化和视觉显示为特征的管理方式，也可称之为"看得见的管理"。

二、目视管理的作用

1. 目视管理形象直观，有利于提高工作效率

现场管理人员组织指挥生产，实质是在发布各种资讯。操作工人有秩序地进行生产作业，就是接收资讯后采取行动的过程。在机器生产条件下，生产系统高速运转，要求资讯传递和处理既快又准。如果与每个操作工人有关的资讯都要由管理人员直接传达，那么不难想象，拥有成百上千工人的生产现场，将要配备多少管理人员。目视管理为解决这个问题找到了简捷之路。它告诉我们，迄今为止，操作工人接受资讯最常用的感觉器官是眼、耳和神经末梢，其中又以视觉最为普遍。可以发出视觉信号的手段有仪器、电视、信号灯、标识牌、图表等。其特点是形象直观，容易认读和识别，简单方便。在有条件的岗位，充分利用视觉信号显示手段，可以迅速而准确地传递资讯，无须管理人员现场指挥即可有效地组织生产。

2. 目视管理透明度高，便于现场人员互相监督，发挥激励作用

实行目视管理，对生产作业的各种要求可以做到公开化。干什么、怎样干、干多少、什么时间干、在何处干等问题一目了然，这就有利于人们默契配合、互相监督，使违反劳动纪律的现象不容易隐藏。例如，根据不同车间和工种的特点，规定穿戴不同的工作服和工作帽，很容易使那些擅离职守、串岗聊天的人处于众目睽睽之下，促其自我约束，逐渐养成良好习惯。又如，有些地方对企业实行了挂牌制度，单位经过考核，按优秀、良好、较差、劣四个等级挂上不同颜色的标志牌；个人经过考核，有序与合格者佩戴不同颜色的臂章，不合格者无标志。这样，目视管理就能起到鼓励先进、鞭策后进的激励作用。总之，大机器生产既要求有严格的管理，又需要培养人们自主管理、自我控制的习惯与能力。目视管理为此提供了有效的具体方式。

3. 目视管理有利于产生良好的生理和心理效应

对于改善生产条件和环境，人们往往比较注意从物质技术方面着手，而忽视现场人员生理、心理和社会特点。例如，控制机器设备和生产流程的仪器、仪表必须配齐，这是加强现场管理不可缺少的物质条件。不过，如果要问：哪种形状的刻度表容易认读？数位元和字母的线条粗细的比例多少才最好？白底黑字是否优于黑底白字？等等，人们对此一般考虑不多。然而这些却是降低误读率、减少事故所必须认真考虑的生理和心理需要。又如，谁都承认车间环境必须干净整洁。但是，不同车间(如机加工车间和热处理车间)，其墙壁是否应"四白落地"，还是采用不同的颜色？什么颜色最适宜？诸如此类的色彩问题也同人们的生理、心理和社会特征有关。目视管理的长处就在于，它十分重视综合运用管理学、生理学、心理学和社会学等多学科的研究成果，能够比较科学地改善同现场人员视觉感知有关的各种环境，使之既符合现代技术要求，又适应人们的生理和心理特点，这样，就会产生良好的生理和心理效应，调动并保护工人的生产积极性。

三、目视管理的内容

1. 规章制度与工作标准的公开化

为了维护统一的组织和严格的纪律，保持大工业生产所要求的连续性、比例性和节奏性，提高劳动生产率，实现安全生产和文明生产，凡是与现场工人密切相关的规章制度、标准、定额等，都需要公布于众；与岗位工人直接有关的，应分别展示在岗位上，如岗位责任制、操作程序图、工艺卡片等，并要始终保持完整、正确和洁净。

2. 生产任务与完成情况的图表化

现场是协作劳动的场所，因此，凡是需要大家共同完成的任务都应公布于众。计划指标要定期层层分解，落实到车间、班组和个人，并列表张贴在墙上；实际完成情况也要相应地按期公布，并用作图法，使大家看出各项计划指标完成中出现的问题和发展的趋势，以促使集体和个人都能按质、按量、按期完成各自的任务。

3. 与定置管理相结合，实现视觉显示资讯的标准化

在定置管理中，为了消除物品混放和误置，必须有完善而准确的资讯显示，包括标志线、标志牌和标志色。因此，目视管理在这便自然而然地与定置管理融为一体，按定置管理的要求，采用清晰、标准化的资讯显示符号，将各种区域、通道，各种辅助工具(如料架、工具箱、工位器具、生活柜等)均应运用标准颜色，不得任意涂抹。

4. 生产作业控制手段的形象直观与使用方便化

为了有效地进行生产作业控制，使每个生产环节、每道工序都能严格按照期量标准进行生产，杜绝过量生产、过量储备，要采用与现场工作状况相适应的、简便实用的资讯传导信号，以便在后道工序发生故障或由于其他原因停止生产，不需要前道工序供应在制品时，操作人员看到信号，能及时停止投入。例如，"广告牌"就是一种能起到这种作用的资讯传导手段。

四、目视管理的形式与要求

目视管理的形式多种多样，方法手段也很多，有仪表、电视、信号灯、标示牌、图表、标志线、色彩标志等，企业应根据生产现场的实际需要加以使用。

进行目视管理工作的要求如下：

(1) 按生产的实际需要进行，讲求实效，不搞形式主义，不玩虚套子，没有实用价值的东西不仅带来浪费，而且会给以后的工作带来障碍和麻烦。

(2) 做到统一标准，简单明了，使人执行时一目了然。

(3) 要做得醒目、清楚，为便于大家都能看清、都能了解，设置应选在醒目的地方。

(4) 勤俭办事，绝不可在开展工作中大手大脚，造成新的浪费。

(5) 目视管理中最重要的一点是，要严格执行、严格遵守，违反了目视管理规定的要求要严肃对待，加强目视管理的权威性，杜绝形式主义滋生、蔓延。

五、目视管理的应用实例

在日常生活中，目视管理的应用实例比比皆是。表 9-5 列举了区域画线、物品的形迹管理、安全库存量与最大库存量揭示、仪表的标示等目视管理实例的实现办法以及产生的作用。

表 9-5 目视管理的应用实例

应用实例	实现的方法	产生的作用
区域画线	用油漆在地面上刷出线条 用彩色胶带贴于地面上形成线条	划分通道和工作场所，保持通道畅通 对工作区域画线，确定各区域的功能 防止物品随意移动或搬动后不能归位
物品的形迹管理	在物品放置处画上该物品的形状 标出物品名称 标出使用者或借出者 必要时进行台账管理	明示物品放置的位置和数量 物品取走后的状况一目了然 防止需要时找不到工具的现象发生

续表

应用实例	实现的方法	产生的作用
安全库存量与最大库存量	明示应该放置何种物品 明示最大库存量和安全库存量 明示物品数量不足时如何应对	防止过量采购 防止断货，以免影响生产
仪表针异常标示	在仪表指针的正常范围上标示成绿色，异常范围上标示成红色	使仪表的指针是否正常一目了然
6S 实施情况确认表	设置现场 6S 责任区 设计表格内容	明确职责，明示该区域的 6S 责任人 明确要求，明示日常实施内容和要求 监督日常 6S 工作的实施情况

六、目视管理的分类和图例

目视管理是为了使工作现场直观化，从而保持较高的效率与正常的工作状态。在不同的工作现场中，目视管理的关注对象是有所区别的。一般说来，企业可将目视管理的重点放在办公现场的物品、作业、设备等管理中。根据企业工作现场构成要素的不同，可以将目视管理分为物品管理、作业管理、设备管理、品质管理和安全管理。下面给出了各个类别的一些图例。

1. 物品管理

在物品管理中，通常可用颜色来区分物品。如图 9-2，企业的不同部门都有不同的空白表格，在空白表格的放置区用不同颜色加以标记：红色代表人力资源部门，粉色代表财务部门，绿色代表业务部门。如图 9-3，用不同颜色可以方便地管理数十种报纸，不至于出现混乱。

图 9-2 空白表格管理

图 9-3 报纸管理

在目视管理的物品管理中，颜色的使用应该尽可能地遵照常规。如图9-4中的垃圾分类收集，红色(右边颜色稍深的)箱装有害垃圾，绿色(中间颜色最深的)箱装不可回收垃圾，黄色(左边颜色浅的)箱装可回收垃圾。按照人们的惯性思维：绿色代表环保与健康，因此，不可回收垃圾用绿色箱收集是不恰当的。图9-5中焊枪状态的颜色设置较为合理：左边表示可以使用，右边两个表示不可使用。这样，即使是临时顶替的人员也不会搞错。

图9-4　垃圾分类管理

图9-5　焊枪管理

2. 作业管理

如图9-6中的消耗用品作业管理：在①范围内表示正常，在②范围内表示需要补充，在③范围内表示亟须补充，否则2分钟后将停止运转。图9-7中则用不同颜色的三角帽代表批量的不同状态，这样不仅检验人员了解状况，其他人也十分清楚。

图9-6　消耗用品使用管理

图9-7　批量状态管理

3. 设备管理

目视管理同样可以应用到设备管理中去。如图 9-8，用不同的颜色代表管道中的不同介质，并且用箭头清晰地标出介质的流向。图 9-9 中的阀门上标出了阀门的开关方向，避免操作人员由于记忆错误而导致开错阀门或者关错阀门。

图 9-8　管道介质及流向管理

图 9-9　阀门管理

图 9-10 中的马达在运转过程中噪音很大，如果不采用目视管理，就必须走到每个马达前伸手感觉一下是否有风，这样才能判断马达是否运转正常。如果采用目视管理的方法，只需在马达附近贴个飘带，就可以又快又准地判断出马达是否运转正常。

有很多企业过于依赖通过中央控制室中的各种仪表来显示现场状况。实际上，中央控制室中仪表的数据是使用电子元器件传感的，一旦传感器出现故障，中央控制室很难发现现场出现的问题。此外，监控人员也很难及时从仪表数据中发现问题。因此，企业在采用高度自动化的控制体系的同时，也要注重现场的目视管理。例如可以在仪表上标出数据的正常值范围，帮助发现数据异常，如图 9-11 所示。

图 9-10　马达状态管理

图 9-11　仪表数据管理

4. 品质管理

目视管理在品质管理中的应用如图 9-12：①白色胶带表示等待检查，②红色胶带表示不合格，③绿色胶带表示合格，通过胶带颜色深浅即可判断出物料状况。图 9-13 中用红色标签标记呆料，这样通过看颜色深浅就可以知道库房中过期原料的数量。

图 9-12　物品品质管理

图 9-13　原料库存管理

5. 安全管理

目视管理在安全管理方面也有重要应用，通过目视管理，可以强化工作现场的规范操作，降低事故的发生率。如图 9-14 和 9-15 所示，通过在事故隐患地段的明显位置张贴安全告示，提醒工人在操作过程中避开危险。

图 9-14　易触电区安全管理

图 9-15　危险通道安全管理

【知识链接】

目视管理的两个应用

目视管理法应用一。饲料企业是重点防火单位，消防安全管理非常重要。但对许多饲料企业来说，经常会遇到灭火器不翼而飞、消防设施被毁坏等令管理者头疼的问题。其实这个问题很好解决。我们先给消防栓装上透明玻璃，然后用一个小小的防盗标签将其封住，这样在日常巡视时，既可对消防栓内的器材是否健全、水龙头是否漏水一目了然，同时又能够及时发现消防器材是否丢失。再将消防标签贴在消防箱上，注明数量、品名、下次安检日期、日常巡查的负责人等信息后，便可由专人兼职负责检查了。如果再给灭火器及其他消防设施编上号，建立档案，这项工作就做得更完美了。

目视管理法应用二。空气压缩系统是饲料生产线的主要辅助设施之一，因其压力大，很容易产生压缩空气泄露现象，不仅造成生产成本升高，空压机的无用功增多，还很容易造成气压下降，导致无法进行正常生产。在生产状态下，由于生产车间内噪声较大，凭听力并不容易发现压缩空气跑漏的地方，但如果我们在压缩系统元器件及管道接口处等容易产生跑漏的地方栓上一条线绳，就能够很直观地判断出是否存在跑漏现象了，节省了检查时间，提高了工作效率，对无形的压缩空气做到了有形管理。

本章小结

生产现场是企业主要生产活动的作业场所，通过生产现场管理，将生产要素进行合理的配置与优化组合，以保证生产系统目标的顺利实现。本章第一节介绍了现场与现场管理的概念，以及加强现场管理的必要性、现场管理的任务和内容；第二节重点介绍了定置管理的相关理论。定置管理是对生产现场中的人、物、场所三者之间的关系进行科学的分析研究，实现有效结合的一种管理方法。其中最基本的是人与物的结合。在生产现场人与物的结合有三种状态，即A状态、B状态、C状态，通过定置管理采取措施，消除C状态，积极分析B状态，使之转化为A状态，让现场人与物都处于A状态，这是我们追求的目标；第三节介绍了"5S"活动，其是指整理、整顿、清扫、清洁和素养。提高素养是"5S"的核心；第四节介绍了目视管理的相关知识。目视管理是通过视觉导致人的意识变化的一种管理方法，简单且有效，本章还介绍了目视管理在物品、作业、设备、品质以及安全等方面的具体应用。

习 题

(一)单项选择题

1. 定置管理是我国工业企业20世纪80年代从(　　)学习引进的一种先进管理方法。
   A. 美国　　　　　B. 德国　　　　　C. 日本　　　　　D. 韩国
2. 在"5S"活动中，使生产与作业现场良好状态持之以恒的活动属于(　　)
   A. 整理活动　　　B. 清扫活动　　　C. 清洁活动　　　D. 素养活动

3. 清洁生产的目标对象是( )
   A. 生产现场　　　B. 全企业　　　C. 企业周围环境　D. 全社会
4. 推动"5S"活动,可以按( )
   A. 生产原则进行　　　　　　　B. 标准化原则进行
   C. 管理原则进行　　　　　　　D. PDCA 循环原则进行
5. 把生产现场需要的人、事、物加以定位,这在"5S"活动中称为( )
   A. 整理　　　B. 清扫　　　C. 整顿　　　D. 素养

(二)多项选择题

1. 定置管理中人与物的结合状态包括( )。
   A. A 状态　　　B. B 状态　　　C. C 状态　　　D. D 状态
2. 实行定置管理,必须重视和健全各种信息媒介物,良好的定置管理,要求信息媒介物达到( )要求。
   A. 场所标志清楚　　B. 场所设有定置图　　C. 位置台账齐全
   D. 存放物的序号、编号齐备　　E. 信息标准化
3. 目视管理的要求是( )。
   A. 统一　　　B. 简明　　　C. 醒目　　　D. 严格
4. 目视管理都有( )方面的应用。
   A. 物品管理　　　B. 作业管理　　　C. 设备管理　　　D. 安全管理

(三)名词解释

1. 现场　　　　2. 现场管理　　　　3. 定置管理
4. 目视管理　　5. "5S"活动

(四)简答题

1. 现场管理的含义及作用?
2. 开展 5S 活动时常遇到的阻力是什么?
3. 何谓定置管理?如何做好车间的定置管理?
4. 有一家化工厂,推广 5S 管理工作经历四次,但每次都以失败而告终,究其原因,大家认为 5S 工作太简单,没意思,各部主管总是找理由,不参加 5S 检查和评比会议,总经理委托推委会去执行,执行结果也不过问。结合这些原因,设想如何在本公司成功地推行 5S 现场管理体系?

(五)案例分析题

5S 的尴尬

广东某化工集团公司推行 5S 管理,行政副总经理成了最大障碍:他桌面文件乱堆乱放,

但他可以用最短的时间找出需要的文件,开会时临时需要一个文件,他可以准确地告诉秘书在桌面的什么位置、在哪一叠文件的第几页。按照 5S 整理得井井有条后,他反而很难找到需要的文件了。其他几位高层管理者也遇到类似问题,之后,几个高层一起反对,5S 工作不了了之。后来换了一家顾问公司推行 5S,不是强行搬外来 5S 标准,而是根据他们的习惯,在考虑优化习惯的基础上制定 5S 标准,很顺利地推行了,且收到很好的效果。

讨论题:

5S 的目的是提高效率、减少浪费(包括质量浪费),如果推行的结果却是降低效率从而增加浪费,推行的必要性是什么?按照通行标准,前一家推行 5S 的顾问公司看似把事管"好"了,后一家顾问公司看似没把事管得那么"好",但"管事"的目的性结果是什么?

第十章 准时化生产及其他生产方式

【案例导入】

Yuken 印度公司的精益生产之路

Yuken 公司于 1976 年在印度成立,其主要产品为水利设备,如工业用水泵、移动应用设备、水压阀、移动阀门以及为满足特定消费者需求而制作的完整的水利系统。公司在印度拥有 220 名职员,并且在印度各地都设有办事处,44 个经销商遍布全国 31 个城市。从 1998—2000 年期间,公司收入急剧下降,为了扭转趋势,公司于 2000 年引进了 Kanban 系统,从而开始将企业向精益方向转型。之后又与 SoftBrands 公司合作,把 DemandStream 与企业现有的、定制开发的 ERP 系统完全集成,进一步提高了公司的经济效益。

1. 精益生产和 Kanban 系统

从 1998—2000 年期间,公司收入出现急剧下降的势头,经过调查,公司发现收益率低的最主要的原因之一就是存在大量未使用的成品库存积压,因此公司于 2000 年决定引进精益生产方式来解决这个问题。精益化生产方式理顺了生产流程并给公司带来了希望。这个项目包括从消费者的观点明确产品价值,确定价值流(确定从原材料到最终消费者所包含过程的顺序),作出价值流程图,采用拉式管理系统(避免过量生产)尽力达到理想化的程度。项目达到的目标是以最合理的价格和最少的花费来满足消费者需要什么产品以及他什么时候要该产品。

为了向精益生产转型,公司又引进了采用准时化生产(JIT)概念的 Kanban 系统。在这个看板系统中有 3 个主要的库存管理系统:CONWIP、双箱系统和固定时间数量可变的系统。在 CONWIP 系统中(在制品连续工作),托盘作为 Kanban 使用。每个装有生产用备件的托盘都有唯一的标号,并且能够通过其上薄片状的条形码标签以及部品图片来识别。当托盘准备移到下一个操作工位时,使用一个包含所有托盘标记号的表单来识别将被移动的托盘。通过扫描托盘标记号条形码,系统能够识别当前和下一个操作工位所需的生产材料。在双箱系统中,包含生产上用的零部件的 2 个箱子按上下放置,安放在生产区域内。一旦有必要,系统将从上部的存货箱中抽取生产所需的材料。当上部的存货箱用空后,将去掉下部存货箱的条形编码的塑料槽,并且将 2 个存货分格的位置调换以便将空存货分格放到下面。被去掉条形码的标签经过扫描后,将立即生成 2 个传票:一个是调度供应商的通知传票,另外一个传票贴在塑料槽上并将其放入空的存货分格中。供应商反过来将调度传票和派遣卡贴在一起。通过扫描条形码,系统能够检查库存部品,也能生成所需的材料清单。结果双存货分格系统接收的材料将放入下面的存货分格,并将标签放回到塑料槽上。固定时间的数量可变的系统(FTVQ)用于提前期长的部件，例如进口件。每月接收部件库存情况应填写在记录卡中。由于补充进口部件可能要花费3～4个月的时间，所以在部件消耗前一个月就应下达订单。

由于精益生产和 Kanban 系统的引入，Yuken 印度公司的库存花费从2000年的2200万卢比下降到2003年300万卢比，其收入也由2000年的2.8亿卢比上升到2003年的4亿卢比。

2. 整合精益生产方式和企业资源计划系统

随着精益生产方式的应用，公司发现新的瓶颈出现了。双箱系统和 CONWIP 中，箱子和托盘大小是固定的，这使得它们不能应付需求波动情况，手动重新配置箱子和托盘大小非常麻烦，而且复杂，费时间并且容易出错。Yuken 印度公司需要一个系统来有效地提高其精益生产和 Kanban 系统性能并克服其局限性。2003年6月，Yuken 印度公司与 SoftBrands 公司合作，实施 DemandStream 解决方案。DemandStream 解决方案对任何部品短缺具有动态反应(即一旦缺少立即补充)能力，所以它能够实现零库存，另外，由于它具有供应链运行及车间作业管理功能，因此可实现企业平滑运营。DemandStream 系统还具有整合 Yuken 公司各部门以及现有的 ERP 系统之间数据的能力。DemandStream 对 CONWIP 系统和双箱系统中的箱子和托盘大小进行了重新设置，采用了动态看板，可根据企业生产每天对零部件的需求进行分配，解决了原有看板的问题，成功地控制了库存量。

(资料来源：《SoftBrands 助 Yuken 印度公司将其 Kanban 系统流水线化》。
http://articles.e-works.net.cn/485/Article490.htm)

思考题：
如何在企业中推广精益生产方式？

【学习目标】

通过本章的学习，要求理解现代企业生存环境以及现代企业生产运作管理的特征，熟悉 JIT 生产模式，包括 JIT 生产方式的目标、原则，掌握看板管理的工作原理、技能、种类以及使用规则，理解精益生产的概念与内涵，了解大规模定制的产生以及大规模定制生产的模式等。

关键词：准时化生产　精益生产　大规模定制

第一节　准时化生产

一、JIT 生产方式的产生

准时生产方式是第二次世界大战以后最重要的生产方式之一。由于它起源于日本的丰田汽车公司，因而曾被称为"丰田生产方式"，后来随着这种生产方式的独特性和有效性，被越来越广泛地认识、研究和应用，又由于其核心思想是 Just in time，因此人们也称其为 JIT 生产方式。

准时生产的概念，用一句话解释就是：在需要的时候，仅按所需要的数量，生产所需要的产品。当然，供应给各汽车装配线上的各种零部件，也必须在需要的时候，仅按所需要的数量，提供所需要的品种。用一个通俗的词汇表达，就是"刚好及时"。

伴随日本汽车企业的成功，特别是1973年石油危机之后，日本的小型车由于质量和价格方面的优势被更多消费者所接受，丰田生产方式也开始为世界所瞩目，包括曾经是汽车生产领先者的美国和欧洲各国纷纷开始学习和引进准时生产方式，并被视为当今制造业中最理想且最具有生命力的新型生产方式之一。正如一个美国的学者说："丰田生产方式犹如一篇学术论文，一部鸿篇巨制，抑或MBA案例教材，让人感到敬畏。"

准时生产方式是经过几十年的反复试行而逐渐形成的，到今天已经形成一整套包括从企业的经营理念、管理原则到生产组织、生产计划、控制、作业管理以及对人的管理等在内的完整的理论和方法体系。准时生产方式作为一种彻底追求生产合理性、高效性，能够灵活多样地生产适应各种需求的高质量产品的生产方式，其基本原理和诸多方法对许多其他制造行业的企业也都具有重要的借鉴意义。

二、JIT生产方式的构成体系

JIT生产方式的最终目标即企业的经营目的：获取最大利润。为了实现这个最终目的，"降低成本"就成为基本目标。在福特时代，降低成本主要是依靠单一品种的规模生产来实现的。但是在多品种小批量生产的情况下，这一方法是行不通的。因此，JIT生产方式力图通过"彻底消除浪费"来达到这一目标。所谓浪费，在JIT生产方式的起源地丰田汽车公司，被定义为"只使成本增加的生产诸因素"，也就是说，不会带来任何附加价值的诸因素。这其中，最主要的有生产过剩(即库存)所引起的浪费。因此，为了排除这些浪费，就相应地产生了适量生产、弹性配置作业人数以及保证质量这三个子目标。

(一)JIT生产方式的基本手段

围绕"彻底排除浪费"的目标，JIT生产方式发展出了准时生产、弹性作业人数、质量保证三种手段和方法，下面予以简要介绍。

1. 准时生产

准时生产是JIT生产方式的最核心部门。众所周知，在进入买方市场以后，企业生产产品的品种、数量、时间等均必须灵活地适应市场需求的变化，按照市场需要的时间和数量提供消费者需要的产品，不提前生产，也不多生产，做到准时化。这里的准时不仅仅体现在最终产品上，还要贯彻到企业所有生产部门的各道工序，要求在必需的时候，按必需的数量提供给下道工序必需的零部件。

要做到上述的准时化,依靠传统的计划推动的方式显然是非常困难的,为此,JIT 生产方式开发出了"拉动式"生产的控制方式,并采用"看板"实现前后工序的连续。进一步,为了使看板和拉动式生产更有效地发挥作用,同时减少等待时间、搬运、库存等浪费,还需要采取减少批量,实现生产的均衡化等措施。

2. 弹性作业人数

相对于传统生产企业的"定员制",JIT 生产方式采取了更为灵活的人员安排办法,即"少人化"。意思是根据生产需求的变化,随时变更作业现场的作业人员数。当然,与大多数欧美企业比较,"少人化"也起到了"省人化"的作用。

3. 质量保证

为了实现准时生产,必须让百分之百的合格品流向下道工序,不能有任何拖延。因此,质量管理必须贯穿于整个生产系统。在 JIT 生产方式中,除了一般的质量保证体系与质量检验等之外,一个重要的方法是"自动化",就是把防止在设备和生产线上大量生产不合格品的手段安装到机械装置上,在各工序自动地控制异常情况。

【案例 10-1】

Atlas 公司准时化生产成功的案例

Atlas Door 是美国一个有 10 多年历史的公司。它的年平均增长率为 15%,而这一行业的年增长率还不足 5%。近几年,它的税前盈利率为 20%,大约是这一行业平均值的 5 倍。它没有债务,在这 10 年内其竞争实力居全行业之首。

它把自己定位为最后的供货商,即当大供货商不能交货或错过交货期时,那些经销商会来它这里订购。当然,由于这一行业有将近 4 个月的订货间隔期,因此必然一些求购电话打到 Atlas;这时 Atlas 会报一较高的价格,因为它能更快地交货。Atlas 不仅产品售价高,而且它基于时间的创新导致了产品成本较低,因此,这两方面对它都有利。该公司的产品是工业用门,它的型号近乎无限,顾客可任选其宽度、高度以及材料。由于型号的重要性,库存几乎是无用的;大多数门在刚订购后就能制造出来。过去,该行业接到无现货或者是按顾客要求定做的订单时大约需 4 个月才能供货。该公司的战略优势是时间。它只需几周便可供应任何订货。它建立了订货记录、设计、制造和物流系统,保证信息和产品迅速可靠地流动。

首先,建立了准时化的工厂。这些从概念上看很简单,它们需要有预备的工具和设备以减少变换时间,按订购的产品来组织制造过程以及安排好进度以做到同时开始生产和完成所有的零部件。结果,对该公司完成供货起到关键作用的工厂,其运行时间才占产品交付周期的 2.5 周。

其次，缩短了系统前端即订货到达和对其组织加工这一阶段的时间。通常，当顾客、经销商或销售人员向一工业用门制造商询问有关价格和交货情况时，他们要等一个多星期才能得到答复。如果需要的门没有现货、没有做出安排或没有设计，那么他们甚至要等待更长的时间，结果迫使他们到别处订货。

Atlas 认识到了大大缩短系统中这部分时间的良机，他们先是简化程序接着使整个订货记录、设计、定价和进度安排实现了自动化。今天，当顾客还在打电话时，Atlas 就能对 95% 的订货进行报价和做出安排。它能迅速地对新的特定订货进行设计，因为它将以前所有特定订货的设计及有关生产方面的资料存到了计算机中——这大大减少了必须重新设计的任务量。

最后，Atlas 严格地控制物流以使所需的零配件及时无误地运至各工地。一批订货需要的零配件很多，要把它们汇集至工厂且确保没有差错是一项费时的工作。然而更费时的是一些零配件没有按时装运。Atlas 设计了一个可对每一订货所需的零配件进行跟踪的系统，保证它们都按时到达装运码头——一个准时化的物流运行系统。

分析与思考：
Atlas 公司准时化生产获得成功的经验有哪些？

分析与思考答案：
在短短的 10 年里，Atlas 成为全国 80% 的经销商的最大工业用门供应商。有了这一战略优势，该公司对经销商就有了选弹性，它仅对实力最强的经销商送货上门。

继这一间接冲击之后，原有的竞争对手并没能有效地做出反应。普通的看法是 Atlas 的这一增长势头不会持续下去。竞争对手们以为，随着 Atlas 规模的不断增大，其业绩将降到该行业平均水平之下。但是这一反应只能说明了他们对时间是竞争优势之源缺乏基本的认识。反应上的迟缓只能使 Atlas 遥遥领先。当传统的企业把眼睛盯着成本和规模时，新的竞争者已从时间上获得了优势，处于该行业的前沿，把它们抛在了后面。

(资料来源：http://blog.sina.com.cn/s/blog_495f79fd0100gc2d.html)

(二)拉动式生产

为了实现"准时生产"，第一个必要条件是向所有工序通知生产的确切时间和必需的数量。

在通常的生产管理方式之下，这个必要条件是通过向所有工序提出各种各样的生产作业计划来满足的。也就是计划部门根据市场需求，按零部件展开，确定每个零部件的投入产出计划，按计划发出生产指令。各作业单位，无论是最终装配部门，还是零部件制造部门，都严格按照计划进行零部件的制造或装配，在加工完成后，统一送到后道工序或下游部门，不管后道工序当时是否需要。这种方法一般称为"推动式系统"(push system)，如图 10-1 所示。

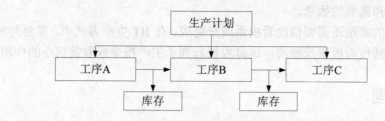

图 10-1　推动式系统示意图

在实施推动方式的生产系统中，当某道工序出现设备故障或者拖延生产的情况时，后面的各道工序都会受到影响，而为了消除这种影响，就必须在工序之间保持一定量的库存储备。同样，当市场需求发生变化时，理论上必须同时改变各道工序的计划。但在实际操作时，频繁改变计划是十分困难的，解决的办法通常也是通过库存来进行调整。这样，在整个生产系统中就会出现大量的库存在制品，不但占用较多的资金、需要更大的生产空间，在产品更新换代时，还可能造成在制品的损失。

与推动方式相反，JIT 生产方式采用的是"拉动式系统"(pull system)。在拉动方式下，每一道工序的生产都是由其下道工序的需求拉动的，生产什么，生产多少，什么时候生产，都是以正好满足下道工序的需要为前提。因此，企业产品的生产计划只需要下达到最终装备工序。最终装备工序按照计划，在必需的时候，向前道工序领取所必需数量的零部件，此后，前道工序开始生产被后道工序取走的那部分零部件。以此类推，从最终装配工序，逐级向前"拉动"各道工序，直至原材料供应商，从而实现了生产指令下达到各道工序的目的。这时，就没有必要同时向所有的工序下达生产计划了，如果有必要变更生产计划的话，只将变更传达到最终装配线就可以了，如图 10-2 所示。

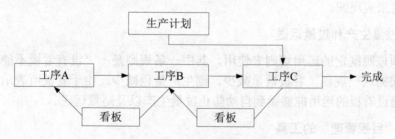

图 10-2　拉动式系统示意图

拉动式系统是由代表用户需求的订单开始的，即市场需求拉动企业生产。在企业内部，从最后装配逐级向前拉动各道工序，每道工序的生产都要以满足下道工序的需要为前提。同时，以前方生产拉动后方准时服务于生产现场，以主机厂拉动协作配套厂的生产，从而形成完整的拉动链条。

坚持后道工序的拉动，以后道工序的需求作为前道工序生产的依据，宁肯中断生产，也不搞超前超量生产。这正是拉动式生产的关键，也就是准时化，即要求在需要的时候，生产需要的产品和需要的数量。

拉动式生产的实现还需要借助看板系统来完成。在 JIT 生产方式中，需要何种零部件及多少数量，都是通过看板来反映的，这时看板起到了生产指令或取货指令的作用。

三、看板管理

(一)看板的基本概念

看板方式作为一种进行生产管理的方式，在生产管理史上是非常独特的，看板方式也可以说是 JIT 生产方式最显著的特点。但决不能把 JIT 生产方式与看板方式等同起来。JIT 生产方式说到底是一种生产管理技术，而看板只不过是一种管理手段。看板只有在工序一体化、生产均衡化、生产同步化的前提下，才有可能运用。如果错误地认为 JIT 生产方式就是看板方式，不对现有的生产管理方法作任何变动就单纯地引进看板方式的话，是不会起到任何作用的。所以，在引进 JIT 生产方式以及看板方式时，最重要的是对现存的生产系统进行全面改组。

(二)看板的机能

1. 生产以及运送的工作指令

看板中记载着生产量、时间、方法、顺序以及运送量、运送时间、运送目的地、放置场所、搬运工具等信息，从装配工序逐次向前道工序追溯，在装配线将所使用的零部件上所带的看板取下，以此再去前道工序领取。"后道工序领取"以及"适时适量生产"就是这样通过看板来实现的。

2. 防止过量生产和过量运送

看板必须按照既定的运用规则来使用。其中一条规则是："没有看板不能生产，也不能运送。"根据这一规则，看板数量减少，则生产量也减少。由于看板所表示的只是必要的量，因此通过看板的运用能够做到自动防止过量生产以及适量运送。

3. 进行"目视管理"的工具

看板的另一条运用规则是，"看板必须在实物上存放""前工序按照看板取下的顺序进行生产"。根据这一规则，作业现场的管理人员对生产的优先顺序能够一目了然，易于管理。并且只要一看看板，就可知道后道工序的作业进展情况、库存情况等。

4. 改善的工具

在 JIT 生产方式中，通过不断减少看板数量来减少在制品的中间储存。在一般情况下，如果在制品库存较高，即使设备出现故障，不良品数目增加也不会影响到后道工序的生产，所以容易把这些问题掩盖起来。而且即使有人员过剩，也不易察觉。根据看板“不能把不良品送往后道工序”的运用规则，后道工序所需得不到满足，就会造成全线停工，由此可立即使问题暴露，从而必须立即采取改善措施来解决问题。这样通过改善活动不仅使问题得到了解决，也使生产线的“体质”不断增强，提高了生产率。JIT 生产方式的目标是要实现无储存生产系统，而看板提供了一个朝着这个方向迈进的工具。

(三)看板的种类

看板作为实现准时生产的重要工具，通常只是一张装入长方形塑料袋里记载某些信息的卡片，但却在 JIT 生产方式中起到了不可或缺的作用。就其实质而言，看板更像是连接各环节、实现生产过程有序进行的“指令牌”，是一种能够调节和控制在必要的时间生产出必要数量的必要产品的管理手段，是对各制造过程生产量和时间进行控制的资讯系统。

看板大体分两类来使用，也就是领取看板和生产指示看板。领取看板用于工序之间的衔接，在后道工序到前道工序领取所需要的零部件时使用，看板上主要记载着前、后道工序以及后道工序应该从前道工序领取的产品种类和数量等，如图 10-3 所示。生产指示看板主要用于一道工序内部，指示该工序必须生产的零部件和数量，如图 10-4。生产指示看板也常常被称为准备看板，也简称生产看板。

<table>
<tr><td rowspan="3">前道工序
______车间
______工位
或
______仓库
______货位</td><td colspan="3">零 件 号 ______________
零件名称 ______________</td><td rowspan="3">后道工序
______车间
______工位</td></tr>
<tr><td></td><td></td><td></td></tr>
<tr><td></td><td></td><td></td></tr>
</table>

图 10-3　领取看板示例

<table>
<tr><td colspan="2">生产看板</td><td rowspan="5">生产设备</td></tr>
<tr><td>存放货架号</td><td>工件背面号：</td></tr>
<tr><td colspan="2">工件号：</td></tr>
<tr><td colspan="2">工件名：</td></tr>
<tr><td>产品型号：</td><td>容器容量：</td></tr>
</table>

图 10-4　生产指示看板示例

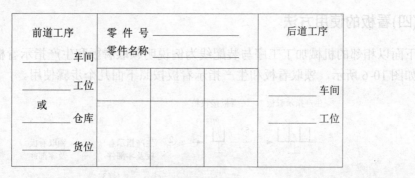

在看板的具体形式上，如图10-5，生产指示看板分为一般的生产看板和用于批量生产指示的信号看板，而领取看板主要包括工序间的领取看板和外协订货看板。除了这些，在丰田公司还有特急看板、临时看板等多种看板，分别用于一些特定情况。另外，看板的形态上，为了适应部分场合的特殊需要，也可以用台车或货车、标签、充满作业方式等代替看板发挥作用。

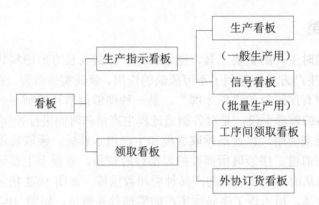

图10-5　看板的主要种类

(四)看板的使用方法

下面以相邻的机械加工工序与装配线为例说明领取看板和生产指示看板的使用方法。如图10-6所示，领取看板和生产指示看板按照下面几个步骤使用。

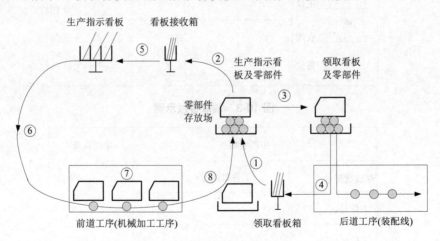

图10-6　使用两种看板的步骤

(1) 后道工序的搬运工把记载所需零部件数量的领取看板和空托盘(集装箱)装到叉车或台车上，走向前道工序的零部件存放场所。

(2) 到达前道工序的零部件存放场所后，从装有零部件的托盘中取下附在托盘内零部件上的生产指示看板，并将这些看板放入看板接收箱。同时搬运工把空托盘放到指定场所。

(3) 搬运工把自己带来的领取看板，取代原来的生产指示看板，附在装有零部件的托盘上，回到后道工序。这里需要注意的是，在交换两种看板的时候，要仔细核对领取看板和同种物品的生产指示看板是否相符。

(4) 在后道工序，装配作业开始使用从前道工序领取的零部件时，就必须把托盘上的领取看板重新放入领取看板箱。

(5) 在前道工序，可以进行生产时，将生产指示看板从接收箱中收集起来，按照在存放场所摘下的顺序，放入生产指示看板箱。

(6) 按放入该看板箱的生产指示看板的顺序加工各生产指示看板上标示数量的零部件。

(7) 在整个加工过程中，零部件和它对应的生产指示看板作为一对东西一起转移。

(8) 如果在这道工序零部件全部加工完成，将这些零部件和生产指示看板一起放到存放场，以便后道工序的搬运工随时领取。

通过两种看板的运作，有效地将两道工序连接起来，后道工序在需要的时候，仅按需要的数量领取需要的零部件，自然就实现了准时生产。

(五) 看板的使用规则

为了实现看板方式的目的——准时生产，必须遵守下面的使用规则。

规则1：后道工序必须在必需的时候，只按所必需的数量，从前道工序领取必需的物品。这是看板管理的最基本规则，为了实行该规则，还必须遵守以下附加规则：

(1) 如果没有看板，领取一概不能进行。
(2) 超过看板规定数量的领取一概不能进行。
(3) 看板必须附在实物上。

看板与实物同步使得作业现场的管理人员对生产的情况一目了然，易于管理。通过看板就可知道各工序的作业进展情况、库存情况等。

规则2：前道工序仅按被领走的数量生产被后道工序领取的物品。

如果遵守规则1和规则2的话，全部生产工序就结合在一起，形成了一种流水作业的形式。通过严格遵守这两个规则，所有的生产工序之间就保持了同步生产，各道工序保有的库存可以变得最小。

第二个规则有两个附加规则：

(1) 生产不能超过看板规定的数量。
(2) 当前道工序加工多种零部件时，必须按各看板送达的顺序生产。

规则3：不合格品绝对不能送到后道工序。

不合格品是生产的最大浪费，一旦出现，必须设法找出原因，并予以消除。不合格品不能给下道工序，以免造成更大损失。

规则 4：必须把看板数量减少到最低程度。

看板的数量代表了该种零部件的最大库存量，看板的数量大，也就意味着零件的库存占用增加，同样是一种资源的浪费，所以有必要把它控制到最低限度。一般，缩小批量规模、缩短生产过程时间以及改善工序的作业等措施都可以达到减少看板数量的目的。

规则 5：看板必须适应小幅度的需求变化(通过看板对生产进行的微调整)。

通过看板对生产进行的微调整，指的是对突然的需求变化和生产上紧急事态的适应性。

一般通过看板对生产进行的微调整，仅在小幅度需求变化的情况下是可以应用的。在丰田公司，如果是 10%左右的需求变化的话，不变更看板的数量，只通过改变看板送达的次数就可以应对。但是，在有了相当大的需求变化的情况下，就必须对整个生产线上重新进行调整。也就是，必须重新计算各车间的循环时间，按照它变更各工序的作业人数。不然的话，就必须增减各看板的数量。

四、JIT 与 MRP 之比较

MRP Ⅱ 和 JIT 是两种现代化的生产计划与作业控制系统，它们服务于共同的管理目标，即提高生产效率、减少费用和改善用户服务。同时，它们之间也存在明显的差别，各具特点，适用于不同的生产环境，主要区别可简单概括如下。

1. 适用于不同生产环境

正如美国库存管理专家瓦尔特·哥达德(Walter Goddard)指出的那样：JIT 适用于生产高度重复性产品的生产环境；MRP 则适用于批量生产、按用户订单生产、产品多变的生产环境。MRP Ⅱ 以计算机为工具，需要一定的硬件、软件，投资费用高；而 JIT 的物料计划、能力计划、车间控制都可以由人工系统完成，不一定需要计算机系统。

2. 管理的范围不同

MRP 管理的范围比 JIT 广，它能用于计划工具、维修等其他活动的物料需求，辅助财务计划。MRP Ⅱ 集成一个企业生产管理的许多功能，它能作为一个经营战略计划系统，也可作为一个生产控制系统使用。

3. 管理思想的差异

JIT 起源于日本，它与在美国发展起来的 MRP Ⅱ 系统的不同体现了两国不同的管理思想，对库存、批量、质量和提前期不同的处理方式。例如日本企业认为库存是一种浪费，竭尽全力去降低库存，为此要努力采用小批量生产以降低生产成本。美国虽然也很重视库存控制，防止产生不必要的多余库存，但他们认为，必要的、一定的库存量是一种保护措施，是维持生产稳定的一个因素。又如，JIT 利用看板的"拉动"系统，不断促进操作者降低在制品库存、缩短生产提前期。而在 MRP Ⅱ 系统中则假定提前期是一个已知的定值，系统根据设定的提前期计算和制订作业计划。不过，实际生产操作的提前期，是随车间的负荷量大小、作业的优先顺序等因素而变化的，与 MRP Ⅱ 假定的情况有可能不符合。MRP Ⅱ 系统还要求各加工中心按作业计划的要求完成作业，不鼓励操作者提前完工。这样，就不能发挥操作者的积极性去缩短提前期，这是 MRP Ⅱ 的一个主要缺点，也是它受到批评最多的一个方面。

第二节　精　益　生　产

一、精益生产的产生和概念

精益生产(Lean Production，LP)是美国麻省理工学院在一项名为"国际汽车计划"的研究项目中提出来的。他们在做了基于对日本丰田生产方式的大量调查和对比后，于 1990 年提出的一种生产管理方法，也有人认为是一种制造模式。其核心是追求消灭包括库存在内的一切"浪费"，并围绕此目标发展了一系列具体方法，逐渐形成了一套独具特色的生产经营管理体系。

(一)精益生产的产生与推广

20 世纪初，美国福特汽车公司创立了第一条汽车生产流水线以来，大规模生产流水线一直是现代工业生产的主要特征。大规模生产方式是以标准化、大批量生产来降低生产成本、提高生产效率的，美国汽车工业也由此迅速成长为美国的一大支柱产业，并带动和促进了包括钢铁、玻璃、橡胶、机电以至交通服务业等在内的一大批产业的发展。1950 年，日本的丰田英二考察了美国底特律福特公司的轿车厂。当时这个厂每天能生产 7000 辆轿车，比日本丰田公司一年的产量还要多。但丰田在他的考察报告中却写道："那里的生产体制还有改进的可能。"

丰田英二和大野耐一进行了一系列的探索和实验，根据日本的国情，经过 30 多年的努力，终于形成了完整的丰田生产方式，使日本的汽车工业超过了美国，产量达到了 1300 万辆，占世界汽车总量的 30%以上。

丰田生产方式是日本工业竞争战略的重要组成部分，它反映了日本在重复性生产过程中的管理思想。丰田生产方式的指导思想是，通过生产过程整体优化，改进技术，理顺物流，杜绝超量生产，消除无效劳动与浪费，有效利用资源，降低成本，改善质量，达到用最少的投入实现最大产出的目的。

(二)精益生产概念

精益生产又称精良生产,其中"精"表示精良、精确、精美;"益"表示利益、效益等,就是及时制造,消灭故障,消除一切浪费,向零缺陷、零库存进军。它是对准时化生产方式的进一步提炼。在生产组织上,与泰勒方式相反,不是强调细致的分工,而是强调企业各部门相互合作的综合集成。

精益生产综合了大量生产与单件生产方式的优点,力求在大量生产中实现多品种和高质量产品的低成本生产。

精益生产的目标被描述为"在适当的时间使适当的东西到达适当的地点,同时使浪费最小化和适应变化"。精益生产的原则使公司可以按需求交货,使库存最小化,尽可能多地使用、掌握多门技能的员工,使管理结构扁平化,并把资源集中于需要它们的地方。精益生产的方法论不但可以减小浪费,还能增进产品流动和提高质量。

精益生产的基本目的是,要在一个企业里同时获得极高的生产率、极佳的产品质量和很大的生产柔性。综合集成并不局限于生产过程本身,还包括重视产品开发、生产准备和生产之间的合作和集成。

(三)精益生产的内涵

精益生产不仅要求在技术上实现制造过程和信息流的自动化,更重要的是从系统工程的角度对企业的活动及其社会影响进行全面、整体优化。精益生产体系从企业的经营观念、管理原则到生产组织、生产计划与控制、作业管理以及对人的管理等各方面都与传统的大量生产方式有明显的不同。

首先,精益生产方式在产品质量上追求尽善尽美,保证用户在产品整个生命周期都感到满意。其次,精益生产方式在企业内的生产组织上,充分考虑人的因素,采用灵活的小组工作方式和强调相互合作的并行工作方式。再次,精益生产方式在物料管理方面,准时的物料后勤供应和零库存目标使在制品大大减少,节约了流动资金。最后,精益生产方式在生产技术上采用适度的自动化技术又明显提高了生产效率。所有这一切,都使企业的资源得到合理的配置和充分的利用。

此外,精益生产还反映了在重复性生产过程中的管理思想,其指导思想是:通过生产过程整体优化,改进技术,理顺各种流(Flow),杜绝超量生产,消除无效劳动与浪费,充分、有效地利用各种资源,降低成本,改善质量,达到用最少的投入实现最大产出的目的。

【知识拓展】

保时捷:德国制造商向日本学习精细生产

在1992年,德国高端跑车制造商保时捷发现其销量较1986年高峰期下跌了25%。当温德林·维德京出任公司总裁时,他推动工人接收日本的精细生产方式。他聘请了两名日本效率专家,并自行用圆锯将一排货架的上半部分锯掉以降低库存。随着更柔性的、可协商的作业规则的施行,保时捷革新了其装配流程,使得 1997 年保时捷 911 跑车的生产只需 60 个小时,而从前则需要 120 个小时,并且其开发新车型的时间由 7 年降至 3 年。现在,保时捷将约 1000 家零件供应商缩减至 300 家,而且一项质量控制程序需要通过 10 个监测要素的检验,减少了有缺陷零件的数量。

二、精益生产的核心——精益思想

"精益思想"一词源于詹姆斯·沃马克(James P. Womack)和丹尼尔琼斯(Daniel T. Jones)1996 年的名著《精益思想》,该书在《改变世界的机器》的基础上,更进一步集中、系统地阐述了关于精益的一系列原则和方法,使之更加理论化。

精益思想是精益生产的核心思想,它包括精益生产、精益管理、精益设计和精益供应等一系列思想,其核心是以较少的人力、较少的设备、在较短的时间和较小的场地内创造出尽可能多的价值;同时也越来越接近客户,提供给他们确实需要的东西。

精益思想要求企业找到最佳的方法确立提供给顾客的价值,明确每一项产品的价值流,使产品在从最初的概念到达顾客的过程中流动顺畅,让顾客成为生产的拉动者,在生产管理中精益求精、尽善尽美。价值观、价值流、流动、拉动和尽善尽美的概念进一步发展成为应用于产品开发、制造、采购和服务顾客各个方面的精益方法。可以概括为:

1. 价值观

精益思想认为企业产品(服务)的价值只能由最终用户来确定,价值也只有满足特定用户需求才有存在的意义。精益思想重新定义了价值观与现代企业原则,它同传统的制造思想,即主观高效率地大量制造既定产品向用户推销,是完全对立的。

2. 价值流

价值流是指从原材料到成品赋予价值的全部活动。识别价值流是实行精益思想的起步点,并按照最终用户的立场寻求全过程的整体最佳。精益思想的企业价值创造过程包括:从概念到投产的设计过程;从订货到送货的信息过程;从原材料到产品的转换过程;全生命周期的支持和服务过程。

3. 流动

精益思想要求创造价值的各个活动(步骤)流动起来,强调"动"。传统观念是"分工和大量才能高效率",但是精益思想却认为成批、大批量生产经常意味着等待和停滞。精益将所有的停滞作为企业的浪费。

精益思想号召"所有的人都必须和部门化的、批量生产的思想做斗争,因为如果产品按照从原材料到成品的过程连续生产的话,工作几乎总能完成得更为精确有效"。

4. 拉动

"拉动"的本质含义是让用户按需要拉动生产，而不是把用户不太想要的产品强行推给用户。拉动生产通过正确的价值观念和压缩提前期，保证用户在要求的时间内得到需要的产品。

实现了拉动生产的企业具备当用户需要时，就能立即设计、计划和制造出用户真正需要产品的能力；最后实现抛开预测，直接按用户的实际需要进行生产。流动和拉动将使产品开发周期、订货周期、生产周期降低 50%～90%。

5. 尽善尽美

精益制造的目标是通过尽善尽美的价值创造过程(包括设计、制造和对产品或服务的整个生命周期的支持)为用户提供尽善尽美的价值。精益制造的尽善尽美有三个含义：用户满意、无差错生产和企业自身的持续改进。

三、精益生产的实施

精益生产的研究者总结出精益生产实施成功的五个步骤。

1. 选择要改进的关键流程

精益生产方式不是一蹴而就的，它强调持续的改进。首先应该选择关键的流程，力争把它建立成一条样板线。

2. 画出价值流程图

价值流程图是一种用来描述物流和信息流的方法。在绘制完目前状态的价值流程图后，可以描绘出一个精益远景图(Future Lean Vision)。在这个过程中，更多的图标用来表示连续的流程、各种类型的拉动系统、均衡生产以及缩短工装更换时间，生产周期被细分为增值时间和非增值时间。

3. 开展持续改进研讨会

精益远景图必须付诸实施，否则规划得再巧妙的图表也只是废纸一张。实施计划中包括什么(What)，什么时候(When)和谁来负责(Who)，并且在实施过程中设立评审节点。这样，全体员工都参与到全员生产性维护系统中。在价值流程图、精益远景图的指导下，流程上的各个独立的改善项目被赋予了新的意义，使员工十分明确实施该项目的意义。持续改进生产流程的方法主要有以下几种：消除质量检测环节和返工现象；消除零件不必要的移动；消灭库存；合理安排生产计划；减少生产准备时间；消除停机时间；提高劳动利用率。

4. 营造企业文化

虽然在车间现场发生的显著改进，能引发随后一系列的企业文化变革，但是如果想当然地认为由于车间平面布置和生产操作方式上的改进,就能自动建立和推进积极的文化改变,这显然是不现实的。文化的变革要比生产现场的改进难度更大,两者都是必须完成并且是相辅相成的。许多项目的实施经验证明,项目成功的关键是公司领导要身体力行地把生产方式的改善和企业文化的演变结合起来。

传统企业向精益化生产方向转变,不是单纯地采用相应的"看板"工具及先进的生产管理技术就可以完成的,而必须使全体员工的理念发生改变。精益化生产之所以产生于日本,而不是诞生在美国,其原因是两国的企业文化有相当大的不同。

5. 推广到整个企业

精益生产利用各种工业工程技术来消除浪费,着眼于整个生产流程,而不只是个别或几道工序。所以,样板线的成功要推广到整个企业,使操作工序缩短,推动式生产系统被以顾客为导向的拉动式生产系统所替代。

总而言之,精益生产是一个永无止境的精益求精的过程,它致力于改进生产流程和流程中的每一道工序,尽最大可能消除价值链中一切不能增加价值的活动,提高劳动利用率,消灭浪费,按照顾客订单生产的同时也最大限度地降低库存。

由传统企业向精益企业的转变不可能一蹴而就,需要付出一定的代价,并且有时候还可能出现意想不到的问题。但是,企业只要坚定不移走精益之路,大多数在 6 个月内,有的甚至还不到 3 个月,就可以收回全部改造成本,并且享受精益生产带来的好处。

第三节 大规模定制

一、大规模定制的产生

近年来,随着物质的极大丰富,长期卖方市场已彻底转换成买方市场。企业迫切需要随时捕获客户的需求,融进更多的定制,直到使每个客户买到自己满意的商品或服务。

许多企业曾试图增加产品品种来代替顾客的定制要求,在迅速分化的市场面前,努力维持大规模生产。但是,这显然不能满足顾客挑剔的要求,品种的多样化并不等于定制——多样化是指企业先生产出产品,将它们存入成品库,然后等待它们的客户出现,定制则是指应特定客户的要求而生产产品。

大规模定制模式是指对定制的产品和服务进行个别的大规模生产。大规模定制是企业经营中的必然趋势,它能在不牺牲企业经济效益的前提下,了解并满足单个客户的需求,其实质是以大规模的生产方式和速度,为单个客户或小批量多品种的市场定制生产任意数量的产品。

大规模定制模式的实现需要完成以下几个方面的工作:首先,分析量化和尽量降低产品多样化的成本,使产品线合理化,削减低利润产品的生产,以极大地提高利润,充分利用宝贵资源，提高生产的柔性，促进大规模定制产品的开发；其次，通过对零件、工艺、工具和原材料进行标准化，作为实施大规模定制的前提条件，降低产品成本，提高加工柔性；再次，实行敏捷制造，在无须生产准备时间和库存的条件下，根据订单进行产品的快速生产，实行敏捷产品开发过程，以实现产品的超速上市；最后，并行地设计产品簇和柔性的制造工艺，围绕模块化的结构、通用的零件、通用的模块、标准化的接口和标准的工艺进行敏捷的产品设计。

大规模定制模式要求将产品模块化，按照客户的要求为其提供唯一的模块组合。例如，摩托罗拉公司在20世纪90年代为了占据市场的领先位置，率先在企业中实行大规模定制，他们开发了一个全自动制造系统，在全国各地的销售代表用笔记本电脑签下订单的一个半小时之内，就可以制造出2900万种不同组合的寻呼机中的任何一种。这种方式彻底改变了竞争的本质，使摩托罗拉成为美国仅存的寻呼机制造商，占有全世界市场份额的40%以上。

大规模定制通过柔性的或敏捷的制造，以任意的批量生产多样化的产品，且无须为了改变生产系统的设置而将生产停顿。在相同的设备能力下，当设备运转时，进行大规模定制的工厂，其生产效率要比进行大规模生产的工厂高得多。

产品的设计完成之后，很难再通过其他措施来削减成本，所以必须在产品和生产工艺的设计阶段确定成本，否则，降低的成本甚至不足以补偿实施这类措施本身所需的费用。在典型的企业成本统计中，只记录了材料和人工成本，其他成本称为间接成本而分摊到企业的所有活动中。然后，各种产品不具有同样的间接成本需求，可以通过设计来降低间接成本。大规模定制可利用先进的设计技术，设计出需要最少的人工和材料成本的产品，用最低的间接成本有效地生产产品。

二、大规模定制生产的模式

大规模定制生产模式可以概括为以下三个方面：

(一)产品设计模块化

企业依赖产品创新和技术创新夺取市场，企业的产品能否根据用户的当前需要和潜在需求快速抢先提供，将成为企业成败的关键。产品结构和功能的模块化、通用化和标准化，是企业推陈出新、快速更新产品的基础。模块化产品便于按不同要求快速重组，任何产品的更新换代，绝不是将原有的产品全部推翻重新设计和制造的。更新一个模块，在主要功能模块中融入新技术，都能使产品登上一个新台阶，甚至成为换代产品，而多数模块是不需要重新设计和重新制造的。因此，在敏捷制造中，模块化产品的发展已成为制造企业普遍重视的课题。例如福特汽车公司的发动机总部将6缸、8缸、10缸、12缸等不同规格的发动机结构进行了模块化，使其绝大部分组件都能通用，以尽可能少的规格部件实现最大的灵活组合，并能用同一条生产线制造不同规格的发动机，取得了巨大的经济效益。波音公司在民用飞机的设计和制造中也采用了模块化方法，大大缩短了定制飞机的制造周期。

(二)产品制造专业化

在一般机械类产品中，70%的功能部件间存在着结构和功能的相似性，如果打破行业界线，将相似功能的部件和零件分类和集中，完全有可能形成足以组织大批量生产的专业化企业的生产批量，这些专业化制造企业承接主干企业开发产品中各种相似部件、零件的制造任务，并能在成组技术的基础上采用大批量生产模式进行生产。当然，在现代制造技术的支持下，这种大批量生产模式已克服了传统的刚性自动线的缺点，具备一定范围内的柔性(可调性或可重构性)来完成较大批量的相似件制造，协助主干企业用大批量生产方式快速提供个性化商品的目标。

(三)生产组织和管理网络化

Internet 的普及和应用，给企业提供了快速组成虚拟公司进行敏捷制造新产品的条件。负责开发新产品的主干企业可以利用 Internet 发布自己产品的结构和寻找合作伙伴的各项条件，专业化制造企业可以在网上发布自己条件和进行合作的意图。主干企业将据此寻找合伙者，本着共担风险和达到"双赢"的战略目标进行企业大联合。这样的联合是动态的，组成的虚拟公司是"有限生命公司"，它只是为某种产品而结盟，将随产品生命周期的结束而解散，或在另一种产品的基础上调整成新的联合。

通过 Internet，系统构建虚拟企业，可实现产品开发、设计、制造、装配、销售和服务的全过程，通过社会供应链管理系统将合作企业连接起来，按大规模定制生产模式实行有效的控制与管理。

三、大规模定制生产模式下企业间的合作关系

在传统的供求关系管理模式下，制造商与供应商之间只保持一般的合同关系，供应链只是制造企业中的一个内部过程，将通过合同采购的原材料和零部件进行生产，转换成产品并销售至用户，整个过程均局限于企业内部操作。制造商为了减少对供应商的依赖，彼此间经常讨价还价，这种管理模式下的特征是信任度和协作度低，合作期短。但大规模定制生产是以新产品开发，企业与专业化制造企业间的有效合作、互相依存为前提的，构成的网络化虚拟公司的主干企业与伙伴企业间应是能达到"双赢"的合作关系，其合作关系如下：

主干企业与伙伴企业间应共享信息，通过委托代理经常协调彼此的行为；主干企业必要时应对伙伴企业做技术支持和投资帮助，使合伙企业降低成本，改进质量，加快产品开发；在合作过程中建立相互的信任关系，提高运行效率，减少交易、管理成本；对于通用化、标准化程度高的产品模块，应尽量保持一种持久的关系，确保产品质量稳定；对于个

性化产品的关键模块和零部件，主干企业可吸收伙伴企业参与开发和共同创新，建立战略合作关系，加快新产品的开发过程。

总之，在信息时代，大规模定制生产将是制造业的重要生产模式，成组技术将发挥更大的作用。

【知识拓展】

美的：大规模定制加柔性生产线

美的等家电企业大多奉行大规模生产模式，即企业根据市场调研，开发出产品，在销售年度之初定下一销售年度的销售机型，大规模市场推广并按照既定机型进行排产、销售。

大卖场的崛起和伴随的大批量、低价策略挑战着家电企业传统的经营模式。苏宁等企业的"嗜好"是大批量"吃货""吐货"的时候，这些企业通常采用个性化定制的方式，采购一批全新的机型。

此外，近年来，美的出口比例不断提升，在国际市场，市场需求千差万别，如铭牌就有可能各地有不同的标准，制冷制热、性能外观的区别也很大。传统的生产线显然已经不能适应新的需求。

大规模定制模式成为应对日益迫近的市场现实和美的空调几年来制造转型的焦点。柔性生产就是其直接体现。

美的在2002年专门成立了柔性生产的项目组，进行柔性化生产的规划，主要从人、机、(物)料和方法等方面进行突破。在设备上，美的引进了柔性生产线。美的以前使用的是上百米长的生产线，转一圈下来需要1分钟左右，物料通过悬挂链进行投放，适合批量规模生产。如内销机一个品种1000台。现在则是短线，每个工位放置多种物料，各自按需要投放。

转一圈下来，一台成品组装完成。由于做出口机品种多，经常不断切换品种，物料组织相对灵活。此外，生产和设备的柔性对人的柔性提出了要求。美的则在淡季加强对工人的培训。培养"多面手"，多技能工，能够适合不同岗位，在多种工位上工作，今天完成这种工序，明天做另一种工序。

而柔性化最关键的在于配套资源的柔性。如供应商对于物料的配送能力。现在对供应商距离提出要求，控制采购半径。有些物料按照计划拉动，需要恰时供货的，必须提前三到四个小时送到生产线来。而以前要送到很多仓库。现在是要多少，送多少。对供应商的配套能力、服务速度要求很高。它的布局必须在周边，类似丰田JIT。

柔性生产的回报很直接。以前美的的供货周期比较慢，原来出口要接近一个月才能做出来，至少25天以上，内销以前也是平均20天，至少半个月以上。柔性生产后，供货周期，内销可以按周计划实施，7天交货。出口控制在10～15天交货。

目前，在美的空调，柔性和传统长线并行。整体柔性机约占1/3。其中出口全是柔性接单，柔性生产；内销还是小部分，如国美、苏宁等的定制机由柔性生产完成，而柔性化是今后内销发展的趋势。今后内销趋势是销售计划按照卖场的订单直接做。

流程协同。大规模定制模式强调流程的协同，只有部门间、内外部紧密协同才能柔性化地组织生产。美的家用空调顺德工厂的管理部长石果林认为，制造系统的运作复杂性不亚于营销。每一个环节必须环环相扣。

这两年美的在流程上重点进行优化和协同、执行。如2002年美的进行了来料质量异常处理流程的优化。

以前在来料质量异常环节，部门之间相互扯皮，相互之间通常生产部要向客户交货，最急，工厂工程部要签字，品质统购部要代表事业部签字。原来有些出口的物料各个部门走一圈下来，一两天还不能上线：物料到厂了，到底能不能用，没有结论。流程协同化后，现在的来料质量异常检验是不超过三个签字人。通过流程优化，一两个小时解决问题、作出判断。

美的从2001年开始启用了PDM(产品数据管理)系统，包括所有的研发测试与品质有关的技术文件都在系统里，书面规划较清晰，整个电子化数据流程比较通畅。

新一轮JIT。大规模定制模式通常与"恰时供货"和零库存如影随形。美的追求恰时供货，首先关注的是缩短采购周期和检验周期。美的已经在ERP系统基础上，上了一期SCM(供应链管理)系统，在美的内部称为采购平台。采购员可以根据MRPⅡ里面的信息需求，将生产作业分解成采购订单后，通过SCM系统传到供应商，供应商进行回执确认，确认后系统自动提交送货通知单。

供应商送货到厂里后，仓管员对物料报检，什么时候报、什么时候检完，通知单上面会通过信息来拉动。比如重点物料要上线的，就会备注重点物料。总体检验周期比以前缩短，在生产旺季，大部分物料在一个小时内检完。

美的要求仓库收货员收货的物流单据电脑同步处理必须在一个小时内完成。避免系统数据和仓库实际数目"时滞"导致的不准。

现在在各个环节有时间承诺，包括仓库送货、检验、物流配送等环节进行控制。

采购员订单处理时间也缩短了。石果林表示，以前处理订单非常痛苦，在MRPⅡ系统里一个一个去查，现在可以批量处理，特别是订单的变更：提前、延迟或者取消，系统批量处理速度很快，缩短了采购员采购事务处理的时间，可以把时间腾出来，用于供应链管理，如跟销售的衔接和与供应商的互动沟通。

美的正在开发SCM的第二期。重点在于内部物料与作业的自动匹配、集成。如第二天的排产，排了100个作业号，这100个作业号到底物料有没有齐，系统可以自动提交信息给计划员：哪些物料齐了，哪些没齐。没齐的在什么状态，同时可以反过来提示计划员这些物料可以优先满足哪些作业号。这样可以解放人力，改变过去凭经验、"拍脑袋"做计划的状况。

二期另一功能还在于对物料的全程跟踪。供应商一旦启动了送货通知，送货的环节中，供应商的仓库有多少、生产了多少、送货在途的有多少以及美的接受了多少、到底是在检验环节还是在装配环节或者是用完了等供应商的情况能随时掌控。参观过戴尔的石果林对戴尔的一句话印象深刻："信息替代库存"。他认为，只有掌握了这些东西，才能做到原材料零库存。而联想惠州生产基地在线实现生产过程的信息化监控，通过信息化控制防错、防漏被认为是美的的今后发展方向。

和供应商的门户交流、自动对账以及远程招标等功能也在二期SCM的规划之中，美的准备在9、10月间正式启用。对美的来说，SCM最大的收获在于流程更加规范化、可视化和可控化，内部速度加快。

美的正在规划的还有WMS(仓库管理系统)，实现对于物料的扫码(成品早已经实现)，扫码后，自动在系统中体现。缩短了仓管员在系统里输入、处理数据的时间，提高正确率。同时对于物料在整个生产体系中的走向全程跟踪。

美的已经实施了VMI策略(供应商管理库存)。美的在周围设立了很多外租仓，外地供应商租仓储备库存，美的代保管，需要时进行实时配送。多数物料在空调于生产线装配好才向供应商付款。在供应商管理领域，美的正在将质量控制方向向外部资源(供应商)转移，加大外检力度，帮助供应商提高机器设备标准，派驻人员到工厂先行检验，以期提高供货时效和质量。

美的的长远规划是对于供应商，以战略物资供应联盟的方式，就近设厂、设备。类似戴尔、海尔，工业园里就有生产厂房，厂房租给供应商(如海尔)，供应商的生产围绕生产厂家的计划进行，优先保证厂家。并可以因距离近便利地进行质量控制。这种协同管理的方式已经在美的芜湖工业园区初露端倪。随着美的芜湖公司的扩大，很多供应商如众多塑料件、钣金件等供应商都在芜湖设立分厂，围绕美的提供配套。而芜湖园区预留的空地为美的实施这一策略留下了很多想象空间。

目前美的以供应商送货(原材料)为主。而美的现在也在考虑以通用汽车等国际企业为模板，采取类似于乳业公司收牛奶的方式自己去收货。生产时到各个供应厂商处跑一趟，美的物流车队自己收货。这样在送货频率上，美的可以把握控制，实现JIT(精益生产)和更精确的恰时供货。

美的在供应链管理方面一直有"戴尔情结"。戴尔的物流系统能做到，外面接到订单后一分钟就可以判断能不能接这张单。戴尔在销售和生产上面的"直接模式"为美的所垂美。石果林认为，美的要达到这种速度和能力，关键在于确立标准，包括物料标准化、设计标准化和管理标准化等。如供应商的布局设计标准化就是保证恰时供货和零库存的重要因素。

(资料来源：http://www.56885.net/news/2007314/13685.html)

本 章 小 结

本章主要对准时化生产以及其他生产方式做了比较详尽的描述。第一节论述了准时化生产，提出了 JIT 与 MRP 的区别，详细介绍了看板管理的概念、机能、种类以及使用规则；第二节介绍了精益生产的产生、概念、内涵以及实施步骤；第三节介绍了大规模定制的产生、生产模式等。

习 题

(一)单项选择题

1. 实现 JIT 生产的重要工具是(　　)。
   A. 自动化机器　　B. 看板　　C. 时间测定　　D. 工作分析
2. JIT 的核心是追求(　　)。
   A. 零库存生产方式　　　　　　B. 柔性生产方式
   C. 大量产出方式　　　　　　　D. EOQ 方式
3. 敏捷制造在人力资源上的基本思想是，在动态竞争环境中，最关键的因素是(　　)。
   A. 柔性设备　　B. 以顾客为本　　C. 远程办公系统　　D. 人员
4. 敏捷制造的目的可概括为：将(　　)生产技术，有技术、有知识的劳动力与灵活的管理集成起来，以便快速响应市场需求。
   A. 大量　　B. 柔性　　C. 负荷距离法　　D. 批量
5. 大量生产方式与精益生产方式的最大区别之一，在于对(　　)的开发和使用。
   A. 人力资源　　B. 设备　　C. 库存　　D. 物料
6. JIT 代表了日本(　　)过程中的管理思想。
   A. 重复性生产　　B. 单件生产　　C. 小批量生产　　D. 流程性生产
7. JIT 的生产现场是一种(　　)生产方式。
   A. 推动　　B. 拉动　　C. 推—拉结合　　D. 计划型
8. 精益生产的核心是(　　)。
   A. 并行工程　　B. 敏捷制造　　C. MRP　　D. JIT
9. JIT 与传统生产系统对库存存在不同的认识，体现在(　　)。
   A. JIT 将库存视为缓冲器　　　　B. JIT 将库存视为资产
   C. JIT 认为库存占用资金和空间　　D. JIT 认为库存掩盖了生产管理的问题

(二)多项选择题

1. 下列哪一项是组织准时生产的条件？(　　)。

A. 减少调整准备时间　　　　　　B. 准时采购
C. 建立推进式系统　　　　　　　D. 从根源上保证质量
E. 建立 U 形生产单元

2. 精益生产的内容包括(　　)。
A. 产品精细　　　　B. 布置精细　　　　C. 组织精细
D. 管理复杂化　　　E. 过程精细

3. 从概念上讲，JIT 可以做到(　　)。
A. 工件在加工过程中没有等待　　B. 没有无事可干的工人
C. 没有等待零件加工的机器　　　D. 仓库里没有存货

(三)名词解释

1. JIT　　　　　　2. 精益生产　　　　3. 并行工程
4. 敏捷制造

(四)简答题

1. 在精益生产和敏捷制造这两种先进生产方式中，选择一种说明其运用。要求：尽可能用一些例子加以说明。
2. 现代企业面临的环境是什么？
3. 简述 JIT 生产方式的原则。
4. 简述精益生产实施成功的五个步骤。
5. 简述并行工程的特点。
6. 大规模定制生产模式有哪些？

(五)案例分析题

精益生产网站案例

一家专业生产汽车刹车盘(鼓)美资公司，在中国设有 2 家工厂，产品几乎覆盖了美国、欧洲、日本和韩国的所有车型。同时水泵的可提供型号达到了 500 种，主要是满足上面这几个国家主流车型的需要。同时，借助市场调研和与一些客户的紧密合作，该公司的产品型号数一直在稳定地伴随市场的需要而增加。

1. 成品库存：目视化管理已经有意识的应用，问题在于目前存货量水平较高，约占年销售收入的 15%，增加了制造成本(储存、运输及管理)及呆滞库存的风险，尤为重要的是，库存给制造过程中带来种种浪费(如等待、延误等)。

2. 生产线及半成品管理：部分数控机床一人三机操作，减少了人员等待和搬运距离，说明公司具备了一定的精益思想；但更多工序人员、机器、材料都存在不同的等待，同时加工生产和周转批量较大，造成较长的生产周期，尤其是存在瓶颈工序，该工序在制品(WIP)存量较多，导致生产流程不够顺畅，制约了生产效率。

3. 现场管理：装配线、毛坯铸造、热处理车间现场管理和目视控制的改善机会较显著，突出表现在：

(1) 装配线产品追溯性标示过程复杂，造成冗杂处理的浪费；手工打标记等不仅劳动强度大，而且容易造成疲劳错误；

(2) 装配工位的作业方法、时间分析以及人机工程(材料传送和取放过程)等方面有待进一步完善；

(3) 铸造车间产品种类和生产区域无标示，将导致分捡的时间损失及混淆；

(4) 铸造现场、热处理车间5S尚有较大改进空间，尤其是整顿、清洁和进一步的标准化工作。

4. 其他影响：同时，制造方式的变革也暴露出在原来的成批生产方式中隐藏至深的大量问题，如设备故障多发，维修速度慢以及缺乏保养；设备换模具时间长；刀具整备时间长；作业员技能单一等。

改善效果：

经过三个月的维持与改善，同时辅以培训，一些主要问题得到明显的改善：

在不影响现有产出情况下，较大幅度降低成品库存总量。总库存量减少了40%。

按照用户的需求节拍，进行小批量多频次的生产和物料周转(目标：单件流)，缩短生产周期。生产提前期从15天缩短到5天。

应用快速换模的项目方法(四步法)和技术手段，缩短生产线的换型时间。

运用IE工程和看板管理，辅以必要的柔性生产布局设计及多技能员工培训，改善现有的工艺及流程，消除瓶颈限制，在制品减少66%，实现流畅化制造。

全面生产性维护(TPM)：对设备效能作了详细测定，并根据开机时间的历史记录，分析总体生产效率(OEE)，改进设备维护计划，提高运行效率，在没有增加设备的前提下，月产量提高了30%，不良率由8%降到了4%，OEE从原来的60%提高到85%。

现场的物流及5S改善，减少搬运、寻找、等待等浪费活动。

讨论题：

请问从中你能获得哪些启示？

(资料来源：http://www.leanchina.cn/jyscglnews/1981.html)

参 考 文 献

[1]陆力斌. 生产与运营管理[M]. 北京：高等教育出版社，2013.

[2]刘丽文. 生产与运作管理(第 5 版)[M]. 北京：清华大学出版社，2016.

[3]李震，王波，李杰. 运营管理[M]. 成都：西南财经大学出版社，2012.

[4]张建民，吴奇志，林丽. 现代企业生产运营管理[M]. 北京：机械工业出版社，2013.

[5]叶守礼，李钧. 运营管理(第 2 版)[M]. 北京：高等教育出版社，2013.

[6]王连生. 精益生产与精益六西格玛实战[M]. 北京：中国质检出版社，2012.

[7]王景峰. 质量管理流程设计与工作标准[M]. 北京：人民邮电出版社，2012.

[8]王晶，刘永悦，王艳亮，侯东亮. 生产运作管理[M]. 北京：机械工业出版社，2011.